Thomas Lang

Bulle & Bär
Der Ponzi-Trick

Wirtschaftsthriller

Lang, Thomas: Bulle & Bär – Der Ponzi-Trick, Hamburg, acabus Verlag 2015

Originalausgabe
ISBN: 978-3-86282-382-6

Dieses Buch ist auch als eBook erhältlich und kann über den Handel oder den Verlag bezogen werden.
PDF-eBook: ISBN 978-3-86282-383-3
ePub-eBook: ISBN 978-3-86282-384-0

Lektorat: Janina Klinck, acabus Verlag
Umschlaggestaltung: Marta Czerwinski
Umschlagmotiv: Designed by Freepik.com

Bibliografische Information der Deutschen Nationalbibliothek: Die Deutsche Nationalbibliothek verzeichnet diese Publikation in der Deutschen Nationalbibliografie; detaillierte bibliografische Daten sind im Internet über http://dnb.d-nb.de abrufbar.

Der acabus Verlag ist ein Imprint der Diplomica Verlag GmbH, Hermannstal 119k, 22119 Hamburg.

© acabus Verlag, Hamburg 2015
Alle Rechte vorbehalten.
http://www.acabus-verlag.de
Printed in Europe

Für meinen Vater

Prolog

In Norman Gerbers Stimme schwang Panik mit: „Echo-Charlie-Alfa-Lima-Kilo ruft Flughafen Sud Corse in Figari! Bitte kommen!"

Es dauerte einen Moment, bis das Funkgerät reagierte. „Figari Flugkontrolle ruft Delta-Golf-Alfa-Lima-Kilo. Identifizieren Sie Ihren Kurs!"

Norman Gerber räusperte sich. „Echo-Charlie-Alfa-Lima-Kilo. Ich bin mit meiner Piper auf dem Weg von Palma de Mallorca nach Figari. Ich kann der Sturmfront auf meinem Kurs nicht ausweichen. Mein Steuerbordmotor verliert permanent an Drehzahl."

Die Stimme im Funkgerät schwieg für einige Sekunden. So lange wie ein korsischer Fluglotse benötigte, um einen offensichtlich komplett Übergeschnappten zu identifizieren. Und den Kopf darüber zu schütteln: Dieser Kamikaze steuerte mit seiner kleinen Kiste direkt in einen Sturm, der inzwischen den gesamten Süden der Insel bis weit auf das Tyrrhenische Meer im Westen hinaus verschluckt hatte und die Scheiben des Kontrollturms wie eine bis zum Anschlag aufgedrehte Dusche wässerte.

„Wir haben Sie auf dem Radar. Sie steuern direkt in das Zentrum der Sturmfront. Ich rate Ihnen dringend, nach Süden auszuweichen. Mit etwas Glück, können Sie Olbia noch erreichen."

„HAST DU TOMATEN AUF DEN OHREN, DU KORSISCHER ESELFICKER? Ich habe steuerbord kaum mehr Motorleistung und verliere ständig an Höhe."

Die Stimme aus dem Funkgerät verlor schlagartig ihre förmlich gelangweilte Ruhe und schlug in Wut um.

„Mann, versuchen Sie es! Der Sturm erreicht in seinem Zentrum Windgeschwindigkeiten von bis zu 160 km/h! Das kann Ihre Kiste kaum überstehen!"

In Norman Gerbers Stimme mischte sich Verzweiflung.

„Jetzt ist das Steuerbord-Triebwerk ganz ausgefallen!", schrie er in sein Mikrofon. „Ich kann den Kurs nicht länger halten und verliere beständig an Höhe. Es sind nur noch 1800 Fuß! ... 1750! ... 1700!"

Norman Gerber beobachtete abwechselnd den hektischen Zeiger des Höhenmessers und die nunmehr schwarze, von weißer Gischt durchzogene Wasseroberfläche, die sich rasch näherte. Er versuchte die Panik in seiner Stimme unter Kontrolle zu bringen. Was ihm nicht gelang.

„Ändern Sie Ihren Kurs! Ändern Sie Ihren Kurs! Verdammt noch mal! Drehen Sie auf Süd!", schrie die Stimme aus dem Funkgerät, die nun mindestens so panisch klang wie die des Piloten.

Die Flughöhe betrug inzwischen nur noch 600 Fuß. Tendenz schnell fallend. Der Pilot umklammerte die Griffhörner des Steuers fest, bis die Knöchel auf seinen Handrücken weiß hervorstanden. Es war so gut wie unmöglich, das Flugzeug stabil zu halten. Er begann immer stärker zu schwitzen.

„Ich schaffe es nicht", brüllte Norman Gerber in sein Mikrofon. Die Flughöhe war auf 350 Fuß gesunken. Die Oberfläche der See hatte sich in eine geifernde Monstrosität verwandelt, die tobend nach allem gierte, was nicht genügend Kraft aufbringen konnte, um sich in Sicherheit zu bringen.

Die Stimme aus dem Funkgerät war zu einem unverständlichen Stammeln zerfallen. Der Lotse im Tower des Flughafens Sud Corse starrte auf seinen Kontrollschirm und verfolgte den hellen Punkt, den das Flugzeug mit spanischer Kennung auf der schwarzen Fläche seines Kontrollschirms hinterließ. Der Akzent des Piloten deutete auf einen Deutschen hin. Auch wenn er ein ausgezeichnetes Englisch sprach. Ein besseres als der korsische Fluglotse. Der vergaß, einen Blick auf die große Uhr zu werfen, die über dem Kontrollpult hing, und konnte somit nicht nachvollziehen, wie lange es nach dem letzten verzweifelten Schrei des Piloten noch gedauert hatte, bis der Punkt auf dem Schirm etwa 30 Kilometer vor der Küstenlinie erloschen war.

Es schien eine Ewigkeit gedauert zu haben. Dann straffte sich der Lotse und löste Alarm aus.

Vorausgesetzt, es wäre Norman Gerber im Moment seines Aufpralls auf die Wasseroberfläche noch möglich gewesen, einen letzten Blick auf seine Uhr zu werfen, hätte sie ihm 17.01 Uhr angezeigt.

10. April 2014, 9.30 Uhr

Die Akte klatschte auf die Tischplatte und rutsche noch ein Stück weiter, bevor sie unmittelbar vor einem Paar gefalteter Hände zur Ruhe kam. Rufus Kowalski senkte den Blick auf das Konvolut. Er schätzte die Stärke auf mindestens fünf Fingerbreit. Sein Chef hatte ihm den Vorgang über den Besprechungstisch hinweg zugeschoben, an dem sie Platz genommen hatten.

„Norman Gerber" stand in großen Buchstaben auf dem Deckel. Darunter, in kleinen Lettern, die Nummer der Akte und der Strafsache, in der gegen Herrn Gerber ermittelt wurde. *Eines ist sicher*, dachte Kowalski, *wenn das Landeskriminalamt eine Akte Gerber zusammengestellt hat, die nun dick wie das Telefonbuch einer Großstadt vor mir liegt, ist das ein untrügliches Indiz dafür, dass sich Herr Gerber schlimmerer Missetaten schuldig gemacht hat, als sein Fahrzeug in einer Feuerwehrzufahrt abzustellen.* Je älter er wurde, desto weniger gab sich Rufus Kowalski Mühe, seinen eingefleischten Sarkasmus im Zaum zu halten. Er zog die Brauen hoch und musterte sein Gegenüber. Dessen Miene ließ keinen Zweifel daran, dass er kurz vor einer extrem unfrohen Reaktion stand.

„Muss ich das Kerlchen kennen?", fragte Kowalski und unternahm dabei keine Anstrengungen, das Desinteresse in seiner Stimme zu übertünchen. Er fixierte seinen Gesprächspartner. Rufus Kowalski hatte erst vor drei Tagen seinen Dienst im Dezernat 12 des Landeskriminalamts angetreten, für die er sich weiß Gott nicht freiwillig beworben hatte. Wirtschaft und das damit verbundene kriminelle Umfeld interessierten ihn „weniger als die Eier vom Papst", wie er in solchen Fällen zu betonen pflegte. Nicht einmal getreu seinem persönlichen Motto *man sollte alles einmal im Leben versucht haben*. Mit Ausnahme von Inzest und Volkstanz hatte er seinen Frieden mit dieser Versetzung schließen können. Auf der anderen Seite war er klug genug, die berufliche Alternativlosigkeit seiner Situation zu akzeptieren. Angesichts seiner privaten Vergangenheit und des riesigen Mists, den er zuletzt im Job gebaut hatte.

Viktor Korschinek belohnte den unwirschen Unterton in Kowalskis Antwort mit einem milden Lächeln und fixierte seinen Gast: Mitte 50, schlank, durchtrainiert, ein wenig nachlässig aber sauber gekleidet, mit langen grauen Haaren, die zurückgekämmt bis weit über den Kragen fielen. Kowalski erinnerte ihn stets an Jeff Bridges in dem Film „The Big Lebowski". Deshalb sprach er den Freund und Mitarbeiter in aufgeräumter Stimmung als „Dude" an. Der Kriminaloberrat, Leiter des Dezernats 12 „Ermittlung von Wirtschafts- und Computerkriminalität" beim Landeskriminalamt, kannte den Ersten Hauptkommissar und jüngsten Zugang seiner Abteilung nunmehr seit fast drei Jahrzehnten. Seit Rufus Kowalski seine Ausbildung an der Polizeifachhochschule begonnen hatte.

Viktor Korschinek war damals sein Ausbilder gewesen. Er hatte bei Kowalski schnell einen ambivalenten Charakter erkannt. Hochintelligent, enorm begabt, aber leider auch faul. Bis an eine Grenze, an der sich das Attribut „stinkend" zwingend aufdrängte. Auf der anderen Seite eigenwillig, unbeugsam und ohne jede Einschränkung loyal. Loyalität erachtete Viktor Korschinek als charakterliche Königsdisziplin. Wenn Kowalski zudem den Entschluss gefasst hatte, einen Fall zu lösen, begann er mit Akribie zu recherchieren, Spuren zu verfolgen und sich Verdächtigen an die Fersen zu heften, bis der Täter gefasst war. Bis jetzt hatte jeder Mörder, den Kowalski überführte, angesichts der erdrückenden Indizien, auch ein Geständnis abgelegt. Für einen Polizisten war das Geständnis des Täters das Ziel einer erfolgreichen Ermittlung. Einmal in Fahrt gebracht, scheute Kowalski keine Mühen und Anstrengungen, bis eine wasserdichte Lösung vorlag und sich ein weiterer schlechter Mensch für Jahre, wenn nicht gar für den Rest seines Lebens, kein Kopfzerbrechen mehr über die freie Wahl seines Aufenthaltsortes bereiten musste.

Im Alltag gebärdete sich Rufus Kowalski eher mürrisch und verschlossen. Insbesondere seitdem er private Schicksalsschläge zu bewältigen hatte, die niemand seinem Todfeind wünschte.

Dem Hauptkommissar haftete laut Personalakte der mehrfach fixierte Makel an, nicht gerade ein Teamspieler zu sein. Trotzdem sollte er künftig als Kommissionsleiter des Dezernats 12 einen Stellvertreter und mindestens vier Mitarbeiter führen. Was seinem neuen Vorgesetzten zum aktuellen Zeitpunkt Kopfschmerzen bereitete. Wenn es nach dem Oberstaatsanwalt gegangen wäre, hätte Kowalski froh sein können, wenn er als uniformierter Beamter in städtischen Anlagen den Leinenzwang für Hundehalter kontrollieren durfte. Aber aufgrund der Dienstzeit, seines Rangs und der Verdienste, die sich der Hauptkommissar in seinen Jahren als Mordermittler erworben hatte, durfte er seine „Bewährungsstrafe" als Kommissionsleiter bei der „Ermittlung von Wirtschafts- und Computerkriminalität" antreten. Nicht zuletzt hatten Kowalskis Ermittlungserfolge den Oberstaatsanwalt mehr als einmal gut aussehen lassen. Und das war genau die Karte gewesen, die Korschinek schlussendlich zum Schutz seines Freundes erfolgreich ausgespielt hatte.

Viktor Korschinek schätzte die Geradlinigkeit und Unbeugsamkeit Kowalskis, die nicht zuletzt Brücken zu seinem eigenen Charakter schlugen. Wie Kowalski zählte Viktor Korschinek zu jenen Zeitgenossen, die niemals die gerade Linie verließen. Oder sich frei nach Shakespeares „es beuge sich des Knie's Gelenke, wo Kriecherei Gewinn verspricht" zu verhalten, um einen persönlichen Vorteil vor die eigene Überzeugung zu stellen. Darum hatte er als Kriminaloberrat die höchste Stufe seiner Laufbahn erreicht. Ein Superbulle wie Korschinek hätte es mit einer Prise Opportunismus, einem gelegentlichen Friedenspfeifchen und einer diplomatischen Vorgehensweise lässig zum Leiter eines LKAs oder gar zum Polizeipräsidenten bringen können.

Von Rufus Kowalski unterschied sich Viktor Korschinek allerdings durch sein grundsätzlich sonnigeres Gemüt. Er trat im direkten Umgang mit Kollegen, Untergebenen und Vorgesetzten meist jovial auf und agierte fröhlich und ausgleichend. Mit diesen Wesenszügen schaffte er es, seine Unbeugsamkeit und den diamantharten Dickkopf charmant zu bemänteln. Das deutliche „Ja!" zur Lebensfreude des Kriminaloberrats hatte dabei ein Übriges geleistet, dass er mit nunmehr 63 Jahren – zwei Jahre vor der Pensionierung – eine Erscheinung bot, deren Linien ohne Zweifel ein gutes, sinnenfrohes Leben gezeichnet hatte. Ein dichter, fast weißer Haarschopf fiel ihm in natürlichen Wellen immer ein wenig zu weit über den Kragen. In Verbindung mit seinem Vollbart vermittelte der Oberkommissar einen altväterlichen, fast archaischen Eindruck. Nur Kollege Keller besaß die Chuzpe, seinen Chef gelegentlich als „Nikolausi" anzusprechen. Aber „Mad Max" war sowieso ein Sonderfall.

Über die gemeinsamen Jahre im Polizeidienst hatte Viktor Korschinek die Rolle eines Mentors in Kowalskis Dasein eingenommen und immer schützend die Hand über den Hauptkommissar gehalten. Vor allem wenn dieser wieder einmal Mist innerhalb oder außerhalb des Dienstes gebaut hatte. Besonders in den Jahren von Kowalskis Alkoholabhängigkeit.

Viktor Korschinek neigte seinen Oberkörper nach vorne, was den Nähten und Knöpfen seines blau-weiß gestreiften Hemds, das sich über seinen mächtigen Leib spannte, stumme Pein bereitete. Er verbreiterte für sein Gegenüber das nicht wirklich herzliche Lächeln.

„Es interessiert mich noch weniger als die Keimdrüsen des Pontifex Maximus, wie du in solchen Fällen gerne zu bemerken und wesentlich drastischer zu formulieren pflegst, ob du Norman Gerber kennst oder nicht. Wichtig ist nur: Du lernst ihn so schnell wie möglich kennen! Er ist nämlich dein erster Kunde in meinem Laden und ich empfehle dir gottverdammtem polnischen Dickschädel in aller Dringlichkeit, dich mit Herrn Gerber derart vertraut zu machen, dass du ihn in kürzester Zeit für deinen verdammten siamesischen Zwillingsbruder hältst. Ich habe es mir in meinen großen runden Kopf gesetzt, diese Schmierbacke in absehbarer Zeit an die Wand zu nageln und für mindestens ein Dutzend Sonntage hinter Gittern verschwinden zu lassen. Und zwar Ostersonntage", erklärte er gefährlich leise.

Er deutete mit dem fleischigen Zeigefinger seiner rechten Pranke auf die Akte vor Kowalski. Als junger Mann war Viktor Korschinek einer der besten Freistilringer des Landes gewesen. Natürlich in der Gewichtsklasse Schwergewicht. Und noch jenseits der 40 hatte er bei bundesweiten Polizeimeisterschaften mit jedem Gegner die Matte gewischt.

„Das ist nur die gottverdammte Personalakte dieses Puffmusikers. Wenn du die Fallakte anforderst, brauchst du einen Möbeltransporter." Viktor Korschinek schätzte eine direkte Sprache. Seine Lebenserfahrung hatte ihn gelehrt, dass sich die Deutlichkeit einer Ansprache umgekehrt proportional zum Potenzial möglicher Missverständnisse verhielt.

Rufus Kowalski kannte seinen Freund und künftigen Chef gut genug, um zu wissen, wann dieser die Spaßebene verlassen hatte. Genau in diesem Moment beispielsweise. Vor allem wenn Korschinek zum Begriff „polnischer Dickschädel" griff, war Vorsicht geboten. Kowalski hatte kein Problem damit, dass sein Name keinen Rückschluss auf eine Herkunft aus uraltem hanseatischen Geld- und Kaufmannsadels erlaubte. Sein Urururgroßvater Tadusz Kowalski war im späten 19. Jahrhundert der Armut und dem Hunger seiner polnischen Heimat entflohen, um im Kohlebergbau des Ruhrgebiets sein Auskommen zu finden. Er siedelte sich im Dortmunder Stadtteil Aplerbeck an, wo er eine Arbeit in der Zeche „Vereinigte Schürbank & Charlottenburg" fand, sich dauerhaft niederließ und seine Familie gründete. Noch Großvater Lech Kowalski, so erinnerte sich Rufus, hatte seine liebe Mühe mit der deutschen Grammatik gehabt, wenn er nach dem fünften Pils seinen Unmut über einen verhassten Mitmenschen zum Ausdruck brachte: „Er für mich pampig? Ich 'ne ein inne Fresse!"

Kowalski zog die Akte näher zu sich heran und schlug sie auf. Obenauf lagen ein Personalbogen und eine farbige Fotografie Gerbers im Format DIN-A4. Sie zeigte einen gutaussehenden Mann, Ende Dreißig, Anfang Vierzig. Seine Gesichtszüge kennzeichneten markante Wangenknochen und ein ausgeprägtes Kinn. Die vollen dunklen Haare waren akkurat geschnitten und nach hinten gegeelt. Gerber erinnerte Kowalski auf den ersten Blick ein bisschen an Errol Flynn. Allerdings ohne Oberlippenbärtchen. Eine verträgliche Prise vom Gecken begleitete die Ausstrahlung des Mannes, dessen

Physiognomie ein auf den ersten Blick unbestimmtes Element aufwies, das einen erfahrenen Ermittler wie Rufus Kowalski daran hinderte, sie mit einem sympathischen Menschen in Verbindung zu bringen. Er konzentrierte sich auf die dunklen Augen und konnte dieses Element plötzlich eindeutig bestimmen. Gerbers Augen blickten deutlich kälter, als es zum Lächeln des Gesichts gepasst hätte. Die Augen verströmten nicht den geringsten Hauch von Fröhlichkeit. Vielmehr vermittelten sie den Eindruck eines Raubtiers auf der Lauer. Der Abgebildete trug ein bordeauxrotes Polohemd von Lacoste und eine maisfarbene Bundfaltenhose aus Cord. Die Slipper hatten den gleichen Farbton wie das Polohemd, über die Schultern war ein weißer Tennispullover gelegt. Bevor Rufus Kowalski die Prüfung der Fotografie beendete, fiel ihm die dicke goldene Armbanduhr am linken Handgelenk Gerbers auf. Er tippte auf eine Rolex und war bereit, einen hohen Betrag darauf zu setzen, dass es sich dabei um eine Daytona handelte: Der Penner war ein Daytona-Mann. Der Wecker war gelbgold mit schwarzem Zifferblatt und die Lieblingsuhr so vieler wohlhabender Kurzschwänzchen mit Ego-Defiziten.

Rufus Kowalski hob den Blick wieder in Richtung seines Vorgesetzten, der sich eine Zigarre angezündet hatte. Genauer gesagt die Hälfte einer Zigarre. Viktor Korschinek rauchte bevorzugt italienische Toscani. Schwarz, stark und für einen „geheilten" Ex-Raucher wie Kowalski stinkend wie verbrannte Autoreifen. So kurz vor der Rente kümmerte Viktor Korschinek das generelle, strenge Rauchverbot in öffentlichen Gebäuden einen Dreck. Auf eine missbilligende Bemerkung des Leiters der Behörde hatte der Kriminaloberrat vor einiger Zeit mit dem Hinweis gekontert: „Sollten Sie Probleme damit haben, dass ich in meinem Büro gelegentlich eine qualme, dürfen Sie mir gerne bei vollem Pensionsanspruch einen Tritt in meinen breiten Hintern verpassen!" Kowalski hasste vor allem den abgestandenen Geruch des kalten Dampfs. Er hatte sich im Laufe der Zeit förmlich in den Raum und dessen Inventar gekrallt und sich über die Jahre wie eine Kruste über das Büro gelegt. Freilich ließ er sich aus Respekt vor dem

Freund nie etwas anmerken. Kowalski hielt den Zeitpunkt für günstig, das Schweigen zu beenden.

„Was hat Herr Gerber denn so Böses angestellt, dass er unsere geschätzte Aufmerksamkeit auf sich gelenkt hat? Mundraub? Wildpinkeln? Ich gehe sogar so weit, auf einen illegalen Handel mit klingonischen Disruptoren zu tippen. Ohne das Wissen der Admiralität der Sternenflotte?"

„Oh, viel, viel besser", grinste Korschinek. „Du wirst Meister Gerber lieben. Eine richtige kleine Raupe Nimmersatt. Rund 30.000 Anlegern hat er innerhalb von knapp sechs Jahren mindestens 900 Millionen Löcher in den Sparstrumpf gerissen, wenn ich das einmal so blumig umschreiben darf. Herr Gerber hat einen verdammt erfolgreichen Ponzi-Trick durchgezogen."

„What the fuck is a Ponzi-Trick?"

„Ein Betrugsmodell nach dem Schneeballsystem. Benannt nach dessen Erfinder, Charles Ponzi."

„Muss ich den kennen?"

Viktor Korschinek bescherte der unverändert maulig-freche Auftritt seines Mitarbeiters empfindliche Verluste seiner Contenance. Obwohl er in Kowalski einen Freund sah, konnte dessen Abwehrhaltung den Oberkriminalrat bis zur Weißglut reizen. Er legte deutlich mehr Verärgerung und Nachdruck in seine Stimme.

„Den MUSST du kennen, wie du noch sehr viel mehr in ganz kurzer Zeit kennenlernen MUSST. Bei mir läuft keine Micky-Maus-Nummer mit drei Monaten Probezeit. Nicht einmal drei Minuten. Genauso wenig verlebst du hier in meinem Dezernat einen überbezahlten Urlaub auf dem Ponyhof. Zumindest nicht, solange dieser Laden noch unter meinen Fittichen steht. Und dein Fleißkärtchenkasten ist im Moment leerer als die griechische Staatskasse. Also, erledige deine verdammten Hausaufgaben in den mannigfaltigen Künsten der Wirtschaftskriminalität so schnell wie möglich und vor allen Dingen gründlich.

Wenn das alles hier zu hoch für dich ist, dich zu überfordern droht oder am Ende sogar langweilen sollte, dann stehst du auf Zehenspitzen so tief in der Scheiße, bis sie Oberkante

Unterlippe schwappt. Eine Sekunde bevor das Signal zum Hinsetzen kommt. Dann war's das mit der Bullerei für dich und du bekommst nicht einmal mehr die Chance, wenigstens Knöllchen hinter die Scheibenwischer falsch geparkter Autos auf der Königsallee zu pinnen. Ich kann und will deinen Arsch nicht länger retten. Ganz abgesehen davon endet mein Dauerdienst als Schutzengel für einen hirtenblöden Hund wie dich in knapp zwei Jahren sowieso, wenn ich in Rente gehe. Haben wir uns richtig verstanden? Rekrut? Und das erste und letzte Wort, das ich ab sofort aus den dreckigen Mäulern von euch Maden hören möchte, ist ‚Sir'!"

„Sir, jawohl, Sir", rief Kowalski mit lauter Stimme. Wenn einer von ihnen ein unangenehmes Gesprächsthema mit einer Anspielung aus dem Bereich ihrer gemeinsamen Leidenschaft für Filme entschärfte, verzogen sich augenblicklich Gram, Hader und Zwist. „Full Metall Jacket" war einer von Korschineks Lieblingsfilmen. Besonders den ersten Teil über die Grundausbildung der Rekruten bei den Marines liebte der Kriminaloberrat.

Kowalski blickte seinen Vorgesetzten erwartungsvoll an. Der erwiderte den Blick.

„Was?"

„Herr Ponzi. Ich freue mich wie Bolle darauf, dass du mir seine Geschichte erzählst."

Dabei klimperte er verführerisch mit den Wimpern. Viktor Korschinek fuhr seine Laune weiter herunter.

„Ich kann mich nicht erinnern, eine Märchenstunde auf den Dienstplan gesetzt zu haben. Verzieh dich gefälligst an deinen schönen neuen Arbeitsplatz, der den Steuerzahler ein kleines Vermögen gekostet hat, und lies die Geschichte selbst nach. Ich habe der Gerber-Akte eine Kopie der Ponzi-Story beigefügt."

Rufus Kowalski stand mit einem militärisch-zackigen Ruck von seinem Stuhl auf, griff die Unterlagen, klemmte sie sich unter den rechten Arm und wandte sich zum Gehen. Dann entschloss er sich spontan, seinen Chef und Freund mit einem passenden Film-Zitat zu ehren. Er sprang auf den Tisch, salutierte und rief: „Oh Käpt'n, mein Käpt'n!"

Als er allein war, kehrte Viktor Korschinek vom Besprechungstisch zu seinem Schreibtisch zurück, nahm in seinem Bürosessel Platz und öffnete das Schubfach auf der rechten Seite. Mit der gleichen grimmigen Entschlossenheit, mit der er das allgemeine Rauchverbot in seinem Büro ignorierte, strafte er den Erlass des Behördenleiters mit Missachtung, der den Mitarbeitern des LKAs den Genuss von alkoholischen Getränken am Arbeitsplatz untersagte. Auf dem Boden des Schubfachs standen eine Flasche Calvados und ein halbes Dutzend Schwenker. Viktor Korschinek füllte einen davon mit einem knappen Fingerbreit des Apfelbrandes. *Nur einen wänzigen Schlock*, dachte er und nippte an dem Glas, während er sich zufrieden und genießerisch zurücklehnte und die Augen schloss.

Rückblende: März 2008

Bigelow Tanner III. erhob sich mit der majestätischen Schwerfälligkeit eines saturierten älteren Mannes aus dem gewaltigen Ledersessel hinter seinem Schreibtisch. Dabei schloss er reflexartig den goldenen Knopf seines mitternachtsblauen Blazers. Er beugte sich über seinen riesigen Schreibtisch, um seinem Gast die Hand zu reichen. So reflexartig das Schließen des Knopfs ausgefallen war, so automatisch hatte er in diesem Augenblick sein synthetisches Standardlächeln für alle wesentlichen Herausforderungen des Geschäftsbetriebs aufgesetzt.

Der junge Mann, dem der Geschäftsführer der europäischen Dependance von „Korman, Oggelthorpe & Finch est. 1782" die Hand zum Gruß anbot, war gut einen Meter achtzig groß, sportlich und schlank. Regelmäßiges Krafttraining hatte seine Schultern geformt. Er trug einen maßgeschneiderten Zweireiher aus dunkelgrauem Wollstoff. Die Töne des hellblauen Hemds und der dunkelblauen Seidenkrawatte waren perfekt aufeinander abgestimmt. Bigelow Tanner registrierte wohlwollend den makellosen Sitz des Krawattenknotens. Er hasste schiefe oder schlecht geknüpfte Binder beinahe noch mehr als einen Fehlbetrag nach Kassenschluss.

Während er sich wieder in seinen Sessel sinken ließ, wies er seinem Gast mit einer knappen Geste der Rechten den Besucherstuhl an. Er räusperte sich.

„Sie sind also Norman Gerber?"

Sein Gegenüber nickte mit einem gewinnenden, breiten Lächeln, dem ein makelloser Zahnstand in blendendem Weiß Wertigkeit verlieh. Norman Gerber hatte eine Maske aufmerksamer Freundlichkeit aufgesetzt, die er in zahllosen Stunden vor dem Badezimmerspiegel seines Appartements perfektioniert hatte. Für Bigelow Tanner hatte er tatsächlich nichts als Verachtung übrig. Der Druck der weichen kraftlosen Hand, deren Fläche zudem ungebührlich feucht gewesen war, erfüllte ihn mit anhaltendem Ekel. Aber der Ami, der die Sechzig lange überschritten haben musste, war nun einmal sein Boss. Und nicht nur das, er war auch der Schwager von Burlington M. Hayes, dem amtierenden CEO und Hauptaktionär der mehr als 200 Jahre alten amerikanischen Privatbank, für die Norman Gerber seit fast sechs Jahren arbeitete.

Während Tanner seinen Blick von seinem Gast abwandte, um sich zu sammeln, ließ Gerber den Blick über den Schreibtisch gleiten, dessen Anfertigung den Mahagonibaum an den Rand der Aufnahme in die Liste bedrohter Arten geführt haben musste. Die polierte Oberfläche von der Größe einer Tischtennisplatte glänzte makellos wie eine Glasscheibe und war praktisch leer. Direkt vor Tanner breitete sich eine Schreibunterlage aus dunkelgrünem Leder mit einer golden geprägten Einfassung aus. In zwei Zentimeter Abstand von der oberen Kante der Schreibtischunterlage ruhte ein schwarzer Füllfederhalter mit fein ziselierten Verzierungen aus Gold. Eines jener Modelle von Montblanc, mit denen Präsidenten, Potentaten und Diktatoren Kriegserklärungen und Befehle zum Völkermord zu unterzeichnen pflegten. Links von Tanner hatte die Telefonanlage ihren Platz, dahinter ein Flachbildschirm mit 24 Zoll Bilddiagonale, der deaktiviert war. Auf der anderen Seite des Tischs standen mehrere Art Déco-Bilderrahmen aus massivem Neusilber von grenzwertigem Geschmack. Keine Originale, wie Gerber mit sicherem Blick erkannte. Die Bilder, soweit sie der Gast von seiner Sitzposition aus einsehen konnte, zeigten 25 Jahre jüngere Ausgaben von Bigelow Tanner III., Burlington M. Hayes und Ronald Reagan beim freundschaftlichen Händedruck vor einer amerikanischen Flagge im Oval Office des Weißen Hauses. Daneben erkannte Gerber das schwarzweiße Halbportrait einer älteren Frau mit weißen, im Stil der Sechziger hoch toupierten Haaren. Sie trug eine weiße Bluse unter einer dunklen Kostümjacke und eine Kette aus Perlen um den Hals, die den Durchmesser von Murmeln aufwiesen, mit denen er als Kind gespielt hatte. Der Gesichtsausdruck der Frau, bei der es sich um Abigail Tanner, die Gattin seines Chefs handeln musste, belegte, dass sie bei der Erfindung des heißen Wassers unter keinen Umständen den entscheidenden Impuls geliefert hatte.

Rechts davon, für den Gast gut einsehbar, umrahmte das gediegene Silber die steinerweichend gestellte Porträtaufnahme einer jungen Frau, Ende Zwanzig bis Anfang Dreißig. Das Menschenkind erschien Gerber derart unattraktiv, ja hässlich, dass es jedem heterosexuell orientierten Mann die Zehennägel aufrollen musste. Bei der Abgebildeten handelte es sich unzweifelhaft um Priscilla Tanner, einziges und unverheiratetes Kind von Bigelow und Abigail Tanner. *Was für ein abgehängtes Karussell*, dachte Norman Gerber.

Tanner sprach ein beinahe akzentfreies Deutsch und genoss in der Brache einen tadellosen Ruf als seriöser Banker alter Schule. Aus dem Umstand, dass der Amerikaner mit seinem vollen weißen Haar einen Blazer trug und statt einer Krawatte ein goldgelbes Seidentuch mit dunklen Punkten zum weißen Hemd, schloss Norman Gerber, dass der Boss von „Korman, Oggelthorpe & Finch est. 1782, Europe" heute keinen weiteren Kunden mehr empfangen würde.

Dem jungen Mann gelang es erfolgreich sein Unbehagen zu verbergen. Es hatte ihn in dem Moment beschlichen, als Frau Rademacher, die Sekretärin Tanners, ihn telefonisch einberufen hatte. Derart knapp formuliert, war die Anweisung eher einem militärischen Einsatzbefehl nahegekommen. Gerber hatte keine Ahnung, warum der Vorstandsvorsitzende ihn so spät am Nachmittag sehen wollte. Vor seinem inneren Auge ließ er die letzten Monate Revue passieren und hoffte, einen Fehler zu entdecken, der ihm unterlaufen war, um gegen eventuelle Vorwürfe noch entsprechende Ausflüchte formulieren zu können. Ein erfolgloses Unterfangen, das Gerbers Unruhe verstärkt hatte.

Tanner drückte auf den Knopf seiner Sprechanlage. Sekunden später schwebte Frau Rademacher in ihrer unnahbaren Alterslosigkeit sowie gedecktem Schneiderkostüm auf gleichermaßen teurem wie bequemem Schuhwerk in den Raum.

„Margarete, würden Sie uns bitte einen Kaffee bringen?"

Bigelow Tanner wandte sich an Norman Gerber, nachdem er die Bitte an seine Sekretärin geäußert hatte.

„Sie nehmen doch einen Kaffee?"
Norman Gerber nickte mit einem verbindlichen Lächeln.
„Bitte schwarz. Ohne Milch und Zucker. Vielen Dank."
„Wunderbar. Meinen wie üblich. Vielen Dank, Frau Rademacher."
Koffeinfrei, lauwarm, läpprig, mit viel Milch und Zucker, schoss es Norman Gerber sarkastisch durch den Kopf. Und mit einem Nougat-Igelchen auf der Untertasse. Für später. Als Belohnung für das kleine Mädchen auf dem Spielplatz. Wenn es lieb zum Zauberer gewesen ist. Und versprochen hat, sein Geheimnis nicht zu verraten.

Bigelow Tanner warf einen Blick auf seine Uhr, die sein Mitarbeiter als Kenner sofort als „Lange 1 Zeitzone" aus Platin identifizierte: Die Zwiebel musste mindestens 30.000 Euronen gekostet haben. Tanner lächelte seinem Gast zu und strengte sich dabei redlich an, seiner mimischen Bemühung einen Anflug von Konspiration zu verleihen.

„Es ist fast 17 Uhr. Da könnten wir uns vielleicht noch einen kleinen Cognac zu unserem Kaffee gönnen. Was meinen Sie, Norman? Ich darf Sie doch Norman nennen?"

Gerber entspannte sich und nickte erleichtert. *Wenn Tanner mich mit Vornamen ansprechen und mit mir einen Gebäudereiniger bröseln will, habe ich mit Sicherheit keinen Mist gebaut.* Er nickte seinem Boss zu.

Nachdem der Kaffee serviert war, drehte sich Bigelow Tanner mit seinem Stuhl zu einem Schränkchen in seinem Rücken um, das Gerber aus der Epoche des Louis-seize identifizierte. Er stammte aus gutem Hause und war entsprechend bewandert in Details materieller Wertigkeiten und ihrer Herkunft aus den unterschiedlichen Stilepochen. Nicht zuletzt deshalb hatte er sich dazu entschlossen, nach seiner Bundeswehrdienstzeit seine Laufbahn in Richtung Bankgewerbe zu lenken. Sie schien die einzige, die ihm die Chancen bieten konnte, reich zu werden, die Schmach der Pleite seines Vaters zu tilgen und an all die Dinge im Leben zu gelangen, die schön und teuer waren. Dazu zählte Norman Gerber: Goldene sportliche Uhren, antike Möbel, edle Getränke, vielgängige Menüfolgen in Sterne-Restaurants, maßgeschneiderte

Kleidung, handgefertigte Budapester aus Pferdeleder und Sportwagen. Am besten von Porsche. *Und natürlich jede Menge unersättliche Muschis*, schloss Gerber seine Gedanken.

Sein Vorgesetzter hatte das Schränkchen, das ihm als Bar diente, geöffnet, zwei Flaschen herausgenommen und so vor Norman Gerber auf dem Schreibtisch aufgebaut, dass dieser die Etiketten erkennen konnte. „Vom wirklich Allerfeinsten", stellte der junge Mann fest. Links sah er einen „Alambic Classique" von 1953. Ein Cuvée aus mehreren Grand Champagne Cognacs mit 45,5 Umdrehungen. Rechts entdeckte er eine echte Rakete: Einen „A.E.DOR Vieille Reserve No 10", Jahrgang 1922. 41,5 Umdrehungen. *Wenn Gott am sechsten Schöpfungstag ein besserer Job geglückt wäre, hätte er sein Werk mit diesem Tropfen angemessen feierlich begießen können*, schoss es Gerber durch den Kopf.

Während Norman Gerber die Flaschen prüfte, kam er einmal mehr zu dem Schluss, dass Tanner ein verdammter Schmock war. Einer, der unverhüllt mit Reichtum und dessen Insignien protzte, indem er einem kleinen, vor zwei Stunden noch gänzlich anonymen Angestellten diese Buddeln vor die Nase setzte. Gerber legte die Quote einer Wette mit sich selbst auf 50:1 fest, Tanner als Hochleistungs-Schmock entlarvt zu haben. Ein Connaisseur mit Stil hätte den Cognac in Kristallkaraffen anonymisiert. Während Gerber die Flaschen betrachtete, ihren Wert treffsicher auf 350, beziehungsweise knapp 1000 Euro taxierte, hatte sich Bigelow Tanner erhoben und aus einem Sideboard an der rechten Wand des Büros die größten Glasschwenker entnommen, die Norman Gerber je gesehen hatte.

„Von welchem darf ich Ihnen einschenken?", fragte Tanner mit der Jovialität eines guten Onkels, der sich einem kleinen blondbezopften Mädchen mit einer Tüte Nougat-Igeln näherte. *Bischt du der Zauberer?*, dachte Norman Gerber und grinste innerlich, während sich sein Chef vor seinem inneren Auge in Gerd Fröbe verwandelte, der den Kindermörder in „Es geschah am helllichten Tag" so unnachahmlich pervers verkörpert hatte. In der Bank kursierten eindeutige Gerüchte über Tanners Hang zu kleinen Mädchen und Jungs. In Norman Gerbers Agenda seiner Karriereplanung waren entsprechende Recherchen fest eingeplant, um diese Gerüchte mit Fakten zu untermauern. Solches Wissen verhielt sich zu künftiger Macht und Einfluss wie Materie zu Energie. Frei nach Albert Einsteins Relativitätstheorie.

„Bitte, treffen Sie die Entscheidung, Sir. Ich bin Ihr Gast." Norman Gerber lächelte so herzlich wie ein Staubsaugervertreter, nachdem die Hausfrau die Tür geöffnet hatte.

„Wie Sie meinen, Norman." Tanner griff zum 22er und ließ zwei ordentliche Portionen über den Rand in die Gläser gleiten, der dünn wie ein Insektenflügel schimmerte. *Auf dieses Wahlergebnis hätte ich meinen Arsch verwettet*, grinste Gerber innerlich.

„Kennen Sie sich ein wenig mit Cognac aus?", fragte Tanner.

Darauf kannst du Zement scheißen, du Schwanzlurch, dachte Norman Gerber. Was glaubst du, mit was sich meine Alten ihr Hirn und unser Vermögen weggesoffen haben?

„Ein wenig, Sir." Dazu glückte ihm ein verbindliches, freundliches Lächeln frei von jeglichem Arg. „Diese wirklich bemerkenswerten Tropfen bewegen sich jedoch weit außerhalb meiner finanziellen Möglichkeit. Zumindest derzeit noch. Und zu meinem größten Bedauern, wie ich betonen möchte."

Gerber bettete den Stil des Schwenkers, den ihm sein Vorgesetzter inzwischen gereicht hatte, zwischen Mittel- und Ringfinger der Linken und versetzte die dunkelbraune Flüssigkeit in eine sanfte Drehbewegung. Er schloss die Augen und hielt sich das Glas unter die Nase. *Helm ab zum Gebet!* Die voluminösen Aromen und die pralle Fülle des fast 90 Jahre alten Cognacs explodierten förmlich auf seinen Schleimhäuten. *Darum geht es wirklich im Leben*, schoss es ihm durch den Kopf. Er führte das Glas an seinen Mund und erlaubte dem Inhalt tropfenweise auf seine Zunge zu fallen. Er hob innerlich ab, als deren Geschmacksknospen ausflippten: *Himmel, Arsch und Wolkenbruch. Von diesem Stoff bitte einen ganzen Anzug!*

„Der Hinweis auf Ihre finanzielle Situation liefert einen vortrefflichen Einstieg in unser Gespräch, das nun einen durchaus offiziellen Charakter annehmen sollte. Sie traten im Juni 2002 bei uns ein und waren in den letzten beiden Jahren für das Haus als Finanzberater tätig. Für ein jährliches Salär von 55.000 Euro, wie ich Ihrer Personalakte entnommen habe. Zuzüglich Boni und Gratifikationen, die Ihnen im Schnitt noch einmal rund 40.000 Euro per Annum eingebracht haben. In Anbetracht Ihres Einsatzes und der daraus resultierenden respektablen Erfolge, halte ich es nunmehr für an der Zeit und für angemessen, Ihnen die entsprechende Wertschätzung von „Korman, Oggelthorpe & Finch" für Ihr Engagement angedeihen zu lassen."

Bigelow Tanner unterbrach seinen Monolog, um an seinem Cognac zu nippen.

„Wie Sie wissen, pflegt unser traditionsreiches Haus nicht die bedenklichen Gepflogenheiten der Branche, ihre Mitarbeiter in der Finanzdienstleistung gleich nach dem ersten Abschluss mit unangemessen hohen Boni in sechs- oder gar siebenstelliger Höhe zu überschütten. Wir sind der Meinung, ein solches Gebaren korrumpiert einen Mitarbeiter im Zweifelsfall viel zu leicht und verleitet ihn am Ende dazu, sein eigenes Interesse über das unserer Kunden zu stellen. Wer dagegen seine Bereitschaft unter Beweis stellt, sich für ein vergleichsweise bescheidenes Salär bei „Korman, Oggelthorpe & Finch" ins Zeug zu legen, zeigt damit nicht zuletzt Loyalität und Weitblick. Wir sind in Ihrem Fall zu der Ansicht gelangt, dass die durch Ihr erfolgreiches Engagement belegte Loyalität mit einer deutlichen Verbesserung Ihres Einkommens vergütet werden sollte. Ab sofort verdoppeln sich Ihre jährlichen Bezüge auf 110.000 Euro."

Tanner brach ab, um seine Worte wirken zu lassen. Norman Gerber hatte bei der Nennung der neuen Gehaltssumme sichtbar nach Luft geschnappt und einen ungebührlich großen Schluck seines Cognacs zu sich genommen. Er entschloss sich zu einem Strahlen, was ihm mit mehr Aufrichtigkeit gelang als alle anderen mimischen Anstrengungen geheuchelter Freundlichkeit, die er zur Schau getragen hatte, seit er dieses Büro betreten hatte.

„Was soll ich sagen, Sir? Ich bin sprachlos. Meinen aufrichtigen Dank. Ich werde als Gegenleistung meine Anstrengungen verdoppeln, um Sie nicht zu enttäuschen."

„Das freut mich. Das freut mich. Sie werden sich künftig verstärkt dem Geschäft mit Derivaten widmen. Sie erhalten zu Ihrer Entlastung eine Gruppe von freischaffenden Untervermittlern für das Tagesgeschäft. Von deren Provisionen stehen Ihnen 30 Prozent zu. Ich müsste mich schwer in Ihnen täuschen, wenn es Ihnen nicht gelingen sollte, binnen Ihrer Jahresfrist ihr Einkommen zu verdreifachen."

Die Männer standen auf, reichten sich die Hand und erhoben die Schwenker, die wie gläserne Luftballons über ihren linken Handflächen schwebten.

„Auf Ihren Erfolg und auf das weiterhin blühende Gedeihen unseres Hauses."

Bigelow Tanner gelang es, Norman Gerber mit seiner pathetischen Stimmung anzustecken. Gerber hatte einen bedeutenden Schritt geschafft. Nicht nur wegen der erfreulichen Verbesserung seines Einkommens, sondern weil sich mit dem Einstieg in den Handel mit Derivaten neue Möglichkeiten boten, die er in jedem Falle nutzen wollte. Weniger zum Wohl von „Korman, Oggelthorpe & Finch". Das ging ihm sonst wo vorbei. Bereits in jungen Jahren hatte Norman Gerber beschlossen, für den Rest seiner Tage ausschließlich das eigene Wohl im Auge zu behalten. Komme was da wolle. In dem Moment, als der letzte Tropfen des alten Cognacs seine Kehle hinabrann, bekräftige er den Vorsatz, diese Pläne konsequent in die Tat umzusetzen.

10. April 2014, 11.30 Uhr

„Frukade oder Eierlikör?"

Rufus Kowalski hob den Kopf. Er hatte sich derart in die Personalakte von Norman Gerber vertieft, dass er nicht bemerkt hatte, wie einer der neuen Mitarbeiter seiner Kommission an seinen Schreibtisch getreten war. Kriminaloberkommissar Maximilian Keller hielt in der rechten Hand eine weiße Thermoskanne, die faden Kaffeegeruch verströmte. In der Linken eine gläserne mit schwarzem Tee, die einen intensiven Rauchgeruch verströmte. *Lapsang Souchong*, dachte Kowalski und schüttelte den Kopf.

„Sorry, war einer meiner schrägen Gags, die sowieso keiner kapiert. Ich meinte, hätten Sie gerne 'n Käffchen oder lieber 'ne Tasse Tee? Guter Stoff aus meinem persönlichen Bestand", zuckte Keller gelassen mit den Schultern.

„Vielen Dank. Ich bleib' meiner Milch im Kühlschrank treu."

Maximilian Keller drehte sich um. Rufus Kowalski hatte noch nie zuvor einen vergleichbaren Mitarbeiter, beziehungsweise Kollegen erlebt. Zumindest was die äußerliche Erscheinung anbelangte. Der Kommissar war vielleicht Mitte Dreißig und passte nach äußerlichen Kriterien zur Polizei wie eine Mozartkugel auf eine Pizza Diavolo.

Keller, den alle nur Max nannten und hinter seinem Rücken oft mit dem Spitznamen „Sad Max" belegten, weil er wie die personifizierte traurige Gestalt auftrat, war klein, kaum größer als 1,65 Meter, schmächtig und allenfalls für einen schlecht eingeschenkten Zentner auf der Waage gut. Mit dicker Brille und einem Kopf, der im Verhältnis zu seiner zierlichen Gestalt viel zu groß wirkte. Trotz seiner jungen Jahre trug Maximilian Keller bereits eine Vollglatze. Nur ein schmaler Kranz dünner rotblonder Haare, der offensichtlich noch nie von professioneller Hand in Fasson geschnitten worden war, trennte den Schädel vom Hals.

So endet eine Haarpracht auf dem Kragen nur dann, wenn Mutti sie aus Gründen der Sparsamkeit persönlich mit der Nagelschere trimmt, hatte Kowalski gedacht, als ihn Viktor Korschinek mit seinem neuen Kollegen bekannt gemacht hatte. Es hätte ihn nicht gewundert, wenn Keller sich bereits bei ihrer ersten Begegnung zu einer unverbrüchlichen Lebensgemeinschaft mit dem verehrten Fräulein Mutter bekannt hätte. Kowalski interessierte sich jedoch generell nicht die Bohne für die Lebensumstände seiner Mitmenschen. Er sah sich da in der Tradition Friedrich des Großen und dessen Wahlspruch „Suum Cuique". Jedem das Seine. *Was spielt es für eine Rolle, ob ein offensichtlicher Loser wie Keller mit 13 ein Keuschheitsgelübde abgelegt hat, weil er davon träumt, von Meister Yoda persönlich zum Jedi-Ritter ausgebildet zu werden?*

Eine Brille mit Gläsern, die dick genug waren, um Marsmännchen in ihrem natürlichen Lebensraum zu beobachten, und ein selbstgestrickter dunkelbrauner Pullunder vervollständigten das äußerliche Klischee des Mamasöhnchens, Stubenhockers und Bücherwurms. Bei näherer Betrachtung passte zu Keller weniger das Bild eines Nerds. Er vermittelte vielmehr etwas Altmodisches, etwas, was ihn als Figur in einem Gemälde von Spitzweg qualifizieren konnte.

Rufus Kowalski sah Keller hinterher. Noch konnte er sich kein umfassendes Bild von seinem Assistenten machen. Er würde auf jeden Fall niemals den Spitznamen „Sad Max" verwenden. Wer trank sonst schon Lapsang Souchong? Oder benutzte die Anrede „Frukade oder Eierlikör?" So hatte der Moderator der kultigen Talkshow „Phettbergs Nette Leit Show" des österreichischen Fernsehens Mitte der Neunziger seine Gäste begrüßt. Kowalski hatte die Show wegen des mega-schrägen Gastgebers Hermes Phettberg geliebt.

Den Hauptkommissar beschlich das Gefühl, als Vorgesetzter ein wenig Konversation in Gang setzen zu müssen, um das Eis zu brechen. Er musterte seinen neuen Assistenten wie ein Entomologe eine bislang unentdeckte Insektenart. Keller trug unter seinem Pullunder einen Rollkragenpullover. In einem Farbspiel, das Hundebesitzern von dem Moment an vertraut ist, in dem ihr vierbeiniger Freund erstmals einen ausgedehnten Dünnpfiff auf die Auslegeware in der guten Stube gelöst hat. Dazu eine formlose Hose aus einem formlosen Gewebe in einem formlosen Mausgrau, in deren Enden der Hosenbeine gestern noch jeweils eine Wäscheklammer gesteckt hatte. Kowalski rief seinem Assistenten, der wieder an seinem eigenen Tisch Platz genommen hatte und über Akten gebeugt war, zu: „Herr Keller, sagt Ihnen Charles Ponzi etwas?"

Keller hob den Kopf.

„Ponzi? Klar sagt mir der Name etwas. Er ist so etwas wie der Schutzheilige aller Nepper, Schlepper und Bauernfänger."

Er stand mit seiner Tasse in der Hand auf und trat erneut an Kowalskis Schreibtisch. Ohne auf eine Aufforderung zu warten, ließ er sich auf dem Besucherstuhl nieder.

„Was wollen Sie über den Mann wissen?"

Einer spontanen Eingebung nachgebend, hielt Kowalski Maximilian Keller die Rechte hin.

„Wir sind nun Kollegen. Vereint in einem Büro und im immerwährenden Kampf gegen das Böse in dieser Welt. Lassen wir das mit dem ‚Sie'. Mein Name ist Rufus."

Eine tomatenrote Welle wogte über die pigmentarme Kopfhaut Maximilian Kellers. Kraftlos legte er seine zierliche, mädchenhafte Rechte wie einen kalten feuchten Waschlappen in die seines Vorgesetzten.

„Maximilian, aber alle nennen mich Max", erklärte er.

„Gut, dass wir das geklärt haben. Ich will alles über Mister Ponzi wissen."

Keller straffte sich und begann sachlich zu dozieren: „Ponzi hat den gewerbsmäßigen Betrug nach dem Schneeballprinzip quasi erfunden."

„Also hohe Gewinne versprechen und die älteren Investoren mit den Einlagen der neuen Anleger bedienen?"

„Richtig. Charles Ponzi, wurde am 3. März 1882 im italienischen Parma geboren. Da Carlo Pietro Giovanni Guglielmo Teobaldo Ponzi in der Welt des würzig geräucherten Schinkens, der seiner Heimatstadt über ihre Grenzen hinaus Berühmtheit verschafft hatte, wohl keinen Platz für sich finden konnte oder wollte, emigrierte er 1903 in die Vereinigten Staa-

ten. Mit umgerechnet zweieinhalb Dollar in der Tasche. Er versuchte sein Glück in der Gastronomie und begann seine Karriere mit dem amerikanischen Klassiker, als Tellerwäscher. Um auf der Karriereleiter zum Millionär ein paar Sprossen zu überspringen, versuchte er es mit verschiedenen Betrugsdelikten. Ponzi flog auf und fiel erstmals auf die Schnauze."
Keller hüstelte. Der für ihn ungewohnt lange Monolog hatte seinen Mund ausgetrocknet. Er nippte an seinem Tee, räusperte sich und fuhr fort.

„1907 fand Ponzi in Montreal einen Job in einer Bank, die ein Landsmann namens Luigi Zarossi leitete. Dieser bot italienischen Einwanderern das Doppelte des üblichen Zinssatzes von drei Prozent für ihre Einlagen und beglich die Zinsen auf Kundennachfrage aus anderen Konten. Bevor die Polizei Zarossi kassieren konnte, hatte er sich bereits Richtung Mexiko in Sicherheit gebracht. Ponzi ließ sich dennoch vom Geschäftsgebaren seines ehemaligen Arbeitgebers inspirieren und forcierte sein betrügerisches Engagement. Nach dem Prinzip ‚learning by doing'. Und da auch in der Welt des professionellen Betrugs noch kein Meister vom Himmel gefallen ist, landete Ponzi mehrfach im Bau. 1920 kam er schließlich wieder einmal aus dem Knast und versuchte sich mit dem Verkauf von Branchenbüchern und Katalogen über Wasser zu halten. Bevor sein Auftraggeber Pleite ging, erhielt Ponzi eine Anfrage nach einem bestimmten Katalog aus Spanien. Dieser Anfrage war ein internationaler Antwortschein beigelegt. Das Dokument, das damals für einen bestimmten Betrag bei einer jeweiligen nationalen Post gekauft werden musste, diente seit dem 19. Jahrhundert als Zahlungsmittel für den Wert einer Sendung – in diesem Fall ein Buch –, die über Landesgrenzen hinweg verschickt wurde. Sendungen per Nachnahme funktionierten damals mit unterschiedlichen Währungen nicht. Der Wert eines Antwortscheins war an die Währung des Landes gebunden, aus der der jeweilige Schein stammte. Seit Beginn des 20. Jahrhunderts verloren europäische Währungen gegenüber dem US-Dollar drastisch an Wert.

In Europa kostete spätestens nach Ende des Ersten Weltkriegs ein internationaler Zahlschein nur einen winzigen

Bruchteil dessen, was sich beim Einlösen in den USA erzielen ließ. Dazu ein Beispiel: 1920 bezahlte ein Spanier für einen Schein, der in den Vereinigten Staaten sechs Cent wert war, gerade einen. Dass sich mit dem Handel dieser Scheine de facto nicht wirklich ein profitables Geschäft aufziehen ließ, lag an den viel zu langen Laufzeiten von Postsendungen zwischen verschiedenen Ländern oder gar Kontinenten. Darüber hinaus hatte die Bürokratie des internationalen Postverkehrs zwei Jahre nach Ende des Weltkriegs Hürden errichtet, die in der Praxis größere Geschäfte mit solchen Scheinen verhinderten."

„Gut, aber wenn der Handel mit den Scheinen in der Praxis nicht funktionierte, wo war dann der Witz an der Sache?", unterbrach Rufus ihn.

Keller räusperte sich einmal mehr, trank und ergab sich wieder seinem Redefluss, der beträchtlich an Schwung und Routine gewonnen hatte.

„Ponzi erkannte, dass niemand in seiner Heimat eine Vorstellung von den Problemen mit den Laufzeiten und bürokratischen Hürden hatte. Darum gründete er in Boston eine eigene Firma. Sein Geschäftsmodell: Er lockte Kunden mit dem Versprechen, diese Scheine in großem Stil in der alten Welt zu erwerben, und dann in den USA den entsprechenden Profit aus dem Differenzbetrag einzustreichen. Ponzi bürgte mit seiner ‚Security Exchange Company' für die professionelle Abwicklung. Für jeden investierten Cent fünf Cent als Gewinn zu erlösen – und das mit dem Handel von höchst offiziellen Papieren – überzeugte auch die ganz Schwachen in den Künsten der Arithmetik. Vor allem wenn's die Menge machte. Auf dieser Grundlage entwickelte Ponzi sein Renditeversprechen für potentielle Investoren. Er versprach 50 Prozent Zinsen innerhalb von 45 Tagen für das angelegte Kapital und die Verdoppelung der Einlage für eine dreimonatige Anlage. Bestand tatsächlich ein Anleger auf die Auszahlung seines Gewinns, zeigte sich Ponzi vertragstreu und schüttete den Gewinn aus. Die gewaltigen Erlöse elektrisierten Anleger förmlich. In der Regel ließen sie Kapital und Gewinne stehen. Alle 90 Tage eine Verdoppelung der ursprünglich investierten Summe? Das wollte sich niemand entgehen lassen.

Die Anleger rannten Ponzi im wahrsten Sinn des Wortes die Bude ein. Nach kürzester Zeit waren es bereits rund 40.000 Kunden. Hauptsächlich kleine Leute, die in vielen Fällen Haus und Hof versetzt hatten und die zur Not noch eine Hypothek auf das Vogelhäuschen aufnahmen, damit sich der Erlös innerhalb von drei Monaten verdoppeln konnte. Binnen weniger Monate hatte Ponzi 15 Millionen Dollar abgezockt. Nur zum Verständnis, ein neuer Ford T kostete damals in den USA keine 400 Dollar. Nach heutiger Kaufkraft betrug Ponzis Beute zwischen 300 Millionen und einer halben Milliarde Dollar."

Maximilian Keller benötigte wieder eine kurze Pause, um zu trinken. Kowalski musste über den Stil von Kellers Erzählung innerlich schmunzeln. *Ein Bulle mit Humor? Eigentlich so unwahrscheinlich wie Jungfer Grete als Feger vorm Freudenhaus.* Bevor er seinen Assistenten ermuntern musste fortzufahren, sprach Keller weiter:

„Schnell summierten sich Ponzis Einnahmen auf tausende von Dollars pro Tag. Nach wenigen Monaten florierte das kleine Geschäft in guter Lage derart prächtig, dass es dem Unternehmer bis zu einer Million am Tag in die Kasse spülte. In mehr oder weniger kleinen Scheinen. Ponzis ‚Security Exchange Company' war in simplen Büroräumen untergebracht. Ohne Möglichkeit, große Bargeldsummen professionell zu lagern. Und schon gar nicht in Kubikmetern. Der Laden muss wie Onkel Dagoberts Geldspeicher ausgesehen haben. Die schiere Menge der Greenbacks stapelten sich meterhoch. Als Ponzi einen Kunden, der seine Gewinnauszahlung verlangte, spontan nicht bedienen konnte oder wollte, lenkte dieser aus Verärgerung das Interesse der Medien auf Ponzi. Immer mehr Kunden wollten daraufhin ihr Geld zurück, das der so rege Geschäftsmann auch in beachtlichem Stil auszahlte. Aber dann trat jene Institution auf den Plan, die Betrügern in 99 von 99 Fällen das Genick bricht."

Kowalski hob fragend die Brauen, um die Kunstpause zu beenden, die Keller offensichtlich zur Steigerung der Spannung einlegte.

„Na das Finanzamt. Der Fiskus nahm Ponzis Vermögen unter die Lupe und kam zu dem Ergebnis, dass er bei seinen Umsätzen mindestens 160 Millionen Scheine angekauft haben musste. Tatsächlich waren nur ein paar Tausend im Umlauf. Im Büro fanden sich noch 1,5 von ursprünglich mindestens 15 Millionen Dollar. Damit hätte man sich's 1920 auch noch ein bisserl nett einrichten können. Ponzi schloss den Saldo seiner ‚Security Exchange Company' mit 14 Jahren Knast ab."

„Es gibt doch hoffentlich kein Happy End bei der Geschichte?"

„Nö. Nich wirklich. Nach der Entlassung setzte Ponzi auf ein weiteres, noch viel bekloppteres Pyramidenspiel. Er wechselte ins Immobiliengeschäft. In Florida fand er Land, das für 16 Dollar pro Hektar wohlfeil war. Ponzi parzellierte jeden Hektar in 23 Einheiten und verkaufte die einzelne Parzelle für zehn Dollar. Das machte so round about 1500 Prozent Profit in wenigen Tagen. Dieses Wunder der Amortisation, das die biblische Speisung der 5000 mit Fischsemmeln und Schoppenweinchen zum Taschenspielertrick degradierte, verleitete unseren Freund dazu, seine künftigen Anleger mit einem unglaublichen Renditeversprechen zu ködern. Ponzi versprach, jede Einlage von zehn Dollar binnen zwei Jahren in unvorstellbare 5,2 Millionen zu verwandeln. Was er seinen potentiellen Anlegern geflissentlich verschwieg: Seine Grundstücke lagen in einem Sumpfgebiet, das mehr oder weniger unter Wasser stand. Ohne die kurze Erfolgsgeschichte seiner ‚Security Exchange Company' auch nur im Ansatz wiederholen zu können, zog Ponzi nicht das große Los, kassierte keine Millionen und ging direkt in den Knast. Diesmal für sieben Jahre. 1934 deportierten die Amis ihn zurück nach Italien. Dort kam es in der Tragödie seines Lebens noch zu einem retardierenden Moment. Sowohl in Italien als auch in Amerika genoss Signore Ponzi eine breite mediale Verehrung, weil er trotz seiner zweifelhaften Methoden den amerikanischen Traum verkörperte. Ponzi hatte es ja im wahrsten Sinn des Wortes vom Tellerwäscher zum Millionär gebracht. Seine Popularität imponierte sogar den italienischen Machthabern. Benito Mussolini persönlich brachte Ponzi wieder in Lohn und Brot.

Der Duce bot ihm 1939 die Leitung der staatlichen Fluglinie ‚Ala Littoria' in Brasilien an. Durch den Krieg stürzte die kommerzielle Luftfahrt jedoch ab und Ponzi konnte sich für die nächsten drei Jahre nur mit Erpressung über Wasser halten. Er setzte seine Mitarbeiter, die Devisen schmuggelten, unter Druck und knöpfte ihnen Anteile ab."
Keller hatte seine Tasse geleert und sah auf die Uhr. Er stand auf. Kowalski nickte.
„In Ordnung. Vielen Dank. Gehen Sie, sorry, gehst du in der Pause in die Kantine?"
„Ich denke schon."
„Sag Bescheid, wenn du soweit bist, ich komme mit."
Keller nickte und kehrte zu seinem Schreibtisch zurück. Rufus Kowalski vertiefte sich wieder in Norman Gerbers Personalakte. Die Lektüre versprach spannender zu werden als erwartet. Dann hob er noch einmal den Kopf in Richtung seines Assistenten.
„Wie ist Ponzis Geschichte ausgegangen?"
Ohne seinen Blick vom Rechner abzuwenden, sagte Keller: „Ganz ohne Happy End. Ponzi verkam zum Sozialfall. In einem Krankenhaus für Arme starb er am 19. Januar 1949, blind und halbseitig gelähmt. Sein Ende formulierte quasi eine moralisch korrekte Metapher zum Thema ‚Verbrechen lohnt sich nicht!' Carlo Pietro Giovanni Guglielmo Teobaldo Ponzi verfügte bei seinem Abschied aus dieser Welt über 75 Dollar aus dem Pensionsfond des brasilianischen Staates. Die deckten gerade so die Aufwendungen für seine Beerdigung."
„Woher kennst du eine derartige Geschichte in so winzigen Details, als hättest du sie gerade erst auswendig gelernt?"
„Ich bin ein kleiner Freak. Fotografisches Gedächtnis. Bisschen Autismus, bisschen Asperger-Syndrom, bisschen Inselbegabung. Aber alles in nicht psychopathologisch relevanten Dosen. Sonst hätten mich die Bullen ja auch nicht genommen. Ich weiß, viele in diesem Laden nennen mich ‚Sad Max', weil sie mich für eine traurige Gestalt halten. Geht mir am Allerwertesten vorbei. Ab 4.30 Uhr wird zurückgelacht. ‚Mad Max' wäre nicht nur angemessener, sondern auch politisch korrekt. Also bedien dich bitte an der Auswahl meiner Spitznamen."

10. April 2014, 18.00 Uhr

Rufus Kowalski beendete die Lektüre über Norman Gerber und dessen bislang aktenkundig gewordenen Missetaten. Die Fallakte umfasste tatsächlich rund zwei Dutzend gefüllte Ordner. Ein Blick auf die Uhr zeigte, dass er bereits eine Überstunde abgerissen hatte. Seine Milch war inzwischen warm geworden. Er leerte den Karton und warf ihn in seinen Papierkorb. Zu Gerber hatte er noch keinen Zugang gefunden. Kowalski hatte zu viel Zeit mit Kapitalverbrechen, mit Mördern, Päderasten, Entführern und anderen Tätern dieses Kalibers verbracht. Mit Menschen, deren geistige Konstitution ohne Ausnahme weit außerhalb jeder Norm funktionaler sozialer Kompatibilität angesiedelt war, die als eine unverzichtbare Voraussetzung für das reibungslose Zusammenleben der Menschen in einer komplexen, modernen Gesellschaft galt. Die Spezies von Verbrechern, wie sie Norman Gerber repräsentierte, verfügte offensichtlich über eine andere geistige Konditionierung. Eine, die für Hauptkommissar Kowalski neu und rätselhaft war. Dieser Gerber, der bei keiner seiner Straftaten je das geringste Tröpfchen Blut vergossen, nie eine Hand gegen einen Mitmenschen erhoben, nie etwas Gefährlicheres als Tatwaffe benutzt hatte, als einen teuren Füllfederhalter, blieb für den Ermittler ein Buch mit sieben Siegeln.

Wie tickt einer, der bei seinen Vergehen weniger physische Gewalt ausübt als ein kleines Kind, das sein Kuscheltier aus Versehen auf den Friedhof im Garten unter dem Fliederbusch liebkost hat? Einer, der auf der anderen Seite mit seinem munteren Treiben eine Schadenssumme verursacht hat, die alle Bankräuber der Welt zusammen in einem Jahr nicht schaffen? Welche Welle der Verheerung erzeugt Gerbers Tätigkeit tatsächlich, wenn sie auf seine Opfer trifft? Eines ist sicher: Einer wie Gerber funktioniert im Kopf anders als jemand, der Kinder verschleppt, foltert, missbraucht, tötet und im Wald verscharrt. Kowalski sah zu seinem Mitarbeiter. Max kauerte immer noch hinter dem Schirm seines Rechners.

„Und, Herr Kollege, kein Feierabend?", versuchte Kowalski ein Gespräch in Gang zu bringen. Das gemeinsame Mittagessen war eher einsilbig verlaufen. Die einzige Erkenntnis, die Rufus Kowalski über seinen Mitarbeiter gewonnen hatte, war Maximilian Kellers Vegetarismus. Was sich nicht wirkliche als Überraschung erwiesen hatte. Somit war Keller dazu verurteilt, sich mittags in der Kantine von Beilagen zu ernähren. Einmal Bockwurst mit Nudelsalat. Aber bitte ohne Bockwurst. *Pfui Deibel!*
„Nö. Ich bin noch nicht durch."
„Sitzt du noch am Gerber-Fall?"
„Im Prinzip ja. Im Moment muss ich allerdings noch statistischen Kram für den Jahresbericht zusammentragen", erklärte Max.
„Gerber hat nach Stand der Dinge ungefähr 30.000 Kunden über den Tisch gezogen. Wie kommt es, dass bislang kaum ein gutes Dutzend Anzeigen gegen ihn vorliegen? Und dabei handelt es sich hauptsächlich um Opfer, die kleine Beträge aus ihrem hart und ehrlich Erspartem verloren haben", grübelte Rufus.
„Die meisten Anleger, die sich sechs ihrer fünf Sinne durch die Renditeversprechen von Ponzi und seinen Freunden vernebeln lassen und auf sie reinfallen, haben Schwarzkohle eingesetzt. Wenn diese Investoren feststellen, dass sie gelinkt wurden, haben sie gleich zweimal die Arschkarte gezogen. Sie können es den kleinen Strolchen nicht mit einer saftigen Anzeige heimzahlen, weil sie dann selbst wegen Steuerhinterziehung dran sind. Bei Beträgen ab einer halben Million ist das kein Kavaliersdelikt mehr. Nicht einmal, wenn du ein zockender Wurstmaxe bist, der einen europäischen Spitzenclub im Fußball geleitet hat. Also schweigt der Kenner und kotzt eine Weile lang mit festem dickem Strahl."
Max hatte seinen Blick nicht von seinem Bildschirm gewandt.
„Und wie können so viele Jungs und Mädels derartige Summen an Schwarzgeld ziehen?", wollte Kowalski wissen.
Keller hob den Kopf, runzelte die Stirn und blickte seinen Vorgesetzten wie einen Pubertierenden an, der sich gerade

danach erkundigt hat, wo denn eigentlich der Klapperstorch und der Weihnachtsmann wohnen.

„Wohl während der Fortbildung für die Wirtschaftsschnüffler ein paar Nickerchen zu viel gemacht, wa? Das Erzeugen von Schwarzgeld ist eine der kreativsten Tätigkeiten, denen sich ein werktätiger Mensch widmen mag. In den Gerber-Unterlagen findest du zum Beispiel die Akte eines Unternehmers aus Süddeutschland. Ein besonders einfallsreicher Beitrag zur Schwarzgeldwirtschaft. Die Firma stellt Hochgeschwindigkeitsfräsen her, hat nebenbei mit Garantieschwindeleien ein schwarzes Milliönchen gefördert und bei Gerber in den Sand gesetzt. Gerbers Beschiss hat den Unternehmer allerdings so angefressen, dass er den Ärger für die Steuerhinterziehung auf sich genommen hat, um Gerber eins überzubraten."

„Garantieschwindeleien?"

„Ganz einfach. Der Maschinenbauer verkauft vier seiner Fräsen für jeweils zwei Millionen Euro in die Schweiz. Beispielsweise an einen Hersteller von Teilen für Präzisionsuhren. Nach einem knappen Jahr macht eines dieser Wunderwerke die Grätsche. Der Kunde beansprucht Garantieleistungen. Der Maschinenbauer überweist zwei Millionen Euro in die Schweiz, die er natürlich als Betriebskosten geltend macht. In Wirklichkeit arbeitet das Maschinchen jedoch so, wie das von einem Erzeugnis „Made in Germany" erwartet werden darf. Sein Schweizer Partner teilt die zwei Millionen und jeder bunkert eine auf einem Nummernkonto. Voilà!" Max erzählte, während er unverändert auf den Schirm starrte und seine zehn Finger über die Tastatur flogen.

Kowalski war fasziniert. Er nippte an der Teetasse, die ihm der Kollege angeboten hatte und verzog das Gesicht wegen des intensiven Rauchgeschmacks des Lapsang Souchong.

Die Tür des Büros platzte förmlich auf. Ein Kollege, den Kowalski noch nicht kannte, steckte seinen Kopf rein und rief ohne Gruß: „Mensch, Keller, mach hinne, ich will deinen Bericht mit den statistischen Daten unter allen Umständen morgen früh auf dem Schreibtisch haben!"

„Und ich will auf der Straße mit Arnold Schwarzenegger verwechselt werden, einen sonnenblumengelben Ferrari fahren und ein Date mit Eva Padberg. Bei dem wir uns in einer riesigen Wanne voll Krautsalat wälzen und einmal durch das komplette Kamasutra vögeln!"
Der Kollege in der Tür glotzte blöd und zog sich zurück. Rufus Kowalski musste grinsen. Max hatte für seine schlagfertige Antwort, die wie aus der Pistole geschossen gekommen war, keine Miene verzogen oder gar seine Arbeit unterbrochen. Der Hauptkommissar ging auf Max zu und legte die Hand auf die Schulter seines Assistenten.
„Du machst sofort Feierabend. Das ist ein dienstlicher Befehl. Der Wichser kann warten."
„Gebongt. Wie heißt es so schön: ‚Wer wichst, wächst.' Sehe ich ja an meinen Neffen. Gerade 14 und 15 und beide schon fast eins neunzig groß. Gehen wir noch 'n Bierchen zischen? Ich bin mit dem Rad da."
„Einen bröseln ja. Bierchen nein", sagte Kowalski.
Max sah Kowalski fragend an.
„Religiöse oder ideologische Einwände gegen die allgegenwärtigen, fein gehopften, bewährten Tröster niederer wie höchster Stände? Angst, dass dir die fiesen kleinen Kalorienchen in deinem Schrank die Klamotten wieder ein bisschen enger nähen? Kann ich mir aber eher nicht vorstellen. Du hast ja wirklich so gut wie nichts auf den Rippen."
„Nö. Ich bin ein Säufer", konterte Rufus unverblümt.
Max zeigte Verblüffung.
„Alkoholiker? Du?"
„Aber so richtig. Das volle Programm. Ich bin zwar seit genau 13 Jahren, zwei Monaten und fünf Tagen trocken, aber Saufen ist nun mal eine Suchtkrankheit und Suchtkrankheiten sind grundsätzlich nicht heilbar."
„Scheißele, Herr Eisele, wie unsere Kollegen aus Stuttgart ein solches Schicksal kommentieren würden."
Kowalski lachte.
„Kein Grund, sich einen Kopf zu machen. Ich hab's im Griff. Heute auf jeden Fall. Du hast doch den gesamten Gerberkram gelesen?"

„Jou!"
„Und sicher in deinem fotografischen Gedächtnis abgespeichert?"
„Jou!"
„Dann geb ich jetzt einen aus und du verklickerst mir morgen die wichtigsten Details. Du kannst gar so wunderbar erzählen."
„Ja Herr, armer Sméagol wird alles tun, den Herrn auf dem richtigen Weg nach Mordor zu führen. Armer Sméagol, guter Sméagol. Lasst uns jetzt gehen. Schnell, schnell! Dürfen keine Zeit verlieren", zitierte Max, während er sich in eine Cordjacke zwängte, die farblich ganz zauberhaft mit seinem Rollkragenpullover disharmonierte. Kowalski musste grinsen. Max war ihm inzwischen fast sympathisch geworden. Und das innerhalb eines knappen Arbeitstags. Darüber hinaus war er auch noch ein Filmfan. Guter Sméagol! Kowalski rief sich die Figur von Gollum, beziehungsweise Sméagol aus „Der Herr der Ringe" vor Augen. Und plötzlich war ihm schlagartig klar, an wen ihn sein neuer Assistent die ganze Zeit erinnert hatte.

11. April 2014, 20.00 Uhr

Dimitri Fjódorowitsch Tschernjatinski schob den rechten Ärmel seines Jacketts zurück und ließ den Blick wohlgefällig auf seiner Uhr ruhen. Weniger, um die Zeit zu prüfen und damit seinen Unmut über die Unpünktlichkeit seines Gastes zu nähren, der ihn seit nunmehr zehn Minuten warten ließ, als vielmehr aus Stolz über seine jüngste Errungenschaft.

Gestern, unmittelbar vor seiner Abreise nach Hongkong, hatte ihm sein Agent in St. Petersburg die neue Patek Philippe übergeben. Eine Uhr, so herausragend exklusiv wie sein Bugatti Veyron Super Sport unter den Automobilen. Oder seine „118 wallypower", die im Yachthafen von Cannes vor Anker lag. Nicht irgendeine Yacht. Die ultimative Yacht. Bei der Uhr handelte es sich um eine 5002 P „Sky Moon" in Platin. Mit zwölf Komplikationen. Die Schweizer Manufaktur fertigte nur zwei dieser Uhren pro Jahr. Für die Wartezeit, die zwischen sechs und acht Jahren betrug, war der 59-jährige russische Unternehmer viel zu ungeduldig gewesen. Darum hatte er weit mehr als das Doppelte der rund eine Million Euro, die die Uhr normalerweise kostete, bezahlt. Ein Angebot, das der Interessent an der Spitze der Warteliste nicht ablehnen wollte. Käufer solcher Pretiosen erwarben derartige Kostbarkeiten gemeinhin für ihre Sammlung. Um unangetastet in Tresoren, auf unablässige Wertsteigerung zu warten. In den Augen von Dimitri Fjódorowitsch Tschernjatinski waren diese Sammler Idioten. Eine Uhr war ein Gebrauchsgegenstand, egal wie viel sie gekostet hatte. Deshalb umschmeichelte das handgenähte Armband aus schwarzem Krokodilleder nun sein rechtes Handgelenk.

In die Betrachtung seines neuen Schatzes vertieft, hatte Tschernjatinski nicht bemerkt, wie sein Gast an den Tisch getreten war. Als der Russe aufblickte und die eindrucksvolle Gestalt erkannte, die ihm gegenüberstand, verlor er augenblicklich den Groll über die Verspätung und begann zu strah-

len. Er sprang auf, rannte um den Tisch herum und umarmte den Ankömmling. Der fühlte sich durch den unerwarteten Gefühlsausbruch keineswegs kompromittiert und erwiderte die Umarmung mit gleicher Herzlichkeit. Die zierliche Chinesin, die den neuen Gast an den Tisch des Russen geführt hatte, verzog keine Miene, als sich die zwei Herren, die sie jeweils um beinahe zwei Köpfe überragten, expressiv – und in jeglicher Hinsicht unangemessen – begrüßten. *Schreckliche Gweilos*, dachte sie. *Weiße Teufel.*
Die Männer lösten sich aus ihrer Umarmung. Dimitri setzte sich und wies seinem Gast mit einer ausladenden Geste den leeren Platz zu.

„Ansgar, mein alter Freund. Es ist mir eine Freude, dich nach so langer Zeit so wohl und gutaussehend wiederzusehen."

Dr. Dr. Ansgar D. Burmeester lachte und bewunderte einmal mehr das makellose Deutsch, das der Russe beherrschte. Nur das harte „r" verlieh seiner Aussprache einen unverwechselbaren Akzent. Der Anwalt beließ es bei einem Nicken als Antwort.

„Das freut mich. Ich hoffe, du bist mit diesem Treffen hier im ‚Felix' einverstanden. Hast du noch ein vernünftiges Zimmer hier im ‚Peninsula' bekommen? Mein Sekretariat hatte deine Buchung nämlich vermasselt. Ich kann mich auf niemanden verlassen. Ach, was waren das für herrliche Zeiten, im 18. oder 19. Jahrhundert, als es meinen Ahnherren noch erlaubt war, unbotmäßige Leibeigene persönlich mit der Nagaika zu züchtigen. Tempus fugit."

„Natürlich hat das mit der Reservierung noch geklappt. Kein Problem. Die Reise war überaus angenehm. Ein Flug in der First Class mit Cathay Pacific ist immer ein bisschen wie Schweben auf Wolke Sieben und nicht zuletzt der Limousinenservice dieses Hauses vom Flughafen nach Kowloon mit dem obligatorischen Rolls ist immer wieder etwas Besonderes."

Burmeester lächelte die Kellnerin an.
„Für mich bitte eine Bloody Mary. Hot and spicy."
Er wandte sich an seinen Gastgeber.

„Hast du mit der Bestellung auf mich gewartet? Ich bitte übrigens, meine Verspätung zu entschuldigen. Mein Anzug hatte nach der Reise eine Renovierung mit dem Bügeleisen nötig und dadurch habe ich mich verspätet."
Der Russe nickte und beschied der Kellnerin in ihrer eng anliegenden schwarzen Robe aus Seide, mit dem langen Schlitz über dem rechten Bein: „Wie immer."
Dimitri trank mit Ausnahme der Mahlzeiten nur Wodka. Am liebsten die Sorte „Imperial". Pur, ohne Eis und zimmerwarm. Auf Nachfrage antwortete er mit dem Hinweis, er sei trotz seines milliardenschweren Vermögens im Grunde seines Herzens ein einfacher russischer Bauer, ein Kulak, geblieben. Was pure Koketterie war. Bei den Tschernjatinskis handelte es sich um ein uraltes russisches Fürstengeschlecht. Der Deutsche hätte sofort eine Flasche Petrus, Jahrgang 63, darauf gesetzt, dass kein Tschernjatinski innerhalb der letzten 20 Generationen auch nur eine Nacht in einer Bauernkate verbracht hatte. Nicht einmal während und nach der Revolution ab 1917, als sich die meisten Mitglieder der Familie rechtzeitig mit einem Großteil ihres Vermögens in ihre dezenten Residenzen an der Cote d' Azur abgesetzt hatten. Großfürst Nikolai Sergejewitsch, der Großvater von Dimitri Fjódorowitsch hatte dabei den harten Weg gewählt. Er hatte bis 1920 im russischen Bürgerkrieg als General gegen die Bolschewisten gekämpft. Der Gefangennahme, Folterung und Exekution war Nikolai Sergejewitsch Tschernjatinski in letzter Sekunde durch die Hilfe von Romas entgangen, die ihm mit ihren internationalen Verbindungen geholfen hatten, sich zum Rest seiner Familie nach Südfrankreich durchzuschlagen.

Die Getränke erschienen wie von Zauberhand durch die nahezu unbemerkbar agierende Kellnerin auf dem Tisch. Beide Männer prosteten sich mit einem „Nastrowje!" zu, tranken und wandten sich der Fensterfront zu. Um punkt 20 Uhr flammten an den Fassaden der größten Gebäude entlang der Küstenlinie präzise choreografierte Lichtkaskaden auf. Helle, dünne Linien aus grünem Laserlicht, die scharf gezogen kilometerweit zuckten, teilten die Schwärze des Nachthimmels in geometrische Strukturen auf.

Obwohl die beiden Männer die „Symphony of Lights" schon jeweils ein halbes Dutzend Mal verfolgt hatten, ließen sie sich einmal mehr von der Faszination der größten Lightshow der Welt in den Bann ziehen. Während einer knappen noch Viertelstunde vollzog eine ausgeklügelte Choreografie unbeschreibliche Lichteffekte an den Fassaden von 44 Wolkenkratzern an beiden Ufern des natürlichen Hafens, der das Festland von der Insel Hongkong trennte.

Nachdem die Lichter der Show erloschen waren, wandten sich die beiden Männer wieder ihrem Gespräch zu. Dazwischen bestellten sie als Vorspeise das „lauwarme Thunfischfilet" mit Sesamkruste. Als Hauptgang ein Steak vom Kobe-Rind und zum Dessert Käse. Ansgar Burmeester übernahm mit Dimitris stummem Einverständnis die Auswahl des Weins. Da er wusste, dass sein Gastgeber zum Essen am liebsten Rotwein trank, entschied er sich für einen Zinfandel aus Kalifornien. Er fand einen von Ravenwood, Jahrgang 2001, im Barriquefass ausgebaut, den er dekantieren ließ.

Während die beiden Männer auf das Essen warteten, tauschten sie Belanglosigkeiten aus. Schließlich räusperte sich der Russe, als wolle er den offiziellen Teil des Gesprächs förmlich einleiten.

„Hast du die Unterlagen über Gerber, um die ich dich gebeten habe?"

„Lebt der Bär im Wald? Trinkt Präsident Obama gerne eine kalte Coca Cola?"

Die beiden Männer lachten. Burmeester reichte seinem Gastgeber eine schwarze Ledermappe, die er neben dem Tischbein abgestellt hatte.

„Meine Ermittler haben sich ins Zeug gelegt. In dieser Akte findest du einiges über Gerber. Wenn es nicht indiskret ist, würde ich gerne wissen, wie viel er dich gekostet hat?"

Dimitri Fjódorowitsch Tschernjatinski ignorierte die Frage und vertiefte sich stattdessen augenblicklich in die Akte. Er las schweigend und konzentriert. Seinen Gast schien er dabei vollkommen zu vergessen.

Norman Gerber
Lebenslauf/Psychogramm, AZ 0304/2014
Recherche (verantwortlich): Y. Minami,
01.03.2014 – 28.03.2014
Rechercheaufwand: 226 Stunden

Zielobjekt
Name: Norman Gerber
Geb.: 12.06.1969
In: Stuttgart

Norman Gerber ist das einzige Kind von Hermann Gerber (02.05.1937 – 08.09.1988) und Martha Gerber (24.10.1944 – 08.09.1988), geborene Aisenbrey (Geb.-Urkunden in Kopie, siehe Anlagen).

   Hermann Gerber war Sudetendeutscher, geb. in Teplice, Nordböhmen, Tschechische Republik, (früher Teplitz-Schönau). Die Eltern Karl und Margarete Gerber kamen als Heimatvertriebene 1947 nach Stuttgart. Ab 1951 wohnte die Familie im Stuttgarter Stadtteil Rot, Tapachtalstraße 112. Karl Gerber arbeitete trotz kriegsbedingter Majoramputation (Oberschenkel, rechts) bei Porsche als Schlossermeister, später als Ausbilder in der Lehrlingswerkstatt.

   Hermann Gerber, Abitur (Eberhard-Ludwigs-Gymnasium, Stuttgart) 1956, studierte Jura in Tübingen/Heidelberg. Kein Militärdienst (weißer Jahrgang). Abschluss 1961 mit Prädikatsexamen. Keine Übernahme in den Staatsdient, wegen eines von ihm verursachten Autounfalls unter Alkoholeinfluss am 3. Juli 1958, bei dem ein siebenjähriges Mädchen verstarb. Gerber hatte den Unfall nicht verschuldet, hatte jedoch mit 1,3 Promille Blutalkoholgehalt am Steuer gesessen. Er arbeitete ab 1962 selbstständig als Anwalt für Familienrecht in Stuttgart. 1965 Heirat mit Martha Aisenbrey (Ohne Beruf). Nach dem Herztod seines Schwiegervaters Alban Aisenbrey übernahm Hermann Gerber 1968 das traditionsreiche Autohaus (Opel/GM) mit elf Filialen im Großraum Stuttgart. Hermann Gerber war ab 1957/58 stark alkoholgefährdet. Er galt spätestens ab Mitte der Sechziger als alkoholkrank.

Norman Gerber wuchs als Einzelkind heran. Hermann Gerber galt als gefühlskalt, ehrgeizig und frustriert, weil er als Anwalt nicht reüssieren konnte. Er hatte seine Frau nur aus Opportunismus ihres Vermögens wegen geheiratet. Als Chef des Autohauses fühlte er sich wenigstens finanziell am Ziel seiner Ambitionen, agierte arrogant, selbstherrlich und ökonomisch inkompetent. Aufgrund seiner soziopathischen Strukturen vermochte Hermann Gerber oberflächlich charmant, umgänglich und gesellschaftlich engagiert zu sein. Die Ehe war Staffage. Martha Gerber, von Beruf Tochter, höhere Schulbildung ohne Abschluss, keine Ausbildung, war fixiert auf äußerliche Statussymbole und unterhielt mehr als ein halbes Dutzend außereheliche Beziehungen (Tennislehrer, Masseure, professionelle Gigolos). Nach Geburt des einzigen Kindes anhaltende postnatale Depression. Alkoholprobleme.

Norman Gerber ist hochintelligent (IQ 140+). Er entwickelte aufgrund der elterlichen Vernachlässigung eine Tendenz zur schizotypischen Persönlichkeitsstörung. Allerdings nicht von psychopathologischer und behandlungswürdiger Relevanz, die die Grundlage für sein späteres Verhalten legte. Diese (bislang unzureichend erforschte) Störung zeichnet sich durch tiefgreifende Verhaltensdefizite im zwischenmenschlichen beziehungsweise psychosozialen Bereich aus. Da Norman Gerber zu keiner Zeit seines Lebens in fachärztlicher Behandlung war, resultiert diese Diagnose aus Beobachtungen und Beschreibungen seines persönlichen Umfelds. (Namen der Interviewten, Datum, Uhrzeit, Dauer und Abschrift der Gesprächsinhalte, siehe Anlage. Zahl der Interviews: 24)

Norman Gerber besuchte mehrere höhere Schulen in Stuttgart. Er musste zwei Klassenstufen wiederholen. Ab Klassenstufe 11: Privates Gymnasium Albrecht-Leo-Merz. (Polizeiakte: Eintragungen wegen Sachbeschädigung: sieben; Ruhestörung: drei; Hausfriedensbruch: drei; Fahren ohne Führerschein: zwei. Insgesamt vier Jugendstrafen).

Zu Beginn der 13. Klasse kamen die Eltern am 8. September 1988 bei einem Verkehrsunfall ums Leben. Hermann Gerber hatte mit seiner Frau eine Benefizveranstaltung besucht. Beide waren stark angetrunken (er 2,3 Promille, sie 1,9 Promille), nicht angeschnallt und gerieten mit ihrem Bitter-Diplomat V8, Baujahr 1976, im Wagenbergtunnel in den Gegenverkehr unter einen Sattelschlepper (der sinnigerweise eine Fuhre neuer Opel Vectra für das Autohaus Aisenbrey transportierte). Das Autohaus erwies sich als heruntergewirtschaftet und mit knapp zehn Millionen Mark Schulden belastet. Norman schlug das Erbe aus und blieb praktisch mittellos zurück, verließ die Schule und verpflichtete sich ab Oktober '89 bei der Bundeswehr als Zeitsoldat und Offiziersanwärter. Er leistete die beiden letzten Dienstjahre als Leutnant und Zugführer bei der deutsch-französischen Brigade ab. (Ergänzung des Berichts über N. Gerbers Bundeswehrzeit folgt.) Aufgrund einer Rückenverletzung, die sich Gerber während eines Manövers zuzog (Auszeichnung Ehrenkreuz der Bundeswehr in Gold), musste er vorzeitig im August 1993 aus dem Dienst ausscheiden. Er rettete dabei drei Kameraden das Leben.

Nach seiner Dienstzeit absolvierte Norman Gerber ab September 1993 eine Banklehre bei der Landesgirokasse Stuttgart (heute Landesbank Baden-Württemberg). 2002 Wechsel zur privaten amerikanischen Bank „Korman, Oggelthorpe & Finch est. 1782" (Unternehmensportrait siehe Anlage). Norman Gerber erhielt die Stelle durch Protektion seines Großonkels Heinrich Aisenbrey (1917 – 2004), der erfolgreicher Banker war und sich als einziger in der Familie für den Großneffen verantwortlich fühlte.

Norman Gerber ist 1,81 Meter groß, sportlich und hat ausgezeichnete Manieren. Er spricht perfekt und akzentfrei Englisch, Französisch und Spanisch. Er besitzt seit 1997 eine Privatpilotenlizenz und seit 2007 ein eigenes Flugzeug (Piper PA 34 „Seneca", Baujahr 1998, Leermasse 1.539 kg, max. Startmasse 2.155 kg, 2 Motoren Typ Continental TSIO – 360 RB mit jeweils 164 kW). Gerber besitzt sechs Fahrzeuge der Marke Porsche (4 historisch, 356 Speedster BJ 1954; 356 Coupé, BJ 1958; 904, BJ 1963; 911 turbo (G) Cabrio, Serie 1, BJ 1987. 2 aktuelle: GT2, BJ 2009, Panamera turbo, BJ 2011). Im Mai 2008 erfolgte der Kauf einer Villa in Port Andratx, Mallorca, Kaufpreis: 3.478.000 Euro. Gerber sammelt exzessiv Cognac und Whisky (Wert der Sammlung: ca. 2,4 Millionen Euro). Er gilt als ausgewiesener Experte. Ebenso Armbanduhren (Chronographen, mech., Gelbgold).

Kein signifikanter Konsum von Alkohol, Medikamenten oder Drogen bekannt. Norman Gerber ist heterosexuell, geht aber nie feste Beziehungen ein. Gerber gilt als gefühlsblind. Allerdings nicht im Sinne psychosomatischer Reaktionen einer Alexithymie. Die Verhaltensstrukturen Gerbers lassen auf eine dissoziale Persönlichkeitsstörung schließen. Als klassischer Subtyp des vorher beschriebenen Störungsbildes ist er vor allem auf Geld, materielle Werte und Macht fixiert. Die Psychologie bezeichnete derartige Formen der Wesensart früher als „Psychopathie". Sie zeichnet sich durch das Fehlen von Einfühlungsvermögen, Schuldgefühlen oder Angst aus. Den Betroffenen ist zudem Empathie, Gewissen oder soziale Verantwortung fremd. Sie verfügen aber durchaus über Charme und emotionelle Kompetenz im zwischenmenschlichen Bereich, die jedoch ausschließlich oberflächlich bleibt. Allerdings bewegt sich Norman Gerber mit der Ausprägung seiner Störung noch nicht in psychopathologisch relevanten Bereichen.

Mit seinem Auftreten, seinen Umgangsformen und den gesellschaftlichen Kontakten durchlief Norman Gerber als Vermögensberater der Privatbank ab seinem Eintritt zunächst eine solide Karriere. Es sind keine Unregelmäßigkeiten bekannt. Er genoss ab März 2008 das Vertrauen und persönliche Protegé von Bigelow Tanner III., damals Geschäftsführer von „Korman, Oggelthorpe & Finch est. 1782, Europe". Heute ist er CEO der Bank und Hauptaktionär. Seit sich sein Schwager Burlington M. Hayes aus Altergründen aus dem Tagesgeschäft zurückgezogen hat und nur noch als Vorsitzender des Aufsichtsrats agiert.

Es halten sich im Umfeld Gerbers hartnäckige Gerüchte, dass er mit Kenntnissen über nicht gesellschaftskonforme, sexuelle Neigungen seines Arbeitgebers (Pädophilie), seinen Spielraum innerhalb der Bank erpresserisch erweitert hat.

Gerber gründete über einen Strohmann am 22. Oktober 2008 eine private Hedgefonds-Verwaltungsgesellschaft mit dem Namen „World Finance and Investment Fund. Ltd." in Road Town, der Hauptstadt der britischen Jungfraueninseln, auf Tortola Island. Die Firmenadresse in der Pikenin Road ist fingiert. Sie gehört zum Zentrum einer anglikanischen Kirchengemeinde. Telefon und Briefkasten verwaltet ein geistliches Mitglied der Gemeinde gegen großzügige Spenden für die Gemeindearbeit. Mit weiteren geschäftlichen Engagements im Offshore-Paradies Seychellen sicherte sich Gerber die finanzielle Basis für die Verwaltung und Sicherung seiner unterschlagenen Mittel. (Weitere detaillierte Recherchen folgen.)

Am 31. Juli 2010 schied Gerber offiziell bei „Korman, Oggelthorpe & Finch" aus, um als selbstständiger Investmentberater tätig zu werden. Er fungierte von da an als Geschäftsführer der „World Finance and Investment Fund. Ltd.", die im Stadtteil Westend, Frankfurt/Main (Bockenheimer Landstraße 99) Büroflächen von 200 Quadratmetern bezog.

Strafrechtlich drohen Gerber aktuell Anzeigen wegen Betrugs in 52 Fällen, Urkundenfälschung in 106 Fällen und Steuerhinterziehung. (Auflistung siehe Anlage)

Der Russe schloss die Akte.

„Gute Arbeit, mein Freund. Wie immer. Bitte entschuldige meine Abwesenheit während der Lektüre. Du hattest mir eine Frage gestellt?"

Burmeester, der sich die Zeit mit der peniblen Lektüre der Speise- und Weinkarte vertrieben hatte, leerte seinen Aperitif.

„Mit welcher Summe steht Gerber bei dir im Obligo?"

„48 Millionen Euro. Das gesamte Investment, das wir bei Herrn Gerber getätigt haben, beläuft sich auf 58 Millionen. Zehn sind zurückgeflossen. Und ich bin nicht wirklich geneigt, den Rest der Gesamtsumme als Verlust zu verbuchen und dann zur Tagesordnung überzugehen. Wie beurteilst du die Chancen, dass wir wenigstens einen Teil des Geldes wiedersehen?"

Bevor Burmeester antwortete, kostete er den Wein, den ihm der Sommelier präsentierte. Ein wuchtiger Tropfen. Kräftig und gehaltvoll. Nicht die ganz große Granate wie ein prominenter Bordeaux, aber als Begleiter von Thunfisch und Kobe-Rind keine schlechte Wahl.

„Wenn ich ehrlich sein soll, stehen deine Chancen nicht allzu gut. Vorausgesetzt, du willst dich tatsächlich ausschließlich auf legalen Wegen bewegen. Inzwischen liegen die ersten Anzeigen gegen Gerber vor. Das zuständige Landeskriminalamt hat sich eingeschaltet und die Ermittlungen übernommen. Ich vertrete als Anwalt offiziell einen Bekannten, der mehr als eine Million an Gerber verloren hat. Dumm, dass es sich dabei um Schwarzgeld handelt. Aber meinem Klienten ist es wichtiger, Gerber eine Lektion zu erteilen, und dafür akzeptiert er ohne Wenn und Aber den Ärger mit der Steuerhinterziehung."

„Wann wird Gerber geschnappt werden?"

„Ich persönlich tippe auf Sommer. Dann ist er fällig. Das LKA wird gründlich, sauber und ohne Hast ermitteln. Solche Fälle sind komplex und heikel. Aber bei einem erfolgreichen Abschluss mit verhaftetem Täter gut fürs Image der Polizeiarbeit. Betrügereien von einem derartigen Ausmaß treffen in der Regel auf breites Interesse der Medien. Eine breite Öffentlichkeit hegt für Ganoven wie Gerber unverständlicherweise heimliche Bewunderung. In ihren Augen schädigt er nur Steuerhinterzieher, die den Hals nicht voll bekommen. Sie haben es verdient, wenn ihnen ein schlauerer Räuber die Beute wieder abjagt. Oberstaatsanwalt Krömer als Leiter der Ermittlungen lässt sich solche Erfolge ebenfalls nicht entgehen, um damit vor die Presse zu treten und anzugeben wie zehn nackte Neger beim Jahrestreffen des Klans. Karrieretuning, wenn du verstehst? Ich will ja gar nicht weiter darauf eingehen, warum du mich nicht um Informationen über Norman Gerber gebeten hast, bevor du solche Summen gesetzt hast. Ich habe seine Laufbahn bislang nur am Rande verfolgt, und aus Erfahrung dem Braten seiner Anlageversprechungen schon nicht getraut. Allerdings hatte ich anderes zu tun, als den Knaben aus Jux und Tollerei zu recherchieren."

Der zerknirschte Ausdruck in Dimitri Fjódorowitsch Tschernjatinskis Gesicht war aufrichtig.

„Leg den Finger bitte nicht auf die Wunde. Ich musste im letzten Jahr schnell viel Geld in einem Investment unterbringen. Für lange Prüfungen war keine Zeit. Die Rendite war zu verlockend. Obwohl aus heutiger Sicht sicherlich utopisch. Dennoch, die Referenzen schienen stimmig. Aljoscha kümmerte sich um die Abwicklung. Aber er ist, lass es mich mit allem Respekt ausdrücken, nicht der Allerhellste. Ich liebe meinen kleinen Bruder, aber in finanziellen und geschäftlichen Dingen ist er das schwarze Schaf unserer Familie. Doch er hat über einen langen Zeitraum hinweg so gedrängt, endlich auch einmal zu unserem geschäftlichen Erfolg beitragen zu dürfen. Gerbers angeblich seriöser Hintergrund als langjähriger Mitarbeiter bei „Korman, Oggelthorpe & Finch" schien zudem über jeden Zweifel erhaben. Unsere Familie ist seit über einhundert Jahren Kunde im Private-Office-Geschäft der Amis. Wahrscheinlich sind wir sogar der größte Private-Office-Kunde mit einer Einlage von 500 Millionen US-Dollar. Die Bank führt für uns zudem mehrere Geschäftskonten, was die Entscheidung für das Investment ebenfalls erleichterte, denn dadurch musste der Geldfluss nicht über Zwischenkonten abgewickelt werden, um dessen Spuren zu verwischen. Das Vermögen der Tschernjatinskis ist groß genug, um beim überwiegenden Teil den Schwerpunkt auf Sicherheit und Konsolidierung bei der Verwaltung zu legen. Zum Spekulieren – du würdest es natürlich als Zocken bezeichnen – bleibt immer noch genug in der Kasse. Ein russischer Fürst muss einfach ein bisschen gambeln. Unser Stand hat bei diesen Dingen schließlich einen schlechten Ruf zu verteidigen."

Dimitri lachte.

„Doch sag mir, Ansgar, wie hat es dieser Gerber geschafft, die Karte ‚Korman, Oggelthorpe und Finch' zu spielen, ohne dass seine Bosse gemerkt haben, dass er unter der Hand krumme Blätter austeilt?"

„In diesem Punkt gibt es nur Gerüchte, wie du ja unserem Gutachten entnommen hast. Gerber hatte etwas gegen Tanner in der Hand. Der Banker ging wohl einer unheilvollen Neigung zu Kindern nach. Aber bezüglich eures Reinfalls kann ich dich ein wenig trösten, Gerber ist richtig gut. Der beste Schneeball-Betrüger, mit dem ich es je zu tun hatte", erklärte Ansgar.

Die Qualität des Essens und des Weins hatte den Ärger des Russen vertrieben.

„Du weißt, ich darf es aus Prinzip nicht akzeptieren, dass mich ein Gauner über den Tisch zieht. Ich habe in der Geschäftswelt meiner Heimat – und zwar in der besonders harten – einen Ruf zu wahren. Wenn es sich herumspricht, dass es möglich ist, einem Dimitri Fjódorowitsch Tschernjatinski ohne Folgen tief in die Tasche zu greifen, ist das schlecht für mein Image und das unserer Unternehmungen. Darf ich dir den offiziellen Auftrag erteilen, gegen Gerber in meinem Interesse vorzugehen?"

„Sofern dieses Engagement zu keinem Interessenskonflikt mit meinem Mandanten führt, werde ich bei Gerber am Ball bleiben. Ich gehe davon aus, dass es nicht unbedingt in deinem Interesse liegt, dass die Strafverfolgung der Bundesrepublik Deutschland Norman Gerber zeitlich über Gebühr in Anspruch nimmt. Sonst wäre dir der Spaß auch nicht die Spesen für meinen zauberhaften Ausflug nach Hongkong wert gewesen. Warum nutzt du nicht deine diskreten Möglichkeiten und ziehst Gerber selbst aus dem Verkehr?", fragte der Anwalt.

„Ansgar! Bitte! Ich bin doch kein Mitglied der ‚Vory v zakone', der ‚Diebe im Gesetz'. Oder ein Businessman mit KGB-Vergangenheit, erschütternden Tischmanieren und indiskutablem Geschmack bei Kleidung, Autos oder weiblicher Begleitung. Die Tschernjatinskis haben mehr als einem Dutzend Zaren diskret aus der Klemme geholfen, wenn sie klamm geworden waren. Und jedem einzelnen der führenden Sowjet-Verbrecher seit Lenin. Sogar mein Großvater war pragmatisch genug, mit dem Bolschewiken-Gesindel Geschäfte zu machen, nachdem er ihnen 1920 im Bürgerkrieg nur mit knapper Not entkommen war. Und sogar Gospodin Putin verhält sich mir gegenüber ausgesprochen freundlich, charmant und verbindlich, wenn wir uns unter vier Augen unterhalten. Die Tschernjatinskis stehen nicht einmal im Ansatz im Ruch, etwas mit der neuen Oligarchen-Generation gemein zu haben, die mit ihren Raubzügen in den beiden letzten Jahrzehnten Vermögen angehäuft haben, die mit legalen Geschäften nie möglich gewesen wären. Unsere Familie musste als Basis für solche Vermögenswerte noch durch die gute alte, klassische Schule gehen und seit Iwan dem Schrecklichen ungezählte Generationen von ungezählten Leibeigenen auspressen."

Dimitri Fjódorowitsch Tschernjatinski lachte schallend.

„Mit diesem Schlusswort können wir nun zum gemütlichen Teil des Abends übergehen. Ich habe zwei Plätze an der Bar im oberen Stockwerk reserviert und genügend Wodka meiner Hausmarke bereitstellen lassen."

„Das habe ich befürchtet", lächelte Dr. Dr. Burmeester und zuckte mit gespielter Resignation die Achseln.

Rückblende: Juni 2011

Vjenceslav Simmovic blickte über den goldenen Rand seiner Brille hinweg und ließ seine Augen über die Zahlenkolonnen fliegen, die die Papiere in seiner Hand bedeckten. Zusammen mit seinem Bruder Pravdan hatte er es sich in der Sitzgruppe gemütlich gemacht, die im hinteren Bereich seines Büros stand. Auf den ersten Blick vermittelte der Raum eher einen Museumscharakter und nicht unbedingt den eines Arbeitsplatzes erfolgreicher Geschäftsmänner. Die Gebrüder Simmovic engagierten sich seit zehn Jahren als Motorsportler im Porsche Carrera-Cup und bei GT-Rennen, vor allem beim Langstreckenpokal auf dem Nürburgring, sowie dem 24-Stunden-Rennen in der Eifel.

Der Raum war mit sportiven Autoteilen, wie Lenkrädern, Sitzen, Heckspoilern, einem kompletten Sechszylinder-Boxermotor aus dem Stuttgarter Industrievorort Zuffenhausen und zusätzlich mit zahllosen Pokalen geschmückt. Fotografien bedeckten praktisch jeden freien Zentimeter der Bürowände. Sie zeigten die beiden Brüder stolz in Fahreroveralls an ihren Autos, die Helme unter den Arm geklemmt. Oder ihre Autos im Einsatz auf der Strecke.

Prominenter gerahmt waren die Aufnahmen auf denen sich lachende Simmovics mit bekannten Rennfahrern im Arm lagen. Mit Klaus Ludwig, Hans Stuck, Manuel Reuter, dem dänischen Le-Mans-Crack Tom Kristensen oder dem Schotten Allan McNish, einem erfolglosen Ex-Formel-1-Piloten in Diensten von Toyota, der jedoch zweimal die „24 Stunden von Le Mans" gewonnen hatte. Direkt über Vjenceslav Simmovics Schreibtisch hing ein Poster in einem vergoldeten Rahmen, das die Brüder zusammen mit Michael Schumacher zeigte.

Die beiden Kroaten betrieben den Rennsport weniger mit fanatischem Ernst, sondern vielmehr als standesgemäßes Hobby, mit dem sie sich und ihrer Umwelt beweisen wollten, dass sie es als Geschäftsmänner mit ihrem Reifenhandel

„McTire" zu etwas gebracht hatten. Außerdem ließen sich Teile des Engagements als Werbekosten absetzen. Die Brüder nutzten die Rennen geschickt, um beispielsweise Großkunden abwechslungsreiche Wochenenden an den Strecken zu bieten. Mit Wein, Weib, Gesang und Demorunden auf dem Beifahrerplatz. Dass die beiden Brüder Erfolgsmenschen waren, konnte niemand in Abrede stellen. Seit der Eröffnung des ersten Betriebs im September 1987 hatte es der Reifendiscounter zu 34 Filialen und zur Marktführerschaft in Nordrhein-Westfalen gebracht. Eine eindrucksvolle Laufbahn für die beiden Söhne eines Gastarbeiters aus Koprivnica, der 1960 seine Heimat an der Grenze zu Ungarn verlassen hatte, um in Bottrop als Kumpel unter Tage seine Familie ernähren zu können.

Pravdan Simmovic hatte sich in seinem Sessel aus schwarzem Nappaleder nach hinten gelehnt und ließ den Rauch der Marlboro, die in seinem rechten Mundwinkel glomm, durch die Nasenlöcher ausströmen. Während sein Bruder die Aufstellungen prüfte, herrschte Schweigen.

„Hast du überschlagen, wie viel bei der neusten Lieferung für uns hängenbleibt?", wandte Vjenceslav sich an den Älteren, nachdem er sein Studium der Papiere beendet hatte. Er zündete sich ebenfalls eine Marlboro an und gab dem Älteren Feuer, der sich die nächste Zigarette zwischen die Lippen gesteckt hatte.

Pravdan war in ihrer engen Beziehung fürs Gröbere zuständig. Innerhalb ihres Gespanns verkörperte Vjenceslav, der 14 Monate jünger war, den Soliden, den gewandten Geschäftsmann. Er führte nach außen eine Musterehe, hatte zwei reizende Kinder, pflegte gute Beziehungen zum Rathaus und zur Gesellschaft und engagierte sich karitativ für Einrichtungen der Jungendförderung und des Sports in ihrer Heimatstadt. Davor Simmovic, der 15-jährige Sohn, machte als talentierter Fußballer von sich reden. Vjenceslav Simmovic hatte in den beiden letzten Monaten erste Telefonate mit Talentsuchern von Borussia Dortmund und FC Bayern München geführt.

„Wir haben wieder 25.000 Reifen bei den Chinesen bestellt. Wenn jeder im Schnitt einen halben Hunderter in den Büchern macht, wären das für uns 1.250.000 Tacken."

Vjenceslav Simmovic musste grinsen. 1.250.000 Euro waren nicht schlecht. Als Schwarzgeld-Ernte für nur ein Quartal. Allein die Farbe prädestinierte das Handelsgut Reifen für das Generieren von Schwarzgeld. Kleiner Branchenscherz. „Ich liebe diese verdammten Schlitzaugen. Nicht nur wegen ihres Essens. Seit diese Reisfresser ihre lausigen Billigreifen auch auf unsere Märkte schmeißen, läuft unser kleines Privat-Geschäft doppelt so gut."

Sie rauchten und tranken von dem schwarzen Mokka, den ihnen die Sekretärin vor Beginn der Klausur serviert hatte. Es hatte Jahre gedauert, bis Dubravka begriffen hatte, wie dieser spezielle Kaffee zubereitet werden musste: Schwarz wie eine Singularität im All und stark wie ein Jab von „Dr. Steelhammer" Klitschko, den beide verehrten und dem sie einmal die Hand hatten schütteln dürfen. „Ein Mokka muss so stark sein, dass ein Reifenventil auf ihm schwimmen kann. Sonst taugt er nichts", war Pravdan nie müde zu dozieren, wenn er die Zubereitung des Kaffees überwachte.

„Dann lass uns zum Chinesen gehen, wenn wir hier fertig sind", entgegnete er seinem Bruder. „Es sind überwiegend Schlappen von Linglong, Wanli und Sunny. Dieses noch billigere Label aus dem Hause Wanli ist fast ein Gottesgeschenk. Wir schießen die 225/45-R-17er für einen Zwanziger pro Stück. Direkt ab Freihafen Hamburg."

„Und verbuchen die Dinger wie immer als Pirelli oder Michelin für 60 Euro das Stück im Einkauf."

Pravdan stand auf, ging an den Schrank hinter dem Schreibtisch seines Bruders, öffnete ihn und holte eine Flasche Slibowitz mit zwei Gläsern heraus. Er füllte sie und reichte eines seinem Bruder. Sie tranken und zündeten sich vor dem zweiten Glas neue Zigaretten an.

Schon als die beiden Brüder 1987 mit „Simmovic-Reifen" begonnen hatten, war so manche D-Mark schwarz über den Tresen gegangen. Jeden Tag zwei, drei Sätze ohne Rechnung. Preiswerte Pneumants im Einkauf verwandelten sich in den offiziellen Büchern in teure Michelins oder Contis. Aus dem hässlichen Entlein eines Hakkapelitta mauserte sich in den Büchern ein schwarzer Schwan namens Fulda.

Seit zwei Filialen dazugekommen waren und der Laden unter „McTire" firmierte, durfte in immer größerem Stil gezaubert werden. Wenn die beiden Brüder einen neuen Abschluss für ein weiteres persönliches und erfolgreiches Quartalsergebnis in die Wege geleitet hatten und gemeinsam in ihrer Klausursitzung die Details ausarbeiteten, pflegten sie in der Vergangenheit zu schwelgen und die erfolgreichsten Deals und Tricks im Gespräch Revue passieren zu lassen. Auch nur der Hauch eines Anflugs, mit der dabei erzielten Steuerhinterziehung in beträchtlichem Umfang etwas Unrechtes, in der praktizierten Größenordnung sogar Verbrecherisches zu begehen, ging den beiden Männern ab. Ihrem Engagement, ihrer Risikobereitschaft und ihren Investitionen verdankten schließlich über 300 Mitarbeiter einen sicheren Arbeitsplatz und der Staat ausreichend legales Steueraufkommen aus knapp 50 Millionen Euro Umsatz, den die Gruppe im letzten Jahr offiziell erwirtschaftet hatte. Die Simmovics wähnten sich mit ihrem Tun vollkommen im Recht. Moralisch, weniger juristisch. Nehmen was und wo man es auch immer bekommen kann. So wie es die Natur dem Stärkeren als angemessenes Privileg zugesteht. In ihrem Fall mit der Begründung einer harten Jugend in Ärmlichkeit, fremder Umgebung und voller Entbehrung. Materiell wie emotionell. Weil der Fremdarbeiter Slobodan Simmovic die Meinung vertreten hatte, Freischichten bis an die Grenzen seiner Kraft wären Zuwendung genug für heranwachsende Söhne, die es einmal besser als er selbst haben sollten, und für dieses Ziel getrost Sparsamkeit und Entbehrungen ertragen durften. Und dass eine locker sitzende, harte Hand voller Schwielen von Nöten war, um seinen Söhnen stets den rechten Weg mit entschlossenen wie routinierten Hieben zu weisen.

Bis vor wenigen Jahren hatten die Brüder Simmovic für ihre Schattengeschäfte regelmäßig den einen oder anderen Güterwagen voller Reifen zweiter Wahl oder solche der Geschwindigkeitsklasse „R" organisiert, die maximal 170 km/h laufen durften und eigentlich für Länder mit Geschwindigkeitsbegrenzung gebacken wurden. In den Büchern des Einkaufs hatten diese Pneus sich als Ware von Premiumherstellern wie Pirelli, Goodyear oder Michelin wiedergefunden. Zum doppelten bis dreifachen Einkaufspreis.

Die Lagerhaltung bei McTire hatten die Brüder Simmovic in drei Bereiche aufgeteilt: „The Good, the Bad, the Ugly". Nach dem Originaltitel ihres Lieblingsfilms, des unsterblichen Westerns von Sergio Leone: „Zwei glorreiche Halunken". Die „Guten" bildeten die Markenreifen für das Tagesgeschäft, das „McTire" mit dem Slogan bewarb: „Billiger wäre geschenkt!" Alles von renommierten Herstellern, sauber in Abwicklung und Buchführung.

Ein Teil der „Schlechten" ging als Sonderangebot gegen Cash an die preisbewussten Kunden und wurde über die Bücher entsprechend verbucht. Das überwiegende Gros der Billigschlappen schaffte jedoch die Spedition eines diskreten und zuverlässigen Landsmanns mit Sitz in Velika Goria in den äußersten europäischen Osten zur endgültigen Vermarktung.

Um dem Fiskus einen rückstandslosen Lagerdurchlauf präsentieren zu können, kamen schließlich die „Hässlichen" ins Spiel. Dabei handelte es sich um Altreifen, die offiziell als fehlerhafte oder überlagerte Lagerware „vernichtet" werden mussten. Hinter dem Begriff „umwelt- und fachgerechte Altreifenentsorgung" bei ausgedienten Pneus versteckt sich bekanntlich die „thermische Entsorgung". Wie durch die Verbrennung in Zementwerken. Somit verschwanden die „Hässlichen" irgendwann auf Nimmerwiedersehen.

Seit chinesische Reifen auf den Markt drängten, konnte McTire das Lager mit „Schlechten" füllen, ohne dass dieser Ware offiziell der Makel zweiter Wahl anhaftete. Die Reifen aus China waren mindestens so günstig im Einkauf, wie die zweite Wahl vergangener Tage. Auf den Belegen des Einkaufs fand lediglich die wundersame Wandelung eines Linglongs in einen Conti oder eines Wanli in einen Pirelli statt. Und Kunden, die bei einem 225/45-R-17er die 110 Euro für einen Pirelli scheuten und sich für 60 Euro mit einem Wanli begnügten, scherten sich einen Dreck um die katastrophalen Ergebnisse bei Reifentests von Fachzeitschriften wie „auto, motor und sport" oder „ADAC Motorwelt", die den schwarze Billigheimern aus dem Reich der Mitte regelmäßig eine lausige Qualität in allen fahrdynamischen Disziplinen – vom Bremsverhalten bis zur Belastungsprüfung bei Vollgas – attestierten.

Die Gebrüder Simmovic ordneten den neusten Warenzugang, verteilten ihn auf die Lager der Filialen und das Hauptlager. Nach zwei Stunden konzentrierten Arbeitens, das nicht zuletzt durch ihre Routine getragen wurde, besiegelten sie das Ende ihrer Sitzung mit einem weiteren Schnaps.

Pravdan schüttelte missmutig den Kopf, weil sie in der Zeit zusammen eine ganze Schachtel Marlboro gequalmt hatten.

Während er in der obersten Schublade des Schreibtischs seines Bruders eine neue Schachtel aus der frischen Stange brach und öffnete, hatte Vjenceslav hinter sich gegriffen, eine Mappe hervorgeholt und auf den Platz seines Bruders gelegt.

„Hier, zur Aufmunterung und Motivation."

„Was ist das?"

„Setz dich, schau's dir selbst an."

Pravdan nahm Platz und öffnete die Mappe. Auf seinem kantigen Gesicht, das zu grob geschnitten war, um als wirklich gutaussehend durchgehen zu können, erschien ein breites Lächeln, als sein Blick auf die erste Seite fiel.

Er blickte auf die Unterlagen für den Porsche 997 GT3 Cup. Ihr neues Auto für den Rest der Saison. Mit 420 PS, 20 PS stärker als der Vorgänger. Die Lackierung war wie immer glänzend schwarz mit weißen Rauten und Quadraten, die sich als stilisiertes Reifenprofil vom vorderen Stoßfänger über die Haube und das Dach bis über den Spoiler das Heck hinunterzog.

„Wunderschön", bemerkte er mehr zu sich selbst.

„Ich wusste, dass dir unser neues Auto gefällt. Aber das ist nicht alles. Blätter weiter. Hinter die Porsche-Unterlagen."

Pravdan Simmovic blickte auf das Exposé eines Finanzdienstleisters. „Überdurchschnittliche Renditen mit Future-Fonds" versprach der Prospekt auf dem Titel. Das Bild des „Fondsmanagers des Jahres 2008" zeigte einen Mann, Ende 30, der in Pravdans Augen etwas von einem Gauner hatte. Er konnte diesen Eindruck nicht erklären. Aber er bezeichnete sich – nicht frei von Koketterie – selbst als Gauner und war sich meist sicher, wenn er einen Kollegen vor sich hatte. Der Abgebildete hatte das Exposé mit „Norman Gerber" unterzeichnet.

„Was soll das?", fragte er seinen Bruder.

„Na, unser schönes Geld ist nicht auf Urlaub in der Schweiz und auf den Cayman Islands. Es soll sich verdammt noch mal ins Zeug legen. Sonst schaffen wir es nie nach Le Mans, bevor wir zu alt und zu grau für unseren Traum sind. Ich habe nächste Woche einen Termin mit diesem Gerber in Frankfurt vereinbart."

„Wie viel willst du anlegen?"

„Zwei Millionen. Es gibt 30 Prozent für sechs Monate. In einem Jahr hätten wir einen ordentlichen Etat für Le Mans zusammen. Wir könnten für die GT2-Klasse eine Corvette oder einen Aston Martin bekommen und uns als dritten Mann einen richtig guten Fahrer einkaufen. Schon 2012 könnten wir starten. Die restlichen Gelder sind ja langfristig gebunden, ebenso wie die Erträge."

Die Aussicht, einmal als Teilnehmer bei den legendären „24-Stunden von Le Mans" antreten zu können, wischte Pravdan Simmovics Bedenken beiseite. Vjenceslav war der Geschäftsmann. Er wusste, was er tat und hatte bisher immer den richtigen Riecher für ihr Business und für gute Anlagen gehabt. Pravdan zog eine weitere Zigarette aus der Schachtel. Bevor er sie anzündete, musterte er die Filterkippe, als würde er zum ersten Mal eine Fluppe in der Hand halten. Dann schob er sie in die Schachtel zurück.

„Plötzlich Schluss mit der Qualmerei?", feixte sein Bruder.

„Wenn wir wirklich in Le Mans antreten und dabei nicht die Lachnummern geben wollen, weil wir bereits nach verkackter Vorquali mit eingezogenem Schwanz nach Hause fahren müssen, sollten wir uns ab sofort mit aller Macht um unsere Fitness kümmern. Ein Jahr ist schnell vorbei. Und so wie wir derzeit konditionell drauf sind, haben wir nicht die geringste Chance. Selbst wenn wir Michael persönlich als dritten Fahrer engagieren."

„Du hast wie immer recht. Aber heute ist heute. Wir haben etwas zu feiern. Bleibt es beim chinesischen Essen?"

Sein kleiner Bruder nickte und grinste wie eine Katze, die die Nacht in einer Voliere mit 1000 Sittichen verbracht hatte.

15. April 2014, 17.00 Uhr

Dimitri Fjódorowitsch Tschernjatinski hatte einen Tisch in der Ecke des „Astoria Cafés" reservieren lassen. Für diesen Spätnachmittag und den Abend standen zwei Besprechungen auf seinem Terminkalender. Mit Dr. Dr. Ansgar Burmeester wollte er sich gegen 19.00 Uhr treffen, um später gemeinsam essen zu gehen. Das Restaurant des „Astoria" kam dafür nicht in Frage. Das „Borsalino" bot italienische Küche und sowohl der Fürst als auch sein Freund vertraten die Ansicht, dass die italienische Küche am besten in ihrem Heimatland genossen werden sollte. Sie würden gegen 21 Uhr im „Palkin" am Newsky-Prospekt speisen. Eines der besten Häuser der Stadt, mit einer Tradition, die bis auf das Gründungsjahr 1785 zurückging. Der Fürst dachte an Kaviar, frische Austern, die bekannte Kamtschatkakrabbe auf einem Carpaccio von Roter Bete, Gänseleber, ... Es würde alleine unter kulinarischen Aspekten ein großartiger Abend werden. Die Wahl der Weine wollte er wie immer seinem Freund überlassen. Zum Aperitif hatte er aber bereits mit seiner Reservierung zwei Flaschen „Alexandra" Grand Siecle Laurent-Perrier Brut Rose von 1998 kalt stellen lassen.

Während er sich auf das Wiedersehen freute, bereitete ihm die zuvor anberaumte Begegnung Kopfzerbrechen. Sein Gast hatte mit ungewöhnlicher Bestimmtheit auf das Treffen bestanden. Der Fürst war zehn Minuten vor dem vereinbarten Zeitpunkt erschienen und hatte sich davon überzeugt, dass der reservierte Tisch so abgelegen war, dass niemand in der Nähe das folgende Gespräch belauschen konnte.

Als der Fürst von seiner Uhr aufblickte, die exakt 17.00 Uhr anzeigte, näherten sich drei Männer seinem Tisch. Der Ältere in der Mitte war klein, maß höchstens 1,70 Meter. Er trug trotz der warmen Frühlingstemperaturen einen schwarzen Dreiteiler. Die schwarzen Halbstiefel verfügten über hohe Sohlen und Absätze, mit denen der Träger wenigstens drei weitere Zentimeter Körpergröße gewinnen wollte. Das volle natürlich gewellte Haar war weiß und ein wenig zu lang für einen seriösen Geschäftsmann in den Siebzigern. Der Mann trug eine Brille mit stark getönten Gläsern. Auf der dunkelgrauen Krawatte prangte eine goldene Nadel mit einem unverschämt großen Diamanten. Seine Gesichtszüge waren eingefallen, die Haut wirkte fahl.

Die beiden Männer, die den zierlichen Herrn flankierten, schätzte der Fürst auf Ende 20. Sie waren einen Kopf größer und füllten ihre schwarzen Maßanzüge mit durchtrainierten Körpern aus. Die beiden ähnelten sich wie Brüder, trugen ihre schwarzen Haare militärisch kurz geschnitten und hatten ihre Augen ebenfalls mit dunklen Brillen bedeckt.

Während sich das Trio dem Fürsten näherte, verzog keiner der Männer eine Miene. Erst als sich Dimitri Fjódorowitsch Tschernjatinski erhob und die drei sich auf Armeslänge genähert hatten, verwandelte sich die Miene des alten Mannes in einen offenen, fast herzlichen Ausdruck. Er reichte dem Fürst, der nun ebenfalls lächelte, die Rechte. Die Männer schüttelten sich lange und wortlos die Hände. Die Begleiter des Seniors blieben reglos stehen, die Hände vor dem Körper gefaltet. Der Alte bedeutete mit einem Nicken, dass sie sich zurückziehen konnten.

Der Fürst wies seinem Gast den zweiten Platz zu.

„Tshukurka, du siehst ausgezeichnet aus", log er mit einem freundlichen Lächeln, denn das Gesicht seines Gastes verriet eine schwerwiegende Krankheit. „Ich hoffe, es geht dir und deiner Familie gut?"

„Ich danke dir für deine freundlichen Worte, Dimitri Fjódorowitsch. Wenn ich dir sage, es ginge mir gesundheitlich ausgezeichnet, wäre dies eine glatte Lüge. Aber ich bin inzwischen ein alter Mann. Die Geschäfte laufen ordentlich. Und eine prächtige neue Generation ist inzwischen herangewachsen. Die beiden jungen Männer, die mich begleiten, sind meine Großneffen Boboko und Mihali. Ganz hervorragende Jungs, die mich mit viel Stolz und Freude erfüllen. Beide sind Söhne meines Ältesten Moshto. Sie haben eine hervorragende Ausbildung genossen, verfügen über ausgezeichnete Abschlüsse in Wirtschaftswissenschaften in Princeton. Gelegentlich bediene ich mich auch ihrer körperlichen Präsenz, wenn ein Geschäftspartner nicht meine unverbrüchliche Loyalität zu geschlossenen Vereinbarungen teilen will. Die beiden tragen jeweils den dritten Dan in einer asiatischen Kampfsportart. Karate, Kung Fu, Kickboxen, so genau kenne ich mich damit nicht aus. Und was das Beste ist: Sie reden nur, wenn sie gefragt werden."

Mit knappen Worten bestellte der alte Roma ohne Rückfrage bei seinem Gastgeber zwei Portionen Beluga-Kaviar und Wodka. Der Fürst lächelte.

„Ich habe deinem Anruf entnommen, dass du ein Problem hast, bei dessen Lösung ich dir eventuell behilflich sein kann."

Der alte Roma nickte ernst.

„Es tut mir leid, wenn ich heute mehr als einen Gefallen von dir erbitten muss. Ich komme zu dir, um eine alte Schuld einzufordern, die deine Familie anerkannt hat, als meine Sippe in den Wirren des Bürgerkriegs deinen Großvater vor den Bolschewisten gerettet und über das Netzwerk der Roma nach Frankreich geleitet hat. Wir haben das damals aus Freundschaft getan, wie du weißt, in großer Dankbarkeit für das, was deine Familie in der Vergangenheit für mein Volk getan hat. Aber nun zwingen mich die Umstände, an das Versprechen deines Großvaters zu erinnern."

Der Fürst sah seinem Gast, der zur Bekräftigung des Ernstes seines Anliegens die dunkle Brille abgenommen hatte, lange in die Augen. Er hob das Glas, das der Kellner inzwischen gefüllt hatte. „Sei versichert, alter Freund, es ist mir nicht nur eine Freude sondern vielmehr eine große Ehre, dir und den Deinen etwas von dem zurückzugeben, was ihr für meine Familie getan habt. Egal, was es ist, deine Bitte ist schon jetzt gewährt."

Der alte Mann lächelte zaghaft.

„Warte ab, bis ich dir die Angelegenheit im Detail geschildert habe."

Während der folgenden Stunde beschrieb der alte Roma – nach vorne gebeugt und leise flüsternd – dem Fürst sein Pro-

blem und den Plan zu dessen Lösung. Der hörte schweigend zu und nahm nur gelegentlich einen kleinen Schluck aus seinem Glas. Als der alte Roma geendet hatte, fragte Dimitri: „Wie viel brauchst du?"
„Wir arbeiten schon sehr lange an dem Plan und haben schon mit der Umsetzung begonnen. Der Führer einer baltischen Verbrecherorganisation, der uns einen wirklich großen Gefallen geschuldet hat, ließ sich bereits im letzten Jahr inhaftieren, um unsere Zielperson zu infiltrieren. Die Logistik steht. Für Ausrüstung, Honorare, Bestechung, Material und meine Leute benötige ich mindestens zehn Millionen Euro. Doch das Geld ist das geringste Problem, das können wir ohne große Probleme selbst aufbringen. Der Erfolg des Plans ist von der Unterstützung einiger deiner Firmen abhängig. Wir benötigen Waffen, Transportmittel, Papiere und Dokumente."
„Lass mir eine Aufstellung zukommen. Du bekommst alles, was du benötigst. Allerdings gestatte mir eine Frage. Wäre es nicht einfacher und wesentlich billiger, diesen Mann einfach töten zu lassen? Für die zehn Millionen kannst du die gesamte Strafanstalt aufkaufen, in der er einsitzt und ihn dann in aller Ruhe bestrafen", warf Dimitri ein.
„Du hast recht, das wäre sicherlich einfacher und effizienter. Aber ein solches Vorgehen würde nicht dem Rechtsempfinden meiner Leute entsprechen. Der Mann hat Leid und Tod über uns gebracht, aber er ist von unserem Blut. Ich habe geschworen, diesen Verbrecher unserer eigenen Gerechtigkeit zu unterwerfen."
„Das steht außer Frage und ich werde nicht die kleinste Anstrengung unternehmen, dich von deinem Vorhaben abzubringen. Allerdings würde ich doch gerne wissen, warum du diesen Plan nun so rasch umsetzen willst?"
Der alte Roma blickte den Fürst mit Milde und Melancholie in seinen Augen an.
„Dimitri Fjódorowitsch, schau mich an. Ich bin sehr krank und dem Tode geweiht. Keine ärztliche Kunst auf dieser Welt wäre in der Lage, mir noch Heilung zu verschaffen."
Der Fürst war aufrichtig betroffen.

„Um Gottes Willen, alter Freund. Um welches Leiden handelt es sich?"

„Es ist der verdammte Krebs. Ein Pankreaskarzinom. Inoperabel, viel zu spät diagnostiziert. Wer geht wegen ein paar Beschwerden, die doch nur dem Alter geschuldet sein können, zum Arzt? Ich habe viel zu lange gewartet. Meine Söhne haben mich schließlich zum Doktor geschleppt. Aber da war es längst zu spät."

Der alte Mann lächelte gequält: „Es ist nun einmal, wie es ist. Gott hat seine Entscheidung getroffen. Und da ich nun nicht mehr Jahre, sondern nur noch wenige Monate vor mir habe, muss ich mich beeilen, meinen Schwur gegenüber meinem Volk zu halten, wenn ich als Mann von Ehre gehen will. Ich bin schließlich der Vista, der Führer meiner Sippe."

Dimitri zog die Stirn hoch und nickte zustimmend. Es ging um Rache und Vergeltung. Menschen von Ehre durften keine Mühen scheuen, solche Pläne zu verwirklichen. Der Mann, der im Mittelpunkt der geplanten Aktion stand, hatte wahrhaft Abscheuliches getan und verdiente es, dafür mit seinem Leben zu bezahlen, anstatt seine Schuld in einem deutschen Gefängnis wie mit einem Aufenthalt im Ferienheim zu begleichen. „Ich habe allerdings eine Bitte", sagte Dimitri.

„Und die wäre?"

„Ihr unternehmt jede Anstrengung, damit kein Außenstehender zu Schaden kommt. Wenn ich höre, dass es unbeteiligte Tote oder nur Verletzte gibt, ist unsere Vereinbarung hinfällig."

Der alte Roma lächelte und der Fürst konnte in seinen Augen volles Einverständnis mit seiner Bedingung erkennen.

„Du hast mein Wort darauf, Dimitri Fjódorowitsch. Keinem Unbeteiligten wird ein Leid geschehen. Das schwöre ich beim Leben meiner Kinder."

Die beiden Männer plauderten noch eine Stunde über Privates, bis um 19 Uhr Dr. Dr. Ansgar Burmeester das Café des Hotels betrat. Er näherte sich dem Tisch, an dem sein Freund mit einem Fremden saß, und registrierte die beiden stämmigen jungen Männer, die sich von ihrem Platz am Eingang erhoben, als sie bemerkten, dass sich der Neuankömmling in Richtung des Tisches bewegte.

Dimitri Fjódorowitsch stand auf, lachte, begrüßte seinen neuen Gast und machte die beiden Männer miteinander bekannt.

Tshukurka Badi hatte sich ebenfalls erhoben.

„Das ist ein guter Zeitpunkt für mich zu gehen."
Er nickte Dr. Dr. Burmeester freundlich zu und wandte sich zum Gehen, bevor der Fürst einen Einwand erheben konnte. Als der alte Mann seine Begleiter erreicht hatte, nahmen sie ihn wieder in ihre Mitte und verließen das Café.

„Ich wollte euch bei eurem Gespräch nicht stören", wandte sich Burmeester an den Fürsten.

„Ein alter Geschäftspartner und Freund der Familie. Wir hatten unsere Besprechung gerade beendet. Hältst du es noch bis neun Uhr aus? Ich habe einen Tisch im Palkin bestellt."

Burmeester strahlte vor Vorfreude.

„Kann ich dich noch für eine Stunde allein lassen?", fragte der Fürst seinen Gast. „Ich muss noch einige Telefonate führen. Erweise mir die Ehre und lass dich während deiner Wartezeit mit Beluga und einem vortrefflichen Wodka verwöhnen."

24. April 2014, 11.00 Uhr

Dr. Gideon Krömer blickte über den oberen Rand seiner Designerbrille mit ihrem fadendünnen Gestell aus Titan. Er ließ seine Augen bedeutungsschwer von einem zum nächsten der versammelten Einsatzkräfte gleiten, die sich zu beiden Seiten des länglichen Besprechungstischs niedergelassen hatten. Die Konferenz war kurzfristig vom LKA-Chef persönlich einberufen worden. Unter nachhaltigem Druck des Oberstaatsanwalts, der den Vorsitz übernommen hatte. Die Anwesenden sollten eine „Soko Gerber" bilden.

Rufus Kowalski hatte auf der rechten Seite des Tischs Platz genommen und beobachtete den 53-jährigen Juristen. Die geradezu geckenhafte Attitüde Krömers, die Kowalski bereits im Rahmen der Begrüßung beim markigen Händedruck als ein hervorstechendes Merkmal registriert hatte, hatte ihm schlagartig Viktor Korschineks Aversion gegen den Oberstaatsanwalt verdeutlicht: „Der Schiffschaukelbremser hält sich für ein persönliches Geschenk Gottes an die Menschheit. Er lebt in der Gewissheit, dass ihm beständig himmlisch duftende Primeln aus dem Arsch wachsen." Kowalskis Chef hatte praktisch in jeder Stunde, die sie unter vier Augen in den letzten Jahren verbracht hatten, seinen Kropf über Krömer geleert.

Dr. Gideon Krömer hatte sich eine Tasse Kaffee eingeschenkt, in der er langsam aber akkurat entlang des Randes den Löffel kreisen ließ. Noch immer zeigte er keine Bereitschaft, das Wort zu ergreifen, um die Besprechung offiziell zu eröffnen. Wohl um die Spannung noch ein wenig zu steigern. Der Oberstaatsanwalt setzte auf angestrengte Würde, um seiner selbst gefühlten Wichtigkeit die notwendige Gravität zu verleihen. Er war groß und schlank. Der braune Schopf war mit einer an Pedanterie grenzenden Präzision geschnitten und Haar für Haar akkurat entlang eines Seitenscheitels zurechtgelegt. Erste helle Strähnen hatten die Peripherie der Schläfen als Habitat entdeckt. Krömer trug einen mittelgrauen Dreiteiler, der nur dank kundiger Maßanfertigung über einen derart perfekten Sitz verfügen konnte. Das weiße Hemd harmonierte mit einer Seidenkrawatte, die schräg in dünnen Streifen aus Schwarz, Grau und Weiß gemustert war. Der Knoten nahm die Ebenmäßigkeit einer Skulptur ein. Die Finger waren manikürt.

Dr. Krömer hatte seine Unterlagen in einer Mappe aus schwarzem Echsenleder zusammengefasst, auf der er demonstrativ einen goldenen Kugelschreiber von Dupont drapiert hatte.

Krömer räusperte sich, während Kowalski im Stillen mit sich selbst eine Wette über einen neuen Roman als Lektüre fürs kommende Wochenende abschloss: Die Reptilien, deren Vertreter ihre geschuppte Haut für die Mappe gelassen hatten, waren mit Sicherheit seit dem Perm ausgestorben.

„Meine Herren, ich denke Sie wissen, warum ich Sie zusammengerufen habe. Ich gehe davon aus, Sie haben alle das Memorandum über Gerber, geboren am 12. Juni 1969 in Stuttgart, deutscher Staatsbürger, gelesen, das Kriminaloberkommissar Keller vom Dezernat 12 freundlicherweise in der kurzen zur Verfügung stehenden Zeit zusammengestellt hat."

Mit einem schnellen Rundblick hakte der Oberstaatsanwalt das fakultative Nicken aller Anwesenden ab. Mad Max konnte nicht verhindern zu erröten.

„Der Fall Norman Gerber zieht immer weitere Kreise. Die Vorermittlungen des Dezernats 12 haben in der letzten Woche eindeutig ergeben, dass es sich bei Herrn Gerbers Aktivitäten um einen Fall von organisiertem Betrug handelt, wie er in dieser Höhe im Zuständigkeitsbereich unserer Behörde noch nicht aufgetreten ist. Wir können es als gesichert betrachten, dass wir von einer Schadenssumme von einer knappen Milliarde Euro ausgehen müssen. Ich habe mich aus diesem Grund dazu entschlossen, persönlich die Leitung der Ermittlungen zu übernehmen, um nach dem erfolgreichen Abschluss ohne Verzug Anklage erheben zu können. Ich muss an dieser Stelle nicht explizit betonen, dass ich schnelle, wasserdichte Ergebnisse erwarte. Es ist nur eine Frage der Zeit, bis die Medien diesen spektakulären Fall aufgreifen und ich gedenke dafür zu sorgen, dass die Berichterstattung von vorn herein in die richtige Richtung geht. Es darf in der öffentlichen Meinung auf keinen Fall der Eindruck entstehen, Herr Gerber verkörpere so eine Art modernen Robin Hood, der die Reichen um ihr ruchlos ergaunertes Schwarzgeld bringt. Dass solche Täter die Armen und Notleidenden eher weniger im Sinn haben, interessiert bekanntlich niemanden."

Was immer du darunter verstehst, du Haubentaucher, dachte Kowalski und suchte den Blickkontakt mit Viktor Korschinek, der ihm gegenüber saß. Sie kannten sich lange genug, um wortlos Übereinstimmung über ihre gemeinsame Haltung zu Dr. Krömer bekräftigen zu können.

Der Oberstaatsanwalt ließ keine Gelegenheit aus, seinen Status als Schaumschläger zu untermauern. Vor Beginn der Sitzung hatte Korschinek Kowalski eine Wette um ein Glas Wasser gegen eine Flasche 40 Jahre alten Calvados angeboten, wenn Dr. Krömer nicht spätestens fünf Minuten nach Beginn der Sitzung ins Schwadronieren geraten würde: „Freue dich schon jetzt auf die erleuchtenden Worte unseres großen Vorsitzenden zu den vielfältigen Aufgaben unseres Ermittlungsspektrums. Er wird in diesem Zusammenhang die wichtigsten Formen der Wirtschaftskriminalität aufzählen, als stünde er nicht vor den wichtigsten Vertretern des zuständigen Dezernats, sondern als Gastredner vor einer Gruppe Berufsschüler im dritten Lehrjahr vor ihrer Gesellenprüfung als Kopfschlächter."

Korschinek hatte nicht zu viel versprochen. Dr. Krömer gefiel sich von Minute zu Minute mehr in seiner Rolle als Redner. Kowalski wusste kaum zu sagen, wie er die mehr als eineinhalb Stunden der Besprechung überstanden hatte, die nur aus einem Monolog des Herrn Dr. Krömer und regelmäßig nickenden Kopfbewegungen der übrigen Versammelten bestanden hatte. Schließlich hatte der Oberstaatsanwalt seine Unterlagen mit einem entschlossenen Griff zusammengefasst und den Raum mit dem aufmunternden Ruf „An die Arbeit meine Herren, ich erwarte schnelle Ergebnisse!" und raumgreifenden Schritten verlassen. Die Runde hatte sich schnell aufgelöst. Rufus Kowalski und Mad Max waren ihrem Chef in sein Büro gefolgt.

Viktor Korschinek ließ sich in seinen Sessel fallen, riss das Schubfach seines Schreibtischs auf, holte den Calvados und zwei Gläser hervor, die er großzügig füllte und eines davon Maximilian Keller entgegenhielt. Der schnappte sich den Schwenker.

„Prostata Chefchen. Das ist genau das, was ich jetzt brauche, damit ich nicht auf der Stelle meine Tage bekomme." Mad Max knallte den Schnaps auf Ex hinunter. Sein Vorgesetzter hielt mit. Dann zündete sich Viktor Korschinek eine Zigarre an, während er Kowalski ansah.

„Sorry, mein Lieber, nur dieses labende Erbe normannischer Kultur ist leider nix für einen alten Säufer. Aber du kannst dich ja an deinen neu gewonnenen Erkenntnissen über die Arbeit des Dezernats 12 laben. Oder an einer Tasse von dem lausigen Kaffee von gestern, der noch in der Kanne dümpeln müsste."

Kowalski verzog das Gesicht, als hätte er unverhofft in etwas Ekliges, Glitschiges gegriffen.

Mad Max fiel mit täuschend echt imitierter Stimme des Oberstaatsanwalts ein: „Wir sehen uns einer ständig wachsenden Bedrohung durch die Wirtschaftskriminalität an allen Fronten ausgesetzt. Dazu zählen Unterschlagung, Betrug, Falschbilanzierung, Korruption, Geldwäsche, Insiderhandel, Produktpiraterie, Industriespionage, Steuerstraftaten, Subventionsbetrug, Insolvenzdelikte und Untreue. Bitte halten Sie sich immer vor Augen, dass zwischen den Jahren 2007 und 2009 mindestens 50 Prozent aller bundesdeutschen Unternehmen Opfer eines Wirtschaftsdelikts wurden. Pro Jahr entstehen durch diese kriminellen Machenschaften Schäden in Höhe von mindestens sechs Milliarden Euro. 2012 betrug die Zahl der bundesweit aktenkundig gewordenen Fälle bereits mehr als 81.000 ..."

Korschinek warf einen Notizblock nach Mad Max, der sich rechtzeitig duckte und vor Lachen nicht mehr halten konnte: „Der Herr ist immer so gut zum armen Sméagol ..."

Die drei Männer lachten gemeinsam. Dann straffte sich der Leiter des Dezernats.

„Spaß beiseite. Denn das ist das Letzte, was unser Held der Anklage versteht. Wenn er sagt, er will Ergebnisse, dann ist das keine Floskel. Ihr wisst, wie präzise ihr bei einem derart komplexen Scheißfall arbeiten müsst. Kowalski, wenn du Fragen hast oder Hilfe brauchst, kannst du dich an alle Teilnehmer der Konferenz auf der richtigen Seite des Tischs wenden, und zu mir kommst du, wenn es an Manpower fehlt. Ich möchte, dass du mir jeden Tag vor Feierabend Bericht erstattest. Ich habe schließlich die zweifelhafte Ehre, die ‚SoKo Gerber' leiten zu dürfen. Also leiten tut sie natürlich offiziell unser allseits verehrter und vielgeliebter Onkel Doktor Staatsanwalt. Aber derjenige, der für die eigentliche Maloche zuständig und für die Ergebnisse verantwortlich ist, ist der arme Korschinek, Viggerl."

Kowalski nickte. Im Verlauf der letzten Woche war es ihm gelungen, so etwas wie Geschmack an seinem neuen Aufgabengebiet zu entdecken. Das lag im Wesentlichen an seinem neuen Mitarbeiter. Mad Max war ein Exzentriker wie aus dem Bilderbuch. Aber auf der anderen Seite fachkundig, hilfsbereit und mit einem ganz besonders schrägen Humor gesegnet. Braver Sméagol!

„Tja dann, Männer. Immer ran an den Tran!"

Rückblende: Juni 2009

Norman Gerber lag auf der rechten Seite und blickte auf den nackten Rücken von Priscilla Tanner. Sie schlief eine knappe Armeslänge von ihm entfernt. Unter der regelmäßigen Atmung hob und senkte sich ihre Schulter, während die Luft beim Ausatmen durch die Nase ein Geräusch verursachte, das hart an der Grenze zum Schnarchen vorbeisegelte. Die Haut war blass, das fahlblonde schulterlange Haar fiel in Strähnen auf die glänzende dunkelblaue Bettwäsche aus Satin und gründelte dort wie eine primitive Lebensform, die auf etwas lauerte, was sich am Ende als Beute erweisen könnte. Gerber seufzte leise. Er hasste sich. Nicht, weil er sich mit der Tochter seines Chefs eingelassen hatte, um bei dem *alten Kinderschänder* eine meterbreite Schleimspur zu legen. In seinen Augen war die Braut gleichermaßen potthässlich wie strunzdumm: *Sie teilt einen Kuchen in zwölf statt acht Stücke, wenn sie großen Hunger hat.*

Eine Beziehung zu Priscilla war fester Bestandteil seiner Karriereplanung gewesen. Einer, den er wie jeden anderen gewissenhaft abarbeitete. Norman Gerber hasste sich dafür, dass er etwas an der Schlampe entdeckt hatte, mit dem er nicht gerechnet hatte und das er nicht in den Griff bekam, weil er die Macht des Triebes unterschätzt hatte.

Als er Priscilla Tanner vor sechs Wochen zum ersten Mal ins Bett gezerrt hatte, war ihm nicht sofort aufgefallen, dass diese Aktion eigentlich gar keiner besonderen Überredungskunst bedurft und nicht die geringste Gegenwehr ausgelöst hatte. Die nächste Fehleinschätzung betraf die Keuschheit von Miss Tanner, die er angesichts ihrer äußerlichen Dispositionen und ihrer Herkunft eigentlich als zwingend erachtet hatte. Doch kaum war der unappetitliche Körper mit den zu kleinen Brüsten und den zu ausladenden Hüften von schmuckloser Unterwäsche befreit gewesen, erwies sich Priscilla als durch und durch verdorbene kleine Pottsau, die ihn mit einer Bestimmtheit und Tabulosigkeit rangenommen hatte, dass er für die nächsten beiden Stunden zu keinem Augenblick richtig wusste, was eigentlich mit ihm geschah. Zum Auftakt der Feierlichkeiten hatte ihm dieser kleine Blasebalg mit ihren ansonsten schmalen Lippen derart einen verlötet, dass er minutenlang mit verdrehten Augen auf dem Rücken gelegen hatte. Und das war quasi nur das Amuse-Gueule für einen Dreisterne-Marathonfick in sieben Gängen gewesen.

Norman Gerber war nach der ersten Nummer angefixt und hasste sich deshalb. Sex sells. Darum wusste das Püppchen mit an Sicherheit grenzender Wahrscheinlichkeit, wie sie Norman nehmen musste, um selbst auf ihre Kosten zu kommen. Ganz schön clever, wenn man als Mädel aussieht wie ein Teller Sülze, aber über eine Pussy verfügt, die miauen kann wie der König der Löwen.

Er sah auf die neue Uhr an seinem rechten Handgelenk. Ein Doppelchronograf von IWC. In Gold. Mit Krokoarmband und Goldschließe. Die erste saftige Belohnung für die gerade erklommene Stufe auf der Karriereleiter. Es war noch keine sechs Uhr in der Frühe. Draußen schien bereits die Sonne. Die Vögel brüllten. Eigentlich noch keine Zeit zum Aufstehen. Doch dann entschied er sich, lautlos wie eine Schlange aus dem seidenen Kokon der Bettwäsche zu schlüpfen, um seine Gespielin nicht zu wecken. Norman Gerber schlich sich ins Badezimmer, betrachtete missmutig die Spuren der zurückliegenden Ausschweifung in seinem Gesicht, die der eklatante Mangel an Schlaf durch rot geäderte Augen noch unterstrich. Doch dafür gab es Tropfen und Cremes, die der Belebung und Regeneration der maskulinen Gesichtshaut dienten.

Rasiert, geduscht und in einen hellen, leichten Sommeranzug gekleidet hatte er sich eine halbe Stunde später an der Theke seiner Küche niedergelassen, die in seinem Appartement die Küche vom Essbereich trennte. Während er den Kaffee aufgebrüht hatte, waren zwei Aspirin plus Vitamin C in einem Glas voll kaltem Wasser schäumend zerfallen und gierig heruntergestürzt worden. Gefolgt von einer Cola, die mit ihrem Gefrierpunkt liebäugelte. Sie löschte den Brand und bekämpfte den widerlichen Geschmack im Mund. Während er mit winzigen Schlucken an seinem Kaffee nippte, blätterte er in den Druckfahnen für die Prospekte seiner neuen kreativen Finanzprodukte, die er in den letzten Wochen entwickelt hatte.

Er musste vorsichtig vorgehen. „Korman, Oggelthorpe & Finch" war eine extrem konservative Bank. Keiner seiner Kollegen durfte von seinen gewagten Finanztransaktionen Wind bekommen. Andererseits benötigte er das Geldhaus, um die zu erwartenden Kapitalströme zu regulieren und die Seriosität seiner Anlagemodelle zu bestätigen. Den tadellosen Ruf des amerikanischen Geldinstituts gedachte er werbewirksam zu nutzen.

Mr. Tanner selbst war freilich kein Problem mehr gewesen. Gerber hatte ihn im wahrsten Sinn des Wortes in der Hand. Nach seiner Beförderung war er intensiv den Gerüchten nachgegangen, die seinen Boss in die Nähe von sexuellen Neigungen gerückt hatten, die sich keinesfalls in Einklang mit dem herrschenden Gesetz bringen ließen. Bigelow Tanner, so hatten die diskreten Recherchen eines ausgezeichneten Privatermittlers ergeben, hatte sich tatsächlich als ungemein aktiver Freund der Kinderliebe erwiesen.

Der Bericht des Schnüfflers war jeden Cent seiner 15.000 Euro wert gewesen. Er hatte keine Abartigkeit ausgelassen, die selbst eine ausgewiesene Filzlaus in puncto sexueller Interaktivität zwischen einem alten Sack und kleinen Buben und Mädchen noch in Staunen versetzen konnte. Der Sumpf hochprofessionell organisierter osteuropäischer Kinderprostitution, der sich im Zuge der privaten Ermittlungen aufgetan hatte, hatte sogar Norman Gerber überrascht. Der Detektiv hatte Videomaterial von bemerkenswerter Bild- und Tonqualität geliefert, das Bigelow Tanner in Situationen gezeigt hatte, nach deren Betrachtung Norman Gerber für einige Zeit mit dem Gedanken gespielt hatte, seinem Chef ein paar Schläger auf den Hals zu hetzen. Einfach, weil sich das perverse alte Schwein eine deftige Abreibung für seine Verderbtheit verdient hatte, die in diesem Leben keine irdische Gerechtigkeit mehr finden würde.

Doch Gerbers nur rudimentär entwickelter Sinn für Empathie hatte ihn schnell Abstand von der Idee nehmen lassen. Das einzige, was zählte, war der Umstand, dass er Tanner in der Hand hatte und sich somit auf höchste Rückendeckung bei seinen spekulativen Anlagemodellen verlassen konnte. Es hatte genügt, in einem Vieraugen-Gespräch den Namen jenes Etablissements hinter der Grenze zu Frankreich zu erwähnen, das Tanner stets besuchte, wenn ihn seine Geschäfte in die Genfer Zentrale der Bank führten. Dort ließ sich Tanner regelmäßig oral von Jungen und Mädchen bedienen, die ohne Ausnahme das schulpflichtige Alter noch nicht erreicht hatten. Ganz zu schweigen von weiteren Praktiken, die Gerber einfach nur zum Kotzen gefunden hatte.

In den zurückliegenden beiden Monaten hatte Norman Gerber vier talentierte und vor allem motivierte Vertriebsleute rekrutiert, die ihm offiziell bei der Entwicklung und Vermarktung neuer Finanzprodukte zur Hand gehen sollten. Die Geduld und Sorgfalt bei der Auswahl seiner neuen Untergebenen hatte sich ausgezahlt. Gerber hatte ein Kleeblatt gefunden, das in den behutsam tastenden Einzelgesprächen nicht verhehlt hatte, dass seine Hemmschwelle im Interesse des eigenen finanziellen Vorteils und schnell wachsenden Einkommens unterhalb der Meereshöhe lag. Richtige Jagdhunde, hungrig, heiß und skrupellos. Norman Gerber war der Alpharüde dieses Rudels.

Somit standen die Dinge erfreulich gut. Er hatte seinen Chef im Griff, er verfügte über ein Team, das für den Aufstieg in die oberste Liga bereit war, und besaß die Konzepte für hochprofitable Produkte, bei deren Vermarktung sein eigener Profit der ultimative wäre. Zudem vögelte er regelmäßig die hirtenblöde Perle Priscilla Tanner bis zum Pupillenstillstand. Nun musste er die nächsten Schritte in Angriff nehmen. Dafür würde er jedoch Geduld benötigen. Und Fleiß. Damit hatte er kein Problem. Er hatte Zeit. Wer gerade erst die Mitte 30 überschritten hatte, für den kam es nicht auf ein Jahr mehr an, um das persönliche Ziel des Multimillionärs zu erreichen.

Mit der Kaffeetasse in der Linken blätterte er durch den Entwurf seines neusten Vertriebsprospektes. Zuerst kämpfte er sich durch Seiten voll für Laien unverständlicher Formulierungen, die den gesetzlichen Vorgaben für Werbemittel derartiger Anlagemodelle geschuldet waren. Dann folgten zahllose bunte Grafiken, die illustrierten, wie erfolgreich der Fonds in der Vergangenheit abgeschlossen und wie sich die Zahl der Anleger und deren Einnahmen entwickelt hatte.

Schließlich kam Gerber zum Textteil. Dort las er: „Die Idee des Investments ist fast 200 Jahre alt. Sie entstand mit dem Ziel, einer breiteren Masse von Sparern den Zugang zu den gleichen Vorteilen und Verdienstmöglichkeiten zu eröffnen wie den Wohlhabenden. Die Investmentidee gewährleistet durch eine breite Streuung der Kapitalanlage auf eine Vielzahl verschiedener Aktien oder handelbarer Papiere, dass sich das Investitionsrisiko für den einzelnen Anleger vermindert. Ja, in den meisten Fällen sogar ausgeschlossen wird. – Investmentfonds sichern auch dem Laien mit seinen Fondsanlagen die Chancengleichheit auf allen Anlagemärkten."

Gerber grinste. Der Begriff „Risikoverminderung" wirkte stets wie der Signalton, der bei entsprechend konditionierten Hunden den Pawlowschen Reflex auslöste.

Der Lauftext der Broschüre stammte aus der Feder seines Mitarbeiters Hubertus von Braschlitz. *Ein guter Mann, der eine Menge auf dem Kasten hat,* dachte Gerber. Wenn Blaubeerchen nicht so eine fette Sau wäre. Das Dickerchen hatte auf jeden Fall viel Mühe darauf verwendet, einem Laien mit leicht verständlichen Worten und eindrücklichen Bildern das Verständnis für die so undurchsichtige Finanzwelt zu erleichtern. Das wirkte vertrauensbildend: „Ein Fonds entsteht, wenn Anleger mit ihrem Kapital Anteile erwerben, die die Depotbank und das verantwortliche Management des Fonds verwalten. Die Verwaltung investiert das Geld bei einem Aktienfonds schließlich an Börsen in ein breit aufgestelltes Spektrum von Wertpapieren und verteilt den Ertrag dann an die Inhaber der Fondsanteile. Diese Aktivitäten stehen unter der strengen Aufsicht der Bundesanstalt für Finanzdienstleistungsaufsicht."

Bei der Depotbank warb der Prospekt mit dem Bankhaus „Korman, Oggelthorpe & Finch est. 1782", der angeblich ältesten amerikanischen Privatbank. Auch ein kurzer geschichtlicher Abriss des Investmentgedankens war Teil der Überzeugungsarbeit. Der Interessent erfuhr des Weiteren, dass die erste spezialisierte Gesellschaft 1822 in Belgien gegründet worden war.

Als er zu den eigentlichen Fondseigenschaften kam, die sein Unternehmen vertreiben würde, beschloss Gerber das Konvolut zu schließen. Von dem Fachchinesisch würden die Kunden sowieso nichts verstehen. Was Norman Gerber anbot, war kein Aktien- oder Immobilienfonds, sondern ein sogenannter „Spezialfonds". Unter diesem Begriff ließ sich alles handeln, was als Papier von einer Bank oder einem Finanzdienstleister ausgewiesen war. Nur ein Profi-Banker konnte ermessen, welch monströse Gebilde die Bankenwelt zu diesem Zeitpunkt auf die Menschheit losgelassen hatte. Dass die Finanzwirtschaft alleine bis zum Börsencrash 2008 rund eine viertel Million solcher handelbarer Papiere kreiert hatte. Davon waren ungefähr 999 von 1000 für normale Anleger so gewinnversprechend wie ein Rubbellos der Fernsehlotterie. Jeder albanische Hütchenspieler in einer urbanen Fußgängerzone verfolgte ein seriöseres Geschäftsmodell mit reelleren Gewinnchancen für seine Mitspieler.

Die Lektüre der Druckfahnen stellte ihn zufrieden. Ihn persönlich kribbelte es zwar nicht im Geldbeutel und er würde aufgrund eines solchen faden Blättchens keine Millionen für Investitionen locker machen.

„Aber bin ich vielleicht die Zielgruppe?", fragte er laut in den Raum hinein.

Die Auflagen der Bundesaufsicht für das Finanzwesen für Pflichttexte füllten zahlreiche Seiten bis hin zu den obligatorischen Hinweisen auf den Datenschutz. Das ganze Kleingedruckte musste der Layouter jedoch noch viel weiter in den Hintergrund rücken und dafür die Finanzprodukte mit Unterstützung einer peppigen Bildsprache wesentlich stärker in den Mittelpunkt stellen. Die Kunden sollten Geschmack am Investieren bekommen und keinerlei Motivation entwickeln, dumme Fragen zu stellen, für die es keine klugen Antworten gab. Norman Gerber blickte zufrieden aus dem Küchenfenster.

Alles läuft nach Plan. Noch ist jede Menge Feinschliff erforderlich, um meine Organisation zu perfektionieren. Allein in puncto perfektes Auftreten hat die Mehrzahl meiner neuen Mitarbeiter noch etwas Nachhilfe nötig. In diesem Zusammenhang hat sich das Engagement des Dickerchens Hubertus als Glücksgriff erwiesen. Der Adelsmann stammt aus bestem Hause und ist ein Experte in Auftreten und Benehmen. Sozusagen ein wandelnder Knigge und dient somit als Vorbild. Vor allem für meinen „Zigeunerbaron." Lolo weist in den Disziplinen „Auftreten und Manieren" ganz erhebliche Rückstände auf. Schon wie der Schmierlappen sich kleidet: Nadelstreifenanzüge mit zu breitem Kragen. Fliederfarbene Seidenhemden mit drei geöffneten Knöpfen und einem Goldkreuz auf dunklem Brusthaar. Da kann er sich gleich zu Beginn eines Kundenkontakts ein Schild um den Hals hängen mit der Aufschrift: „Ich bin so unseriös, wie ich aussehe, und werde dich Blödmann gleich mit Schmackes über den Tisch ziehen." Auf der anderen Seite hat Lolo echten Biss und versteht sich mit seinen Landsleuten gut, unter denen sich erstaunlich viele befinden, die richtig gut gestopft und somit schlachtreif zum Ausnehmen sind.

Norman Gerber blickte erneut auf seine IWC. Sieben Uhr war eine gute Zeit fürs Büro. Priscilla konnte solange noch ein paar Mammutbäume zu Zahnstochern zersägen.

Während Norman Gerber seinen frisch geleasten Porsche Panamera Turbo über die Ausfahrtrampe der Tiefgarage beschleunigte, überlegte er, wie das weibliche Programm des nächsten Abends aussehen konnte. Priscilla würde in diesen Planungen keine Rolle spielen. Die Herbsüße war schon happy, wenn sie den Abend allein vor der Glotze mit einer Pizza verbringen durfte, geduldig und lüstern auf die späte Stunde harrend, bis der Herr und Meister wieder nach Hause kam. Willens und in der Lage, es ihr noch einmal ganz gediegen zu besorgen.

30. April 2014, 18.00 Uhr

Kriminalkommissar Karl Schneider gähnte und sah zu Rufus Kowalski, der neben ihm am Schreibtisch saß. Seit vier Stunden hatten sie sich durch Unterlagen gearbeitet, die das Finanzministerium nach der Mittagspause angeliefert hatte. Es handelte sich dabei um 54 Steuerakten aus Verfahren gegen Steuerhinterzieher, die auf Verbindungen mit Norman Gerber und seiner „World Finance and Investment Fund. Ltd." hinweisen konnten.

„Wenn ich noch eine Minute länger auf das Zeug starre, bekomme ich Augenkrebs", stellte Karl Schneider fest und gähnte. „Wie steht's mit dir?"

Rufus Kowalski lehnte sich zurück und streckte sich. „Du hast recht. Machen wir für heute Schluss. Es ist Freitag. Und eigentlich hätten wir schon vor drei Stunden ins Wochenende verschwinden können."

„Guter Mann!"

Karl Schneider stand auf, winkte „Mad Max" zu und verschwand mit einem fröhlichen Lächeln aus dem Büro.

Kowalski wandte sich an seinen Mitarbeiter.

„Und was ist mit dir? Keinen Bock auf Feierabend?"

„Eigentlich schon. Aber es kotzt mich tierisch an, dass wir die ganze Woche über keinen Schritt weitergekommen sind. Nicht wegen Genosse Krömer. Der interessiert mich wie die papalen Testikel, wie du in solchen Gelegenheiten so trefflich zu bemerken pflegst. Bislang können wir Gerber noch nicht einmal beweiskräftig nachweisen, einem Kind den Lolli geklaut zu haben. Das ganze Papierzeug taugt nichts. Ich bin mir sicher, Gerber schickt gegen diese wachsweichen Indizien, die wir bislang gesammelt haben, eine Horde Anwälte ins Feld, die ganz genau weiß, wo der Frosch die Locken hat. Wenn er sich nicht gleich ganz aus dem Staub macht. Auf der schönen weiten Welt gibt es genügend Plätzchen, wo du es dir mit ein paar hundert Millionen und perfekt gefälschten

Pässen nett einrichten kannst. Ich will ums Verrecken, dass unser Kunde Streifen trägt. Apropos Streifen, ist unter den Klamotten von den Finanzfuzzis auch die Akte von diesem Hollander, der Anzeige gegen Gerber und zusätzlich Selbstanzeige bei der Steuer erstattet hat?"

Kowalski kramte in den 54 Vorgängen, die sich auf seinem Tisch stapelten. Tatsächlich, die Akte Hollander fand sich darunter. In dem Stapel, den er und Kollege Schneider eigentlich noch vor sich hatten. Er reichte Max die Akte. Der knabberte an Keksen aus einer unbedruckten Zellophantüte. Das Naschwerk sah so gesund und wenig verlockend aus, als ließe sich damit von Haus aus ein wackeres Ross für den fehlerfreien Sprung über ein Hindernis belohnen, das eine so verwegene Bezeichnung wie „Verdener Bank" trug.

„Auch 'n Dinkelkeks? Ist prima für gesunde Zähne und glänzendes Fell. Ich bin der lebende Beweis. Aber nur innerlich anwenden."

Kowalski griff mehr aus Anstand als aus echter Begeisterung in die Tüte und biss in das Plätzchen. Es war hart wie ein Stück Pressspanplatte und schmeckte auch so. Während der Phase des Einspeichelns stellte sich nach einer gefühlten knappen Stunde geschmacklich ein Hauch von Sandwüste an Biohafer ein. Mit einer Staubfahne im Abgang. Er versuchte, sich beim konzentrierten Zermalmen der geschmacksfreien Krusten nichts anmerken zu lassen. Max grinste seinen Kollegen an.

„Sagen Sie jetzt nichts, Fräulein Hildegard. Ich weiß. Etwas weniger Zement und etwas mehr Pappe und die Dinger lassen eine Scheibe Knäckebrot wie eine Schwarzwälder Kirschtorte aussehen."

Mad Max mümmelte minutenlang, sodass nur das knirschende Mahlen seiner Zähne zu hören war, während er seinen Mund nach jedem Schlucken mit einem weiteren Keks nachlud und sich dabei durch die Akte arbeitete.

„Das ist ein Ding", bemerkte Mad Max.

„Wie meinen?"

„Ich geruhte gerade zu bemerken: Das ist ein Ding."

Kowalski, dem es noch immer nicht gelungen war, den Geschmack des surrealistischen Naschwerks trotz eines lan-

gen Schlucks kalten Lapsang Souchong aus Mad Max' Tasse aus seiner Mundhöhle zu vertreiben, beugte sich zur Akte hinunter. „Hat der brave Sméagol endlich den direkten Weg in das Herz von Mordor gefunden?"
Keller ignorierte die Anspielung.
„Der Anwalt. Siehst du hier den Namen des Anwalts, der diesen Hollander vertritt?"
Kowalskis Augen flogen über das Blatt.
„Dr. Dr. Ansgar D. Burmeester. Sagt mir gar nichts."
„Unca Scrooge? Du hast noch nie etwas von Unca Scrooge gehört?", fragte Mad Max mit gespielter Empörung und fuhr fort: „Unca Scrooge ist der Spitzname eines der bekanntesten Wirtschaftsanwälte im Lande. *Unca* bezieht sich auf seinen zweiten Vornamen, denn das D steht für Dagobert, wie Onkel Dagobert in den Comics von Carl Barks. Im amerikanischen Original heißt Onkel Dagobert *Unca Scrooge.Unca* ist eine Verballhornung von Uncle und *Scrooge* verweist auf Ebenezer Scrooge, den wunderbaren Geizhals aus der Weihnachtsgeschichte von Charles Dickens. So entstand der Spitzname für Dr. Burmeester."

„Was du alles weißt. Sorry, aber ich kann mit dem Namen Burmeester trotzdem nichts anfangen."

„Na ja, du bist ja auch noch nicht so lange bei den Geldganoven. Burmeester ist ein renommierter Wirtschaftsanwalt. Promoviert in Jura und Wirtschaftswissenschaften. Führt aber keine klassische Kanzlei. Betreut nur persönlich ausgewählte Mandanten aus dem Freundes- oder Bekanntenkreis als Anwalt oder Wirtschaftsprüfer. Er ist zudem ein gefeierter Fachbuchautor mit mehr als zwei Dutzend Publikationen. Burmeester arbeitet gelegentlich als Unternehmensberater, fertigt Gutachten über Unternehmen oder Personen an und ist von Haus aus so vermögend, dass er es eigentlich überhaupt nicht nötig hat, zu arbeiten. Er kennt rund um die Welt mehr Leute als der liebe Gott."

„Und was haben wir davon?"

„Burmeester ist seit Jahren mit Korschinek befreundet. Burmeester, alias Scrooge, verfügt über unglaubliche Kontakte. Seine Rechercheure sind die Besten der Besten der Besten.

Der Kerl kommt ganz einfach an Informationen, die für uns auf dem Dienstweg so unerreichbar sind wie das zauberhafte Land Oz. Vor allem, wenn Fakten, Dokumente oder Aussagen nur in Ländern zu finden sind, bei denen eine bilaterale Zusammenarbeit der Ordnungsorgane noch im einen oder anderen Detail Potentiale für Verbesserungen aufweist. Sollte es in dieser Hinsicht einmal ganz eng werden, wählt Korschinek den Obergefreitendienstweg, lässt sich von Burmeester zu einem üppigen Essen einladen und organisiert Informationen, im günstigen Fall auch Beweise, auf die wir Fahnder warten müssten, bis wir schwarz werden. Und du weißt, wie wenig die schwarzen Brüder mit der immer noch weit verbreiteten arischen Gemütslage vieler deutscher Volksgenossen kompatibel sind."

Kowalski wies die ihm entgegengestreckte Tüte mit dem letzten Keks nachdrücklich zurück.

„Und was haben wir in unserem Fall davon?"

„Gerber ist international derart weit vernetzt, wir wären tot und verschimmelt, bis wir über offizielle Amtshilfeersuchen genug Beweise gesammelt haben, um ihm wenigstens eine gebührenpflichtige Verwarnung verpassen zu können. Alleine wegen seiner Firma ‚World Finance and Investment Fund. Ltd.'. Die hat ihren Sitz, wie wir wissen, auf den britischen Jungferninseln. Wenn unser LKA an die dortige Polizei ein Hilfsersuchen richtet, müssen wir mit schweren Kollateralschäden bei den Karibik-Kollegen rechnen, weil sich mindestens ein halbes Dutzend von ihnen totlacht über unser offizielles Ansinnen. Und Gerber hätte nicht solche Erfolge feiern können, wenn er nicht mindestens ein Dutzend weitere Scheinfirmen in Offshore-Paradiesen rund um die Welt unterhalten würde, von denen wir noch nicht die geringste Ahnung haben. Von Konten in diesen Ländern gar nicht zu reden. Für Unca Scrooge ist es kein Problem, an solche Informationen oder gar belastende Unterlagen zu kommen, denn gegen seine internationale Vernetzung ist die von Gerber ein Strumpf mit einer Laufmasche. Ich frage den Chef am Montag, ob er einen Termin bei Burmeester für uns arrangieren kann. Ich will an dieser Stelle auch einmal eine Wette riskieren und werfe deshalb eins meiner unglaublich monströsen Monatseinkommen in den Topf, dass uns Dr. Dr. Burmeester zum Thema Gerber viel Froid und Kurzweil bescheren kann."

„Aber wenn er in diesem Fall bereits Klienten vertritt, wird er uns keine Informationen liefern dürfen", warf Kowalski ein.

„Bitte interpretiere die Institution Burmeester für unsere polizeiliche Ermittlungsarbeit nicht falsch. Er wird nicht unseren Job machen und Beweise frei Haus auf einem Silbertablett servieren. Er scheut vielmehr keine schmutzigen Hände, um aus dem trüben Schlick ein paar saftige Würmer zu buddeln, die an den Haken unserer Angeln die dicken Fische mit Angeboten locken, die sie nicht ausschlagen können. Wait and see. Wir wollen ja nichts von seinen Klienten. Wir wollen etwas von Gerber. Und ich glaube nicht, dass es da bei Scrooge zu Zielkonflikten kommen wird."

Mad Max klappte die Akte zu, fuhr seinen Rechner herunter und schaltete die Tischlampe aus.

„Haben wir doch noch etwas Brauchbares zum Wochenausklang gefunden. Wie sieht's aus? Noch auf einen Sprung auf die ‚Bullenweide'? Ich glaube, ich möchte den morgigen Samstag erst am späten Vormittag mit dicker Rübe und einem Bierschiss beginnen. Morgen ist ja auch noch Feiertag. Also steht heute Tanz in den Mai auf dem Programm oder für die Freunde der monogeschlechtlichen Lebensgemeinschaft noch etwas extrem politisch Unkorrektes: Schwanz in den Kai."

Kowalski stimmte lachend zu.

„Gebongt."

2. Mai 2014, 10.30 Uhr

Der Fuhrparkleiter des LKA hatte Keller und Kowalski für ihre Dienstreise zu Dr. Dr. Burmeester einen Ford Mondeo spendiert: „Neustes Modell. Alles drin, alles dran", hatte der Kollege bei der Schlüsselübergabe betont: „Automatikgetriebe, Klima ebenfalls automatisch, Stofftierausstattung, gute Lala, voller Tank: Ich wünsche eine angenehme Fahrt und bestes Gelingen."
Mad Max hatte das Steuer freiwillig dem Kollegen überlassen. Er machte sich nichts aus Autos und aus der Fahrerei. Kowalski war dagegen in seiner Sturm- und Drangzeit ein bekennender Autofreak gewesen. Seine Schlitten waren zwar nie neu gewesen, aber immer mindestens eine Klasse größer ausgefallen, als er es sich eigentlich leisten konnte. Den Höhepunkt seiner persönlichen Motorisierung hatte in den frühen Achtzigern ein babyblauer Chevrolet Camaro Berlinetta gebildet. Baujahr 1979. Mit einem 5,7-Liter-V8, der 175 PS produzierte. Mit einer Innenausstattung in identischem Himmelblau stand der Chevy sogar auf Weißwandreifen. Dann waren Frau und Kind gekommen und hatten den häuslichen Fuhrpark zu einem Opel Rekord Kombi komprimiert, der schneller rosten als fahren konnte. Nach Marias Tod war für Kowalski das Thema Auto gegessen. Mehr als einen neun Jahre alten Golf in Basisausstattung und 60 PS brauchte er nicht mehr. Während Kowalski den Ford aus der Ausfahrt des LKA in die vierspurige Ausfallstraße einsortierte, griff Mad Max in die Tasche seiner Jacke, die an die Karikatur eines Parkas erinnerte, zog eine Tüte mit den Dinkelkeksen hervor und begann zu knabbern. Obwohl es ein schöner Frühlingstag mit warmen Temperaturen war, trug Keller den obligatorischen Rollkragenpullover, zuzüglich Pullunder und Jacke, die er auch im Auto nicht ablegen wollte.

„Wird das Zeug jetzt zur schlechten Gewohnheit?", wollte Kowalski mit Blick auf den Knabberspass des Kollegen wis-

83

sen. „Solche Obsessionen stehen oft am Anfang einer soliden Suchtkarriere. Und körperliche wie seelische Abhängigkeiten sind kein Spaß. Ich weiß, wovon ich spreche."

„Nö. Aber die Dinger waren eine Occasion. Ich hab' 'nen ganzen Karton für 'n Appel und 'n Ei geschossen. Aber nun müssen die Dinger weg. Und wohlschmeckender als fleischlose Beilagen aus unserer Kantine ist das Naschwerk allemal. Hobbitse lieben garstiges Lembasbrot."

Die Pause, die entstand, überdauerte fünf weitere Kekse.

„Darf ich dich etwas fragen? Etwas Persönliches", nahm Mad Max einen neuen Anlauf, ein Gespräch zu beginnen.

„Nein, ich werde dir kein Geld leihen. Und mein Arsch bleibt Jungfrau!"

„Keine Angst, ich stehe nur auf zentnerschwere Weiber, fliederfarbene Bettwäsche, Kuschelsex in einer Wanne voll grüner Götterspeise und lange Spaziergänge im Regen. Außerdem verfüge ich über genügend Kohle, seit ich letztes Jahr am Ende eines Regenbogens einen Kessel voller Goldstücke gefunden habe. Aber Spaß beiseite. Armer Sméagol will eben alles wissen über den Herrn. Weil der Herr immer so freundlich ist zum armen Sméagol."

„Deine Frage anhören ich werde. Antwort darauf finden ich werde vielleicht. Aber stark bleiben dabei du musst in jedem Falle: Vader dein Vater er ist."

Mad Max schaltete spontan von seinem Rumgealber auf Ernst um: „Warum hast du mit der Sauferei angefangen?"

Kowalski registrierte sofort, dass der Spott aus der Stimme seines Beifahrers gewichen war. Er riss sich ebenfalls am Riemen. Für einen Augenblick überlegte er, ob er überhaupt etwas antworten sollte. Es beschlich ihn regelrecht Panik, bei der Vorstellung, er könnte einem eigentlich immer noch Fremden etwas über sich verraten, was er für sich behalten musste. Schon weil er bereits so lange davon überzeugt war, dass es ihm nicht möglich wäre, seine Dämonen in Worte zu kleiden. Doch irgendwie hatte er in der kurzen Zeit ihrer Bekanntschaft und Zusammenarbeit ein Zutrauen zu Maximilian Keller gefasst, das er sich selbst nicht erklären konnte. Dieser kleine Mann gab ihm das Gefühl, vertrauliche Ange-

legenheiten sicher zu verwahren. Und irgendwie war in all den Jahren des Alleinseins und der Zurückgezogenheit das Bedürfnis in ihm, seinem Herzen ein wenig Luft zu machen. Kowalski räusperte sich.
„Ich kann nicht genau sagen, wann das mit dem Saufen konkret angefangen hat. Mit Datum und so. Das kann eigentlich niemand, der Probleme mit dem Saufen, Gifteln oder jeder anderen Form der Abhängigkeit hat. In der Regel beginnt der Einstieg viel früher, als man denkt. Meistens schon in jungen Jahren. So war das auch bei mir. Wir waren bereits an der Schule eine super Clique. Mit der Pubertät kam das Gefühl der absoluten Unsterblichkeit und Unbesiegbarkeit. Wir hatten nur Blödsinn im Kopf. Puppen tanzen, Kühe fliegen lassen und am Abend boxte dann der Papst im Kettenhemd. Und dabei immer heftig hoch die Tassen."
Kowalski verstummte, um sich auf den bevorstehenden Spurwechsel zu konzentrieren.
„Nach der Penne kam die Ausbildung. Dabei erhielt die Trinkerei einen eher institutionalisierten Charakter. Die drei Jahre an der Polizeischule waren kein Zuckerschlecken. Ich war Abiturient, aber die meisten Mitschüler hatten es nur zur Mittleren Reife oder zum Hauptschulabschluss mit einer anschließenden Berufsausbildung gebracht. Drücken wir es vorsichtig aus, das war nicht das intellektuelle Umfeld, das mich hätte fordern können. Aber sonst waren die Jungs in Ordnung. Der gemeinsame Nenner im zwischenmenschlichen Bereich fokussierte sich auf emsiges Feiern. Nach der Schule habe ich mich sofort für den gehobenen Dienst beworben. Ich wollte den Rest meines beruflichen Daseins weder mit Knöllchen schreiben verbringen, noch mit dem Aufsammeln der mannigfaltigen Opfer des Morbus Kawasakis, die sich mit ihren Japsen-Mopeds um irgendwelche Bäume wickelten."
Kowalski unterbrach seine Rede, weil ein Lieferwagen ohne gesetzten Blinker vor ihm einscherte, ihn zu einem heftigen Tritt auf die Bremse zwang und Kellers aktuellen Keks der Massenträgheit überantwortete, sodass er an der Frontscheibe zerbröselte.

„Verdammtes Arschloch", brüllte Kowalski. Dann beruhigte er sich schnell wieder und fuhr fort: „Ich zog nach Bayern, um die Verwaltungsfachschule für öffentliche Verwaltung und Rechtspflege in München zu besuchen. Dort lernte ich übrigens Viktor kennen. Der Unterricht und die Prüfungen waren da schon von anderem Kaliber. Vor allem wenn man ein so chronisch fauler Sack ist wie ich. Ich bekam mehr Stress, als mir eigentlich lieb war. Aber dafür, oder besser dagegen, gab es probate Mittel. Am Anfang steht das Feingehopfte, das die freundlichen Bayern bekanntermaßen gerne in großen Humpen servieren. Und damit du die Litereimer nicht so trocken herunterwürgen musst, lassen sie sich mit beliebigen Hochprozentnern kombinieren. ‚Hartgas' oder ‚Gebäudereiniger' waren gängige Euphemismen für die mannigfaltigen Erscheinungsformen des Sprits. Mit Hilfe von Viktors ausgiebigen Arschtritten ist mir dann doch noch ein ordentlicher Abschluss gelungen.

Er war wie die meisten Vorgesetzten der Meinung, dass ich unbedingt in die Ermittlung von Gewalt und Kapitalverbrechen wechseln musste. Das ist eine ziemlich ambivalente Tätigkeit. Zum größten Teil besteht sie aus reiner Fleißarbeit, die so aufregend ist, wie die Lektüre von chinesischen Telefonbüchern. Doch dann wirst du von einer Sekunde zur Anderen mit Tatorten und Opfern konfrontiert, die die dunkelsten Abgründe menschlicher Existenz offenbaren und gegen die du dich beim besten Willen nicht immunisieren kannst. Da greifen die Meisten oft und gerne zum Gläschen. Weil's entspannt, weil's gesellig ist, weil es dich scheinbar wieder erdet. Bis zu diesem Zeitpunkt ist es vielleicht noch nicht lebensgefährlich, das emsige Prösterchen. Weil es zunächst nur im privaten Rahmen und öffentlich stattfindet und nicht während des Tages oder der Arbeit. Und auch noch nicht heimlich auf dem Klo mit einer im Spülkasten gebunkerten Pulle. Was dir da Tag für Tag bei Mord und Totschlag begegnet, erfordert schon eine stabile seelische Basis und darüber hinaus ein entsprechendes Umfeld, um dich im Gleichgewicht zu halten. Eine tolle Frau beispielsweise. Eine wie Maria, die ich 1987 heiratete. Sie sollte nur ein gutes Jahr lang die einzige Frau in meinem Leben bleiben. Ab dem 12. Juni 1988 trat eine weitere große Liebe in mein Leben. Meine Tochter Lucia. Die beiden waren der Garant, dass ich nach meinen Tagen im Reich der Toten am Abend stets zuverlässig in das der Lebenden zurückkehren konnte. Wenn ich das an dieser Stelle ein wenig blumig ausdrücken darf."

Kowalski blickte zur Seite und stellte fest, dass ihm sein Beifahrer seine uneingeschränkte Aufmerksamkeit zukommen ließ. Lediglich das konzentrierte Knabbern an den Keksen irritierte ihn ein wenig. *Der Magen dieses Schmendeles muss sich doch längst in einen zentnerschweren Zementsack verwandelt haben.* „1990 ergriff ich die Chance für ein Austauschjahr in Los Angeles bei den Mordermittlern des L.A. Police Department. Maria war sofort mit dem Tapetenwechsel einverstanden, zumal Lucia ja noch nicht schulpflichtig war. Es war ein tolles Jahr. Wir bewohnten ein schönes Häuschen mit eigenem kleinem Pool in den Hollywood Hills. Der mit Getränken stets gut gefüllte Eisschrank war groß wie ein Kleiderschrank und produzierte genug Eiswürfel, um daraus auch einen Gletscher basteln zu können. It never rains in southern California. Wir gönnten uns ein riesiges Cabriolet von Cadillac. Einen 77er Eldorado in rot, mit weißem Verdeck. Ein Auto wie eine Veteranin der Straße. Zu grell geschminkt und reichlich verlebt und deshalb ziemlich billig, aber immer noch überaus charmant. Ich zahlte für den Caddy keine drei Mille, aber er hielt das Jahr durch. Der Siebenliter unter der Haube soff tatsächlich noch mehr als ich. Die Kollegen in Amiland waren eine klasse Truppe. Eine eingeschworene Gemeinschaft, die auch in der Freizeit viel gemeinsam unternahm. Fast jedes Wochenende waren Grillpartys mit tausend halb gefrorenen Bierdosen angesagt. Zünftige Herrenabende im Whiskey-Heaven…"

„It rains Jack Daniels all the time", begann Mad Max mit einer erstaunlich angenehmen Stimme zu singen.

„Du singst es. Ich lernte in dem Jahr viel Neues kennen. Methoden und Techniken, die bei unserer Ermittlungsarbeit noch nicht zum Allgemeingut gehörten. Wie beispielsweise wissenschaftlich fundiertes Profiling für Serientäter. Ich besuchte sogar die Bodyfarm der University of Tennessee."

„Was ist denn das?"
„Ein mehr als ein Hektar großes Gelände bei Knoxville. Eine ehemalige Müllhalde, auf der Wissenschaftler seit 1971 den Verwesungsverlauf von Körpern untersuchen, die nach Gewaltverbrechen im Freien abgelegt wurden. Diese Vorgänge werden ständig an rund 40 unterschiedlichen Leichen jeden Alters und Geschlechts über Monate hinweg akribisch überwacht und dokumentiert. Dazu die äußeren Rahmenbedingungen wie Witterung, Temperatur, Niederschlag, Luftdruck. Es finden zudem regelmäßige gaschromatische oder massenspektrometrische Untersuchungen der Körper statt. Entomologen beobachten die Besiedlung der Körper durch Insekten. Die so gewonnenen Erkenntnisse sind heute unverzichtbar, um den Todeszeitpunkt von Leichen, die monatelang im Freien gelegen haben, erstaunlich genau bestimmen zu können."

„Muss man mögen, braucht man aber nicht zwingend", bemerkte Max.

„Auch wenn es schwer fällt, das zu glauben: Ich mochte es. Ich war ein engagierter und erfolgreicher Ermittler, wenn ich meinen faulen Hintern erst einmal in Bewegung gesetzt und mich in einen Fall verbissen hatte. Wenn du erstmals einen toten Körper im Rahmen einer Begehung des Fundorts live und in Farbe siehst, irgendwo verscharrt, weggeworfen wie die Reste einer miesen Mahlzeit, meinst du, die Welt steht still. Vor allem wenn es sich um Kinder handelt, die schon lange voll unsagbarer Verzweiflung von ihren Angehörigen vermisst wurden. Jedes Mal, wenn ich mich mit einem solchen Opfer auseinandersetzen musste, schloss ich mit mir einen Pakt, den Schuldigen unter allen Umständen zur Strecke zu bringen. Quasi als persönliche Buße für das Leid, für dessen Ursache ich eigentlich nicht verantwortlich war. Wenn es mir gelang, die Todesumstände aufzudecken und denjenigen zu identifizieren und dingfest zu machen, der dafür verantwortlich war, dann hatte ich das Gefühl, meine Pflicht dem Opfer gegenüber erfüllt zu haben..."

Kowalski musste seine Worte unterbrechen, weil ihn unauslöschliche Bilder der Opfer von Gewaltverbrechen bedrängten.

„Tote Kinder, geschunden, geschändet, zerschmettert, verscharrt und verwest. Ich glaube, ich hätte schon nach dem ersten Fall an der Flasche gehangen", nahm Mad Max den Faden wieder auf, wobei die Bemerkung mehr an sich selbst gerichtet schien. Kowalski fand seine Fassung wieder.
„Nein, das war noch nicht des Teufels Beitrag zu Gottes Werk. Ich habe in dieser Zeit sicher ordentlich einen gelötet. Maria war auch kein Kind von Traurigkeit und hat immer einen guten Roten neben ihre unvergleichliche Pasta gestellt. Ich habe damals übrigens 35 Kilo mehr auf die Waage gebracht, zwei Päckchen filterlose Luckies am Tag geraucht und Sport für etwas gehalten, worauf sich ausschließlich das Fernsehen mit Übertragungen spektakulärer Ereignisse konzentrieren sollte."

Kowalski gönnte sich eine weitere Pause, als wollte er sich sammeln für das, was jetzt unweigerlich zur Sprache kommen musste. Dann fuhr er fort: „In Deutschland zurück, setzte sich unser gutes und glückliches Leben erst einmal unverändert fort. Maria war eine wunderbare Frau, die nie die Geduld mit mir und meinen beruflichen Belastungen verlor. Und Lucia? Mein Gott! Derartig wunderschöne und blitzgescheite Kinder findest du eigentlich nur in der Fernsehwerbung. Sie wuchs heran, strahlte, blühte, dass Maria und ich gelegentlich herumalberten, wir müssten bald ein Klavier anschaffen. Um das Kind daran anzuketten, bevor die Zeit des körperlichen Erwachsens und der Aufmarsch der Verehrer einsetzen würde."

Kowalski rang die Erinnerung ein trauriges Lächeln ab, bevor er fortfuhr.

„Der Startschuss für meine lange Reise in die Nacht fiel am 2. September 1995. Genau um 14.22 Uhr auf der Autobahn A9 Stuttgart – München. Zwischen den Ausfahrten Merklingen und Ulm-West. Meine Mädels befuhren die Strecke, weil sie die letzte Woche von Lucias ersten großen Ferien bei meinen Schwiegereltern in München verbringen wollten. Auf der Gegenfahrbahn verlor ein Lkw-Fahrer aus Bitterfeld die Kontrolle über seinen mit 26.000 Litern Superbenzin gefüllten Sattelzug. Bei mehr als 80 Sachen. Der Truck brach nach links aus, krachte durch die Leitplanke wie durch einen Seidenschal und nahm mit dem Auflieger den Wagen mit Maria und Lucia volley, der bei friedlichen 120 Sachen mit offenem Schiebedach und trötendem Benjamin Blümchen in Richtung Opa und Oma tuckerte. Der Hänger kippte, der Sprit lief aus, fing Feuer und verwandelte die Piste für mehr als eine Stunde in ein flammendes Inferno. Der Truckanhänger und unser Auto brannten mit seinen beiden Insassen restlos aus. Seit diesem Augenblick bete ich ständig zu all meinen heidnischen Göttern, auch in meinen dunkelsten Stunden, darum, dass Maria und Lucia durch den Aufprall bereits tot waren, bevor das Feuer ausbrach. Die Zugmaschine rollte noch ein Stück über einen Acker neben der Autobahn. Als die Kollegen kamen, saß der Trucker unbeweglich vor Schockwirkung mit heruntergelassenen Hosen hinter seinem Steuer. Er war augenscheinlich von der anregenden Lektüre eines Fick-und-Fotzi-Heftes auf dem Lenkrad in seiner Aufmerksamkeit eingeschränkt gewesen, weil er gerade dabei war, sich einen runterzuholen. Wie die Kollegen von der Autobahnpolizei mir mehrfach versicherten, war dies eine erstaunlich häufig gepflegte Praxis unter verdienten Aktivisten des automobilen Transportgewerbes.

In den Tagen nach der Beerdigung der Asche meiner beiden Mädels begann ich mit dem harten Saufen. Sechs Jahre lang bis zu drei Flaschen Schnaps am Tag. Bis Viktor das Kunststück schaffte, mich ins Leben zurückzuholen. Er organisierte meinen Entzug, eine wirksame Therapie und ließ beständig seine Verbindungen im gesamten Polizeiapparat spielen, damit ich nicht auch noch den beruflichen Gau hinnehmen musste. Ich bin heute davon überzeugt, dass meine Situation mehr Anteilnahme, zugedrückte Augen und damit ignorierte Dienstvorschriften ausgelöst hat, als mir das bis heute im Detail bewusst ist."

Mad Max blieb ruhig, starrte nach vorne und mümmelte gedankenverloren weitere Kekse. Nach einer Weile murmelte er: „Tut mir leid, dass ich gefragt habe."

Kowalski lächelte zwar ohne Freundlichkeit in den Augen kurz nach rechts, sagte dann aber: „Nein, ich bin dir sogar dankbar, dass du mich danach gefragt hast. Ich drehe mich in meiner Urkatastrophe seit Jahr und Tag um mich selbst. Es ist gut, zur Abwechslung einmal mit einem Außenstehenden darüber zu sprechen. Einfach weil mich diese Übung zwingt, das Unbegreifliche in konkrete Worte zu fassen. Glaube mir." Mad Max sah ihn an, als höre er zwar die Worte, allein es fehlte der Glaube.

„Wenn du dich damit besser fühlst, spielen wir eine Revanche. Erzähl mir etwas von dir. Wohnst du noch immer bei Mutti?"

„Wie kommst du denn darauf?"

„Siehst du nie in den Spiegel?"

„Ach, du meinst wegen meiner exaltierten Klamotten oder der selbstgekürzten Lockenpracht, die meine wallende Mähne so unverwechselbar bändigt? Und ob meiner so extrovertiert und sinnenunfroh ausgetobten Lebensweise?"

„Mh."

Maximilian Keller begann, sich vor Lachen zu schütteln.

„Der Herr ist so spaßig! Sagt immer so lustige Sachen zum armen Sméagol. Ne, ne, nix mit Mutti. Mutti ist seit mehr als 30 Jahren tot und schmort hoffentlich in der Hölle. Ich war noch nicht einmal fünf, als sie sich ihre schwarze Essensmarke abgeholt hat. Die einen sagen, sie war ein bisschen schwermütig, ich sage, sie war bekloppt wie eine Scheißhausratte. Mein Vater war ein triebgesteuerter Bock, der rund um die Uhr vom Zwang getrieben war, jede halbwegs geschlechtsreife Weiblichkeit, die es bei drei nicht auf einen Baum geschafft hatte, zu vögeln, bis sie wie ein Schnauzer aussah, der gestandene Milch gefressen hat. Eines Tages hatte sich meine Mutter wohl bei der Einteilung ihrer Glückspillen verzählt und ist ein Engel geworden. So zumindest haben Onkel, Tanten und Großeltern ihr Ableben mit gerade einmal 29 Jahren dem kleinen Mäxchen zu erklären versucht. Vater hat nie etwas mit mir anfangen können, weil ich vom ersten Tag an schon rein äußerlich nicht den Vorstellungen eines strammen Stammhalters entsprochen habe. Im Mittelalter hätte er mich wahrscheinlich zusammen mit dem nächsten Wurf überflüssiger Miezekätzchen im Weiher am Waldrand ersäuft. Oder mir wären spätestens als junger Mann die Bewohner des

Dorfes mit Fackeln und Forken eines Nachts auf die Pelle gerückt, um mich im stürmischen Dunkel zur alten Windmühle zu treiben. Oben auf den Klippen. Um meinen von Luzifer besessenen widernatürlichen Leib den reinigenden Flammen der entzündeten Ruine zu überantworten. Zusammen mit dem unheiligen Geschöpf, das ich angeblich aus den Resten Verstorbener zusammengeflickt und mit den Werkzeugen, die mir der Fürst der Finsternis persönlich im Austausch gegen meine unsterblichen Seele verliehen hatte, zum Leben erweckt habe."

„Na, na, jetzt übertreibst du aber. Du trägst doch keine Dübel im Hals, die deinen Kopf auf dem Körper fixieren."

„Du magst Recht haben. Aber wahrscheinlich ist mein zuverlässiges Gekasper die natürliche Reaktion auf mein verkantetes genetisches Erbe. Ich schließe es gar nicht aus, dass es sogar mein Glück gewesen ist und mich der frühe Tod meiner Mutter von meinen Eltern gerade noch rechtzeitig befreit hat, weil mein Vater das Sorgerecht für mich nur allzu gerne an meine Großeltern mütterlicherseits übertragen hat und sich auf Nimmerwiedersehen aus meinem Dasein entfernte. Ich habe erst vor einigen Jahren erfahren, dass er acht Jahre nach seinem Verschwinden von einem emotional überhitzten Ehemann abgestochen worden war, dem er Hörner aufgesetzt hatte.

Meine Großeltern kümmerte es nicht, dass ich wie ein kleiner Freak aussah. Sie freuten sich vielmehr darüber, dass ich mit knapp vier bereits lesen oder Zahlen mit beliebig vielen Stellen multiplizieren konnte. Das erste Buch, das mir eine liebevolle Tante schenkte, war übrigens ‚Pu der Bär'. Ich kann es heute noch auswendig."

Mad Max gönnte sich eine Pause, reichte Kowalski ein Bonbon und beließ seinen Freund in stummem Erstaunen, bevor er fortfuhr:

„Wie du vielleicht bemerkst, hat sich beim Heranwachsen schnell gezeigt, dass ich nicht nur wie ein Freak aussah, ich war wohl tatsächlich einer. Ich hatte es ja schon erwähnt. Ein bisschen Autismus, ein bisschen Savant mit Inselbegabung, dazu ein fotografisches Gedächtnis. Und so weiter. Zu meinem Glück waren meine Großeltern einfache Menschen. Im allerbesten Sinne, weil sie meinen hypertrophierten Intellekt erst gar nicht hinterfragen wollten. Sie interpretierten meine Entwicklung einfach als die eines besonders klugen Kindes. Um bei meiner Erziehung nicht aus Versehen etwas falsch zu machen, gewährten sie mir unbegrenzten Freiraum. Und so konnte ich mich Zeit meines Lebens austoben. Ich benötige vielleicht drei Monate, um eine neue Sprache zu lernen. Ich spiele Klavier wie Horowitz und Geige wie Heifetz und bin mir eigentlich sicher, das Problem der Riemannschen Vermutung gelöst zu haben. Davon weiß jedoch niemand etwas. Es ist mein Schatz, mein Eigen und geht niemanden etwas an. Deshalb tarne ich mich als Sonderling, damit meine Welt vor Eindringlingen geschützt bleibt. Ich will es so. Mein Job reicht für meine materiellen Ansprüche. Meine Großeltern betrieben eine gut gehende Gastwirtschaft und verfügten in ihrem Haus auch über ein Dutzend Fremdenzimmer. Nach ihrem Tod habe ich den Laden verpachtet. Das bringt zusätzliches Einkommen. Viel mehr als ich eigentlich benötige. Äußerlichkeiten sind für mich ebenso irrelevant, wie die meisten Formen von Beziehungen. Ich hasse Kinder, Klamotten kaufen und Haustiere. Ich besitze nicht einmal eine Topfpflanze. Zu meinen wahren Lebensfreuden zählt unter anderem, eine umfangreiche Korrespondenz zu führen. mit Naturwissenschaftlern vom ‚Dr. Dr. Sheldon Lee Cooper Institute für theoretische Physik' am ‚California Institut of Technology' Du bist nun der Erste, vor dem ich meine dunkle Seite mit den verstörenden Fähigkeiten wenigstens zum Teil geoutet habe. Hoffentlich war das kein Fehler. Ich habe dazu nur zwei Bitten."

„Und die wären?", fragte Kowalski.

„Bitte mich nie, dir etwas auf einem Instrument vorzuspielen. Ich kann nicht einen einzigen Ton treffen, wenn ich weiß, dass mir jemand dabei zuhört. Oder noch schlimmer dabei zusieht. Ein lecker Häppchen von selektivem Autismus."

„Versprochen. Und die zweite Bitte?"

„Löchere mich nie, dir die Lösung für die Riemannsche Vermutung zu verraten. Das ist so viel höhere Mathematik, die außer mir höchstens das eine oder andere abgefahrene russische Mathematikgenie versteht."

„Wenn es um Mathe geht, brauchst du dir keine Sorgen zu machen. Davon verstehe ich so viel wie ein Hund vom Zigarettendrehen. Wenn es in der höheren Schule um Mathe gegangen ist, dann hieß es immer: Kowalski! Fünf! Setzen!"
„Glaub mir. Das war Rechnen. In der Schule, auch in den weiterführenden, wird keine Mathematik gelehrt. Nur Rechnen."
Es entstand eine Pause, die akustisch nur durch das Zermahlen der Kekse zwischen Kellers Zähnen unterbrochen wurde. Kowalski räusperte sich.
„Und wie sieht es im zwischenmenschlichen Bereich aus? Bist zu verheiratet oder anderweitig liiert?"
Mad Max wollte sich vor Lachen kringeln.
„Wieder so ein köstlicher Spaß des Herrn. Ich weiß, auf der Suche nach der Antwort auf diese offensichtlich so elementare Frage zerbricht sich das gesamte Landeskriminalamt den Kopf. Wie gerade betont, sind Beziehungen, egal welcher Art, nicht unbedingt mein Ding. Ausnahmen bestätigen jedoch die Regel. Über das, was sich in meinem Schlafzimmer abspielen könnte, kursieren wahrhaft die wildesten Gerüchte und Spekulationen. Was macht der Keller dort? Ob er sich jeden Montag, Mittwoch und Freitag auf einem Wasserbett vielleicht in roter Götterspeise wälzt, um sich danach, angetan mit Taucherbrille, schwarzen Strapsen und aufblasbarer Schwimmente vor einem lebensgroßen Portrait des Führers einen runterzuholen? Oder hält er sich am Ende gar ein weiches, anschmiegsames Lämmlein für entartete Sodomiteryen? – Um es kurz zu machen: Kein Kommentar. Auch mein Liebesleben gehört zu den Bereichen, die kein gottverdammtes Arschloch etwas angehen."
Kowalski schielte zu seinem Kollegen. Er hatte nicht die Absicht gehabt, ihn durch indiskrete Fragen aus der Reserve zu locken. Natürlich ging es ihn nichts an, was Keller so trieb. Keller lachte stumm und schien sich über den Verlauf des Gesprächs aufrichtig zu amüsieren. Kowalski versuchte, so schnell wie möglich die Kurve zu kriegen.
„Da wäre noch eine letzte Frage offen. Warum bist du zur Polizei gegangen?"

„Dafür gibt es keinen besonderen Grund. Einfach so. Der Job ist so gut wie die meisten anderen. Sieht man einmal von Pudelfriseur, Volksmusikant und Lehrer an einer Gewerbeschule ab. Bei meinen körperlichen Präpositionen hätte ich eigentlich nicht die geringste Chance gehabt, bei der Polizei zu landen. Die Prüfungen der körperlichen Eignung im Rahmen unterschiedlichster sportlicher Exerzitien endeten während meiner gesamten Ausbildung ohne Ausnahme im Desaster. Aber wegen meiner Leistungen in den theoretischen Fächern konnte ich immer die Kurve kriegen. Jetzt führe ich eigentlich ein angenehmes Dasein, indem ich so vor mich hin ermitteln kann, kaum beachtet von Kollegen und Vorgesetzten, die sich über die guten Ergebnisse freuen, die ich stets erziele und dabei keine Probleme habe, ihnen Ruhm und Ehre zu überlassen."

Mad Max brach seinen Redefluss ab und signalisierte seinem Kollegen durch konzentriertes Knabbern, das Thema nicht weiter vertiefen zu wollen. Kowalski akzeptierte das und unterdrückte seine Neugier, Näheres über die „Riemannsche Vermutung" zu erfahren. Was immer das für ein Scheiß sein sollte.

Sie fuhren schweigend weiter. Kurz vor 12 Uhr hatten sie ihr Ziel erreicht.

„Eine halbe Stunde zu früh", stellte Kowalski fest. „Sollen wir uns schnell irgendwo eine Kleinigkeit reinpfeifen? Bei mir meldet sich bereits der kleine Hunger."

„Eher nicht", beschied Maximilian Keller, der inzwischen die Tüte mit den Keksen geleert hatte.

„Wieso? Keinen Kohldampf auf etwas Handfestes? Nach dem ganzen Hafersack mit deinen Pferdeleckerlis."

„Das nicht. Aber du kennst ja Unca Scrooge noch nicht. Wenn der uns um 12.30 Uhr eine Audienz gewährt, hat er mit an Sicherheit in einem megageilen Laden für 13 Uhr einen Tisch für drei bestellt. Er wird uns mit einer Mahlzeit bewirten, bei der dir das Blech wegfliegt. So wahr ich nicht Sad Max heiße."

Rückblende: August 2012

Friedrich Paulsens Rechte zitterte unkontrolliert. Sie hatte sogar die Kraft verlassen, das Blatt Papier zu halten. Das Schreiben war auf die weiße Tischdecke aus Wachstuch mit dem Muster aus kleinen roten Rosen gesunken. Die Zeilen waren vor den Augen des 70-Jährigen verschwommen. In seinen Gedanken hallte nur ein Begriff wie ein unendliches Echo wieder: Zwangsräumung! Bis zum Datum hatte er gar nicht weitergelesen. Es spielte auch keine Rolle, ob ihm noch zwei, drei oder vier Wochen Zeit blieben. Nur die Konsequenz des Begriffes „Zwangsräumung" hatte noch Relevanz. Es war nun alles aus. Der alte Mann war an seinem persönlichen Tiefpunkt angekommen.

Eine Träne rollte über seine linke, faltige Wange, deren Linien ein arbeitsreiches Leben bei Wind und Wetter auf See gezeichnet hatten und dem Gesicht eine topografische Struktur verliehen, die Lebenserfahrung und Persönlichkeit widerspiegelte und beim Betrachter Sympathie und Respekt weckte.

Nordsee ist Mordsee. Friedrich Paulsen hatte in seinem Leben eigentlich stets Glück gehabt. Nicht unbedingt das kleine flüchtige, das gelegentlich mit Losgeschick oder einfach zu lösenden Aufgabenstellungen bei Prüfungen belohnt. Sondern jene bedeutsame Gunst, die Fortuna immer dann gewährte, wenn es im Leben wirklich darauf ankam. Zu diesen wahren Glücksfällen in seinem Leben zählte er seine Frau und die Kinder. Oder die eiserne Gesundheit, die ihn bislang vor einschneidenden Anfeindungen an Körper und Geist bewahrt hatte. Zipperlein wie eine Lesebrille oder eine leichte Arthrose in den Handgelenken als Folge der schweren körperlichen Arbeit, die er über so viele Jahre geleistet hatte, zählten nicht. Auch nicht die Unterbrechungen des Schlafs zur Nacht, um zur Toilette zu eilen. Zweimal war er in letzter Sekunde im Sturm von einem sinkenden Schiff gerettet worden. Bis zu seiner Pensionierung vor drei Jahren war er nach jeder Fahrt stets wieder glücklich in den Hafen zurückgekehrt. Kapitän Paulsen wusste nicht, wie oft er am Grab eines Kollegen oder Freundes gestanden hatte, mit dem es das Schicksal und der blanke Hans weniger gut gemeint hatten. Oft war der Sarg, der sich dabei vor seinen Augen in den sandigen Boden gesenkt hatte, leer gewesen. Weil die See den Unglücklichen gänzlich verschlungen und den Hinterbliebenen nicht einmal mehr ein kleines Körperteil vergönnt hatte, von dem sie sich hätten verabschieden können. Dass Friedrich Paulsen so lange vom Glück begünstigt war, war ihm nie als Phänomen erschienen. Schon in den fernen Tagen, als er ein kleiner Bub gewesen war, hatte ihm seine Großmutter immer wieder den Kopf gestreichelt, ihn mit ihrem liebevollen Lächeln und den altersweisen Augen angeschaut und mit Nachdruck verkündet: „Du wirst immer Glück im Leben haben, mein kleiner Fiete, denn du bist an einem Sonntag geboren. Du bist ein Sonntagskind." Über die Dauer von beinahe sieben Jahrzehnten seines Daseins hatte es nie einen Grund gegeben, an dieser Aussage zu zweifeln.

Mit 14 Jahren hatte er 1956 eine Lehre als Fischer begonnen. Bei Kalle Popinga, einem Freund seines Großvaters aus dessen Kindertagen in Greetsiel. Nebenher hatte er in der Abendschule die Mittlere Reife nachgeholt, weil der alte Kalle seinem Vater klargemacht hatte, „dat de Fiete man keen Dösbaddel, sünnern een bannig plietschen Kopp hett". Als angestellter Fischer bei Kalle Popinga folgte das Abitur. Auch an der Abendschule. Damit er 1961 an die Seefahrtschule nach Bremen gehen konnte, wo er 1965 das B3-Patent zum Kapitän der kleinen Hochseefischerei erlangte. Noch im gleichen Jahr hatte er Meta geheiratet, seine zwei Jahre jüngere Sandkastenliebe, die wie Paulsen aus Greetsiel in Ostfriesland stammte. 1966 kam Tochter Christine, 1967 Sohn Heinrich, dessen Name dem Andenken an den Großvater geschuldet war. 1970 hatte Friedrich Paulsen genug gespart, um einen eigenen Kutter anzahlen zu können. Die Jahre vergingen, die Kinder wuchsen heran, das Fangglück wechselte, aber in all den Jahrzehnten blieb immer genug in den Netzen hängen, um die Familie zu ernähren, die Hypotheken für das Häuschen und die Raten für den Kutter zu tilgen und einmal im Jahr für 14 Tage Urlaub in den Bergen zu machen. Immer in der gleichen kleinen Pension bei Garmisch-Patenkirchen, wo die Gastgeber im gleichen Alter wie die Paulsens waren und sich eine Freundschaft mit vielen gegenseitigen Besuchen entwickelt hatte.

Die Alpen faszinierten Friedrich Paulsen seit ihn der Großvater als Siebenjährigen zum ersten Mal nach Norden mit ins Kino genommen hatte und sie sich den Film „Der Berg ruft" mit Luis Trenker angesehen hatten. Dass es die englische Version der internationalen Koproduktion von 1938 gewesen war, weil Ostfriesland 1947 zur britischen Besatzungszone gehörte, hatte den kleinen Fiete nicht gekümmert. Das Erlebnis des Filmbesuchs und die so unbegreifliche Bergwelt hatten den Buben für Wochen in fiebrige Faszination versetzt und den Lebenstraum geboren, diese fantastische Welt unter allen Umständen einmal selbst zu besuchen. Der Wunsch war erstmals im Rahmen der Hochzeitsreise in Erfüllung gegangen. Diese unvorstellbaren Berge, die höher reichten, als die Natur ihr mit dem Wachstum seiner vielfältigen Pflanzenwelt folgen mochte, bis hin zu ewigem Schnee, bildeten den totalen Kontrast zur Welt der vertrauten Nordseeküste und vermittelten ihm am Ende jedes Aufenthalts ein angenehmes Verlangen nach seinem Zuhause an der See, voll mildem Heimweh.

Das Glück hatte Fiete Paulsen verlassen, ohne dass er es sofort bemerkte. Christine hatte einen australischen Rinderzüchter geheiratet, war ihm in die Einsamkeit des Outbacks nach Australien gefolgt und zog dort drei Kinder auf. Dort bewirtschafteten sie ein Stück Land von der Größe des Hamburger Stadtstaats. Heinrich hatte nach seinem brillanten Ingenieursstudium eine fantastisch bezahlte Stelle bei einem amerikanischen Flug- und Raumfahrtkonzern in Seattle an der US-Westküste angenommen. Friedrich Paulsen war zu diesem Zeitpunkt noch keine 60 gewesen. Um mit seiner Meta einen sorgenfreien Lebensabend verbringen zu können, war er noch fast weitere zehn Jahre zum Fischen gefahren. Für eine vernünftige Rente. Und natürlich weil er sich noch nicht alt genug gefühlt hatte, einen jeden Wochentag mit Spaziergängen und Gartenarbeit auszufüllen. Doch die Gewinne sanken bei immer weiter steigenden Kosten. Fiete Paulsen fasste im Herbst 2010 den Entschluss, sein lebenslanges Glück endlich einmal ein klein wenig herauszufordern. Er verkaufte sein Boot, investierte den Erlös und etwas von seinem Ersparten in eine Anlage, die ihm ein junger Mann seiner Bank beinahe verschwörerisch vermittelt hatte. Was der alte Kapitän da als Anlage gekauft hatte, hatte er zwar nicht richtig verstanden, aber bereits nach einem halben Jahr zerstreute die Auszahlung einer bemerkenswerten Rendite seine Zweifel und Bedenken.

Die so realistisch scheinende Aussicht, durch ein weiteres, möglichst höheres Investment die Summe des Ersparten für den Lebensabend derart abrunden zu können, damit es künftig auch für eine jährliche, mehrmonatige Reise zu den Enkeln „Down Under" oder zum Sohn nach Amerika reichen könnte, verleitete Paulsen dazu, eine zweite Hypothek auf das Haus aufzunehmen und sich ein weiteres Mal mit dem Investment-Spezialisten Norman Gerber in Verbindung zu setzen. Beziehungsweise mit seinem Büro. Der junge Mann, der Paulsen von seinen glänzenden Prospekten angelächelt hatte, betreute persönlich ausschließlich die Investoren, die mindestens eine Million anlegten, hatte ihm sein zuständiger Vermittler versichert, mit dem er an diesem Küchentisch die Details besprochen und die entsprechenden Papiere unterzeichnet hatte. Meta hatte er zur Sicherheit nach Norden zum Besuch einer Schulfreundin geschickt. Das alte Mädchen war in finanziellen Dingen nicht so bewandert und hätte ihm am Ende in Dinge hineingeredet, von denen sie nichts verstand.

Dem alten Fischer blieben nur ein paar Monate, um seine Träume zu pflegen und mit seiner bescheidenen Hoffnung das Ideal der letzten gemeinsamen Jahre mit seiner Frau zu zeichnen. Bis das Schicksal Fiete Paulsen gleich aus zwei Richtungen in die Zange nahm und darüber belehrte, dass lebenslanges Glück niemals über Kleingedrucktes mit Garantieansprüchen verfügen konnte. Innerhalb von 14 Tagen ereilte ihn erst die Diagnose des unheilbaren Pankreaskarzinoms seiner Frau, an dem im ganzen Land pro Jahr nur 6.500 Frauen erkrankten. Dies hatte ihm das Internet verraten, das der alte Fischer als neues Fenster zur Welt schätzen gelernt und in dem er über viele Nächte nach jeder Information geforscht hatte, die über den verfluchten Krebs im weltweiten Netz zu finden gewesen war. Metas Krankheit schien, als wollte das Schicksal schließlich den Preis für seine lebenslang erwiesenen Benevolenzen auf einen Schlag mit Zins und Zinseszins eintreiben. Dann kam fast zeitgleich die Mitteilung seiner Bank, die Investitionen für die sorgenfreie Zukunft hätten sich als betrügerische Machenschaften erwiesen. Sie hatten mit einem Schlag alles verschlungen, was sich Friedrich Paulsen in seinem Leben erarbeitet hatte. Doch nicht nur das investierte Geld war weg. Die Anwälte der Bank betonten, dass Paulsen nicht nur seinen gesamten Besitz verloren hatte. Seine Einlagen waren keine klassische Anlage gewesen, sondern eine Beteiligung. Somit konnte er quasi als Anteilseigner bei weiteren Verlusten sogar in Regress genommen werden.

Meta starb sechs Monate später und es war ihm in dieser Zeit erfolgreich gelungen, ihr die wahre Situation in einem unglaublichen Kraftakt zu verschweigen. Auch vor den Kindern, die zur Beerdigung der Mutter um die halbe Welt herbeigereist waren, konnte er seine wirtschaftliche Katastrophe verbergen. Dass das immer noch volle Haar und der Bart von Friedrich Paulsen inzwischen ganz weiß geworden waren, hatten Sohn und Tochter auf das Alter des Vaters zurückgeführt, den sie ja lange Zeit nicht mehr gesehen hatten. Und natürlich auf den Kummer über seinen Verlust. Die Bekannten und Nachbarn waren jedoch bestürzt gewesen, „wie schnell der Fiete weiß geworden" war.

Nun, 70 Jahre alt, sah er sich unwiderruflich am Ende seines Lebensweges angelangt. Er fühlte sich einfach nur noch müde. Zu müde, um in Gedanken doch noch nach Auswegen zu suchen. Weil es dafür auch keinen Grund mehr gab. Wenn er das Haus verlassen musste, würde ihm nichts mehr bleiben. Seine Altersbezüge waren bis auf den gesetzlich vorgeschriebenen Mindestsatz gepfändet. Die Beiträge für die private Krankenversicherung konnte er schon lange nicht mehr bezahlen.

Es blieb nur noch die Option „zum Amt zu gehen", wie man so sagte. Sozialhilfe beantragen. Einen Weg, den manche Kollegen und viele Menschen im Landstrich mit wenigen Arbeitsplätzen genommen hatten, der Fiete Paulsen jedoch immer undenkbar erschienen war. Dazu war er bei aller Bescheidenheit viel zu stolz gewesen. Darum wog das Gefühl der Schande, so kläglich versagt zu haben, noch unendlich schwerer. Er, der Kapitän, der über Jahrzehnte so sicher das Ruder geführt hatte, auf der Brücke seines Kutters, wie auf der seines Lebens, war nun an den Klippen eines Fahrwassers zerschellt, das er ohne Kenntnisse und Karten befahren hatte. Mit verbundenen Augen. Wie ein Narr.

Friedrich Paulsen hatte in seinem Leben nie ungebührliche Mengen an Alkohol getrunken. Klar, mal 'n Bier und 'n Lütten am Samstagabend. Oder zum kleinen Feierabendschnack bei Kuddel Wimbke im Dorfkrug, wenn der Fang ein guter gewesen war. Bei Familienfeiern, Geburtstagen oder nach dem Boßeln war natürlich auch immer eine Buddel Köm auf den Tisch gekommen. Er zerknüllte das Schreiben des Gerichtsvollziehers und warf es voll Abscheu auf den Boden. Wie unheiliges Geziefer. Er erhob sich so mühsam vom Küchentisch, als fehlte ihm die Kraft, die Last der Sorgen und Scham zu besiegen, trottete mit langsamen, schleppenden Schritten in die Stube und holte aus der obersten Kommode der Schublade das Album mit den Familienfotos heraus. Zurück in der Küche entnahm er dem Küchenschrank ein Schnapsglas und dem Kühlschrank eine Flasche Korn, die dort seit mindestens einem Jahr in der Kälte schlummerte und noch nicht einmal zur Hälfte geleert war. Er goss sich ein Glas ein, nahm einen kleinen Schluck und schlug das Album auf.

Seine Augen glitten über die vertrauten Bilder, ohne dass sie ihm wirklich Trost spenden konnten. Bei den Fotos, die seine Frau zeigten, ließ er sanft, voller Zärtlichkeit, die Fingerspitzen der Rechten darüber streichen. Bis sich seine Augen wieder mit Tränen füllten.

Der alte Mann stand noch einmal auf, holte aus der Kommode den Block mit dem Schreibpapier und einen Füllfederhalter. Zurück am Küchentisch straffte er sich, trank noch einen Schnaps mit einem einzigen Schluck und schrieb in seiner akkuraten Schrift einen einzigen Satz mit der königsblauen Tinte auf das oberste Blatt des Briefblocks: „Verzeiht mir, Kinder, aber ich kann nun nicht mehr!"

Im Schlafzimmer zog er ein frisches weißes Hemd und seinen „guten" Uniformrock an, der ein wenig nach Mottenkugeln roch, mit denen Meta das „gute Stück" für festliche Anlässe in ihrer unbedingten Sorgfalt und Fürsorge verwahrt hatte. Mit der dunklen Krawatte gab er sich besondere Mühe. Da konnte ja seine Meta nicht mehr als letzte Instanz einspringen. Sie hatte den Knoten immer mit geübtem Griff fixiert.

Zum Haus gehörte eine kleine Scheune, die Fiete Paulsen als Garage gedient hatte. Den neun Jahre alten VW Passat, der regelmäßig gewartet, gewachst und betüttelt die Scheune bewohnt hatte, hatte er direkt nach Metas Beerdigung für eine erniedrigend geringe Summe verkauft, die direkt an die Bank gegangen war. Obwohl das gute Stück noch keine 40.000 Kilometer auf dem Tacho gehabt hatte.

Auf dem Weg durch den Garten nahm der alte Fischer weder die milde abendliche Sommersonne noch den Duft der vielen Blumen wahr, die Metas ganzer Stolz gewesen waren und die Friedrich Paulsen im Gedenken an seine Frau nach ihrem Tode aufmerksam gegossen hatte. Für den Rest des Gartens hatte ihm dagegen die Kraft gefehlt. So wucherte der über Jahre so akkurat getrimmte Rasen erstmals als blühende Sommerwiese. Der alte Mann war innerlich so leer, dass er den eigenen Garten wie ein Fremder mit schleppenden Schritten durchmaß.

Die Scheune stand leer. An der rechten Wand lehnten eine Werkbank und Regale mit Werkzeugen, die in Verbindung mit seinen geschickten Händen über die Jahre zahllose Wunden am Haus und auf dem Schiff geheilt und viel Geld gespart hatten. Von seinem Schiff, der „Meta Paulsen", waren ihm nur noch ein paar Beschläge, Schäkel und Taue geblieben, die er als Souvenirs bewahrt hatte. Er griff nach einer Rolle mit stabilem Seil, das er an die Wand gehängt hatte. Eines aus der guten alten Zeit. Aus Naturfaser, nicht aus Plastik. Mit der jahrzehntelangen Routine eines alten Seemanns beim Umgang mit Tauen und Knoten band Friedrich Paulsen in wenigen Sekunden einen „Yosemite Bowline" zu einer besonders belastbaren Schlinge. Auf der hölzernen Trittleiter, die ihm und Meta so viele Jahre bei der Ernte der Obstbäume im Garten gedient hatte, befestigte er das Tau mit der Schlinge am tragenden Querbalken des Scheunendachs.

Ohne Hast, aber nunmehr mit unabänderlicher Entschlossenheit – so als wäre am Ende sein Glück noch ein letztes Mal zurückgekehrt, um ihm doch noch einen gangbaren Weg zu weisen –, legte er die Schlinge um seinen Hals, zog sie fest und stieß mit seinen Füßen die Trittleiter zur Seite.

In diesem Moment hatte Norman Gerber einen Mord begangen. Einen perfekten obendrein. Denn keine Ermittlung der Welt würde seinen vieltausendfachen Betrug mit dem Freitod eines pensionierten Fischers am nordöstlichsten Rand der Republik in Verbindung bringen und ihn darum wegen eines vorsätzlichen Tötungsdelikts an Fiete Paulsen belangen. Norman Gerber und Kapitän Paulsen waren sich ja nie persönlich begegnet. Dazu war die Summe des Investments mit ihren lächerlichen 148.000 Euro viel zu gering gewesen. Lachhaftes Klimpergeld in den Augen Gerbers. Peanuts! Insgesamt sollten 17 Menschen, die Norman Gerber um die Ersparnisse ihres Lebens betrogen hatte, freiwillig aus dem Leben scheiden. Ohne dass in einem einzigen Fall ein Zusammenhang zwischen den Selbsttötungen und Gerbers Ponzi-Trick hergestellt wurde. Mit 17 Opfern war Norman Gerber statistisch gesehen der erfolgreichste deutsche Massenmörder seit Fritz Haarmann. Dieser hatte nach 27 nachgewiesenen Morden am 15. April 1925 seinen Hals unter ein Fallbeil gelegt.

2. Mai 2014, 17.30 Uhr

„Und, habe ich zu viel über Unca Scrooge versprochen?", wandte sich Mad Max an Kowalski, der auch für die Rückfahrt das Steuer übernommen hatte.

„Nein. Aber trotzdem finde ich diesen Menschen nicht sympathisch."

„Warum das?"

„Ich weiß nicht so genau. Das ganze Ambiente war mir zu aufgesetzt. Von allem zu viel, alles ein wenig zu bombastisch. So als wäre das Beste immer noch nicht gut genug. Das Büro, der Besprechungsraum, die Möbel, die Kunst. Ich darf doch davon ausgehen, dass die beiden Lichtensteins ebenso echt sind wie der Pollock über Burmeesters Schreibtisch."

„Kein Einspruch, Euer Ehren", warf Keller ein.

„Und dann dieser Mitarbeiter. Das war doch ein Japaner? Ich konnte mir den Namen beim besten Willen nicht merken. Klingen für mich alle wie Nahkampfsportarten oder Speisen, die zum überwiegenden Teil aus rohem Fisch und Tang bestehen."

„Ja, da liegst du richtig. Das war ein waschechter Japaner. Yoshikatsu Minami. Nachfahre eines uralten japanischen Geschlechts, das schon zur Zeit der Reichseinigung Ende des 16. Jahrhunderts eine wichtige Rolle gespielt hat. Scrooge bezeichnet ihn gerne als wahren ‚Last Samurai'. Und das ist wohl nicht nur im Scherz gemeint."

„Welche Rolle spielt dieser Yossle ... Dingsda?"

„Yoshikatsu Minami. Der Mann heißt Yoshikatsu Minami. Er ist einer der Rechercheure Burmeesters. Wie rund ein Dutzend weiterer Spezialisten, die auf Burmeesters Payroll stehen. Minami sammelt Informationen für Scrooges Klienten und stellt sie zu Dossiers zusammen, die eine Mörderkohle kosten. Wollen wir mal sehen, was davon für uns abgefallen ist. Soll ich die Büchse der Pandora öffnen, die uns Unca Scrooge zugesteckt hat?"

Kowalski nickte. Mad Max riss den braunen Umschlag auf, den Dr. Burmeester ihnen zum Abschied ausgehändigt hatte. Während sie beim Essen waren, hatte das Büro ein Dossier für die beiden LKA-Ermittler zusammengestellt. Mad Max blätterte die Papiere durch. Da war eine Faktensammlung über Norman Gerber, mit dem Vermerk „vorläufig". Burmeester hatte angedeutet, dass es sich dabei um einen Teil der Recherche-Ergebnisse für einen Klienten gehandelt hatte und um strengste Diskretion gebeten. Das Dossier durfte unter keinen Umständen in den offiziellen Akten landen. Es enthielt hauptsächlich biografische Daten, die dem LKA im Wesentlichen bekannt waren. Beim Überfliegen stellte Maximilian Keller fest, dass Burmeester an erstaunlich präzise Angaben gelangt war. Ein Indiz dafür, dass der Anwalt penibel arbeitete und dass auf seine Angaben und Informationen Verlass war. Die Sammlung enthielt auch alle Exposés von Gerbers Finanzprodukten. Die Seiten über „Korman, Oggelthorpe & Finch" waren auch für ihn neu.

„Ich glaube, ich habe da was. Soll ich es vorlesen?", fragte Max.

„Immer raus, was keine Miete zahlt!"

Mad Max räusperte sich: „Aus der Akte ‚Korman, Oggelthorpe und Finch, gegründet 1782':

Die Privatbank ‚Korman, Oggelthorpe und Finch, gegründet 1782', ist die älteste in den Vereinigten Staaten. Die Gründung 1782 geht auf Talmage Oggelthorpe (1751 – 1832) in Boston zurück. Talmage Oggelthorpe war ein Adjutant von Anthony ‚Mad Dog' Wayne (1745 – 1796), Held des amerikanischen Unabhängigkeitskriegs, der erste Kommandeur der von George Washington aufgestellten US-Streitkräfte. Er nahm auch 1796 die Kapitulation der englischen Forts an den Großen Seen entgegen. Das Grundkapital der Bank stammt aus unterschlagenen Kontributionen in Höhe von 1.200.000 Millionen US-Dollar. Die Gründung des Bankhauses erfolgte noch acht Jahre vor der Gründung der FED, der ‚First National Bank of the United States' durch den 1. US-Finanzminister Alexander Hamilton (1755 – 1804, Portrait auf dem Zehndollar-Schein). Ich hab über diesen Anthony Wayne schon mal etwas gelesen, er ist der Pate des Nachnamens für das Alter Ego der Comicfigur Batman, Bruce Wayne. Der Vorname geht auf den schottischen König Robert I. zurück (1274–1329), der unter dem Namen ‚Robert Bruce' oder ‚Robert the Bruce' bekannt wurde."

Mad Max gönnte sich eine Pause und streichelte mit seiner Linken den gefüllten Bauch. *Ich habe eindeutig zu viel gegessen.* Er sah zu seinem Kollegen, der eine Frage auf den Lippen hatte.

„Bevor du nach der Information über Batman nachfragst: Es ist nichts weiter als eine Marotte Burmeesters. Er kennt mein Faible für Comics und schlechte Filme und lässt deshalb gerne solche Verzierungen in seine Expertisen einfließen."

Kowalski beschränkte seinen Kommentar auf ein Nicken, bevor Keller weiterlas.

„Zembulon Korman und Nathaniel Finch waren zwei erfolgreiche Bostoner Geschäftsmänner, die ihre beträchtlichen Vermögen während dem Unabhängigkeitskrieg mit Schmuggel erzielt hatten. Beide wurden unter nie geklärten Umständen am 12. September 1801 auf einer Geschäftsreise von Boston nach New Bedford bei einem nächtlichen Überfall in ihrer Kutsche getötet und ausgeraubt. Die Bank hatte sich zu dieser Zeit erfolgreich am sehr profitablen Walfang-Geschäft beteiligt, dessen Zentrum an der amerikanischen Ostküste New Bedford war.

Der anhaltende Erfolg der Bank, der allen politischen und ökonomischen Widrigkeiten über mehr als 200 Jahre trotzen konnte, beruhte auf der Philosophie des Gründers Talmadge Oggelthorpe, durch das Sammeln von Informationen künftige Trends der Wirtschaft rechtzeitig zu erkennen und im Frühstadium einer neuen Entwicklung zu investieren. Auf diese Weise stand die Bank bei allen wichtigen Entwicklungen der industriellen Revolution in den Vereinigten Staaten in der ersten Reihe: Eisenbahn, Erdöl, Stahl und Eisen oder die Fleischindustrie Ende des 19. Jahrhunderts in Chicago. Im frühen 20. Jahrhundert engagierte sich das Bankhaus frühzeitig in der Auto- und Luftfahrtindustrie, die sich in Amerika wesentlich schneller entwickelte als in Europa. Und schließlich wirkten die Banker als diskrete Finanziers diverser Waffenprojekte. Was der Bank das Wohlwollen und den Schutz durch höchste staatliche Stellen der amerikanischen Administration eintrug.

Nicht zuletzt das ‚Manhattan-Projekt', die Entwicklung der Atombombe, das zwei Milliarden Dollar verschlang (nach heutiger Kaufkraft 30 Milliarden Dollar). Durch dieses Projekt ließ sich das ‚unsichtbare' Engagement von Korman, Oggelthorpe und Finch problemlos abwickeln.

Das zweite Erfolgscredo von Oggelthorpe lautete: Wissen ist nur mächtig, wenn es nicht geteilt wird. Die Verschwiegenheit des Bankhauses, seine Diskretion, ist legendär. Seit Generationen pflegen die CEOs des Geldhauses traditionell gute bis freundschaftliche persönliche Beziehungen zu fast allen amtierenden US-Präsidenten.

Das dritte Credo: Langfristig denken und planen, Sicherheit geht vor schnellen Spekulationsgewinn.

Geschäftsfeld:
Kein Retailgeschäft
Ausschließlich Privatkundengeschäft. Beschränkt sich auf Vermögensberatung und Vermögensverwaltung.

Voraussetzung und Mindesteinlage für Neukunden: 1.000.000 US-Dollar liquides Vermögen. Grundsätzlich erforderlich für die Aufnahme in den Kundenstamm ist der Status eines HNWI: High Net Worth Individuals. Also Personen, die über mehr als eine Million US-Dollar ‚Investable Assets' verfügen.

Regionale Schwerpunkte der Kundenstruktur: USA (48 Prozent), Europa (32 Prozent), Naher Osten (zehn Prozent), Asien (zehn Prozent).

Keine Aktivitäten in Lateinamerika und Afrika. Eine bewusst eingeschlagene Strategie, weil die politisch instabilen Verhältnisse auf diesen beiden Kontinenten den Anforderungen der Bank nicht genügen.

Aktuelle Wachstumsorientierung in Richtung Osteuropa, speziell auf den russischen Markt.

Spezialität: Family-Office Dienstleistungen. Die Bank verfügt über 39 Kunden mit mindestens 100 Millionen US-Dollar Anlagevermögen.

Multi Family Offices für den europäischen Markt mit 41 Kunden mit Einlagevermögen zwischen 25 und 50 Millionen US-Dollar mit Sitz in Genf. Die Multi Family Offices sind in 41 entsprechende Untergesellschaften gegliedert, die zu einer Holding zusammengefasst sind.

Durch die konservativen und langfristig orientierten Anlagestrategien kam das Institut sogar einigermaßen ungestraft durch die Bankenkrise 2008. Keine Hedgefonds-Beteiligungen, keine Derivatgeschäfte. Konservativer Devisenhandel.

Einlagen: 12,8 Milliarden US-Dollar
Eigenkapital: 1,48 Milliarden US-Dollar
Bilanzsumme: 2011: 65,34 Milliarden US-Dollar
Gewinn: 2011: 156,3 Million US-Dollar
Unternehmensform: AG (86 Prozent Inhaberaktien, 14 Prozent Vorzugsaktien im Besitz der Mitarbeiter.)
CEO: Bigelow Tanner III. (72)
Hauptaktionär: Burlington M. Hayes (84), 75,1 Prozent, Familie 10,9 Prozent, Mitarbeiter 14 Prozent."

Kowalski ließ ein paar Sekunden verstreichen, nachdem Mad Max das Dossier wieder geschlossen und in dem Umschlag verstaut hatte.

„Etwas unorthodox. Nicht gerade wie ein Polizeibericht aufgebaut. Gut, der Report ist umfangreich und präzise."

„Hat dir vielleicht das Essen nicht geschmeckt?", hakte Max nach. „Du bist so miesepetrig drauf!"

„Okay. Das Essen war in Ordnung. Wenn ich der Wahrheit die Ehre geben soll, habe ich bis heute noch nie so gut bei einem Italiener gegessen."

„Aber?"

Kowalski bremste abrupt, weil ein Lieferwagen von rechts einscherte und den Mondeo schnitt.

„Verdammtes Rindspimmelgesicht", brüllte Kowalski dem Sprinter mit der Rostkante hinterher, bevor er sich wieder in den Griff bekam. „Ach mir ist dieses ganze gekünstelte Gehabe auf den Sack gegangen. Der Typ hat ständig den Eindruck vermittelt, ihm würden wohlriechende Blüten aus dem Hintern wachsen. Ich hatte die ganze Zeit das Gefühl, ich wäre das arme Waisenkind Oliver, das unablässig um die Gunst des bösen Fagin buhlen muss." Er beobachtete aus dem Augenwinkel, wie seinem Partner die Augenlider schwerer wurden. Kowalski konzentrierte sich aufs Fahren und war froh, das Gespräch nicht weiterführen zu müssen. Während er den Ford durch den dichter werdenden Feierabendverkehr lenkte, ließ er den Vormittag Revue passieren. Mad Max war inzwischen total weggetreten. Das Mobiltelefon, das Keller in der Mittelkonsole deponiert hatte, begann das Motiv von Darth Vader aus „Krieg der Sterne" zu spielen. Kowalski nahm das Gespräch entgegen. Viktor Korschinek gurrte ihm süffisant ins Ohr: „Na, schönen Betriebsausflug mit lecker eten und drinken gehabt?" Ohne auf eine Antwort zu warten fuhr er fort: „Macht, dass ihr ins Büro kommt. Unser allseits geliebter Vorsitzender will die Seinen sofort um sich scharen. Er hyperventiliert, steht kurz vor einem Wutausbruch und führt sich auf wie Rumpelstilzchen persönlich. Er steht auf dem Standpunkt, unsere bisherige Ermittlung in Sachen Gerber sei bislang nicht so dolle gelaufen. Er will Ergebnisse und hat irgendwas von Einläufen aus heißem Terpentin gefaselt, die er ab sofort statt Fleißkärtchen verteilen will. Und komm mir bitte nicht mit einem bescheuerten Hinweis, der Feierabend sei längst angebrochen. Feierabend ist ein Begriff, der es noch nicht in den Sprachschatz des Oberstaatsanwalts geschafft hat."

8. Mai 2014, 9.30 Uhr

„Hubertus von Braschlitz?"
Maximilian Keller hatte den Namen mit tonloser Stimme aus der Akte abgelesen, die er vor sich aufgeschlagen hatte. Kowalski beobachtete den jungen Mann, der an der gegenüberliegenden Seite des Tisches im Vernehmungszimmer Platz genommen hatte. Die Räume für die Befragung Verdächtiger strahlten so viel Gemütlichkeit aus wie die Turn- und Versammlungshalle in einem Igludorf. Vor dem Mann war ein Mikrofon aufgebaut. Max hatte sich aus seiner Sicht zu seiner Rechten, Kowalski zur Linken niedergelassen.

Laut Akte war Hubertus von Braschlitz 34 Jahre alt. Er stammte aus Hamburg und war Norman Gerbers wichtigster Vertriebsmann. Seine Festnahme war am Abend zuvor im besten japanischen Restaurant der Stadt erfolgt und hatte eine konsternierte Begleiterin zurückgelassen, deren pompöse Aufmachung in umgekehrter Proportionalität zu ihrem intellektuellen Habitus stand. Ebenso wie ein praktisch unberührtes, riesiges Gebinde von Sushi, für das ein dreistelliger Betrag fällig war.

Der junge Mann auf dem Sünderbänkchen im Verhörraum trug einen hellgrauen Anzug mit Weste. Maßgefertigt wie die dunkelbraunen Halbschuhe. Irgendwann einmal hatte jemand Kowalski ins Stammbuch geschrieben, ein gedeckter Anzug in Verbindung mit braunen Schuhen ginge gar nicht. Wie Fisch mit dem Messer zu essen oder eine Dame im Freien mit Handkuss zu begrüßen. Seine dunklen Haare trug der Verdächtige akkurat geschnitten, nach hinten gekämmt, aber nach einer Nacht in der Zelle nur noch unzulänglich mit Gelresten fixiert. Der dunkle Schatten um Kinn und Wangen belegte, dass die Morgentoilette bei Herrn von Braschlitz nicht im gewohnten Umfang stattgefunden hatte.

Allerdings hatte die Nacht in Gewahrsam nicht am Selbstbewusstsein des Kleinadeligen kratzen können. Er grinste abwechselnd in die Richtung der beiden Ermittler. Kowalski interpretierte die Intention dieser mimischen Bemühungen als Versuch, locker und cool zu erscheinen. *Keine Angst, dir wird das Lachen schon noch vergehen, Bürschchen,* dachte der Hauptkommissar.

„Hubertus von Braschlitz?", wiederholte Maximilian Keller seine Frage, ohne seine Stimmlage zu verändern. Der junge Mann grinste noch breiter.

„Ich werte das mal als ein Ja", stellte Max Keller fest.

„Geboren am 23. Juli 1980 in Hamburg?"

Der junge Mann grinste noch einmal ein Stück breiter und blickte von Keller zu Kowalski und wieder zurück.

„Wird das eine Talkshow?", fragte er.

Maximilian Keller ignorierte die Häme.

„Sind Sie am 23. Juli 1980 in Hamburg geboren?"

Statt einer Antwort erfolgte eine Gegenfrage.

„Darf ich Sie auch mal was fragen?"

Kowalski nickte.

„Wer von euch beiden Komikern ist Scully und welcher Mulder? Spielt ihr hier böser Bulle, lächerlicher Bulle? Und kann ich einen Cappuccino und einen Keks bekommen? Euer öffentlich-rechtliches Frühstück ist richtig scheiße, wenn ich das mal so deutlich zum Ausdruck bringen darf."

„Das waren drei Fragen", stellte Kowalski fest. Er schaffte es ohne Probleme, seine Stimme frei von Emotionen zu halten. Nach jahrzehntelanger Erfahrung in polizeilicher Vernehmung war es eigentlich unmöglich, dass ein Verdächtiger ihn aus dem Gleichgewicht bringen konnte. Hochkochende Emotionen im Rahmen einer Befragung waren das Privileg schwachsinniger Krimiserien im ARD/ZDF-Vorabendprogramm. Ein guter Ermittler blieb im Rahmen einer Befragung cool wie der Weltraum hinter der Oortschen Wolke. Kowalski fixierte den jungen Mann mit den Augen, bis dieser Anzeichen von Unsicherheit zeigte und erstmals den Blick senkte. Dann deutete er mit dem rechten Zeigefinger auf Keller.

„Er ist Mulder. Ich bin Scully. Wobei das für Sie keine Rolle spielt. Wir sind hier nicht im Kindergarten und schon gar nicht in einem Fernsehkrimi. Dies ist ein freies Land. Es

111

bleibt Ihnen selbstverständlich unbenommen, sich weiterhin wie ein kompletter Schwachkopf zu benehmen, der ganz offensichtlich noch nicht den Knall gehört hat. Nichtsdestotrotz sprechen Sie meinen Kollegen ab sofort mit Oberkommissar Keller und mich mit Hauptkommissar Kowalski an. Ach ja, Cappuccino und Plätzchen sind alle! Unsere Kekse sind normalerweise aus Dinkel. Hätten Ihnen sowieso nicht geschmeckt."

Kowalski hob die Stimme und rief in das Außenmikrofon: „Können wir bitte einen Kaffee haben? Schwarz, ohne Milch und Zucker?"

Keller und Kowalski musterten wortlos ihren Gesprächspartner. Ihre Mienen zeigten keine Reaktion. Je länger die Pause dauerte, desto deutlicher tendierte die Selbstsicherheit des jungen Manns zu bröckeln. Er begann kaum merklich auf seinem Sitz herumzurutschen.

Keller blätterte in den Akten. Ein Beamter in Uniform betrat den Raum mit einem Kaffeebecher. Er nickte Keller und Kowalski freundlich zu und stellte den Becher vor dem jungen Mann ab. Von Braschlitz musterte das Getränk wie jemand, der eine tote Ratte in seinem Heiabettchen gefunden hatte und rümpfte die Nase. Trotzdem leerte er die Tasse in einem Zug. *War wohl nicht allzu heiß*, dachte Kowalski und betätigte das Mikrofon: „Darf ich die geschätzten Kollegen um einen Nachschlag bitten. Diesmal wohltemperiert. Und in einer sauberen Tasse."

Dann wandte er sich an Max Keller.

„Mulder, würdest du bitte mit der Befragung fortfahren?"

„Es wäre mir gleichermaßen Ehre wie Vergnügen, liebe Scully. Aktueller Wohnsitz: Coneyus-van-Leyden-Allee 7a?"

Der junge Mann hatte seinem Grinsen den Rückzug befohlen und nickte. Kowalski begann mit der Musterung des Verdächtigen. Der feine Zwirn verhüllte einen massigen Menschen. Knapp einen Meter neunzig groß. Aufgeschwemmt, weil unsportlich, mindestens 140 Kilo schwer, weiche Gesichtszüge. Der Teint ausgebleicht von anhaltendem Schlafmangel wegen zahlloser Ausschweifungen. Und so wie der Verdächtige wie eine alte Dampflok schnaufte, relativ kurzatmig. *Von Braschlitz wirkt trotz seines verorgelten Äußeren jünger als Mitte Dreißig. Das liegt an der feisten Feige,* konstatierte Kowalski für sich. Körperfett zieht die Falten glatt und macht jünger. Die pure Masse verlieh dem Gesicht des Verdächtigen etwas Kindliches, Unbeholfenes.

Wenn Herr von Braschlitz bereits in jungen Jahren so unförmig war, hat er sicher keine allzu lustige Schulzeit verlebt. Das goldene Zigarettenetui war vor der Unterbringung in der Zelle ebenso konfisziert worden wie das goldene Dupont-Feuerzeug. *Warum stehen alle halbseidenen Wichser dieser Welt auf den Dupont-Scheiß,* fragte sich Kowalski. Die stoßweise gehende Atmung des Verdächtigen ließ auf einen kräftigen Raucher schließen. Schon als ein Kollege Hubertus von Braschlitz in den Vernehmungsraum geführt hatte, waren Kowalski die nervösen Hände aufgefallen. Sie waren auch während der ordentlich zur Schau getragenen Selbstsicherheit nicht zur Ruhe gekommen. Ganz augenscheinlich hatte der Cold Turkey des Nikotinentzugs bereits eingesetzt.

Hubertus von Braschlitz nickte. Das Grinsen war inzwischen komplett auf der Strecke geblieben.

„Angegebener Beruf: Finanzberater?"

Wieder nickte der junge Mann.

„Sie arbeiten für Norman Gerber, beziehungsweise die …?"

„Ja."

„Seit wann?"

„Seit 2009."

Der Kollege betrat wieder den Vernehmungsraum und stellte einen weiteren Kaffeebecher mit dem Logo des LKA vor den Aspiranten der Vernehmung.

Die Plörre riecht nicht wirklich verlockend, dachte Kowalski und gönnte sich ein innerliches Grinsen. Suum Cuique.

Hubertus von Braschlitz führte die Tasse zum Mund und ließ einige Tropfen des Heißgetränks über seine fülligen Lippen rinnen. Wenn der Kaffee zu heiß war oder so lausig schmeckte wie er roch, ließ er es sich zumindest nicht anmerken.

„Prima, dann haben wir ja das Offizielle geklärt und können nun zum gemütlichen Teil übergehen", erklärte Mad Max

und gönnte sich für die Bemerkung einen etwas verbindlicheren Ton.
„Einen verfickten Scheißdreck werden wir, du Komiker", explodierte der Verdächtige, der sich gestrafft hatte. „Bevor meine Anwälte hier nicht angerückt sind, rede ich kein Wort mehr. Wenn die auf der Matte stehen, dauert es keine zwei Tage und ihr beide tragt Röckchen und pinnt als Politessen Parkknöllchen an Kisten, die in Feuerwehrzufahrten oder in zweiter Reihe parken."
Die Gesichtsfarbe des Verdächtigen war während seiner Ansprache von der fahlen Bleiche der Übernächtigung zu einem satten Rot aufrichtigen Zorns hochgefahren. Den in den Raum gebrüllten Worten folgte der Kaffeebecher, der an der Wand des Vernehmungsraums zerschellte. Mad Max und Kowalski sahen sich an. Kowalski nickte seinem Kollegen zu. Max war bei diesem Fall besser im Bilde und sollte die Federführung in diesem zähen Gespräch übernehmen. Daraufhin wandte sich Keller an den Verdächtigen.
„Ihre Rechtsverdreher können sich noch ein weiteres Tässchen Earl Grey zum Frühstück schmecken lassen. Denn bis sich dieser Gesprächskreis erweitern wird, möchte ich Ihnen ein paar Dinge erklären. Und wenn Sie nicht wirklich ein derart dämliches kleines Arschloch sind, wie es mit Ihrem Auftritt bislang den Anschein hat, dann hören Sie mir jetzt bitte genau zu. Sollte eine gelegentliche Anwandlung von Selbsterhaltungstrieb zu den Eigenschaften Ihres zwiespältigen Charakters zählen, dann schalten Sie sofort einen Gang herunter."
Hubertus von Braschlitz zeigte sich verunsichert, weil sein Wutausbruch keine Wirkung bei den Beamten erzielt hatte. Er beschloss, vorerst zu schweigen und sich wenigstens anzuhören, was dieser Freak zu sagen hatte.
„Gut. Wir wollen an dieser Stelle noch gar nicht die Details Ihres persönlichen Beitrags an Kollege Gerbers Sauereien und Ihren Anteil an Schuld auseinander klamüsern. Glauben Sie mir, die Ergebnisse unserer Ermittlung sind hieb- und stichfest. Norman Gerber ist reif wie ein Appel im Herbst. Es dauert nicht mehr lange und er wird viel Zeit auf dem gleichen Stuhl verbringen, den Sie gerade besetzen.

Sie waren fast sechs Jahre lang der gehorsame Wauwau von Herrn Gerber und haben ihm mit größter Hingabe den Arsch geleckt. Selbst wenn Sie hier das gesamte juristische Personal von Ernst & Young in Stellung bringen, wird das nicht verhindern, dass Sie frühestens in zehn Jahren Ihre nächste Muschi als freier Mann oder besser als Freiersmann schlecken können. Wobei ich in diesem Zusammenhang meine Zweifel hege, dass Sie jemals wieder genug Geld auf die Reihe bekommen, um eine professionelle Pussy für Sie miauen zu lassen. In dieser herzlichen Plauderei geht es nur darum, ob Sie sich möglichst schnell entschließen können, fleißig und uneingeschränkt motiviert mit uns zusammen zu arbeiten, damit wir Ihrem ehemaligen Chef auch noch den kleinsten Teil seiner Schweinereien nachweisen können. Selbst wann und wo er verbotenerweise eine Zigarettenkippe aus seinem Autofenster geworfen hat. Bei uns gilt nämlich das Motto: Quid pro Quo, sollte etwas Lateinunterricht zum Curriculum Vitae Ihrer schulischen Laufbahn gezählt haben. Wovon wir angesichts Ihrer Herkunft ausgehen können. Für die Nicht-Lateiner unter uns: Helfen Sie uns, helfen wir Ihnen. Und für alle, die immer noch auf der Leitung stehen: Eine Hand wäscht die andere. Ich bin mir sicher, dass es für Sie einen Unterschied macht, ob Ihr künftig unerfüllter feuchter Muschi-Traum wenigstens zehn oder höchstens sechs Jahre dauert. Nach der aktuellen Hoeneß-Formel für mauschelige Millionenbetrüger sind das zwei Jahre mit festem Wohnsitz, zwei mit Freigang und zwei mit Bewährung wegen guter Führung. Glauben Sie mir, Sie verfügen nicht einmal im Ansatz über die geeignete Wesensbildung, um in einer Strafanstalt heimische Gefühle zu entwickeln. Ganz abgesehen vom vollkommenen Mangel aggressiver Bebilderung größerer Bereiche Ihrer Epidermis. Sie wollen mit hundertprozentiger Sicherheit nicht eine einzige Minute zu viel hinter schwedischen Gardinen verbringen."

Mad Max gönnte sich eine Kunstpause und fügte dem Halbling-artigen Geschöpf, das er während seiner Ansprache an den Angeklagten auf seinen Block gekritzelt hatte, zwei spitze Ohren hinzu. Dann setzte er zum Finale an.

„Um Ihrer Motivation zur uneingeschränkten Zusammenarbeit den letzten Kick zu verleihen, schließe ich meine eloquente Ansprache mit folgendem Hinweis ab: Wir verfügen über gewisse Erfahrungswerte, was den real existierenden Alltag in unseren Strafanstalten anbelangt. Darum kann ich Ihnen versichern, dass jedes Mal, wenn sich ein so großes rosa Schweinchen wie Sie in der Gemeinschaftsdusche der Justizvollzugsanstalt nach seiner Seife bückt, so mancher Mithäftling mit gewaltkrimineller Vergangenheit den hormongesteuerten Zeitvertreib mit dem eigenen Geschlecht in einem ganz neuen Licht betrachtet."

Mad Max musterte den Verdächtigen wieder emotionslos. Dann wandte er sich an seinen Kollegen: „Möchten Sie an unseren Gast noch einige Worte der Ermunterung richten, Herr Hauptkommissar?"

„Danke, Herr Oberkommissar, sehr zuvorkommend. Es ist mir ein Fest, diesem großherzigen Anerbieten großzügig zu entsprechen."

Kowalski nickte und wandte sich an Hubertus von Braschlitz.

„Sie haben meinen Kollegen gehört. Ihrer Akte entnehme ich, dass Sie aus gutem Hause stammen und über eine ordentliche Schulbildung verfügen. Sollten darüber hinaus auch gesittete Tischmanieren zu den Kernkompetenzen Ihrer Kinderstube gehören, können Sie diese für die nächsten Jahre knicken. Für die Einnahme Ihrer künftigen Kost wäre das Perlen vor die Säue werfen. Und Ihren neuen Spielkameraden können Sie auch nicht mit der Tatsache imponieren, dass Sie wissen, welche Gabel zu Fischstäbchen passt. Wollen Sie tatsächlich ein Jahrzehnt im Knast verschimmeln, während Ihr Ex-Chef mit seinen 900 Millionen Euro weiter Halli-Galli macht, während Sie im Gefängnis sitzen? Sorry, nehmen Sie das nicht persönlich. Aber meine Erfahrung sagt mir, Sie sind für die Rolle des harten Knasttypen so wenig geeignet, wie Kim Jong Un für einen Friedensnobelpreis. Ich formuliere einige Worte meines geneigten Vorredners noch einmal so, dass es auch die Begriffsstutzigen auf Ihrer Seite dieses Tischs verstehen: Wenn es schlecht für Sie läuft, dann schenken Sie als weiches Dickerchen mit Ihrem Arsch Ihren künftigen Kollegen während der gemeinsamen wöchentlichen Dusche mehr Freude als Disneyland seinen Gästen an einem langen Wochenende."

Hubertus von Braschlitz war erstarrt.

„Sagen Sie das noch einmal."

„Was? Die Passage, in der Sie in Ihrer künftigen Haftanstalt die Rolle der ganzjährigen Maikönigin mit prallem Leben ausfüllen?"

„Nein. Das mit den 900 Millionen!"

Kowalski grinste seinen Kollegen an, bevor er sich wieder an den Verdächtigen wandte.

„900 Millionen. In diesem Fall geht es um 900 Millionen Euro, die Norman Gerber abgezockt hat. Vorsichtig geschätzt, nach dem derzeitigen Stand der Ermittlungen. Im Dezernat laufen mindestens fünf Wetten, ob Gerber noch die Milliarde nimmt. Ich entnehme Ihrer Reaktion, dass Sie keine Ahnung haben, an welchem Rad Sie da mitgedreht haben. Spielt aber auch keine Rolle. Dabei sein ist alles. In dieser Größenordnung läuft unter zehn Jahren Knast gar nichts."

Der Verdächtige zeigte sich aufrichtig erschüttert. Die Finger beider Hände wanden sich immer schneller ineinander. Er begann zu sprechen. Die Worte sprudelten förmlich aus seinem Mund.

„Davon wusste ich nichts. Okay, die Investments, die wir verkauft haben, waren nicht koscher. Aber Gerber hatte stets betont, dass wir damit niemandem schaden, wenn wir ‚etwas Schwarzgeld wieder dem allgemeinen Wirtschaftskreislauf zugänglich machen', wie er gerne sagte. 900 Millionen! Und seine Vermittler hat er im Vergleich dazu mit Brotkrumen abgespeist. 900 Millionen! Das ist ja unfassbar. Okay, okay, okay, machen wir es kurz. Ich bin Ihr Mann. Ich werde mit meinen Anwälten die volle Zusammenarbeit absprechen."

Zum ersten Mal seit seinem überheblichen Auftritt zu Beginn des Gesprächs nahm Hubertus von Braschlitz wieder Augenkontakt mit den Kommissaren auf. Die erfassten sofort das Flehen und die Angst, die seine Blicke aussandten.

Sachlich und freundlich übernahm Mad Max ohne Häme: „In Ordnung, wir haben Ihr Einverständnis zur umfassenden Zusammenarbeit registriert."
Er rief den Beamten, der den Verdächtigen zum Verhör begleitet hatte. Während dieser Hubertus von Braschlitz wieder die Handschellen anlegte und aus dem Raum führte, rief Kowalski ihm hinterher: „Gebt dem reuigen Sünder bitte einen ordentlichen Kaffee und lasst ihn endlich eine rauchen."
In der Tür drehte sich von Braschlitz um und schenkte Kowalski einen Blick voll Dankbarkeit.
Nachdem die Tür geschlossen wurde, stand Mad Max auf und sortierte seine Akten.
„Wunderbar, ganz wunderbar. Der Spruch mit Disneyland war erste Sahne. Wird dem Chef im Protokoll gut gefallen. Mein Gott, was sind wir doch für gescheite und geistreiche Bullen. Stell dir vor, wir dürften durch und durch authentisch in einer eigenen TV-Serie auftreten. Das wäre der absolute Straßenfeger."
„Gescheite, eloquente Bullen in einer deutschen Krimiserie? Bullen, die außer Kaffee kochen und Kekse essen echte, effiziente Ermittlungsarbeit leisten? Womöglich im öffentlich-rechtlichen Fernsehen? Vorher schneit es in der Hölle."
Max Keller lachte schallend. Doch schließlich beruhigte er sich.
„Unser junger Freund sah gar nicht gut aus. Wenn du mich fragst, macht dem nicht nur der Entzug von Nikotin zu schaffen, der wartet sehnsüchtig auf den nächsten Schneesturm an der Nasenscheide-Nordwand. Wenn der nicht voll auf Koks ist, will ich ab sofort nicht mehr als Sméagol den Weg nach Mordor finden, sondern als König von Gondor die Heere der Menschen in die Entscheidungsschlacht gegen den Dunklen Herrscher führen."
„Du hast recht, den Verdacht hatte ich auch. Ich werde den Arzt informieren, damit er die kleine Blaubeere ein wenig näher unter die Lupe nimmt. Wäre doch schade, wenn ihr wegen eines kalten Entzugs ein Draht aus der Mütze springt, solange sie sich unserer Gastfreundschaft erfreut. Vor allem, bevor sie uns gegen ihren ehemaligen Boss ein wenig weitergeholfen hat."

9. Mai 2014, 10.30 Uhr

„Samailenko. Mein Name ist Konstantin Samailenko."
Norman Gerber hatte sich von seinem Schreibtischstuhl erhoben und begrüßte seinen Gast, der ihn um mindestens zehn Zentimeter überragte, mit einem festen Händedruck. „Norman Gerber. Erfreut, Ihre Bekanntschaft zu machen. Wie kann ich Ihnen helfen?"
Gerber tarnte seine Beunruhigung mit einem Lächeln. Der Kerl war offensichtlich Russe. Tadellos gekleidet. Der dreiteilige Anzug war aus feinem dunkelblauen Kaschmir. Ein Meisterwerk der Maßschneiderei. Die schwarzen Budapester kündeten von hohem Fertigkeitsgeschick des Schuhmachers. Makellos geputzt, wie ein kurzer Blick bestätigte. Der Aktenkoffer, den der Gast mit Nachdruck auf den Schreibtisch gestellt hatte, war aus schwarzem Krokodilleder. Es bestand kein Zweifel, dass Schloss und Beschläge aus echtem Gold gefertigt waren.
Mit einer knappen Geste wies Norman Gerber seinem Gast den Besucherstuhl vor dem Schreibtisch zu. Der Kerl gefiel ihm nicht die Bohne. Der Auftritt ohne festen Termin, vorbei am Sekretariat, war mit solcher Bestimmtheit erfolgt, dass Gerber nicht die kleinste Chance geblieben war, den Typen abzuwimmeln. Er musterte den hageren Mann, dessen Gesicht frei von jeglichen Emotionen zu sein schien.
„Ich kann in meinem Kalender keinen Termin mit einem Herrn Konstantin Samailenko finden. Aber kein Problem, ich habe glücklicherweise eine halbe Stunde Zeit, die ich Ihnen gerne widmen möchte. Darf ich Ihnen etwas anbieten? Tee? Kaffee? Oder angesichts der frühsommerlichen Temperaturen etwas Kaltes? Sie dürfen sich auch gerne für einen alten Scotch entscheiden. Ich verfüge in diesem Fall über den einen oder anderen Tropfen, der Ihnen gefallen könnte."
Konstantin Samailenko verzog keine Miene: „Vielen Dank. Ich bin weder hier um Smalltalk zu treiben noch um

etwas mit Ihnen zu trinken. Ich bin hier im Auftrag meines Herrn."

Norman Gerber spürte Verärgerung über das impertinente Auftreten seines Gastes in sich aufsteigen. Der Kerl erinnerte ihn an die seligen Sowjetzeiten mit den Auftritten des Elferrats der KPDSU in den Fernsehnachrichten. Humor schien diesen Kommi-Clowns noch heute fremd zu sein.

„Ihres Herrn? Ist die Führungselite Ihres Landes - Ich entnehme Ihrem Namen, dass Sie aus Russland stammen? - nach dem Zusammenbruch der kommunistischen Herrschaft wieder zur Leibeigenschaft zurückgekehrt? Ein Rückfall in alte Gewohnheiten sozusagen?"

Samailenko ließ sich nicht provozieren, ging gar nicht auf Gerber ein.

„Oh, Sie kennen meinen Herrn genau. Er ist Ihr bester Kunde."

Norman Gerber straffte sich. Sein bester Kunde war ein Russe aus St. Petersburg. Aljoscha Dingsbums. Angeblich Nachfahre eines alten Fürstengeschlechts. Die Familie war reicher als der Nizam von Hyderabad. Dabei diskret und zurückhaltend.

Im Gegensatz zu diesen neureichen Oligarchen-Wichsern, die ihre unterentwickelten Egos mit dem Kauf von englischen Premier-League-Mannschaften pimpen, sich riesige Airbus A380 als Privatflieger gönnen und Hunderte von Millionen verblasen, um sich mit der Länge ihrer Superyachten zu übertrumpfen. Wie Pubertierende beim Schwänzchen messen.

Diese Russenfürsten hatten 58 Millionen Euro investiert, zehn hatte er bereits wieder als Rendite ausgezahlt – wie vereinbart.

„Wenn Sie nichts möchten, unterstelle ich, Sie haben nichts dagegen, wenn ich mir einen Schluck genehmige."

Der Russe widmete ihm nur eine abfällige Handbewegung.

Norman Gerber verließ wieder seinen Schreibtischstuhl und strebte zur Hausbar aus Mahagoni, die voll von Karaffen war und am anderen Ende des Raums an der Wand stand. Wahllos griff er aus dem Dutzend Kristallgefäße, die allesamt Single Malts enthielten eine heraus, füllte einen Fingerbreit der bernsteinfarbenen Flüssigkeit in ein breites Glas und goss etwas Wasser aus einer weiteren Karaffe hinzu. Mit dem Drink in der Rechten ging er zum Schreibtisch zurück, erhob ihn stumm in Richtung seines Gastes und nahm einen tiefen Schluck.

Samailenko schien die Geduld zu verlieren und ergriff das Wort: „Ich bin hier in der Funktion als Generalbevollmächtigter von Dimitri Fjódorowitsch Tschernjatinski. Der Fürst ist das Oberhaupt des Hauses Tschernjatinski. Wie Sie sich erinnern, haben Sie mit seinem jüngeren Bruder Aljoscha ein Investmentgeschäft vereinbart, das für ein sechsmonatiges Engagement 30 Prozent Zinsgewinn versprach. Der Fürst war über dieses Geschäft, wie soll ich es vorsichtig ausdrücken, nicht gerade erbaut. Aljoscha traf keine Schuld, er ist in dieser Art von Transaktionen unerfahren. Das Haus Tschernjatinski hat nicht seinen derzeitigen Status in der Geschäftswelt erlangt, indem es leichtgläubig Renditeversprechen glaubte, die so seriös sind wie Zuhälter der albanischen Mafia. Können Sie mir soweit folgen?"

Norman Gerber nickte und versuchte, das aufkommende Unwohlsein mit einem weiteren Schluck zu bannen.

„Schön. Um nun auf den Punkt zu kommen. Der Fürst ist es seinem Ruf schuldig, dass seinem Hause in keinem Fall Verluste durch Investments entstehen, die, ohne Ihnen zu nahe treten zu wollen, aus betrügerischen Intentionen entwickelt wurden. Der Fürst sieht sich weder als Moralist noch als Richter. Ihm ist es gleichgültig, wen auch immer Sie sonst um welche Beträge erleichtern. Solange er sein investiertes Kapital zuzüglich der anvisierten Gewinne ohne jeden Abzug in Sicherheit weiß. Heute ist Freitag, der 9. Mai. Ich werde mich in sechs Wochen, also am Freitag, den 20. Juni, wieder bei Ihnen einfinden. Nach der ersten bereits erfolgten Auszahlung über zehn Millionen Euro werde ich zu diesem Zeitpunkt den Rest des investierten Kapitals in Höhe von 48 Millionen Euro in Empfang nehmen. Mit den Zinsen für 58 Millionen ergeben sich 75,4 Millionen. Zuzüglich der Strafgebühr für den Versuch, das Haus Tschernjatinski zu betrügen, erwarte ich bei meiner Wiederkehr die runde Summe von 80 Millionen Euro."

Norman Gerber musste sich beherrschen, um seinem Gast in die Augen zu blicken. Er leerte das Glas und fühlte dabei, wie sich feine Schweißperlen auf seiner Stirn und an den Schläfen bildeten. Trotzdem gelang es ihm, dem stechenden Blick Samailenkos standzuhalten. Er straffte sich und fand zu seinem gewinnenden Lächeln zurück.

„Herr Samailenko, wollen wir doch mal einige Punkte klar stellen. Erstens betreibe ich ein durchaus seriöses Geschäft. Sie erhalten selbstverständlich das investierte Restkapital zuzüglich der vereinbarten Verzinsung. Im Interesse der guten Geschäftsbedingungen bin ich auch bereit, den Betrag zu entrichten, den Sie als ‚Strafgebühr' bezeichnen. Aber dann sind unsere Beziehungen beendet. Es ist mir so etwas von scheißegal, wer Sie oder Ihr Fürstenkasper sind. Ich suche mir meine Kunden aus und Sie sind künftig nicht mehr an Bord. Wenn Sie mir noch einmal drohen, dann verteile ich die Porträtaufnahmen, die meine Raumkameras von jedem Gast aufnehmen, an einige Ihrer mir ergebenen Landsleute, die für kleines Geld die größten Mäuler stopfen."

Norman Gerber entdeckte zum ersten Mal den Hauch eines Lächelns im Gesicht seines Gastes, der sich erhob, seinen Aktenkoffer griff und sich wortlos in Richtung Tür in Bewegung setzte. Gerber wusste nicht, warum ihn dieses Verhalten so derart erboste, dass er nun komplett ausrasten würde. Er sprang von seinem Stuhl auf und schleuderte seinem Gast das leere Glas hinterher, das an der schließenden Tür zerschellte. Er steigerte sich in seinen Tobsuchtsanfall hinein und brüllte: „ICH SCHEISS AUF DICH UND DEIN VERFICKTES RUSSENPACK! UND WENN DU MIR NOCH EINMAL DROHST, LEG ICH DICH PERSÖNLICH UM, DU VERSCHISSENER KOMMUNISTISCHER BASTARD!"

Norman Gerber eilte zu seiner Bar und füllte ein neues Glas mit Scotch und etwas Wasser. In einem Zug stürzte er die Hälfte des Inhalts hinunter. Der scharfe Schnaps verhalf ihm wieder zur Bodenhaftung. Mit langsamen Schritten fand Gerber zum Schreibtisch zurück. Er ließ sich in den Stuhl fallen und fühlte, wie sich seine aufgewühlten Gedanken beruhigten und er zu klarem Verstand zurückfand.

Als ihm dämmerte, mit wem er sich gerade angelegt und vor allem, wen er aufs Kreuz gelegt hatte, beschlich ihn nackte Angst. Er kannte sich in der Welt der russischen Oligarchen gut genug aus, um zu wissen, auf welch dünnes Eis er da gestürmt war. Dem Bevollmächtigten eines Großinvestors aus dem Reich der Reußen gegenüber mit ein paar Schlägern zu drohen war ungefähr so sinnvoll, wie mit einer Luftmatratze und einer Tüte Wattebäuschen gegen ein Schlachtschiff in den Seekrieg zu ziehen. Dimitri Fjódorowitsch Tschernjatinski würde nicht ruhen noch rasten, bis er sein Geld wieder hatte. 80 Millionen konnte und wollte er in sechs Wochen unter gar keinen Umständen locker machen. Bei diesem Betrag handelte es sich praktisch um die gesamte Summe, die ihm nach Abzug seiner Kosten und der Auszahlung von Renditen geblieben war. Nun, nicht ganz. Sein persönlicher Reingewinn bezifferte sich nach aktuellem Stand auf etwas mehr als 100 Millionen Euro. Aber das Geld war dazu da, damit er sich künftig ein bisschen nett einrichten konnte und nicht um einem Russen-Oligarchen die Anzahlung für einen neuen Fußballclub aus der englischen Premier League zu finanzieren. Norman Gerber fühlte das Ende seiner Glückssträhne schneller näher rücken, als er gehofft hatte.

Seine Gedanken überschlugen sich: *Vor zwölf Tagen hat die Polizei seinen wichtigsten Vermittler Hubertus von Braschlitz verhaftet. Zwei weitere Angestellte hatten sich bereits aus dem Staub gemacht und der verblödete Zigeuner, den er zu Beginn beschäftigt hatte, sitzt seit Jahren im Knast. Nicht nur, weil er in die eigene Tasche gewirtschaftet und vor allem seine eigenen Landsleute übers Ohr gehauen hat. Der Psycho hat auch ein kleines Mädchen vergewaltigt und kalt gemacht!* Gerber war sich sicher, dass er sich auf Hubertus verlassen konnte. Er war zwar ein Weichei und Idiot, aber loyal. Trotzdem war es an der Zeit, endlich die Weichen für den Moment nach dem Zusammenbruch seines Finanzimperiums zu treffen. Wie bereits mehrmals zuvor erneuerte Norman Gerber seinen persönlichen Schwur, niemals in einen Knast zu wandern.

10. Mai 2014, 17.00 Uhr

„Bernard L. Madoff?"
„Bitte", zischte Rufus Kowalski, „ich bin ja nicht auf der Nudelsuppe dahergeschwommen, lese regelmäßig Tageszeitungen, die ihre Überschriften nicht mit roten Balken unterstreichen und Magazine, die nicht aus der Abteilung Proleten-Prawda stammen. Madoff ist wohl der erfolgreichste Wirtschaftskriminelle, der über 15 Jahre hinweg seine Anleger soweit zufriedenstellen konnte, weil er sie um insgesamt 65 Milliarden Dollar erleichtert hatte bis er im Dezember 2008 aufflog. Wenn mich meine Erinnerung nicht trübt, bekam er 150 Jahre Knast. Und wenn mich darüber hinaus mein angesoffenes Hirn nicht verlassen hat, steht das L im Namen für Lawrence. Der Spitzname lautet Bernie."
Dr. Dr. Ansgar Burmeester hob entschuldigend die Schultern.
„Bitte verzeihen Sie mir. Ich wollte Ihnen mit der Frage nach Herrn Madoff nicht zu nahe treten. Aber ich möchte mir gerne ein Bild von Ihrem Wissensstand in puncto Wirtschaft, die ihr inhärenten Formen der Kriminalität und über deren markanteste Protagonisten verschaffen. Was wissen Sie noch über Madoff? Über sein Geschäftsmodell?"
Rufus Kowalski unterzog sich nur widerwillig den erforderlichen Übungen, seine Abneigung gegen das Gespräch mit Freundlichkeit zu bemänteln. Innerlich fluchte er unentwegt darüber, dass er hier seine Zeit verbringen musste. Delegiert wie ein doofes Kind zur Nachhilfe. Victor hatte ihn reingelegt. Er hatte mit diesem Burmeester hinter seinem Rücken vereinbart, der Anwalt solle ihm Nachhilfestunden über die Grauzonen des Wirtschaftswesens erteilen. Mit Nachdruck hatte Victor Korschinek auf diese Maßnahme bestanden. Selten hatte Kowalski seinen Freund so humorlos und bestimmt erlebt, als dieser auf die unbedingte Einhaltung der Nachhilfestunden bestanden hatte.

„Da muss ich bei den Details passen."

„Machen Sie sich darüber keine Gedanken." Ansgar Burmeester versuchte, mit einem Lächeln die Stimmung zu entkrampfen. Sein Gast sollte keinesfalls auf stur schalten und somit die Kontaktaufnahme erschweren. Burmeester vertraute auf seine Erfahrung und Menschenkenntnis. Sie signalisierte ihm unzweifelhaft: bei dem Hauptkommissar handelte es sich um einen Zeitgenossen, dessen Bekanntschaft, wie auch immer sie sich entwickeln sollte, erstrebenswert war.

Er lächelte seinen Gast direkt an, bevor er das Gespräch wieder aufnahm: „Die Finanzwirtschaft hat sich in den letzten fünf Jahrzehnten zu einer höchst komplexen Materie entwickelt, die in allen Details zu überschauen selbst ein Fachstudium sowohl in Wirtschaftswissenschaften wie der Jurisprudenz nicht zwingend qualifiziert. Verabschieden Sie sich auf jeden Fall von dem Gedanken, die Finanzwirtschaft hätte sich auch nur einen Hauch von ethischer Grundlage oder moralischer Schranken bewahrt. Hier geht es jeden Tag um Billionenwerte, die rund um den Planeten marodieren. Virtuell, ohne faktische Gegenwerte, ohne Deckung durch Waren, Güter, Rohstoffe oder Leistungen. Wenn solche Summen im Spiel sind, kennen weder kriminelle Energien noch die praktische Umsetzung irgendwelche Grenzen."

„Das ist sogar für mich nachvollziehbar", entgegnete Kowalski unverändert lustlos und setzte nach: „Ich kann Ihnen aus meiner Praxis für jeden Finger unserer beider Hände einen Fall aufzählen, in denen ein Mensch für weniger als 50 Euro sein Leben verloren hat."

„Nein, nein, ich glaube, Sie können noch nicht einmal in Ansätzen ermessen, um welche Summen wir nur im Bereich der Finanzwirtschaft reden. Allein die weltweiten Geschäfte mit Devisen erreichen jeden Tag ein Volumen von 5,3 Billionen Dollar. Aus der Macht und Größe, die einzelne Geldinstitute erreicht haben, resultiert das grundsätzliche strukturelle Problem, dass sich diese Geschäfte in den Händen von einem halben Dutzend Banken konzentrieren. Deren Bilanzsummen erreichen Größenordnungen von Bruttosozialprodukten ganzer Industrienationen. Die 1788 umgesetzten Milliarden der Deutschen Bank schafft ganz Indien nicht innerhalb eines Jahres zu erwirtschaften. Mit den 2013 Milliarden der Barclays Bank kann das italienische oder brasilianische Bruttosozialprodukt in Konkurrenz treten. Was ich sagen will: Die Macht der Banken reicht aus, abseits jeder staatlichen Kontrolle Kurse oder Zinssätze, ja das gesamte Gefüge so zu manipulieren, bis es unermessliche Überschüsse und Erträge für die Taschen der Verantwortlichen, Eigentümer und Aktionäre generiert. Auf Kosten ganzer Volkswirtschaften, und natürlich ihrer Bürger."

Rufus Kowalski tat sich weiter schwer, seinen Unmut über seinen Zwangsaufenthalt in der Küche dieses nach wie vor nicht wirklich sympathischen Doppel-Docs zu übertünchen. Wobei der Kommissar nach wie vor Mühe gehabt hätte, den Eindruck der mangelnden Sympathiewerte an konkreten Symptomen festzumachen, wie er sich innerlich eingestehen musste. Mit diesem ambivalenten Eindruck hatte er bereits bei ihrer ersten Begegnung kämpfen müssen. Burmeester schien ihm einfach aus Prinzip zu groß und sein materielles Umfeld zu pompös. Oder einfach nur zu ungewöhnlich für den Enkel eines polnischen Bergmanns aus dem Herzen des Ruhrgebiets. Oder gar weil er sich schon lange zähneknirschend eingestanden hatte, über sein neustes berufliches Umfeld so gut wie nichts zu wissen und jede Weigerung, sich damit auseinanderzusetzen, mit nichts anderem als mit infantiler Ignoranz gleichzusetzen war.

Nicht zuletzt störte Kowalski der Umstand, hier am hellen Samstagnachmittag festzusitzen. Nicht, weil er etwas Wichtigeres vorgehabt hätte, aber eine Weigerung Burmeester für einige Nachhilfestunden in Wirtschaftskriminalität zu besuchen hätte das Verhältnis zu Viktor nachhaltig getrübt. Und das war Kowalski die Sache nicht wert gewesen.

Er blickte sich in der Küche um. Etwas Vergleichbares hatte er noch nie gesehen. Der Raum musste mindestens 50 Quadratmeter Grundfläche einnehmen. Die eine Wand bestand komplett aus Glas und öffnete den Blick über einen weitläufigen Garten, der mit dem Begriff Park wohl treffender beschrieben werden konnte. Der Boden in dem Raum bestand aus glänzend poliertem Buchenparkett, das, so war Rufus Kowalski bereit ein ganzes Monatsgehalt zu verwetten, aus massiven Planken verlegt sein musste. Die Wände der Längsseite waren mit Schiebeelementen verkleidet, rechts davon zwei mannshohe Kühlschränke integriert, daneben zwei Backöfen, die auch der Küche eines Luxushotels Ehre eingelegt hätten. Das Zentrum des Raums nahm eine Kochinsel ein, deren riesige Oberfläche aus einer einzigen polierten schwarzen Marmorplatte bestand. An der Stirnseite waren zwei Ceranfelder mit jeweils vier Kochflächen eingelassen. Daneben entdeckte Kowalski zwei Glaskeramikfelder mit Mulden für Woks. Rechts der Ceranfelder war ein verchromter Gasherd mit weiteren vier Kochflächen integriert.

Während er die Küche musterte, bereitete sein Gastgeber einen schwarzen Tee zu, der besser duftete als alles, was Kowalski bislang in einer Tasse vorgefunden hatte.

„Wie trinken Sie Ihren Tee?", wollte Dr. Dr. Burmeester wissen.

„Ich trinke ihn unplugged. Ohne Milch, Zucker oder Zitrone. Vielen Dank."

Das Aroma, das ihm entgegen strömte, ließ ihn die Augen schließen. So etwas Wunderbares hatte er noch nie getrunken. Vorsichtig probierte er einen kleinen Tropfen, um sich nicht die Lippen an der heißen Flüssigkeit zu verbrühen. Der Tee schmeckte noch besser als er roch. Die Freude über das Geschmackserlebnis senkte Milde in Kowalskis Herz. Der Ausflug hatte sich alleine für diesen Tee gelohnt. Er entschied, dass ein kleines Lächeln nicht schaden konnte. Sein Gastgeber hatte sich ebenfalls eine Tasse eingeschenkt.

Nach einer Pause, die er zum Trinken nutzte, fuhr Burmeester fort: „Ich wollte Ihnen mit der Erwähnung von Herrn Madoff weder zu nahe treten, noch insistieren, Ihr Kenntnisstand über ökonomische Zusammenhänge könnte zu wünschen übrig lassen. Ich wollte mir, wie bereits gesagt, nur ein Bild machen, um entscheiden zu können, wo wir am besten einsteigen. Ich hege durchaus den Ehrgeiz Ihnen im Laufe unserer Gespräche nicht nur weiterführende Kenntnisse zu vermitteln, sondern auch Ihr kriminalistisches Gespür für die weitgestreuten Bereiche der Wirtschaftskriminalität zu schärfen und damit Ihr Interesse zu wecken. *Mein Sohn, sey mit Lust bey den Geschäften am Tage, aber mache nur solche, dass wir bey Nacht ruhig schlafen können!*"

„Buddenbrooks", lächelte Kowalski.

„Entschuldigen Sie. Mein Humor ist manchmal ein wenig zu intellektuell und damit nicht mehrheitsfähig", entgegnete Burmeester mit einem Schmunzeln.

„Damit kann ich prima leben."

Kowalski blickte eine Weile auf seine Tasse, spendierte in Gedanken seinem Gastgeber einen weiteren Sympathiepunkt für dessen Anspielung und ging dann auf dessen ursprüngliche Aussage ein: „Ich denke, ich bin in den vergangenen Jahren und Jahrzehnten in jede Niederung hinabgestiegen, die sich aus den Entartungen des menschlichen Geistes entwickeln kann. Ich erspare Ihnen Details, weil es kein sprachliches Vermögen gibt, das die Welt und die Aspekte von Gewaltverbrechen anschaulich genug schildern kann. Besonders nicht, wenn es darum geht, in Worten die Abgründe auszuloten, in denen sich ein Täter entwickeln und bewegen kann. Nur so viel: Die Wirklichkeit ist um ungezählte Klassen härter als die vordergründigen spekulativen Gemetzel der beschissenen Knäckebrot-Killer aus Skandinavienkrimis. Ich hasse diesen Scheiß, den sich nur Schwachmaten ausdenken können, die noch nie an einem gerichtsmedizinischen Obduktionstisch gestanden haben, auf dem die halbverweste Leiche eines neunjährigen Mädchens liegt, dessen verwüsteter Leib in der folgenden Untersuchung Aufschlüsse liefern soll, um den Vorgang ihres gewaltsamen Todes ergründen zu können. Um Wege zu finden, den verantwortlichen Täter aus dem Verkehr zu ziehen. Gewaltsam ausgelöschte Menschenleben haben nach meinem Empfinden als ausgewiesener Fachmann und Insider keinerlei Qualität, sich als Gegenstände allgemeiner Unterhaltung zu qualifizieren. Sorry, Herr Doktor, gegen Kapital- und vor allem Gewaltverbrechen kommen für mich Ihre gepimpten Handtaschenräuber als die reinen Micky-Maus-Veranstaltungen daher."

„Sehen Sie das wirklich so?", fragte Burmeester.

„Ja, das sehe ich so. Gewaltverbrechen löschen unwiederbringlich Menschenleben aus. Nichts an einem solchen Geschehen ist reversibel. Darüber hinaus zerstören sie das Leben ganzer Familien. Nicht nur die der Opfer, auch die der Täter. Ich greife kurz einen Fall aus meiner Praxis auf. Versuchen Sie sich in eine ganz normale Hausfrau und Mutter zu versetzen. Nachdem sie erfahren hat, dass ihr liebevoller Ehemann, der die Kinder liebt, ihnen noch im letzten Sommer einen Stall für ihre Häschen gebastelt hat und bei der Freiwilligen Feuerwehr seit 20 Jahren der Allgemeinheit dient, während der zwölfjährigen Ehe sechsmal angeblich zu einer Dienstreise aufgebrochen ist. Er kam in allen Fällen fröhlich, mit einem Strauß für seine Frau und Süßigkeiten für die Kids zurück. Dabei war der Mann nie auf Dienstreise gewesen. Er war jedes Mal den vulkanischen Mechanismen seiner Triebhaftigkeit erlegen. Wenn sie zum Ausbruch kamen, verschleppte er eine Frau. Ohne jeden Plan oder körperliche Präferenzen. Ausgewählt nach dem Zufallsprinzip. Danach missbrauchte er seine Opfer in einer Orgie der sexuellen Abartigkeit und folterte sie zu Tode, bevor er sie in einem Wald verscharrte. Dem physischen Mord oder Totschlag folgt die psychische Höllenqual wie der Tross den Landsknechten durch den millionenjährigen Krieg. Hier sind nicht nur sechs Leben physisch ausgelöscht worden. Die psychische Zerstörung erstreckt sich über Dutzende von Angehörigen der Opfer. Und denen des Täters! Wenn dagegen irgendwelche Zeitgenossen, die den Hals nicht voll genug bekommen können, ihre Schwarzkohle vergeigen, geht bei mir einfach kein Knopf auf. Bitte sehen Sie mir meine direkte Ansprache nach. Mordermittlung ist keine Beschäftigung, der auf Dauer fundiert gewachsener Zynismus fremd ist."

Ansgar Burmeester umrundete mit der Kanne und seiner Tasse die Kücheninsel. Er nahm neben seinem Gast Platz und befüllte die beiden Tassen. Er blickte Kowalski ernst an.

„Ich glaube, mit dieser Haltung werden Sie Ihrem neuen Umfeld der kriminalistischen Arbeit nicht einmal im Ansatz gerecht. Erstens sind es mitnichten nur Reiche oder Steuerpreller, die ihr Geld an Hochleistungsbetrüger verlieren. Es sind zahllose kleine Leute, die sich in bestem Glauben die kriminellen Finanzprodukte von den Beratern ihrer Hausbank aufdrücken lassen. Es existiert keine Statistik darüber, wie viele Menschen ihrem Leben ein Ende setzten, als ihnen klar wurde, alles verloren zu haben, was für die Familie, das Alter, die Ausbildung von Kindern oder die Erfüllung kleiner Wünsche in Jahren an Spargroschen im Strumpf gelandet ist. Unseren Tätern fallen ebenso viele ungezählte Menschen zum Opfer, die ihre Heimat verlassen haben, um in allen denkbaren Formen moderner Sklaverei ein bisschen Geld zu verdienen, von dem in maroden Heimatländern ganze Familienverbände leben müssen. Da liegt die Verlockung nahe, die Erträge mit Investitionen zu strecken, die mehr Einkommen versprechen als das mit ehrlicher Arbeit je möglich wäre. Genauso wenig führen Statistiken diejenigen Menschen auf, deren Eigentum zwangsversteigert und gepfändet wird und die dann bis an das Ende ihrer Tage am Existenzminimum dahinvegetieren müssen. Weil sie abgezockt wurden. Wollen wir wirklich eine ernsthafte Diskussion darüber führen, welche Art von Verbrechen auf Dauer das höhere quantitative oder qualitative Potential an Verheerung für die Opfer aufweist? Ich benötige keine zehn Minuten, um Ihnen plausibel zu machen, in welchem erschütternden Umfang Wirtschaftskriminalität längst den letzten Winkel unseres Alltags erfasst hat. Allein unser Rentensystem ist zu nichts anderem degeneriert, als zum größten Ponzi-Trick aller Zeiten. Und weil der Staat dabei der Haupttäter ist, kommen wir dem Ideal des perfekten Verbrechens schon ziemlich nahe. Reicht das, oder soll ich weitermachen? Ohne die Möglichkeiten der internationalen Verflechtungen ökonomischer Kriminalität ließen sich nicht Jahr für Jahr vierstellige Milliardenbeträge waschen, die allein aus dem globalisierten Handel mit Rauschgiften, Waffen, Müll und Menschen resultieren. Wenn wir damit beginnen, die Opfer dieser Machenschaften aufzuaddieren, landen wir bei numerischen Größenordnungen der nationalsozialistischen Völkermorde. Also tun Sie mir bitte den Gefallen und lassen Sie uns keinen Wettbewerb ausfechten, welche kriminelle Disziplin die verheerendste ist, indem wir wie Paviane darum wetteifern, wer von uns beiden den größeren roten Hintern hat."

Burmeester war nicht wirklich laut geworden. Aber die Bestimmtheit seiner Worte gab Rufus Kowalski zu denken.

Er musste innerlich einräumen, sein neues Arbeitsfeld noch nicht unter diesen Aspekten betrachtet zu haben.

Burmeester hat vollkommen recht. Natürlich ist das Rentensystem nichts anderes als das größte Betrugsmodell aller Zeiten. Die jungen Menschen zahlen ihre Beiträge nicht, um in 30 oder 40 Jahren eine eigene sichere Altersversorgung genießen zu können. Sie liefern nur die erforderlichen Abgaben, um diejenigen zufriedenzustellen, die bereits vor Jahrzehnten dem System auf den Leim gegangen sind. Weil es ja gar keine Alternative gegeben hätte. Und der Hinweis auf die Verwerfungen, die die Entartung der wirtschaftlichen Kriminalität weltweit verschuldet, wäre überflüssig gewesen, wenn ich mir selbst ein paar tiefer reichende Gedanken zu diesen Themen gemacht hätte.

„Ich muss Sie um Entschuldigung bitten. Über die Tragweite und Folgen der Wirtschaftskriminalität habe ich mir noch nicht wirklich den Kopf zerbrochen. Ich verspreche, ich bin ab sofort ganz Ohr."

Burmeester lachte.

„Dann haben wir den ersten Schritt bereits geschafft. Die globalisierte Plünderung benötigt natürlich ein gigantisches Netzwerk an Komplizen. Die finden Sie bereits in den einzelnen nationalen Rechtssystemen, die eigentlich geschaffen sind, um ökonomische Rahmenbedingungen festzulegen und wenigstens versuchsweise zu regulieren. Das Problem: Diese Rechtssysteme sind national ausgerichtet und nicht aufeinander abgestimmt. Damit ist es ein Kinderspiel geworden, durch internationale Vernetzung nationale Restriktionen auszuhebeln. Bleiben wir bei Herrn Madoff, oder besser in seiner Heimat, den Vereinigten Staaten. Das föderalistische System der USA erlaubt beispielsweise jeder unabhängigen Legislative der einzelnen Bundesstaaten, eigene Formen des Gesellschaftsrechts zu entwickeln. Was in einem Bundesstaat nicht gesetzeskonform ist, das legalisiert ein anderer mit liberaleren Gesetzen. Nehmen Sie beispielsweise Delaware an der Ostküste. Delaware ist der zweitkleinste Staat der USA mit weniger als einer Million Einwohnern."

Ansgar Burmeester nahm einen Schluck Tee. Dann fuhr er fort, als er registriert hatte, dass sein Gast ihm nun die volle Aufmerksamkeit zukommen ließ: „Delaware zeichnet sich vor allem durch das freizügigste Gesellschaftsrecht in den Staaten aus. Sie können an jedem Ort der Welt schriftlich die Gründung einer amerikanischen Corporation festlegen und dann in Delaware mit einem einfachen Brief anmelden. Ohne persönliche Anwesenheit, notarielle Beglaubigungen oder anderweitige Auflagen und Bestimmungen. Gleichgültig ob es sich um eine Einpersonen-Gesellschaft oder um eine ganze Gruppe von Aktionären handelt. Sie müssen dafür nicht einen einzigen Cent Grundkapital ihrer Corporation nachweisen. Sie zeichnen beispielsweise 1500 Aktien ohne Nennwert und gehen somit mit einem Aktienkapital von null amerikanischen Dollar als AG an den Start. Als Firmengründer können Sie gleichermaßen die Position des Präsidenten, des Sekretärs und des Schatzmeisters einnehmen. Aus diesen lockeren Bestimmungen resultiert die Tatsache, dass mehr als 850.000 Unternehmen in dem kleinen Bundesstaat registriert sind. Und dabei handelt es sich keinesfalls um die Crème de la Crème der dubiosen Finanzschieber-Klitschen. Mehr als die Hälfte aller börsenorientierten Unternehmen der USA sind in Delaware registriert. Von Coca Cola über McDonalds, General Motors bis hin zu Google oder Goldmann Sachs. Welche Dimensionen Delaware als Steuerparadies erreicht hat, mag die Zahl sieben Billionen Dollar verdeutlichen. So hoch schätzen Experten die Summe, die in diesem kleinen Bundesstaat versteckt ist. Genau beziffern kann das keiner. Aber legen Sie mich nicht auf eine Billion hin oder her fest. Die menschliche Vorstellung geht vor einer solchen Summe ebenso in die Knie wie ein Raumfahrer vor astronomischen Entfernungen in Größenordnungen von Millionen Lichtjahren.

Nach dem Vorbild von Delaware haben zahlreiche, vorzugsweise kleine Länder oder Kleinstaaten ihre wirtschaftliche Existenz mit einer entsprechenden Anlagestrategie gesichert. Wir Juristen, beziehungsweise Wirtschaftswissenschaftler, bezeichnen diese ökonomische Strategie als sogenannten Delaware-Effekt. Für diese Kleinstaaten lohnt sich das Geschäft. Sie verlangen von den ansässigen Unternehmen wenige bis gar keine Steuern, weil es die Masse macht. Die

Firmen profitieren gleich mehrfach. Nicht nur von der Steuerlast, die zu vernachlässigen ist. In kleinen tropischen Inselparadiesen der Karibik, die ihre Unabhängigkeit pflegen, fehlen der Politik und der Verwaltung rudimentäre Kompetenzen weltweit agierende Unternehmen zu prüfen oder gar zu kontrollieren. Durch dieses ambivalente Umfeld in Verbindung mit windigen handelbaren Finanzprodukten, die sich nach Hunderttausenden zählen lassen, ist wirklich Großes möglich. Siehe Mr. Madoff. Quod erat demonstrandum. Verglichen mit seinen 65 Milliarden Euro Schaden ist Norman Gerber kein Hai, sondern allenfalls eine Sardine, wenn ich mir diesen profanen Vergleich erlauben darf", endete Burmeester.

„Aber diese Machenschaften funktionieren doch nur mit der Komplizenschaft einer oder besser mehrerer Banken?", warf Kowalski ein.

„Da haben Sie vollkommen recht. Aber in der Finanzwirtschaft gelten die gleichen naturgesetzlichen Rahmenbedingungen wie im Spielcasino: Die Bank gewinnt immer. Während der langen Zeiträume, über die die großen betrügerischen Modelle laufen, fließen ganz legal unvorstellbare Summen an Gebühren und Prämien. Die müssen nämlich alle in der weltumspannenden Zockerbude bezahlen. Diejenigen, die gewinnen, aber auch das Millionenheer der Verlierer. Da kann ein Geldinstitut auch mal einen Kniefall vor den Opfern verkraften. Die 1,7 Milliarden Dollar die JP Morgan Anfang des Jahres als ehemalige Hausbank Madoffs an seine Opfer auszahlte, belasten die Bilanz allenfalls auf der Peanuts-Ebene. 2012 scheffelte JP Morgan 21,28 Milliarden Dollar Gewinn. Die Entschädigungssumme entspricht nicht einmal dem Überschuss eines Monats."

Mit dieser Feststellung erklärte Burmeester die erste Nachhilfestunde für beendet. Er deckte zwei Plätze ein und begann eine Mahlzeit zuzubereiten, die den Hauptkommissar für seine Zwangsverpflichtung zur ersten Nachhilfestunde angemessen entschädigen sollte.

12. Mai 2014, 9.00 Uhr

„Hubertus von Braschlitz! Was ist mit dem Kerl? Redet er endlich?"

Viktor Korschinek hatte Kowalski und Keller gleich zum Wochenbeginn in sein Büro bestellt. Der Einlauf mit einer Bulette und kochendem Terpentin, den ihm Oberstaatsanwalt Krömer zur Einstimmung auf die neue Woche verpasst hat, wie er es seinen Mitarbeitern gegenüber ausdrückte, lag zu diesem Zeitpunkt bereits eine gute Stunde zurück.

„Blaubeeres nächste Befragung steht noch für den heutigen Vormittag auf unserem Programm", versuchte Mad Max ihn mit gelassener Stimme zu beruhigen.

Kowalski zeigte sich weniger verbindlich: „Auch wenn dir Krömer die Hölle heiß macht, ist das noch lange kein Grund, hier einen solchen Aufriss vom Zaun zu brechen. Du weißt doch besser als jeder andere, wie tief wir mitten in diesem Fall knien und uns weiß Gott nicht an den Eiern spielen. Hättest du zur Abwechslung mal gerne eine Aufstellung unserer Überstunden auf dem Schreibtisch?"

Viktor Korschinek lächelte gequält. Er musste Kowalski recht geben. Aber bislang drehte sich die ganze Geschichte einfach viel zu sehr im Kreis.

Maximilian Keller nahm den Faden wieder auf, nachdem er an seiner Tasse genippt hatte: „Damit nicht der falsche Eindruck entsteht, wir hätten unsere Klienten und Kunden nicht so recht im Griff: Hubertus von Braschlitz ist seine erzwungene Enthaltsamkeit von Koks, Kippen und all dem anderen Klapsmühlenfutter, das er in der Vergangenheit so emsig genascht hat, nicht gut bekommen. Kaum war er vom Krankenrevier im Gefängnis ins Krankenhaus eingeliefert, hat sich sein Kreislauf komplett verabschiedet. Herr von Braschlitz geruht seitdem sein Tagwerk mit Zittern, Schwitzen und gelegentlichen Trübungen des Bewusstseins zu gestalten. Der Gefängnisarzt hielt ihn bislang noch nicht über einen längeren Zeitraum für vernehmungsfähig, weil das Kerlchen auf Deutsch gesagt voll auf Entzug ist und darum wiederum bittere Medizin schlucken muss, damit ihm nicht komplett der Draht aus der Kappe springt. Seine Familie zeigt sich über die Behandlung des jungen Mannes gleichermaßen überaus unfroh. Sie haben inzwischen ein halbes Dutzend Anwälte in Stellung gebracht, die von Braschlitz wegen seiner gesundheitlichen Probleme umgehend aus der Haft entlassen sehen wollen. Deshalb dürfen wir den jungen Mann auch höchstens 15 Minuten pro Tag in Anwesenheit des Arztes vernehmen. Gut, dass von Braschlitz das als ausdrücklichen persönlichen Wunsch formuliert und sogar schriftlich niedergelegt hat. Für den Fall, er gedenkt nachher bei der Vernehmung vor einem Kollaps noch einmal eine blutige Träne zu furzen."

„Gut. Aber von Braschlitz war nicht der einzige wichtige Mitarbeiter von Gerber", warf Viktor Korschinek ein. „Wie sieht es mit den anderen Scherenschleifern aus?"

Kowalski blätterte in den Akten. Es tat ihm leid, gerade so unwirsch reagiert zu haben.

„Da hätten wir einmal Giancarlo Manzoni, 35, Banker, Sohn italienischer Einwanderer in der dritten Generation. Sein Vater ist Gastronom, betreibt seit über 20 Jahren das ‚Gentarentula'. Es zählt zu den zehn besten italienischen Restaurants der Republik. Sogar George Clooney lässt es sich nicht nehmen, dort ein weiß getrüffeltes Nüdelchen zu nehmen, wann immer ihn seine cineastischen Obliegenheiten in unser schönes Land führen. Manzoni hat bereits 2008 angefangen, für Gerber als Vermittler zu arbeiten. Mit Erfolg. Allerdings ist er bereits im vergangenen November zu der Erkenntnis gelangt, seine geschäftlichen Aktivitäten und die Nähe zu Gerber wären mit keiner gängigen Gesetzgebung in Einklang zu bringen. Und weil er für diese Einsicht viel zu lange gebraucht hatte, um seine Hände aus strafrechtlicher Sicht erfolgreich in Unschuld zu waschen, hat er daraus entsprechende Konsequenzen gezogen. Er ist abgetaucht."

„Keine Spur?"

„Nein, Viktor. Keine Spur. Der Mann ist ein Profi. Wir waren bereits vor zwei Wochen in seinem Apartment. Leer wie alle Flaschen während meiner blauen Periode."

„Leer?"

„Ja, komplett ausgeräumt, renoviert und gereinigt. Wir haben nicht einmal mehr verwertbare Fingerabdrücke gefunden."

„Ist das dem Vermieter nicht aufgefallen?"

„Nein, Manzoni hat auch nach seinem Abtauchen die Miete per Dauerauftrag bezahlt. Der Vermieter hat eine große Immobilienfirma, die an ihren Klienten nur der regelmäßig und pünktlich entrichtete Mietzins interessiert. Der, um der Wahrheit die Ehre zu geben ziemlich knackig ist."

Viktor Korschinek seufzte resigniert.

„Bevor du weiter in Details einsteigen willst, wir haben alle Nachbarn befragt. Anonyme Hochhausanlage. Keiner kennt keinen. Niemand will jemanden kennen. Das Objekt ist solide mit schalldichten Wänden gebaut und beherbergt ein gehobenes Publikum."

„Was soll mir der Hinweis auf die solide Bauweise sagen?", wollte Korschinek wissen.

„Der Hinweis auf die solide Bauweise soll dir folgendes sagen: niemand hört etwas von seinen Nachbarn", ergänzte Maximilian Keller. „Das heißt, wer nicht jede Nacht Heavy-Metal-Orgien feiert und Liveacts mit Oderus Urungus und seinen Freunden zelebriert, erregt auch keine Aufmerksamkeit. Manzoni hat sich diesbezüglich extrem zurückgehalten. Er war bis zu seinem Verschwinden ordnungsgemäß gemeldet, hat pünktlich seine Einkommenssteuererklärung abgegeben, die Bescheide fristgerecht und korrekt bezahlt. Manzoni verfügt nicht einmal über ein Punktekonto in Flensburg. Selbst seine gramgebeugten Eltern wissen nicht, was aus ihrem einzigen Kind geworden ist. Nach meinem Dafürhalten haben sie sich in unserem Gespräch aufrichtig besorgt gezeigt und vor allem ahnungslos, wo Giancarlo derzeit anzutreffen sein könnte. Wir haben ihn bei Interpol zur Fahndung ausgeschrieben. Da die Familie aus Kalabrien stammt, können wir davon ausgehen, dass seine sozialen und verwandtschaftlichen Netzwerke in der Heimat so dicht geknüpft sind, dass keine Ordnungsmacht der Welt die Chance erhält, erfolgreich zum Zugriff zu kommen."

Viktor Korschinek öffnete mit rascher Entschlossenheit die Schublade seines Schreibtischs und füllte eines der Gläser mit einem Fingerbreit Apfelbrand, den er sich mit einem großen Schluck umgehend einverleibte.

„Prostata, Chefchen", bemerkte Mad Max süffisant.

Ohne auf den Wink mit dem Zaunpfahl seines Mitarbeiters einzugehen und ihm ebenfalls ein Glas anzubieten, kehrte Korschinek zum Dienstlichen zurück. Er fühlte sich nicht dazu motiviert, in seiner aktuellen Gemütslage einem seiner Untergebenen etwas Gutes zu tun.

„Gut. Manzoni ist Fehlanzeige. Wie sieht es mit den anderen Mitgliedern der Gerber-Bande aus?"

„Da wäre Peter Kapatek", nahm Kowalski den Faden auf. Nachdem er die entsprechende Seite in der Akte gefunden hatte, begann er zu referieren: „Peter Kapatek, 41, ledig, Investmentbanker. Arbeitete bis 2008 in der Zentrale der Deutschen Bank in Frankfurt. Wegen Unregelmäßigkeiten zum 1. Februar 2008 freigestellt."

„Welche Art von Unregelmäßigkeiten?"

„Darüber gibt es keine konkreten Angaben. Ich habe mit seinem damaligen Vorgesetzten telefoniert. Der wollte sich nicht näher äußern. Offensichtlich hatte Kapatek bei nicht ganz hasenreinen Deals mitgemischt. Er hatte sich auch umfangreiches Wissen darüber verschafft, was seine Vorgesetzten aktiv zu den Unregelmäßigkeiten beigetragen hatten. Diese Kenntnisse immunisierten Kapatek ganz augenscheinlich gegen konsequente Verfolgung unserer geliebten Judikative. Die offizielle Sprachregelung durch die Deutsche Bank hatte damals gelautet: Trennung im gegenseitigen Einvernehmen. Statt einer Anzeige brachte Kapatek der freiwillige Rückzug von seinem Arbeitgeber sogar noch eine Abfindung von 750.000 Euro ein. Das war zu der Zeit, als die Bankenkrise ihren höchsten Druckpunkt erreichte und kein Hochgestellter der Bank Lust verspürte, kritische Blicke auf die Machenschaften der letzten Jahre zu ermöglichen."

Keller war in Fahrt. Er wandte sich an Korschinek.

„Erinnerst du dich noch an den Auftritt von Richard Fuld im Juni 2008? Als der Boss von Lehman Brothers vor die Öffentlichkeit trat und erklärte: ‚Das Schlimmste ist überstanden!' - Drei Monate später war die 158 Jahre alte, viertgrößte Investmentbank der Welt pleite. Und seitdem muss der arme und bemitleidenswerte Mr. Fuld am trockenen Brot seiner paar hundert Millionen leichten Boni knabbern."

Mad Max nippte an seinem Tee, bevor er fortfuhr: „Unmittelbar nach seinem Ausscheiden bei der Deutschen Bank ist Kapatek mit Gerber ins Geschäft gekommen. Qualifiziert gleichermaßen durch angemessene Skrupellosigkeit als auch durch Herrschaftswissen, das sich durchaus als Grundlage für die gemeinschaftlichen Geschäftsfelder bewähren konnte. Kapatek übernahm in Gerbers dynamisch wachsendem Imperium den Part des Kreativen, der einen großen Teil der Finanzprodukte entwickelte. Auch außerhalb des Geschäftlichen lagen Gerber und Kapatek auf einer Linie: Schnelle Autos, Partys, kaum psychoaktive Stimulanzien, dafür edelste Brände aus dem französischem Städtchen Cognac und den schottischen Highlands. Eine geradezu klischeehafte Lebensführung auf der Überholspur, wie sie kein platter amerikanischer Spielfilm drastischer schildern könnte. Lediglich bei den sexuellen Präferenzen trennten sich die Wege von Herr und Hund. Kapatek bevorzugte das eigene Geschlecht. Ein ständiger Begleiter ist nicht bekannt."

„Was heißt ‚Kapatek bevorzugte das eigene Geschlecht'?"

„Herr Kriminaloberrat, hast du denn nicht das kleine Büchlein gelesen, das deine Eltern dir verschämt in die Hand gedrückt haben, als dir Haare an Körperstellen sprießten, die später der Friseur nicht auf Facon trimmen musste?"

Viktor Korschinek griff nach einem Aktenordner und deutete mit einer ausladenden Bewegung an, dass er kurz davor stand, seinem frechen Mitarbeiter das Ding an den Kopf zu werfen.

Mad Max kicherte wie der grüne Gnom.

„Ich sagte ‚bevorzugte', weil wir uns für die weitere Betrachtung von Herrn Kapateks Lebenslauf zeitlich in die Vergangenheit begeben müssen. Tja, Chefchen, wie das so läuft mit Sex, Drugs and Rock'n Roll: Live fast, die young - Peter Kapatek hat sich am 17. Oktober des vergangenen Jahres auf dem Lausitzring bei einem privaten Rennen mit seinem Porsche GT3 final abgelegt. Laut Untersuchung der zuständigen Staatsanwaltschaft ein Rennunfall ohne Fremdverschulden. Was uns nur wenig Trost spenden kann, denn Herr Kapatek steht somit ebenfalls nicht für weitere Aufklärungsarbeiten zur Verfügung."

„Das ist ja zum Knochenkotzen", rief Viktor Korschinek und hieb mit seiner Faust auf die Platte seines Schreibtischs, sodass Gläser und Flaschen in der unteren Schublade zu klirren begannen. Als wäre dies ein Fingerzeig, öffnete Korschinek die Lade und gönnte sich einen weiteren Fingerbreit Calvados.

„Aber es waren doch ursprünglich vier führende Mitarbeiter?"

„Ja, Viktor", fuhr Kowalski fort. „Der vierte im Bunde war ein gewisser Matèo Lolo. Ein Roma. Lolo ist 44 Jahre alt und befindet sich seit November 2009 in Haft."

„Wie bitte?" – Viktor Korschinek sprang förmlich von seinem Stuhl auf.

„Na, Chefchen", grinste Mad Max, „die Hausaufgaben doch nicht so pingelig erledigt? Hast du dir die Akte Lolo nur unters Kopfkissen gelegt, statt richtig gelesen?"

„Ach leck mich doch am Arsch, Keller", rief Korschinek mit gespieltem Zorn. „Was ist mit diesem Lolo?"

„Matèo Lolo", fuhr Kowalski fort, „baute sich neben dem Engagement bei Gerber ein zweites Standbein auf. Er zog sein eigenes Schneeballsystem durch und zockte bei seinen Landsleuten oder Stammesmitgliedern, wie auch immer das politisch korrekt bei Sinti und Roma heißen mag, mehr als 25 Millionen Euro ab. Aber das läuft in Lolos Strafakte unter Peanuts. Er sitzt bis zum Rest seiner Tage, weil er vor seiner Verhaftung ein 14-jähriges Mädchen aus seiner Sippe vergewaltigt und ermordet hat. Deshalb haben wir ihn überhaupt erwischt.

„Dann mal her mit diesem Lolo", rief Viktor Korschinek, sichtlich angewidert.

„Bitte, ich habe den Mann doch längst vernommen. Er ist beredsam wie ein Kongress der Kartäusermönche. Ich habe ihn hundertmal beschworen: *Komm, Zigan, sing mir Lied, was macht mich frehlich!* Die Aussicht, mit einer entsprechenden Aussage seine Haft etwas gefälliger zu gestalten, schien ihn nicht im mindestens zu locken. Ich hatte nach dem Gespräch den Eindruck, er befand sich nicht nur mit sich im Reinen, sondern liebäugelte mit einem ganz großen Ding. Er ist mir mächtig auf den Zeiger gegangen, weil er mich ständig abwechselnd als Zwerg oder Wichtel bezeichnete und das auch noch saukomisch fand. Seinem Geschwätz konnte ich jedoch entnehmen, dass er echte Manschetten wegen seiner Landsleute hatte."

„Mit seinen eigenen Leuten ist wohl nicht gut Kirschen essen?", fragte Korschinek seinen Kollegen.

„Davon gehe ich aus."

„Und was weiß unser kleiner Asperger zum Thema Roma Wissenswertes zu berichten?"

Mad Max seufzte: „Da muss wohl wieder der arme Sméagol ran. Nach meinem Wissen bilden die Roma eine Gemeinschaft, deren Zusammenhalt traditionell an erster Stelle auf verwandtschaftlichen Beziehungen basiert. Die wichtigste Organisationsform und Basis der Gesellschaft ist die Großfamilie. Eine große Gruppe, die bis nach Südfrankreich verbreitet ist, bilden die Kalderasch. Diese Gruppe bezeichnet ihren Familienverbund als ,Tséra'. Das heißt wohl so viel wie ,Zelt'. Roma aus Osteuropa verwenden den Begriff ,Satra'. Tséra oder Satra bilden einen Großverband und davon sind wiederum mehrere in einer ,Vista' zusammengefasst. An der Spitze der Vitsa steht der Älteste. Ein Amt mit durchaus demokratischem Hintergrund, denn die Mitglieder der Vista wählen ihren Ältesten. Es entscheiden Ansehen, Autorität und Kompetenz. Für die Dauer der jeweiligen Legislaturperiode gibt es kein Regelwerk. Die eine Gruppe wählt ihre Ältesten auf Zeit, eine andere lebenslang.

Wirtschaftlich sind Sinti und Roma straff in ökonomische Einheiten organisiert. Sie tragen die Bezeichnung ,Kumpania'. Bitte verwechselt das nicht mit einem gesetzlich festgelegten Gesellschaftsrecht. Eine Kumpania ist eher ein Zusammenschluss von Angehörigen mehrerer Familienverbände, die ein gemeinsames Geschäft betreiben. Diese Organisationsform ist sehr vorteilhaft. Da sie flexibel reagieren und sich an lokale ökonomische und soziale Rahmenbedingungen ebenso problemlos anpassen kann, wie zum Beispiel an Veränderungen der kompletten Rahmenbedingungen. Das Regelwerk für die Funktion einer Kumpania ist kurz und unmissverständlich: Loyalität, konsequente Zusammenarbeit und Beachtung aller Regeln, die sich die jeweilige Gruppe gegeben hat. Gibt es Streit oder missachtet ein Roma die Regeln, geht es vor ein traditionelles Gericht, den sogenannten ‚Kris'. Ich hoffe diese Zusammenfassung verdeutlicht, wie gründlich es sich Herr Lolo mit seinen Leuten verdorben hat?"

„Woher weißt du das alles schon wieder?", wollte Kowalski wissen.

„Nachdem ich mitbekommen habe, dass Lolo ein Roma ist, wollte ich schon ein bisschen mehr über diese Menschen wissen", entgegnete Keller.

„Also, wenn diese Roma so traditionelle Formen der Organisation und eigene Gesetze pflegen, ist mir klar, dass Lolo begriffen hat, dass er es mit seinen Leuten bis in die Steinzeit verschissen hat", bekräftigte Korschinek.

„Tja, dann bleibt euch nichts anderes übrig: Ihr müsst euch noch intensiver mit dem erweiterten Umfeld von Gerber beschäftigen. Spürt weitere Mitarbeiter auf, die wir bislang noch nicht kennen. Was ist mit der amerikanischen Privatbank, für die er gearbeitet hat? Findet Mädels, die er schlecht behandelt hat, und die gerne noch ein Hühnchen mit Herrn Gerber rupfen möchten. Sind noch Fragen offen?"

Bevor Keller und Kowalski antworten konnten, klingelte Korschineks Telefon. Nach wenigen Worten seines Gesprächspartners schienen Viktor Korschineks Gesichtszüge ungebremst auf den Prellbock zu knallen und dann zu entgleisen.

„Sind Sie sicher? Wollen Sie mich auch wirklich nicht verarschen?", schrie er.

Nach einigen weiteren Sekunden schleuderte er den Hörer in den Raum und brüllte: „Scheiße, Scheiße, Scheiße, dreimal GOTTVERDAMMTE SCHEISSE!"

Keller und Kowalski blickten sich verlegen an. Kowalski ergriff das Wort: „Himmel, was ist denn um alles in der Welt passiert?"

„Das war das Knastkrankenhaus", stöhnte Viktor Korschinek. „Hubertus von Braschlitz hat vor einer halben Stunde einen schweren Schlaganfall erlitten. Keine Chance auf Wiederbelebung. Unser wichtigster Zeuge ist so tot wie Omis Kitzler."

„Das darf doch nicht wahr sein", riefen Keller und Kowalski wie aus einem Mund.

„Und ob das wahr ist", grummelte Viktor Korschinek, nachdem er sein Glas auf Ex geleert hatte. „Das Beste an der Sache ist, dass sich die Familie des von uns gegangenen Herrn von Braschlitz bereits juristisch in Stellung gebracht hat. Ich bete nun zu allen von Kowalskis heidnischen Göttern, uns möge bei der medizinischen Betreuung des Sackgesichts nicht der geringste Fehler unterlaufen sein. Bis hin zur Wahl des richtigen Weichspülers für die Wäsche seines Krankenlagers."

14. Mai 2014, 6.25 Uhr

„Dr. Marek Vutipka?" Der kreolische Zollbeamte sprach den Namen mit einem schauderhaften Zungenschlag in den Ohren des Ankömmlings aus, nachdem er von dem österreichischen Pass aufblickte.

„Dr. Marek Vutipka", wiederholte der Reisende mit einem einwandfreien wienerischen Akzent durchaus gut gelaunt. Er riskierte einen Blick zur Seite. Es war noch dunkel, aber das Rauschen des nahen Meeres und die milde Brise, die den Duft von tropischen Blüten transportierte, stimmten ihn fröhlich. Er schätzte den „International Airport" der Seychellen. Nicht weil dieser Flughafen so spektakulär, sondern weil er das Eingangstor zu einem Ort war, den Dr. Marek Vutipka als sein persönliches Paradies erachtete. Allerdings war an Herrn Vutipka weder der Name, der akademische Grad, noch seine Heimatadresse in Wien oder gar das Reisedokument selbst echt. Norman Gerber bediente sich seit Neuestem der Identität eines fiktiven Wiener Radiologen, die ihn einen satten fünfstelligen Betrag gekostet hatte.

Er blickte den Zöllner mit einem gewinnenden Lächeln an. Gerbers Äußeres mit dem hellblauen Polohemd, den weißen Jeans und den dunkelblauen Slippern aus Rauleder, die er ohne Socken trug, vermittelten ohne jeden Zweifel den Eindruck eines erfolgreichen Mannes mittleren Alters, der sich lediglich auf einen ausgiebigen wunderschönen Urlaub freute.

Der Zöllner versuchte sich noch einmal erfolglos radebrechend an dem für ihn so fremden Namen, lachte über den erneut misslungenen Versuch, drückte dann den Einreisestempel in den Pass und händigte ihn dem Besucher aus Österreich aus: „Welcome to the Seychelles! Enjoy your stay!"

Norman Gerber bedankte sich ebenfalls lachend und griff nach seinem Pass. Am Gepäckband musste er kaum zehn Minuten auf seinen Koffer warten. Er griff nach dem schwarzen

Rollkoffer, um den er ein rotes Band geschlungen hatte, damit er das Gepäckstück schneller identifizieren konnte. Als er das Flughafengebäude verließ, begann sich der Rand des Horizonts aufzuhellen. In den Tropen, kaum 1000 Kilometer südlich des Äquators, dauerte die Dämmerung kaum länger als eine Viertelstunde. Dann würde es hell sein. Die Luft war warm, die Brise milderte die Luftfeuchtigkeit. Gerber blickte sich um. In einiger Entfernung entdeckte er einen Inder, der ihm zuwinkte.

Der Mann mit dem dunkelblauen Turban hob lächelnd die Hand und kam auf ihn zu.

Er verbeugte sich und schüttelte Norman Gerber die Hand.

„Dr. Vutipka, vermute ich."

Gerber gönnte sich ein huldvolles Nicken, dem er krampfhaft versuchte eine Prise Freundlichkeit und ein kleines Lächeln beizumischen. Er schätzte das Alter des Mannes auf Ende 40. Der Inder war einen halben Kopf kleiner als er. Er trug ein Hemd, das mit grellbunten, tropischen Blüten gemustert war, eine helle Leinenhose und schwarze Schuhe, ebenfalls aus Leinen.

Der Mann verbeugte sich ein weiteres Mal. „Mein Name ist Mowgli Bhattacharga."

„Mowgli?"

Der Inder lächelte. „Das ist ein durchaus gebräuchlicher Vorname in meiner Heimat. Er bedeutet so viel wie ‚wildes Kind'. Er hat also nicht das Geringste mit Rudyard Kiplings weltberühmter Erzählung zu tun. Allerdings trug mir mein Name schon als Kind den Spitznamen ‚Balu' ein, weil ich wohl ein ziemlich gelassener Mensch bin. Tun Sie sich bitte keinen Zwang an und machen von diesem Namen reichlich Gebrauch."

Norman Gerber blickte skeptisch. Es widersprach ihm, einen Fremden mit einem derart infantilen Namen anzusprechen. Doch dann zuckte er mit den Achseln. Andere Länder, andere Sitten. Er würde in den kommenden Tagen jede Menge Zeit mit dem Mann verbringen, der ihm half, seine Angelegenheiten zu regeln. Auf den Seychellen waren

Inder keine solitären exotischen Erscheinungen. Neben dem kreolischstämmigen Hauptteil der Bevölkerung hatten sich auf den Inseln im Laufe der Zeit auch zahlreiche Europäer, Inder und Chinesen niedergelassen. Nicht zuletzt das reichhaltige kulinarische Erbe der Vielvölker-Gesellschaft trug für Norman Gerber zum unwiderstehlichen Reiz des Landes bei. Außerdem schien ihm der Inder auf Anhieb sympathisch. Er hatte etwas von einem Schlitzohr und eine solche Eigenschaft konnte in seinen Augen kein Nachteil sein. Er lächelte: „In Ordnung, Balu, mein Vorname ist Marek."

Balu nahm Norman Gerber den Rollkoffer aus der Hand und lenkte seine Schritte in Richtung Parkplatz, wo er auf einen Toyota Hilux zusteuerte. Der Pickup hatte mindestens zweieinhalb Jahrzehnte auf dem Buckel und vermutlich schon wesentlich bessere Zeiten gesehen. Die ausgebleichte dunkelblaue Farbe kämpfte mit unterschiedlichen braunen Rosttönen erfolglos um die Vorherrschaft auf der Lackoberfläche. Die Fenster waren heruntergekurbelt. Am Rückspiegel hing ein Amulett, das Norman Gerber als vielarmigen jungen Mann identifizierte, der auf einer Blüte saß.

Balu wuchtete den Rollkoffer über die rechte Seite der Ladefläche, wo das Gepäckstück unsanft in einem Gewirr aus Kisten, Säcken, Werkzeugen und mehreren leeren Getränkekisten der Marke „Seybrew" landete. Er öffnete Norman Gerber die Beifahrertür und rannte förmlich um den Vorderwagen, sodass beide gleichzeitig Platz nahmen. Norman Gerber blickte sich um. Der Wagen machte auch im Innenraum einen ziemlich verwohnten Eindruck. Allerdings war alles sauber und aufgeräumt. Er beugte sich vor, um das Amulett am Spiegel näher zu betrachten. Es bestand aus Plastik.

„Das ist Brahma, unser Schöpfergott", erklärte Balu. „Ich bin zwar kein sehr gläubiger Hindu, aber ich empfinde unsere vielfältige Götterwelt als wesentlich unterhaltsamer als den Gott der Christen, Juden und Moslems. Der ist mir viel zu langweilig und humorlos, wenn ich mir die Aussage erlauben darf. Ich hoffe, ich beleidige mit dieser Einstellung keines Ihrer religiösen Gefühle."

Norman Gerber lachte, als sich der Wagen in Bewegung setzte. „Nein, mein Lieber, ich habe mit Religion nicht das Geringste im Sinn."
„Wo darf ich Sie zuerst hinfahren?"
„Ins Hotel bitte. Ich habe im Fisherman's Cove reserviert. Am Bon Vallon."
„Eine gute Wahl."
Norman Gerber versuchte es sich auf dem Beifahrersitz bequem zu machen. Soweit die zu Tode erschöpften Blattfedern der Hinterachse und die Sitzauflage aus Holzperlen einen Rest von Fahrkomfort erlaubten. Während sie auf Victoria zusteuerten war es hell geworden. Als sie die kleinste Hauptstadt der Welt durchquerten, spielte Gerber mit dem Gedanken aus Tradition einen schnellen Morgendrink im „Pirate's Arms" zu nehmen. Doch in Anbetracht des luxuriösen Zimmers, das auf ihn wartete und vor allem die ausgiebige Dusche, ließ er Balu am Steuer gewähren. Das Motorengeräusch ließ auf Rostlöcher in der Auspuffanlage schließen und jedes Mal, wenn der Fahrer den Gang wechselte, drangen gequälte mechanische Geräusche aus der Schaltbox.

Während der alte Toyota die Steigung der St. Louis Road am Ende von Viktoria mit unverändert missmutiger Stimmung erklomm und Balu kaum hörbar eine Melodie pfiff, sortierte Norman Gerber seine Gedanken.

Bislang war alles rund gelaufen. Nach dem Besuch des Russen hatte er sofort seine Zelte in Deutschland abgebrochen. Norman Gerber war von Beginn seiner kriminellen Laufbahn an klar gewesen, dass die Party irgendwann vorbei sein würde. Darum hatte er über die Jahre hinweg entsprechende Vorbereitungen getroffen, um sich aus dem Staub machen zu können, sobald die Weide abgegrast war. Dieser Punkt war durch den Auftritt von Herrn Samailenko mit seinem einnehmenden Wesen erreicht gewesen.

Noch am gleichen Tag war Berger nach Wien gefahren. Mit einer Träne im Knopfloch hatte er sich von seinem Apartment und der Porschesammlung verabschiedet. Für die Fahrt nach Österreich hatte er mit dem falschen Pass des Dr. Vutipka und einer hierfür passenden schwarzen Amex-Karte eine

C-Klasse von Mercedes gemietet. Im Rahmen seines Aufenthalts in Wien hatte er sich drei Nächte im Imperial gegönnt. Erstaunlicherweise war so kurzfristig noch eine Stube zu bekommen gewesen. Allerdings nur eine Maisonette Suite für 950 Euro. Und das bei einer Mindestbuchung für sechs Nächte. *Das waren drei Nächte für die Tonne. Drei Mille. Scheiß der Hund drauf!*, dachte Gerber.

Seinen Aufenthalt in Wien nutzte Gerber, um seine weiteren Reisevorbereitungen zu treffen. 3472,46 Euro kostete der Flug nach Mahé mit Emirates in der Businessklasse. Die Boeing 777 mit der Flugnummer „EK 0126" war am Montag, den 12. Mai um 22.40 Uhr pünktlich in Schwechat abgehoben und sechs Stunden später gegen 6.30 Uhr Ortszeit in Dubai gelandet. Obwohl die Temperaturen mörderisch waren, hatte sich Norman Gerber entschlossen den Tag in der Stadt zu verbringen und die Gelegenheit zu nutzen, den Burji Khalifa zu besichtigen. Das Steak im „at.mosphere", dem Restaurant im 122. Stock, war jedoch nicht ganz so berauschend ausgefallen wie die Aussicht. Der Blick auf die Stadt von der Plattform im 124. Stock in knapp 500 Meter Höhe hätte jedoch jeden Schweinefraß gerechtfertigt.

Auch mit dem Anschlussflug um zwei Uhr in der Nacht hatte alles geklappt. Norman Gerber war es gelungen, drei der gut vier Flugstunden tief und fest zu schlafen. Somit hatte er einigermaßen ausgeruht sein Ziel erreicht.

Er atmete tief die frische warme Luft des Morgens, die durch das Fenster des rachitischen Toyotas strömte, ein. Sie duftete unverwechselbar nach der ungebändigten Lebenskraft tropischer Vegetation. Obwohl der Pick-up aus dem vorletzten Loch pfiff, genoss er die Fahrt. Auf dieser zauberhaften Insel war jeder Weg ein eigenes, kleines Ziel. Er beobachtete die Menschen, die sich vor den Hütten und einfachen Häusern auf den Tag vorbereiteten. Er hatte bislang kein anderes Land auf der Welt kennen gelernt, wo die Menschen so viel lachten. Wenn es freilich ums entschlossene Zupacken ging, hatte höchstwahrscheinlich noch kein Seychellois ein entscheidendes Kapitel in der „Geschichte der Arbeit" geschrieben. Doch das spielte keine Rolle. Kein vernünftiger Mensch würde auf die Idee kommen, in einem derartigen Ambiente dem deutschen Arbeitsideal zu frönen.

Balu hatte die Passhöhe erklommen und ließ den Toyota zum Strand herunterrollen. Das sparte nach lokalen Einkommensverhältnissen teures Benzin.

Nach weiteren zehn Minuten Fahrt hatten sie das Hotel erreicht. Während ein freundlicher Angestellter herbeieilte und den Koffer entgegen nahm, verließ Norman Gerber das Auto. Balu hatte den Motor abgestellt, war ausgestiegen und kam um den Vorderwagen herum.

„Ich hoffe, es ist bisher alles zu Ihrer Zufriedenheit verlaufen", lächelte er. „Wollen Sie mir weitere Anweisungen erteilen? Wann kann ich Ihnen bei Ihren Besorgungen behilflich sein? Oder wollen Sie sich heute noch ein wenig von der Reise erholen?"

Norman Gerber fühlte sich in seiner aufgeräumten Stimmung so wohl, dass es ihm ohne besondere Anstrengung gelang Freundlichkeit zu vermitteln, die wirklich aufrichtig herüberkam.

„Oh nein, mein Lieber, das ist für mich leider keine Lustpartie. Es wartet jede Menge Arbeit auf Sie und mich. Und ich will möglichst schnell damit beginnen. Allerdings möchte ich erst mein Zimmer beziehen und eine gründliche Dusche nehmen. Wissen Sie was, Balu? Da mein Appetit mindestens genau so groß ist wie das Bedürfnis nach einer Dusche und nach einem frischen Hemd, will ich ausgiebig frühstücken. Ich würde mich freuen, wenn Sie mir dabei Gesellschaft leisten. Dabei lässt es sich plaudern und wir können uns ein bisschen besser kennen lernen."

„Vielen Dank, sehr freundlich von Ihnen. Es ist mir eine Ehre, Ihre Einladung anzunehmen. Ich parke noch meinen Wagen. Benötigen Sie länger als eine Stunde?"

Norman Gerber schüttelte den Kopf.

„Dann treffen wir uns um 8.30 Uhr im Restaurant."

5. Juni 2014, 18.10 Uhr

Lukas Bergmann hasste den Donnerstag. Jeder vierte Wochentag bescherte dem Leiter der City-Bank im Hafenviertel einen extra langen Arbeitstag. Die Filiale, wie alle anderen der City-Bank, hatte donnerstags immer bis 18.30 Uhr geöffnet. Der Wettbewerb der Deutschen Bank über die Commerzbank bis hin zur Stadtsparkasse beschränkte sich an diesem Tag auf einen Schalterschluss um 18 Uhr. Doch vor knapp zwei Jahren hatte der Vorstand, der auf das Privatkundengeschäft spezialisierten City-Bank den Entschluss gefasst, für seine Kontoinhaber exklusive Serviceleistungen zu entwickeln, die sich von denen der Konkurrenz deutlich unterscheiden sollten. Dazu zählten auch Programme für die Neukundenakquise. So sollten beispielsweise Prämien von 150 Euro als Einlage bei der Eröffnung eines neuen Girokontos locken, oder „Erlebnis-Wochenenden" in Wellness-Oasen deutscher Mittelgebirge. Und als Ausdruck der besonders herausragenden Kundenfreundlichkeit eben die längste Öffnungszeit aller Banken an Donnerstagabenden.

Um auch einem jungen Publikum die Segnungen der City-Bank und deren Kompetenzen in finanziellen Angelegenheiten schmackhaft zu machen und natürlich um deren Spargroschen abgreifen zu können, hatte eine ‚unheilvolle Verbindung der Hochleistungsschwachköpfe der Marketingabteilung und den debilen Vollpfosten unserer Werbeagentur', so der O-Ton von Lukas Bergmann bei der jüngsten Filialleiterkonferenz im Januar, die Comicfigur „Siggi Sparfuchs" geschaffen. Wenn ein Kind ein Sparbuch mit einer Mindesteinlage von 25 Euro anlegte, erhielt es eine rund 30 Zentimeter hohe, hohle Plastikfigur von Siggi Sparfuchs. In der Schnauze befand sich ein Schlitz, in den sich Münzen stecken ließen. Lukas Bergmann war das Ding vom ersten Tag an einfach nur peinlich gewesen. Nicht zuletzt, weil das Grinsen von Siggi Sparfuchs nach seinem Dafürhalten besser zum korrekten Auftritt eines Sittenstrolchs gepasst hätte und zwar just in dem Augenblick, bevor er seinen Mantel vor den kleinen Mädchen auf dem Spielplatz aufschlägt. Darum hatte er seinen Mitarbeitern die Anweisung erteilt, die Spardose nur auf ausdrückliche Nachfrage auszuhändigen und das Gros der Figuren diskret in den gelben Tonnen des dualen Abfallsystems zu entsorgen.

Mit einem letzten erschöpften Kaffee aus der Thermoskanne vom Morgen hatte sich der Filialleiter nach 18 Uhr in seinem Büro verschanzt. Die Tür zum Schalterraum hielt er dabei ein Stück geöffnet, um das Treiben dort wenigstens pro forma im Blick behalten zu können. Lukas Bergmann marschierte stramm auf die 50 zu, war aber auf der Karriereleiter in all den Jahren keine entscheidende Stufe höher geklettert. Viele Kollegen seines Jahrgangs waren längst bis in den Vorstand aufgestiegen oder hatten sich bei anderen Bankinstituten entsprechend hochgearbeitet.

Während er ein weiteres Mal auf seine Uhr blickte und dabei missmutig feststellte, dass der Tag es erst bis 18:10 Uhr geschafft hatte, stand er auf und trat vor die verspiegelte Schranktür hinter seinem Schreibtisch. Er blickte ohne Freude auf einen Mann ohne Eigenschaften. Lukas Bergmann war knapp 1,75 Meter groß, hatte dunkle Haare, die sich bereits bis hinter die Mitte des Schädels zurückgezogen hatten und an den Schläfen ergrauten. Der schmale Mund verdeutlichte viel zu offensichtlich, dass er selten Grund hatte, sich zum Lachen zu verziehen. Die blasse Haut zeigte bereits eine beachtliche Anzahl von Falten und unter den Augen hatten sich Tränensäcke gebildet. Der dunkelblaue Anzug von der Stange weigerte sich erfolgreich an den richtigen Körperstellen sicher zu sitzen. Der Bauch des Mannes wölbte sich deutlich nach vorne. In Verbindung mit den eingefallenen schmalen Schultern dokumentierte die Erscheinung Lukas Bergmanns die eines Menschen, der Sport ausschließlich mit telegener Zerstreuung in Verbindung brachte. Lukas Bergmann blickte auf den personifizierten Durchschnitt. Nichts an ihm oder seinem Leben haftete auch nur ein Hauch von Außergewöhnlichem an. Er war seit 19 Jahren verheiratet und hatte zwei Kinder.

Die Familie bewohnte ein gesichtsloses Reihenhaus in einem Vorort. Dessen 17 Kilometer messende Distanz zum Arbeitsplatz überbrückte jeden Morgen und Abend ein acht Jahre alter Ford Mondeo. Ein Kombi mit ermattetem, hellgrauen metallischen Lack, dessen Motor seit einigen Wochen Geräusche verursachte, die keinesfalls mit gesundem Walten der mechanischen Komponenten in Verbindung zu bringen waren. Seine Kinder waren ihm ein wenig fremd geworden. Da war die trotzig vor sich hin pubertierende 16-jährige Christine. Die Ältere. Ihre Welt kreiste um das Smartphone und den Wunsch Model zu werden. Kürzlich war das Mädchen beim Klauen in einer Boutique erwischt worden. Passend dazu rangierten ihre schulischen Leistungen auf einem besorgniserregenden Niveau. Für Gespräche zwischen Vater und Tochter sah sich Lukas Bergmann außer Stande. Er war nicht fähig, die richtigen Worte zu finden. Meistens zofften sie sich, wenn sie sich am Abend oder am Wochenende mal über den Weg liefen. Der Vater schimpfte und drohte. Die Tochter schäumte zornig und schrie verschwenderisch oft die Weltformel aller Pubertierenden zum Thema Eltern hinaus: „Ich hasse euch!"

Sein Sohn hieß Paul. Ein für sein Alter viel zu pummeliger Zwölfjähriger, der bereits so groß wie sein Vater war und der nicht nur ein bisschen wie der Golem aussah, sondern sich auch so unbeholfen und tapsig bewegte. Sein kleinesgroßes Paulchen, das regelmäßig ohne Jacke, Taschengeld und Sportschuhe, heulend wie ein Mädchen, nach Hause kam und dann am nächsten Morgen gelegentlich in einem Bett aufwachte, auf dessen Laken sich ein großer gelber Fleck ausgebreitet hatte. Auch für den Jungen fand Lukas Bergmann nie die richtigen Worte, um seinem Kind Schutz und Rückhalt zu gewähren. Still hockte Paul die meiste Zeit vor seinen Computerspielen und fraß seinen Frust im wahrsten Sinn des Wortes in sich hinein. Mit viel zu viel Knabberzeug und süßen Limonaden, die seine gutmütige Frau dem Jungen kaufte, damit wenigstens ein bisschen Freude in sein Leben kam. Lukas Bergmann hatte seinem Sohn versprochen, in den nächsten Tagen den russischen Zirkus zu besuchen, der unten am Hafen auf dem Gelände der alten Verladestation aufgeschlagen hatte. Der Werbeflyer, der zu Hause in ihrem Briefkasten gesteckt und Paul mit dieser Idee kontaminiert hatte, hatte die Attraktion als „großen russischen Zirkus aus St. Petersburg mit 125-jähriger Tradition" gepriesen.

Lukas Bergmann seufzte und ließ seinen Blick durch den großen Schalterraum schweifen. Er zählte noch immer 17 Kunden.

Wer in die Bank wollte, trat durch eine automatische Glastür in das Foyer, in dem auf beiden Seiten jeweils drei Geldautomaten standen. Dieser Bereich war den Kunden rund um die Uhr zugänglich und von drei Seiten videoüberwacht. Kurz nach dem Jahreswechsel hatte die Kamera in der Nacht von Donnerstag auf Freitag nach Silvester gegen vier Uhr in der Frühe ein Pärchen beobachtet, das auf dem mittleren rechten Automaten eine Nummer geschoben hatte. Obwohl die Bilder nur schwarzweiß und durch die extreme Weitwinkelbrennweite der Kameraobjektive nicht sehr authentisch herübergekommen waren, war für Bergmann angesichts der augenscheinlich fortgeschrittenen Trunkenheit der beiden Akteure nicht einmal im Ansatz ein erkennbarer Lustgewinn zu erkennen gewesen. Immerhin konnte das Video als heimlicher Knaller bei der letzten Filiallleitertagung reüssieren und Lukas Bergmann Punkte einbringen. Sogar der Vorstandsvorsitzende Dr. Fritz Brandstetter hatte herzlich gelacht, und das, obwohl dieser stets den Eindruck vermittelte, als hätte ihm bereits die Hebamme mit einem Stock im Hintern in diese Welt geholfen.

In den Schalterraum und weiter zu den Beratungsbüros führte eine weitere doppelseitige automatische Glastür.

Die Bank war in einer der typischen Bausünden der Siebziger untergebracht, mit denen hoffärtige Stadtplaner jener Zeit in zahllosen bundesdeutschen Städten und Gemeinden die Illusion verbunden hatten, den Vororten so etwas wie „urbane Zentren" aufbrummen zu müssen. Das Resultat dieser Bemühungen waren ungezählte phantasielos entworfene Klötze aus Sichtbeton mit Verkleidungen aus roten Klinkern im Bereich des Erdgeschosses und anthrazitfarbenen Eternitplatten für den oberen Bereich sowie als Einfassung für das obligatorische Flachdach. Diese Einrichtungen waren gemeinhin unter so euphemistischen Bezeichnungen wie „Bürgerforum" an den Start gegangen.

Die Filiale der Stadtbücherei im Obergeschoss war schon im alten Jahrhundert den Etatkürzungen des städtischen Haushalts zum Opfer gefallen. Inzwischen hatten sich eine Familien- und Drogenberatung sowie ein islamischer Kulturverein dort niedergelassen. Ebenso eine Gemeinschaftspraxis mit einem Allgemeinarzt, einem Gynäkologen und einem Hals-Nasen-Ohren-Arzt. Der Rest der ersten Etage stand leer, nachdem ein Fitnesscenter vor mehr als vier Jahren seine Pforten geschlossen hatte. Wobei nicht allein der mangelnde Kundenzuspruch der Muckibude das Rückgrat gebrochen hatte, sondern eine Polizeirazzia, durch die ein schwunghafter Handel der beiden albanischen Eigentümer mit verbotenen anabolen Steroiden aufgeflogen war.

Acht der vormals zehn Einzelhandelsgeschäfte im Erdgeschoss, auf der Rückseite zur Bankfiliale, waren wenige Jahre nach der Eröffnung des Zentrums zu einem Discountsupermarkt zusammengelegt worden. Geblieben war noch ein obskurer Laden für Mobiltelefone, dessen primäre Dienstleistung verschiedene Angebote preiswerter Anrufmöglichkeiten via Mobiltelefon auf den afrikanischen Kontinent und in den Mitteleren Osten umfasste. Schließlich beherbergte das Gebäude noch einen Kiosk, der die Kunden, abgesehen von Tageszeitungen deren halbseitige Titelzeilen mit roten Balken unterstrichen waren, bevorzugt mit hartgebrannten Tröstern niederer Stände und Tabakwaren versorgte und die Zielgruppe zudem um nennenswerte Anteile ihrer überschaubaren Budgets aus überwiegend öffentlichen Zuwendungen für Lottoscheine und Rubbellose brachte.

Die Gaststätte im „Bürgerforum" war als Filiale des in den Siebzigern noch boomenden „Wienerwald"-Konzerns gestartet. Nach der Pleite der Hühnerbräter hatten die Pächter öfter gewechselt als die Jahreszeiten, bis vor zehn Jahren eine Kneipe mit Flatrate-Pils ab 17 Uhr die Rolle des Siphons für den menschlichen Bodensatz übernommen hatte. Mindestens einmal in der Woche musste die Polizei anrücken, wenn eine alkoholisierte Gruppe selbsternannter Arier vom Tresen aus die Besucher des islamischen Vereins mit rassistischen Parolen so lange voll pöbelte, bis gut gebaute junge Männer aus vorderasiatischen Kulturkreisen gegen die braunen Krakeeler handgreiflich vorgingen.

Wenn Lukas Bergmann morgens seine Filiale der City-Bank öffnete, roch es unter dem Vordach aus Beton oft nach Urin. Ständig musste der Hausmeister Haufen von Exkrementen beseitigen, die nicht in jedem Fall zwingend von einem Vierbeiner hinterlassen worden waren. Auch perfekt abgerichtete Hunde verwendeten eher selten Papiertaschentücher, um sich nach der Verrichtung die Rosette zu polieren. Jetzt, wo die Tage warm und lang waren, campten regelmäßig Obdachlose unter dem Dach über dem Eingangsbereich, der dann mit leeren Flaschen, Getränkedosen und Unrat übersät war.

Vor der Bankfiliale breitete sich eine wüstenähnliche Fläche von einem gefühlten Quadratkilometer aus. Sie war ebenso wie der Innenhof des Gebäudes mit Platten aus Waschbeton bedeckt. Eine kubistische Springbrunnenkonstruktion war synchron zur städtischen Haushaltslage vor vielen Jahren trocken gefallen. Die Begrünung am Rand des Platzes war ebenso ungepflegt, wie die Mülleimer aus verzinktem Stahl ständig überfüllt. Zu allem Überfluss trug der städtebauliche Schandfleck den Namen „John-F.-Kennedy-Platz". *Der 35. Präsident der Vereinigten Staaten hätte sich weiß Gott ein würdevolleres architektonisches Andenken verdient,* dachte Lukas Bergmann jedes Mal, wenn er die Fläche überquerte. *‚Kim-Jong-Il-Platte' oder ‚Stalin-Plaza' würden dem Ambiente wesentlich gerechter werden.*

Der Banker zog sich wieder in den Bau seines Büros zurück. Immerhin zeigte seine Uhr nun 18.28 Uhr an. Er griff nach dem Telefon und drehte den Sessel zur Seite um seine Schuhe auf die Kante der Tischfläche zu legen. Er wählte die Nummer von Zuhause, um mit seiner Frau Verhandlungen über das Abendessen aufzunehmen: *Wiener Würstchen mit Kartoffelsalat!* Während er auf die Klingeltöne achtete, bemerkte er aus den Augenwinkeln den Schatten einer Person, die sein Büro betreten hatte. Mit der festen Absicht, den ungebetenen Eindringling mit der vollen Kraft seines angestauten Tagesfrustes zu bewerfen, drehte sich der Filialleiter zur Tür um.

Der Anblick des Besuchers verwandelte sein Gesicht im Bruchteil eines Augenblicks in einen Ausdruck namenlosen Entsetzens. Mit aufgerissenen Augen und offenem Mund starrte er auf einen Mann, der mit schnellen Schritten vor den Schreibtisch getreten war. Der Eindringling war groß, mit breiten Schultern und ganz in Schwarz gekleidet mit einer Jacke, deren Kapuze den Kopf bedeckte. Mit der linken Hand, die in einem schwarzen Lederhandschuh steckte, streckte der Mann Lukas Bergmann ein Blatt Papier vor die Nase, auf dem stand: „Wenn du nur einen Mucks machst, bist du tot!" In der Rechten hielt er eine Pistole, auf deren Lauf ein Schalldämpfer geschraubt war. Lukas Bergmann kannte sich mit Schusswaffen nicht besser aus, als jeder durchschnittliche Konsument von Fernsehkrimis. Aber an der Echtheit der Waffe konnte nicht der geringste Zweifel bestehen.

Der namenlose Schrecken, der ihn ergriff, resultierte nicht zuletzt aus der weißen Maske aus Kunststoff, die der Mann trug und die ihn jeglicher Menschlichkeit beraubte. Während der Hörer aus Lukas Bergmanns kraftloser Hand auf den Boden glitt, spürte er, wie körperwarme Flüssigkeit an seinem rechten Bein entlangrann, bis sie das Kniegelenk auf die Wade umlenkte, wo sie sich schließlich im Bund der Socke verteilte. Der Eindringling sprang über den Tisch, schnappte den Telefonhörer vom Boden und schlug ihn Lukas Bergmann quer über das Gesicht, woraufhin er das Bewusstsein verlor.

Er hörte nicht mehr, wie der Kunststoff des Hörers unter einem weiteren heftigen Hieb auf die Schreibtischfläche zerbarst und hatte auch keine Möglichkeit mehr, auf seine Armbanduhr zu blicken, die nun 18.30 Uhr anzeigte.

Feierabend.

5. Juni 2014, 20.00 Uhr

Rufus Kowalski blickte über den Rand seines Wasserglases auf seinen Kollegen Keller. Der hockte neben ihm und ließ das Bier derart nach Herzenslust laufen, als wäre es ab Mitternacht verboten. Was bereits nachhaltige Wirkung gezeigt hatte. In den eineinhalb Stunden, die sie nun nach Viktor Korschineks zornig und frustriert gebrülltem „Feierabend!" am Tresen der „Bullenweide" verbracht hatten, hatte Mad Max mindestens ein halbes Dutzend Pils verhaftet. Große Pils!

Feierabend! Und das schon um 18.30 Uhr! So etwas hatte es seit Wochen nicht mehr gegeben. Der Frust über die Erfolglosigkeit bei den Ermittlungen im Fall Gerber saß im gesamten Dezernat 12 tief. Das heißt, die Ermittlungen verliefen präzise und professionell. Akribisch hatte die Mannschaft Fakten und Beweise gesammelt, die Norman Gerber eigentlich keine Chance ließen, wenn es denn gelänge ihn zu fassen. Mit Hilfe der inzwischen gesicherten Beweise konnte die Staatsanwaltschaft eine Anklageschrift verfassen, deren Verlesung Dostojewskis „Gebrüder Karamasow" als Kurzgeschichte gedemütigt hätte.

Alles für die Katz! Denn die Hauptfigur Norman Gerber hatte sich längst aus dem Staub gemacht. Und seine wichtigsten Mitarbeiter waren tot. Oder ebenfalls spurlos verschwunden. Im großen Netz der Fahndung war nur der Beifang hängen geblieben. Kleine unabhängige Vertriebsleute für Finanzprodukte, die sich durchweg doof stellten und erklärten, gar nicht gewusst zu haben, was sie da verkauften. Darüber hinaus lagen einige Anzeigen gegen gierige Bankberater vor, die mit den Dollarzeichen in den Augen Privatleute oder Rentner um ihr Erspartes gebracht hatten.

Somit hatten die Ermittler aktuell nur Zeugen aus den Reihen der Betrogenen. Aber keinen Mittäter, den die Aussicht mit einem Auftritt als Kronzeuge zur uneingeschränkten Zusammenarbeit motiviert hätte. Geschweige denn einen potentiellen Hauptangeklagten. *Auf der Habenseite kann das Dezernat nur einen beständig mies gelaunten Oberstaatsanwalt verbuchen, der sich den lieben langen Tag gebärdet, als wäre seine Truppe eine Bande von Vollidioten, die ihre kostbaren Tage auf Kosten der Steuerzahler mit Versuchen verdaddelt, aus Tennisbällen Türmchen zu bauen,* sinnierte der Hauptkommissar.

Kowalski und seine Kollegen hatten in den vergangenen Tagen und Wochen zahllose Überstunden geknüppelt, sich sogar die Wochenenden im Dezernat um die Ohren geschlagen, um sich durch die Akten zu wühlen. Besonders Kowalski hatte sich tief in die Sache gekniet und im Schnelldurchlauf wenigstens die rudimentären Feinheiten strafrechtlich relevanter Begleitumstände der Finanzwirtschaft gepaukt. Wobei er ohne die Hilfe von Mad Max mehr als nur einmal die Flinte ins Korn gefeuert hätte. Der Kollege verfügte über ein geradezu beängstigendes Wissen und war auch in der Lage, es anschaulich zu vermitteln. Und das mit einer unerschütterlichen Geduld. Keller ließ sich nicht mal aus dem Konzept bringen, wenn Kowalski viel zu oft auf der Leitung stand oder nur schwerlich verhehlen konnte und wollte, dass ihn „dieser ganze abstrakte Mist mit den Penunzen" noch weniger als gar nicht interessierte.

Seit dem Tod von Maria und Lucia hatte er nicht mehr so viel Zeit mit einem anderen Menschen verbracht wie mit Mad Max in den letzten Wochen. Das Zusammensein und die Gespräche mit einem originellen, geistreichen und intelligenten Zeitgenossen hatten Kowalski gutgetan.

Max leerte mit jedem Schluck sein Glas und seinen Blick. Während Kowalski sich immer mehr wie jemand fühlte, der sich zur falschen Zeit am falschen Ort aufhielt.

Die schönste Kneipe ist nun einmal kein gesunder Aufenthaltsort für einen mühsam luftgetrockneten Alki, der nach dem Ausfall seines Begleiters nur noch mit sich und seinen Gedanken zusammengepfercht ist.

In relaxten Phasen bezeichnete er dieses Phänomen als seine „Dunkle Seite der Macht". Er fühlte mit Schrecken, wie sie sich nun reckte und streckte. Wie ein riesiger, alter, böser Grizzly nach Wochen und Monaten des Winterschlafs. Das

Ungeheuer begann sich zu erheben und lebendig zu werden. Mit einem mörderischen Kohldampf. *Nein! Das Bild vom bösen Bären stimmt nicht!* Kowalskis Nemesis gebärdete sich weniger wie ein Lebewesen. Eher wie eine Naturgewalt. Wie ein Waldbrand, dessen Flammen bereits züngelten und der unmittelbar davor stand unkontrollierbar aufzulodern, weil er in wenigen Sekunden die dicken, trockenen Stämme erreichen würde. Die dunkle Seite war ein fester Bestandteil von Kowalskis Leben und Persönlichkeit seit er alkoholkrank geworden war. Sie ruhte niemals und scheute keinen Versuch der hinterhältigen Manipulation, ihm immer wieder ein ganz kleines, ein besonders winziges Schlückchen schmackhaft zu machen. Wenn Kowalski seiner dunklen Seite nur für einen unbedachten Augenblick die schwache Seite entgegenstellte, sich nicht ständig am Riemen riss und gegenüber den Verlockungen des Ethanols in seinen unendlichen Erscheinungsformen wie ein Schießhund wachte, wäre es um ihn wieder geschehen gewesen. Ein Glas genügte um 13 Jahre Trockenheit zu pulverisieren. *Das Perfide an einem Rückfall bei einem Säufer ist: Innerhalb weniger Tage erreicht die Trickgewohnheit dasselbe Level wie unmittelbar vor der Entziehungskur. Stopp! Das gilt natürlich für jede Form der Sucht!*

Er starrte auf das Bierglas in der Hand des Kollegen. Der Inhalt schimmerte im Gegenlicht wie flüssiges Gold. Die niedrige Temperatur des Getränks ließ das Glas von außen beschlagen. Der Beschlag kondensierte zu winzigen perlenförmigen Tropfen, die im Licht glitzerten wie zahllose winzige Diamanten im Collier einer wunderschönen Prinzessin. Der Schaum in makellosem Weiß verkörperte eine Form von Reinheit und Unschuld, der einerseits so gar nichts Böses anhaften wollte, die aber anderseits auch keinerlei Widerstand geschweige denn begründbare Einwände duldete, dieses Geschenk der Götter mit Verachtung zu strafen.

Der Anblick des alkoholischen Getränks löste in Kowalski den gleichen Reflex aus, wie bei einem Hund des russischen Forschers Iwan Petrowitsch Pawlow ein Kling-Glöckchen-Klingelingeling. Und er wusste das, weil er sich mit allen Nuancen um die Möglichkeiten des Scheiterns und Versagens rund um den menschlichen Verstand ebenso intensiv beschäftigt hatte, wie mit den vielfältigen Aspekten, die den Weg der Ratio zwangsläufig gegen die Pumpe laufen ließ. Die genetisch fixierte Reaktionsfähigkeit und Präposition des Instinkts blieben in einem Ringen mit dem Verstand grundsätzlich die Sieger. *Weil die Ratio im Vergleich zum Instinkt ungefähr so viel Widerstand aufbringen kann, wie ein Marienkäferchen gegen einen ICE.*

Kowalski schlug die Augen nieder und seufzte. Um die Versuchung zu bannen, stürzte er sein Glas Wasser in einem Zug hinunter und gab der Aushilfe hinter dem Tresen ein Zeichen, ihm einen Kaffee zu bringen. Der enthielt Koffein. Wenigstens ein bisschen alternatives Nervengift musste er seinem Körper zur Motivation seines Widerstandes gegen die alternative Verlockung zuführen. Maximilian Keller senkte das Glas, das er nun ebenfalls geleert hatte, und stellte es auf dem Tresen ab. Er wandte sich Kowalski zu und grinste ihn etwas albern an.

„Is was, Doc?"

Kowalski musterte seinen Kollegen. Mad Max war schlicht und einfach hinüber. Seine Zunge hatte sich das Gewicht eines Amboss angesoffen. Keine Chance mehr, noch ein vernünftiges Gespräch in Gang zu setzen um Ablenkung von dem Mist des beruflichen Alltags zu finden. Oder von den düsteren Gedanken.

Keller hatte sich ohne wirkliche Erwartung auf eine Reaktion seiner Frage wieder an die junge Frau hinter dem Tresen gewandt und mit einer unsicher erhobenen Rechten ein weiteres Pils bestellt. Die sah fragend Kowalski an. Der zuckte mit den Schultern. So sehr er Mad Max inzwischen mochte, als Hüter seines Bruders konnte und wollte er sich nicht aufschwingen. Kowalski nippte am Kaffee, der erstaunlich frisch gebrüht war und erfreulich kräftig schmeckte und nickte der Bedienung anerkennend zu.

Die Zeit zog zäh dahin, als würde sie direkt aus Salvatore Dalis schmelzenden Uhren tropfen. Schließlich reichte es Kowalski. Mit einer wütenden Geste verscheuchte er die unwillkommenen Bilder aus der Vergangenheit vor seinem inneren

Auge. *Was tue ich eigentlich noch hier?* Keller war inzwischen vollkommen hinüber. Der kleine Mann hatte Schwierigkeiten sich auf seinem Hocker zu halten. Sein nüchterner Begleiter gab der Bedienung ein Zeichen, dass er zahlen wollte, blätterte drei Zehner auf den Tresen und beschied der Kellnerin das Wechselgeld zu behalten. Er überlegte, ob er Keller, dessen Kopf nunmehr neben seinem nicht beendeten letzten Bier auf dem Tresen ruhte und milde Schnarchlaute produzierte, die sich durch eine beruhigende Gleichmäßigkeit auszeichneten, einfach über seine Schulter legen sollte, um ihn zum Auto zu transportieren.

Kowalski versuchte Mad Max auf die Beine zu stellen. Ohne eine dumme Frage zu stellen kam ein Kollege hinzu, der Kowalski wissend zunickte. Sie packten Keller rechts und links und bugsierten ihn zu Kowalskis Golf. Da es sich im Fall von Keller um ein echtes Fliegengewicht handelte, bereitete es keine Schwierigkeiten ihn auf den Beifahrersitz gleiten zu lassen, wo sein Kopf augenblicklich auf die Nackenstütze sackte. Kowalski bedankte sich bei seinem Kollegen und wünschte ihm noch einen schönen Abend, bevor er sich in den Fahrersitz fallen ließ.

Was für ein beschissener Tag, dachte er, als er den Zündschlüssel ins Schloss steckte und drehte. Als der Motor ansprang, meldete sich das Mobiltelefon in seiner Jacke mit dem Thema des Auenlandes aus „Der Herr der Ringe", das er sich einige Tage zuvor als neuen Klingelton gegönnt hatte. Er drückte die grüne Taste. Am anderen Ende vernahm er erst ein hektisches Schnaufen, dann erklang die Stimme von Viktor Korschinek: „Wo bist du? Ist Keller bei dir?"

„Frage eins: Parkplatz Bullenweide, Frage zwei: Der eine sagt so, der andere so."

„Vermittelt der Klang meiner Stimme irgendeinen Aspekt, der darauf schließen lassen könnte, mir könnte um 22 Uhr der Sinn nach einer geistreichen Konversation stehen?"

„Sir, jawohl Sir!", brüllte Kowalski und fuhr sofort mit normaler Stimme fort: „Wir waren einen heben. Keller ist hinüber und sägt neben mir dicke Bäumchen in dünne Scheibchen."

„Ihr tanzt sofort im Büro an. Das ist ein dienstlicher Befehl!"

„Darf ich fragen was anliegt?"

„Nicht am Telefon! Es geht um Gerbers ehemaligen Mitarbeiter, unseren Freund Mathèo Lolo!"

„Hat ihn auch das Zeitliche gesegnet? Zu lausig die Fidel gestrichen? Oder am Ende gar dem Oberstaatsanwalt den Stinkefinger gezeigt?"

„Nein, er soll im Rahmen eines Banküberfalls mit Geiselnahme in einer Filiale der City-Bank im Hafenviertel freigepresst werden. Es hat bereits zwei Tote gegeben."

5. Juni 2014, 21.00 Uhr

Norman Gerber war mit sich und der Welt im Reinen. Die drei Wochen Aufenthalt auf den Seychellen waren bislang in jeder Hinsicht erfolgreich und erfreulich verlaufen. Alles, was auf der Agenda dieser Reise gestanden hatte, war pünktlich abgearbeitet. Nun hatte er weitere fünf Tage vor sich, die ausschließlich der Erholung und der Muße dienen sollten. Danach folgte die heiße und entscheidende Phase für seinen Rückzug. Dafür benötigte er all seine Kräfte und volle Konzentration.

In den letzten Tagen hatte er beziehungsweise sein offizielles Alter Ego, Dr. Marek Vutipka, das „Kaz Zanana" in Victoria entdeckt. Eine Empfehlung von Balu. Das Restaurant mit Bar residierte in einem renovierten Stadthaus im kolonialen Stil. Es war selten voll besetzt, und er hatte bislang immer einen hübschen Platz an einem der einfachen Tische erhalten. Die Speisekarte war übersichtlich, vermittelte dennoch einen guten Querschnitt der Vielfalt der kreolischen Küche. Das Essen war köstlich, die Preise niedrig. Norman Gerber freute sich auf seine Vorspeise.

Er hatte sich für einen geräucherten Fisch mit einem Püree aus Süßkartoffeln entschieden. Als Hauptgang würde einmal mehr das Filet vom Red Snapper auf den Tisch kommen. Mit einer unvergleichlich fruchtigen Soße aus Zitrone und Ananas. Dazu hatte er eine Flasche leichten französischen Weißweins bestellt. Die Vorspeisen kosteten durchweg 50 Rupien, was gerade einmal drei Euro entsprach, doch bei den importierten Getränken musste der weite Anreiseweg mit in die Kalkulation einfließen. *Aber Kohle*, dachte Norman Gerber lächelnd, *spielt in meinem Fall nun wirklich keine Rolle. Wenn in den nächsten Tagen alles so klappt, wie ich es geplant habe, wird Geld für den Rest meiner Tage kein Problem mehr darstellen.*

Einen Großteil der letzten Wochen hatte die Konsolidierung seiner Finanzen in Anspruch genommen. Die Seychellen hatten sich zu einem der attraktivsten Offshore-Finanzparadiese der

Welt gemausert. Nicht zuletzt wegen der stabilen politischen Verhältnisse, die in dem pittoresken Inselstaat herrschten. Nachdem Norman Gerber seinerzeit die „World Finance and Investment Fund. Ltd." auf den britischen Jungferninseln gegründet hatte, war der erste Baustein zum Abführen und Sichern der sprudelnden Einnahmen aus den Finanzgeschäften gesetzt. In den folgenden Jahren erfolgte der Aufbau eines ganzen Netzes aus Offshore-Unternehmen. Auf den Seychellen ebenso wie auf Zypern, in Belize und auf Malta.

Bei den Namen der Firmen hatten Gerber und seine wichtigsten Mitarbeiter eine angemessene Kreativität an den Tag gelegt. So war beispielsweise die „Finex Financial Trust Fund. Ltd." entstanden, die im mittelamerikanischen Belize residierte. Oder die „Transworld Finance and Investment Fund. Ltd.", mit Sitz in Malta. Mit Hilfe einer speziellen Software hatte Norman Gerber für einen komplexen Kapitalfluss zwischen den einzelnen Unternehmen gesorgt, der über die Jahre derart viele Transaktionen generiert hatte, dass keine Macht der Welt in der Lage gewesen wäre, die einzelnen Wege zu entflechten. *Geschweige denn blöde kleine Bürokraten in irgendeiner tugendhaften, demokratischen Industrienation auf der Suche nach einem Steuerhinterzieher.*

Am zweiten Tag seines Aufenthalts auf den Seychellen war Dr. Marek Vutipka bei der „Central Bank of Seychelles" in der Avenue Independence in Victoria vorstellig geworden, um eine sogenannte „International Business Company", kurz IBC, mit dem Namen „Transnet Financial Trust Fund. Ltd." zu gründen. Das Unternehmen bildete eine Holding mit einer weiteren Scheinfirma, die ihre Geschäfte über die „BMI Offshore Bank" in Bahrain abwickelte. Der Vorteil einer IBC bestand unter anderem darin, dass der Firmeninhaber zu hundert Prozent anonym bleiben und ohne Rechnungsstellung arbeiten konnte. Zudem ließen sich die Geschäfte auch von anderen Ländern aus führen.

Was sogar erforderlich war um sich der kompletten Steuerfreiheit in dem Land zu erfreuen, in dem die Holding nun ihren Sitz hatte. Bei aller Freundschaft und Verbundenheit mit seiner künftigen tropischen Heimat zeigte Norman Gerber nicht die geringste Lust, die einheimische Staatsmacht mit auch nur einer einzigen Rupie fiskalisch zu subventionieren.

Er war Realist genug, um sich darüber im Klaren zu sein, dass er sich angesichts der Summen die er unterschlagen hatte, nirgends auf der Welt restlos sicher fühlen konnte. Sollte er gezwungen sein, auch dieses tropische Paradies schnell verlassen zu müssen, würde das die Sicherheit seiner Firmenkonten nicht tangieren. Wenn er künftig alle zwei Monate nach Bahrain pendelte, konnte er alle erforderlichen geschäftlichen Transaktionen bequem abwickeln.

Mit den arroganten Wüstensöhnen konnte Norman Gerber allerdings überhaupt nichts anfangen: *Wenn die Pfeifen kein Öl gefunden hätten, würden sie noch immer im Sand vor ihren Hütten hocken und ihre Tage damit verbringen, die Füße stinken zu lassen!* Aber wenn der Rubel rollen musste, konnte er auch mit Bahrain Frieden schließen. Die Recherchen im Vorfeld der Holdinggründung hatte Norman Gerber einmal mehr in Erstaunen über die unerschöpflichen Angebote des Internets in puncto Information und Dienstleistungsangebote versetzt, die frei zugänglich waren. So empfahl die Homepage „www.offshore-unternehmen.com" beispielsweise die Seychellen als idealen Standort für Firmen. Nicht nur wegen der politischen Stabilität, sondern auch wegen der geringen Gründungsgebühren und der überschaubaren Aufwendung bei den jährlichen Kosten. Als Vorteile führte die Seite unter anderem den „frei wählbaren Firmennamen" an, der im Rahmen der Dienstleistung daraufhin geprüft wird, ob er tatsächlich noch nicht vergeben ist und die „frei wählbare Rechtsform". Gleichgültig, ob Ltd., Corp. oder GmbH. Der Firmeninhaber blieb unter allen Umständen anonym, erfreute sich einer „stark beschränkten Haftung", zahlte „wenige bis gar keine Steuerabgaben", „benötigte kein Stammkapital" und konnte „beliebig mit anderen Firmen fusionieren". Speziell für die Seychellen hatte die Homepage bei den Vorteilen einer örtlichen Offshore-Firma unter anderem Details wie „steuerfreie Gewinne", „hundertprozentige Anonymität bei alleiniger Kontrolle der Firma", „keine anfallenden Kosten für Steuerberater und Wirtschaftsprüfer", oder den „Entfall von Betriebsprüfungen" gepriesen.

Was für Norman Gerber besonders überzeugend gewesen war: Für eine Unternehmensgründung auf den Seychellen war kein Nachweis für die berufliche Qualifikation der jeweiligen Branche erforderlich, in der das neue Unternehmen tätig werden sollte. Schließlich trat er hier nicht als finanzwirtschaftlich ausgebildeter Betrüger, sondern als Radiologe aus der schönen Stadt Wien auf.

Dr. Marek Vutipka war inzwischen auch offizieller Immobilienbesitzer auf Mahé. Mit Hilfe seiner Agentur und einigen motivierenden Geldzuwendungen hatte er an der Pascal Village Road einen Bungalow im traditionellen Baustil gefunden und erworben. Hier konnte er künftig mit einem unglaublichen Blick über den Beau Vallon die Früchte seiner harten Arbeit genießen. Auch hatte er sich eine Mitgliedschaft im Yacht-Club gegönnt. Das kostete 500 Rupien im Monat. Lächerliche 30 Euro.

Norman Gerber lächelte der Kellnerin aufmunternd zu, die sich anschickte seine Vorspeise zu servieren. Er nahm einen großen Schluck des trockenen Weins und hielt es für angemessen, in Gedanken auf sein eigenes Wohl anzustoßen. Er war sich sicher, bisher alles richtig gemacht zu haben. Seine Schäfchen weideten nun wieder sicher auf dem Trockenen. Den beängstigenden Auftritt des russischen Vertreters seines größten Opfers hatte er abgehakt.

Hier, mit meiner neuen Tarnung, wird mich niemand finden. Kein Bulle, kein Kunde, kein russischer Oligarch. Das übriggebliebene Geld ist sicher. Norman Gerber hatte knapp 100 Millionen Euro als „Reingewinn" verbucht. Der Rest war in den Jahren als Provisionen an seine Vertriebsleute geflossen, hatte der Auszahlung von Zinsen an Altanlegern gedient, die er bei der Stange halten wollte oder einfach ruhigstellen musste. Und nicht zuletzt konnte er sich nun einen aufwändigen standesgemäßen Lebenswandel gönnen. Beim Schwelgen in Details musste Gerber grinsen.

Während er den Abend und seine Selbstgefälligkeit genoss, verschwendete er keinen einzigen Gedanken an seine

Opfer. Er hatte niemanden überfallen, niemanden beraubt. In seiner eigenen Denkweise hatten nicht einmal Begriffe wie „Opfer" Platz. Norman Gerber dachte ausschließlich in Kategorien von „Kunden". Er war Geschäftsmann und seine Kunden hatten ihm ihr Geld freiwillig überlassen. Weil sie einen ordentlichen, nein, einen überdurchschnittlichen Gewinn einsacken wollten. Sinn eines jeden Wirtschaftens war und ist das Erzielen von Gewinn! Vielleicht hätte er an den Anfang jedes Beratungsgesprächs den Hinweis stellen sollen: Hedgefonds sind kein Ponyhof! Eigentümer haften für ihre Taler!

Für Norman Gerber war jeder seines eigenen Glückes Schmied. Wofür er ja selbst das beste Beispiel war. Aufgrund seiner psychischen Struktur war er komplett unfähig, für die Menschen die er betrogen hatte auch nur die geringste Empathie zu entwickeln. Dass seine Aktivitäten Menschen nicht nur um ihr Geld bringen, sondern die Initiationszündung von unkalkulierbaren Kausalitätsketten bilden konnten, an deren Ende Leid und Elend ungezählter Opfer stand, wäre ihm nicht im Traum eingefallen. So wenig er sich Gedanken über die Folgen seines Tuns machen wollte, so wenig interessierten ihn die Befindlichkeiten seiner Mitmenschen. Hätte sich Norman Gerber je in die Hände eines Psychologen begeben, hätte dieser die lehrbuchhafte Persönlichkeitsstruktur eines „malignen Narzissten" diagnostiziert.

Die Woche nach der Rückreise in fünf Tagen bereitete Norman Gerber einige Sorgen. Er ging in dieser Zeit ein erhöhtes Risiko ein. Er musste unbedingt noch einmal nach Mallorca. In seinem Haus hatte er die eisernen Reserven versteckt. *Geld, Gold und Brillies für rund zehn Millionen. Auch einige Unterlagen, die mich kompromittieren und in jedem Prozess final an die Wand nageln können, sind noch in der Villa versteckt.*

Wenn er seine Klamotten in trockenen Tüchern hatte, würde er über einige Umwege von Mallorca verschwinden, um seine Spuren endgültig zu verwischen. Die Route war bereits bis ins Detail geplant. Für diese Etappe der Reise hatte er sich für viel Geld die Identität des ungarischen Geschäftsmannes Gyula Hargitay aus Székesfehérvár gekauft. Gyula Hargitay hatte bereits in Palma de Mallorca einen privaten Flieger gechartert. Für die Route: Korsika, Grossetto in Italien und schließlich Rijeka. Für die Bahnstrecke von Rijeka nach Wien war für Gyula Hargitay eine Fahrkarte in der ersten Klasse für Sonntag, den 15. Juni reserviert. So die offizielle Agenda für den Flugzeugvermieter in Palma. Die Rückführung der Piper von Kroatien nach Mallorca hatte eine stattliche Extrasumme gekostet. Für den 17. Juni hatte der Wiener Radiologe Dr. Marek Vutipka einmal mehr einen Business-Flug mit „Emirates" nach Mahé gebucht. Und um seine Spuren endgültig zu verwischen noch einen kühnen Plan B entwickelt. Wenn Norman Gerber daran dachte, musste er innerlich grinsen. *Nein, einen Idioten hat meine versoffene Mutter mit ihrer unersättlichen Muschi ganz bestimmt nicht in die Welt gesetzt!*

In diesem Augenblick, zu Beginn einer zauberhaften tropischen Nacht, drehte sich das Universum von Norman Gerber beziehungsweise Dr. Marek Vutipka ausschließlich um einen Red Snapper mit Citrus-Ananassoße und einen trockenen Weißwein. Wie der Abend weiter gehen würde, stand in den Sternen, die in den Nächten so klar und glänzend über dem Himmel der Insel glänzten, wie er es in Europa nie zuvor gesehen hatte. *Abgesehen davon*, dachte er als er ein Stück Fisch mit der Gabel in die fruchtige Tunke dippte, *scheiß auf die Sterne. Ich brauche als nächstes eine gute Strategie für den späteren Abend an der Hotelbar. Die Nacht ist zu schön, um sie allein zu verbringen.*

5. Juni 2014, 22.10 Uhr

Rufus Kowalski benötigte für den Weg zum LKA und den Transport seines Kollegen ins Büro keine fünf Minuten. Angesichts der Dringlichkeit hatte er Keller für den Weg vom Parkplatz diesmal über die Schulter geworfen. Glücklicherweise sah ihn niemand, bis er das Büro erreicht hatte. Er bettete seinen schnarchenden Kollegen auf seinen Bürostuhl, legte die Füße auf die Schreibtischplatte, damit er einigermaßen bequem schlafen konnte und betrat ohne zu klopfen Korschineks Büro.

Das Bild, das sich ihm bot, löste Erstaunen in ihm aus, das hart an der Grenze zur Ungläubigkeit segelte. Korschinek saß auf seinem Sessel hinter seinem Schreibtisch. Neben ihm hatte Dr. Krömer Platz genommen. Vor beiden Männern stand jeweils ein Schwenker, der bemerkenswert gut mit Calvados gefüllt war, wie Kowalski dem Aroma des starken Apfelbrands entnahm. Auf dem Schreibtisch lagen zahlreiche Akten, darunter auch die Mappe zum Fall Mathèo Lolo und ein Aufnahmegerät. Angesichts der beinahe obsessiven Aversion, die Viktor Korschinek im kleinen Kreis gegenüber dem Oberstaatsanwalt ausgelebt hatte, grenzte dieses fast vertraulich-konspirativ wirkende Zusammensein an ein Wunder. Wenn diese beiden Männer so eng zusammengerückt waren konnte das nur eines bedeuten: Die Kacke war nicht nur am dampfen, sondern längst explodiert und bis zur Decke gespritzt.

Oberstaatsanwalt Krömer stand auf, reichte Kowalski die Hand und begrüßte ihn ernst und ohne die geringste Anwandlung von Überheblichkeit, die Kowalski beim ersten Zusammentreffen im Rahmen der Gründung der „SoKo Gerber" so übel aufgestoßen war.

„Guten Abend, Herr Hauptkommissar, vielen Dank, dass Sie trotz der späten Abendstunde so schnell gekommen sind. Ich weiß das zu schätzen. Bitte nehmen Sie Platz. Der Kriminaloberrat wird Sie informieren und einweisen."

Kowalski setzte sich und blickte seinen Chef erwartungsvoll an.

Der gönnte sich einen großen Schluck Calvados und einen tiefen Zug von seiner Zigarre bevor er ansetzte: „Wie bereits kurz am Telefon erwähnt, fand gegen 18.30 Uhr ein Überfall auf die Filiale der City-Bank im Hafenviertel statt. Was wir bislang wissen: Unmittelbar vor Schalterschluss betraten drei bewaffnete, schwarz gekleidete, maskierte Männer die Bank. Während der eine die Kunden und Mitarbeiter in der Schalterhalle zusammentrieb, besprühte der zweite die Glasscheiben der Eingangstür mit schwarzer Farbe, sodass von außen derzeit keinerlei Einblick in den Innenraum möglich ist. Vorhänge und Jalousien der Fensterseite sind inzwischen fest geschlossen. Der dritte Täter setzte den Filialleiter außer Gefecht."

„Hat es einen stummen Alarm gegeben?", fragte Kowalski.

„Ja, der Alarm ist um 18.32 Uhr eingegangen. Die ersten Kollegen vom Streifendienst waren bereits vier Minuten später vor Ort. Ganz diskret, versteht sich. Doch seit 18.35 Uhr ist an diesem Fall nichts so, wie es bei vergleichbaren Verbrechen abgelaufen ist."

„Wie das?", frage Kowalski.

„Zu diesem Zeitpunkt meldete sich ein Mitglied der Bande direkt hier beim LKA. Er verlangte sofort mit Dr. Krömer verbunden zu werden. Persönlich. Der Mann wusste, was er wollte und wer in dieser Situation das Sagen hat."

Korschinek wandte sich an den Oberstaatsanwalt.

„Ich halte es für das Beste, wenn Sie dem Kollegen den Inhalt des Gesprächs direkt wiedergeben."

„Natürlich. Wir haben den Anruf selbstverständlich aufgezeichnet. Genauer gesagt war es ein knapp gehaltener Monolog. Hören Sie selbst."

Der Oberstaatsanwalt schaltete das Aufnahmegerät ein. Es ertönte eine monotone synthetische Stimme. Der Anrufer arbeitete mit einem Stimmverzerrer: „Ich habe in der Filiale der City-Bank im Hafenviertel 19 Geiseln in meine Gewalt gebracht. Ich erwarte um exakt 3.30 Uhr heute Nacht sechs

Millionen Euro in Fünfzigern und die Freilassung und Übergabe von drei Straftätern, die derzeit in verschiedenen Justizvollzugsanstalten inhaftiert sind: Mathèo Lolo, André Muller und Morten Jensen. Jeder dieser drei Männer wird zum Zeitpunkt der Übergabe jeweils zwei Millionen Euro in neuen 50-Euro-Scheinen mit sich führen. Damit klar ist, dass in diesem Fall weder Verhandlungen noch irgendwelche Spielchen zum Hinhalten und Zermürben stattfinden werden, erschieße ich auf der Stelle eine Geisel. Die zweite Geisel stirbt um 20.30 Uhr. Um die Ernsthaftigkeit meiner Forderungen entsprechend zu unterstreichen, stellen wir die Exekutionen bei YouTube ein. Wenn sie meine Forderungen nicht minutiös erfüllen, behalte ich es mir vor, weitere Geiseln zu töten."

Für ein Moment herrschte Ruhe. Dann ertönte am anderen Ende der Leitung ein Schuss. Menschen begannen zu schreien. Die Schreie gingen in unterdrücktes Schluchzen über, das dennoch deutlich zu hören war.

„Wie angedroht ist die erste Geisel tot. Um dennoch ein Zeichen für unseren guten Willen zu setzen lassen wir sofort acht Geiseln frei. Ich erteile ihnen später neue Anweisungen."
Danach brach der Anruf ab.

Kowalski schwieg erschüttert.

„Welche Geiseln haben die Täter frei gelassen?"

„Sämtliche Mitarbeiter der Bank. Alle drei, die im Schalterbereich Dienst hatten, mit Ausnahme des Filialleiters. Und fünf Kunden. Die Täter hatten sie mit verklebten Mündern und verbundenen Augen an die Tür geführt und ihnen dann die Anweisung erteilt loszulaufen. Die Beamten vor Ort haben sie in Empfang genommen. Eine 78-jährige männliche Geisel erlitt einen Herzinfarkt und befindet sich im Krankenhaus. Sein Zustand ist inzwischen stabil, er wird von seinem Schockerlebnis keinen bleibenden Schaden davontragen", rekapitulierte der Oberstaatsanwalt. „Die restlichen Geiseln stehen noch unter Schock und sind nicht vernehmungsfähig. Mit Ausnahme einer Mitarbeiterin, die am Schalter der Bank gearbeitet hat. Nach Aussage des behandelnden Arztes hat sich der seelische Zustand der Frau soweit stabilisiert, dass wir uns in ein oder zwei Stunden mit ihr unterhalten können. Unter ärztlicher Aufsicht, versteht sich."

„Wir haben wirklich keinerlei Sichtmöglichkeit auf das Geschehen in der Bank?"

Dr. Krömer und Viktor Korschinek schüttelten übereinstimmend die Köpfe.

„Wie gesagt, die Scheiben des Eingangsbereichs sind von innen mit Sprühfarbe bedeckt. Die Jalousien und Vorhänge der Glasfront, die die Längsseite des Schalterraums zu dem Platz einnehmen, an dem das Gebäude liegt, sind geschlossen. Der einzige Zugang zur Bank erfolgt über den John-F.-Kennedy-Platz. Dummerweise liegt der Eingangsbereich unter einer großflächigen Überdachung. Die Kollegen vom Streifendienst greifen dort um diese Jahreszeit regelmäßig Stadtstreicher auf, die sich unter dem schützenden Dach gerne zum Abtrinken und Schlafen treffen. Es gibt einen weiteren, internen Zugang über einen kleinen Innenhof durch eine gesicherte Stahltür. Doch den haben die Täter verschlossen, indem sie die Tür von innen mit dem Rahmen verschweißt haben."

„Wie konnte das ohne Sichtkontakt festgestellt werden?"

„Der Innenhof ist von der Gemeinschaftspraxis und dem Büro des islamischen Kulturvereins im ersten Stock einsehbar. Unsere Leute haben dort Stellung bezogen. Das Dach des Gebäudes ist von unseren Kräften nicht besetzt. Im Westen des Platzes liegen drei Wohnblocks mit jeweils 14 Stockwerken. Da könnten Anwohner auf dumme Gedanken kommen, wenn sie auf dem Dach des Zentrums SEK-Mitglieder in vollem Ornat beobachten können. Der Verein hat sich dabei als erfreulich kooperativ erwiesen. Die Tür zur Bank zeigt Hitzespuren, die eindeutig auf den Einsatz eines Schweißgeräts hinweisen."

„Ist das Gebäude geräumt?"

„Selbstverständlich. Das war jedoch nicht einfach. Wir wollen unter allen Umständen vermeiden, jemanden mit der Nase daraufzustoßen, dass nebenan der Bankraub des Jahrzehnts abläuft. Wir haben einen Zug der Berufsfeuerwehr angefordert und die Kollegen haben einen auf Gasleck gemacht.

Das hat zudem die Möglichkeit eröffnet, den gesamten Platz diskret und weitläufig zu sperren. Die Kunden des Supermarkts waren maulig, weil sie ihre Einkäufe nicht erledigen konnten, das Personal beschwerte sich, weil sie den ganzen Krempel wieder in die Regale verteilen mussten, den die Kunden bereits in ihre Einkaufswagen gepackt hatten. Problematischer war jedoch die Räumung der Bierschwemme mit dem bezeichnenden Namen ‚Kaiserkeller'. Ein halbes Dutzend angesoffener Tresensteher weigerte sich kategorisch, die Pinte zu verlassen und ein Gast, der einen Spielautomaten gefüttert hatte wurde handgreiflich, weil er sich angeblich eine Serie erdaddelt hatte und mit einem Gewinn von rund 180 Euro rechnete. Schließlich haben drei Kollegen vom SEK Amtshilfe geleistet und die Stammtrinker und den Zocker mit angemessenem körperlichen Einsatz abtransportiert und ihnen wegen Widerstand gegen die Staatsgewalt für diese Nacht unsere Gastfreundschaft versichert. Die Praxen, die Beratungsstelle und der islamische Kulturverein waren schon geschlossen. Bis auf den Leiter und einen Mitarbeiter, die uns den Zugang zum Innenhof ermöglicht haben, war niemand anwesend."

Kowalski versuchte, die bisherigen Informationen in seinen Gedanken zu sortieren. *Die Täter sind Profis*, lautete sein erster Gedanke, *daran besteht nicht der geringste Zweifel.* Er wandte sich an seine Vorgesetzten: „Die Männer scheinen perfekt vorbereitet. Sind sie inzwischen zu Verhandlungen bereit?"

Der Oberstaatsanwalt schüttelte den Kopf.

„Wir haben es über die Festnetzanschlüsse der Bank versucht, doch die waren schon tot. Das Mobiltelefon, mit dem sich der Täter gemeldet hat, ist identifiziert aber abgeschaltet."

Er trank einen Schluck und fuhr fort: „Es liegen Bilder von einer Überwachungskamera vor, die den Platz beobachtet. Sie hat aufgenommen, wie die Männer zur Bank streben. Offensichtlich haben sie gewusst, wo sich die Kamera befindet. Sie haben sich so bewegt, dass die Gesichter unter den Kapuzen nicht erkennbar waren."

Viktor Korschinek drehte den Flachbildschirm seines Rechners so, dass ihn alle drei Männer einsehen konnten und aktivierte ihn. Das Schwarz-Weiß-Bild zeigte einen großen Teil des John-F.-Kennedy-Platzes aus der erhöhten Kameraposition auf der gegenüberliegenden Platzseite. Die Kamera war auf einem Lichtmast postiert. Die Ziffern der eingeblendeten Uhrzeit zeigten 18.30 Uhr. Von links und rechts strebten zwei große Männer in dunkler Kleidung über den Platz. Sie trugen ausladende schwarze Taschen.

„Da ist wirklich nichts Verwertbares zu erkennen ", meinte Kowalski mehr zu sich selbst. Dann wandte er sich direkt an den Oberstaatsanwalt und seinen Vorgesetzten.

„Ist das mit der Hinrichtung glaubhaft oder hat es sich im Hintergrund nur um einen Warnschuss gehandelt um uns zu verunsichern, beziehungsweise zu motivieren, die Forderungen ernst zu nehmen?"

Viktor Korschinek öffnete die YouTube-Seite. Das Fenster für die Bildwiedergabe wechselte von Schwarz auf einen Schriftzug: „Hinrichtung 1!" Dann erschien ein farbiges Bild. Es zeigte einen etwa dreißigjährigen Mann, der auf dem Boden kniete. Die Kamera blickte von oben auf den Mann hinab. Über den Mund des Mannes, der eine Jeans und eine dunkelblaue Kapuzenjacke mit der Aufschrift „San Francisco" in großen weißen Lettern trug, war ein rund acht Zentimeter breiter Streifen Aluminiumklebeband von einem Ohr zum anderen geklebt. Die Augen waren mit einer schwarzen Binde bedeckt. Der Mann wimmerte verzweifelt durch seinen Knebel. Sein gesamter Körper zuckte und schüttelte sich. Die Kamera schwenkte nach oben. Hinter dem jungen Mann stand ein Maskierter, der das Opfer mit der Linken an der Schulter fixierte. Derjenige, der die Kamera führte, schien etwas von seinem Handwerk zu verstehen. Die Szene war so arrangiert, dass keine weiteren Personen zu erkennen waren.

Der Maskierte hinter dem Opfer hielt eine Pistole in der rechten Hand, die Kowalski sofort als Beretta 92 identifizierte. Eine halbautomatische Selbstladepistole vom Kaliber neun Millimeter Parabellum. Mit 15 Schuss im Magazin. Die amerikanischen Streitkräfte nutzten solche Waffen seit Mitte der Achtziger als Standardpistole. Profigerät. Der Mann trug schwarze Handschuhe. Er brachte sich hinter dem Knienden in Stellung und richtete die Waffe auf den Hinterkopf, ohne die Linke von der Schulter zu nehmen. Der Mann mit der Kamera ging ebenfalls in die Knie und fixierte das Gesicht des Opfers in einer Totalen. Die Waffe war nun nicht mehr direkt zu sehen. Ein Schuss war zu hören. Der Kopf des Knieenden fiel ruckartig nach vorne. Dann sackte der Körper zur Seite. Die Kameraführung wechselte langsam wieder in eine Position, die der Augenhöhe eines Erwachsenen entsprach. Das Opfer lag mit angewinkelten Beinen auf dem Rücken. Unter seinem Hinterkopf breitete sich eine Blutlache aus. Das rechte Bein zuckte kurz. Dann endete der Film.

Während Kowalski das Gefühl hatte, dieses unerträgliche Geschehen über mehrere Stunden verfolgt zu haben, war das Video tatsächlich lediglich 32 Sekunden lang gewesen. Die Zahl der Zugriffe stand bei null. Offensichtlich hatten die Täter das Video nicht für den Zugriff der weltweiten Usergemeinde freigeschaltet und nur an das LKA gesandt. Besonders furchterregend fand Kowalski die weiße Maske, die der Täter getragen hatte. Sie erinnerte an eine Schutzmaske, die Torhüter beim Eishockey verwendeten. Aber durch die fehlenden Gesichtskonturen und die symmetrischen Öffnungen für Augen und Mund nahmen die Masken demjenigen, der sie trug jede Menschlichkeit. Vor allem die sechs senkrechten Schlitze der Mundöffnung verliehen der Maske etwas Krankes. Als müsste sie den Mund und das Böse das er hervorbringen konnte, hinter Gittern halten. Die Maske war jedoch nicht flach, sondern rund und zog sich über die Ohren und über den Kopf. Wie weit sie tatsächlich den Kopf bedeckte, war nicht zu erkennen, weil die Ränder der Maske komplett unter der Kapuze verborgen waren. Somit waren weder Haarfarbe noch Frisur identifizierbar.

„Ich glaube, ich muss nicht betonen, dass es in der bisherigen Geschichte unseres Landes noch keinen Fall gegeben hat, bei dem Verbrecher mit derartiger Skrupellosigkeit vorgegangen sind", erklärte der Oberstaatsanwalt, dessen Stimme resigniert klang und leise geworden war.

„Wir können davon ausgehen, dass die Veröffentlichung des Videos wie eine Bombe einschlagen wird. Jedes weltweite Medium wäre augenblicklich alarmiert", bemerkte Kowalski. „In einer halben Stunde bedecken dann mehr Übertragungswagen den John-F.-Kennedy-Platz als Wohnmobile im großen Stau am ersten Tag der Sommerferien unsere Autobahnen. Wie können die das Video überhaupt bei YouTube einstellen, ohne dass es für die User zugänglich ist?"

„Wie das genau funktioniert, wissen wir nicht. Die Täter verfügen offensichtlich über eine entsprechende technische Ausstattung und einen oder mehrere professionelle Hacker. Unsere Computerfachleute arbeiten an der Sache und haben sich bereits mit YouTube in Verbindung gesetzt, um herauszufinden, wie das funktioniert", erklärte Dr. Krömer. „Die YouTube-Leute sind jedenfalls ziemlich verstört, weil ein solcher Trick überhaupt möglich ist. Im Moment wissen wir noch nicht einmal, ob der Hack direkt aus der Bank erfolgte, oder ob die Verbrecher von außen in das Netz eingedrungen sind. Allerdings tippen wir auf einen Hacker in der Bank, da der Film vor dem Einstellen nicht via e-mail weiterverschickt worden ist. Der Anruf des Gangsters kam übrigens von einem Prepaid-Handy. Die Nummer ist auf einen Bürger aus Burkina Faso angemeldet. Auf einen gewissen Mamadou Yaméogo aus Bobo-Dioulasso, wenn Sie es genau wissen wollen. Das ist die zweitgrößte Stadt des Landes, wenn Sie es ganz genau wissen wollen."

„Und das zweite Opfer?", wollte Kowalski wissen und dachte: *Wer hätte gedacht, dass der Oberstaatsanwalt sogar über so etwas wie Humor verfügt.*

„Willst du dir das wirklich antun?", fragte Viktor Korschinek.

„Ich denke das gehört zu meinem Job", entgegnete Kowalski kühl.

Sein Chef aktivierte das zweite Video. Der Film war exakt um 20.32 Uhr eingestellt worden. Er zeigte mit identischer Kameraführung die Erschießung einer Frau, die mindestens 50 wenn nicht 55 Jahre alt gewesen sein musste. Soweit sich das mit dem verklebten Mund und den verbundenen Augen erkennen ließ. Die Kleidung aus einem billigen geblümten Kleid und einer einfachen grauen Strickjacke ließ auf eine einfache Frau schließen.

Die Wirkung des zweiten Videos auf Kowalski war so erschütternd wie die des ersten.

„Das ist wirklich beispiellos", bemerkte er. „Eines scheint allerdings auffällig."

„Was meinst du?", wollte Korschinek wissen.

„Die Szenen sind identisch aufgenommen. Sie vermitteln spontan den Eindruck, als hätten die Täter die Takes vorher exakt inszeniert und einstudiert."

„Du könntest recht haben", meine Korschinek, „aber das bringt uns im Moment nicht weiter. Das unterstreicht nur die Einschätzung, dass wir es mit einer Bande zu tun haben, die nicht nur keinerlei Skrupel kennt, sondern auch perfekt vorbereitet ist."

„Wie ist der aktuelle Stand vor Ort?", wollte Kowalski wissen.

„Das ganz große Programm ist angelaufen. SEK, die Trachtengruppen der Bereitschaftspolizei, der gesamte Verein des LKA ist auf den Beinen", erklärte der Oberstaatsanwalt. „Inzwischen ist auch der Innenminister involviert, den ich alle halbe Stunde auf den neuesten Stand bringen muss. Die Aussicht auf Veröffentlichung der Hinrichtungsvideos im Netz hat bereits zur Bildung eines Krisenstabs im Innenministerium geführt. Inzwischen laufen auch die Mühlen des Bundeskriminalamts in Wiesbaden an. Wir als Einsatzkräfte vor Ort sind angehalten, alles zu vermeiden, was die Täter dazu provozieren könnte, die Geschichte über das Internet in die Öffentlichkeit gelangen zu lassen. Auch der Bundesinnenminister ist auf dem Weg in sein Berliner Büro. Immerhin hat er die Vorstellung der Blue Man Group noch ungestört genießen können, die er am Abend besucht hatte."

„Was können wir in der Angelegenheit tun? Haben wir einen offiziellen Auftrag zur Mitwirkung an diesem Fall?", fragte Kowalski.

„Nein", schüttelte der Oberstaatsanwalt den Kopf, „bislang ist das Dezernat 12 nicht offiziell an dem Fall beteiligt.

Es gibt noch kein konkretes Lagebild. Denn so ungewöhnlich skrupellos wie die Täter vorgehen, so ungewöhnlich, ja ich möchte sogar sagen, absurd sind die Forderungen. Zumindest der Teil, der drei inhaftierten Verbrechern die Freiheit bringen soll. Wir haben das Terzett bereits überprüft und keinerlei Verbindung zwischen ihnen feststellen können. Aber es ist nur eine Frage der Zeit bis wir eine entsprechende Sonderkommission eingerichtet haben. Und die wird jeden rekrutieren, der jemals in dieser Stadt, in diesem Land auch nur für fünf Minuten die Uniform eines Nachtwächters getragen hat."

Auch diejenigen der Waffen-SS?, wollte Kowalski ätzen, biss sich aber auf die Lippen.

„Lolo und sein krimineller Hintergrund sind uns im Dezernat bekannt", erklärte er, „aber mit den anderen Namen kann ich nicht das Geringste anfangen. Was sind das für Leute?"

Der Oberstaatsanwalt straffte die Schultern.

„Bei André Muller handelt es sich um einen 31-jährigen Franzosen aus Sochaux. Ein Autoknacker der gehobenen Klasse. Irgendwie passend, denn Sochaux ist der Sitz des Hauptwerks von Peugeot. Muller hat erfolgreich Dutzende von hochkarätigen Automobilen in seiner Heimat, in Belgien und im Westen der Bundesrepublik gestohlen, vornehmlich im Raum Düsseldorf sowie rund um Köln, und dank gut eingespielter Strukturen und kundiger Komplizen in den Osten verschoben. Verfügt wohl über enge Kontakte zur russischen Mafia und sitzt seit 2011 eine siebenjährige Strafe ab. Morten Jensen ist dänischer Staatsbürger. Hatte sich als Drogenkurier etabliert und ist uns vor zwei Jahren mit zwölf Kilo Kokain von feinster Qualität ins Netz gegangen. Er arbeitete als Fahrer für eine lettische Spedition und hatte das Rauschgift in seinem Fahrzeug deponiert. Soweit wir es bislang beurteilen können, besteht zwischen dem Trio nicht der geringste Zusammenhang. Jensen genießt die dauerhafte Gastfreundschaft der Bundesrepublik Deutschland in Kiel, Muller dagegen residiert im Schatten des Weltkulturerbes Kölner Dom in der dortigen Strafanstalt ‚Klingelpütz'."

Kowalski nickte. „Okay. Aber ich glaube, es spielt im Moment auch keine besondere Rolle, ob eine Verbindung zwischen den drei Männern besteht. Selbst wenn wir mehr wüssten, könnte das die Auslieferung kaum verhindern." Er blickte auf seine Uhr. Es war viertel vor elf. Dann sah er abwechselnd Viktor Korschinek und den Oberstaatsanwalt an. „Ich gehe doch davon aus, dass im Augenblick der entscheidende Faktor das Ultimatum ist, das in weniger als fünf Stunden abläuft? Sollen die drei Kniepfeifen tatsächlich ausgeliefert werden?"

Dr. Krömer blickte nach unten.

„Im Angesicht der besonderen Lage hat sich der Innenminister in Absprache mit seinen Kollegen, in deren Bundesländern die Kandidaten für die Befreiung einsitzen, entschlossen der Forderung Folge zu leisten. Die drei Häftlinge sind bereits per Sonderflug unterwegs. Bitte versuchen Sie gar nicht erst irgendwelche Einwände zu formulieren. Dass wir uns da rechtlich im vollkommen luftleeren Raum bewegen, ist uns nur zu gut bekannt. Seit den Geiselnahmen der Roten-Armee-Fraktion in den Siebzigern gilt es als Staatsdoktrin, sich niemals den Forderungen von Erpressern zu beugen. Doch keines der Planspiele hat derart entschlossene Straftäter berücksichtigt, die vollkommen Unbeteiligte nicht nur in ihre Gewalt gebracht haben, sondern auch nicht die geringste Hemmung zeigen, vor jeder Verhandlung Geiseln präventiv zu töten. Wir haben es nach einhelliger Einschätzung aller übergeordneter Stellen nicht mit einer Aktion terroristischen Hintergrunds zu tun, sondern ‚lediglich' mit einem extremen Kapitalverbrechen."

Kowalski versuchte sich zu konzentrieren um klar denken zu können, doch es wollte nicht gelingen. Seine Gedanken jagten wild durcheinander.

„Die Drei, die freigepresst werden sollen, wie haben die sich zu der Geschichte geäußert? Wollen sie überhaupt auf diese Weise in Freiheit gelangen?"

„Muller und Jensen sind Gewohnheitsverbrecher. Sie haben keine großen Fragen gestellt. Die Aussicht auf Freiheit, egal durch welche Ursachen, hat sie überzeugt. Sie sind dabei", erklärte Dr. Krömer.

„Und Lolo?"

„Der hat sich wie eine Katze aufgeführt, die ganz unerwartet den Sahnetopf gefunden hat. Er scheint regelrecht euphorisch und benimmt sich wie ein viermotoriges Arschloch. Man könnte meinen, dass er mit dieser Aktion fest gerechnet hat." Dr. Krömer zuckte mit den Achseln. „Es spielt unterm Strich keine Rolle, ob die Häftlinge ausgetauscht werden wollen oder nicht. Wir haben in dieser Geschichte, wie bereits ausgeführt, jeden rechtlichen Rahmen verlassen. Der Bundesinnenminister hat entschieden, dass die Befreiung der restlichen Geiseln vorerst unbedingte Priorität hat. Wie Sie wissen, ist die neue Regierung gerade erst gestartet und hat mit ihrem bisherigen Wirken noch nicht wirklich die Wurst vom Brötchen gerissen. Der Minister selbst ist kaum fünf Monate im Amt und fürchtet nichts so sehr wie den Imagegau, den die Veröffentlichung der Hinrichtungsvideos auslösen würde. Die Polizei wird alle Kräfte darauf konzentrieren, die Täter im Rahmen der Verfolgung dingfest zu machen. Die zweite Priorität lautet unmissverständlich: Die Geiselnehmer dürfen unter keinen Umständen mit ihrer menschlichen und materiellen Beute entkommen."

Kowalski hob die Augenbrauen und blickte seinen Vorgesetzten fragend an. „Wenn ich als kleiner unbedeutender Bulle meinen unmaßgeblichen Senf zu der Geschichte geben darf: Das ist ein gottverdammtes Vabanquespiel. Und schließlich noch eine persönliche Frage: Welche Rolle soll ich in diesem Fall künftig spielen? Wenn endlich die Kompetenzen geklärt sind?"

5. Juni 2014, 23.15 Uhr

„Rufus Kowalski?"
Kowalski nickte und lächelte. Er betrachtete sein Gegenüber ausgiebig, bevor sich beide Männer in die Arme schlossen. „Thomas Frey, du altes Rübenschwein. Du hast es ja richtig weit gebracht. Polizeioberrat? Leader of the Gang? Auf jeden Fall steht dir das schmucke SEK-Gedöns."
Der Beamte mit den kurzen grauen Haaren lächelte ebenfalls. Wie alle SEK-Kräfte im Einsatz trug Thomas Frey als Einsatzleiter eine schwere ballistische Schutzweste. Den Helm mit Funkgerät und Gehörschutz hatte er auf einem Tisch abgelegt. Ebenso die Handschuhe und die Gesichtsmaske, die die Männer im Einsatz mit sich führten, um ihre Anonymität zu bewahren. In seinem Halfter steckte eine Pistole des österreichischen Herstellers Glock – eine sogenannte „Glock 17", mit 17-schüssigem Magazin, Kaliber neun Millimeter. Eine MP5-Maschinenpistole von Heckler & Koch lag neben dem Helm, in der ein Magazin mit 30 Schuss steckte. Am Gürtel waren Pfefferspray und Schlagstock, Taschenlampe und Mehrzweckmesser befestigt. Alleine wegen der Ausrüstung, die bis zu 15 Kilo wiegen konnte, hatte Kowalski seine Kollegen beim SEK nie beneidet.
Die schwarzen Springerstiefel glänzten, als hätten Generationen von Polizeirekruten daran gewienert. „Jau. Irgendein Komiker im Innenministerium hat es für eine gute Idee gehalten, mich vor drei Jahren zum Chef des Sondereinsatzkommandos zu befördern. Und das im Rang eines Polizeioberrats. Wer hätte das gedacht, als wir damals gemeinsam die Schulbank in der Polizeiakademie gedrückt haben? Bei dem, was du auf dem Kasten hast, könntest du aber auch das eine oder andere goldene Sternchen auf den Schulterklappen tragen. Ach ja, und danke für das Kompliment für meinen Schneider. Allerdings ist es kein Wunder, dass mich unsere Tracht

so trefflich ziert, denn ich war schon immer ein bildhübscher Bengel! Und du weißt doch, Schwarz macht schlank."

„Das mag schon sein, dass ich die Fähigkeiten gehabt hätte, noch ein paar Sprossen auf der Karriereleiter zu nehmen. Aber du kennst mich doch. Erstens war ich immer eine verdammt faule Sau und dann haben mich bekanntlich Jack Daniels, Jim Beam und ihre Kumpane aus dem Whiskey-Himmel in ihre Mitte genommen und erfolgreich auf die Dunkle Seite der Macht geführt."

Der Leiter des SEK nickte. „Ich möchte gar nicht daran denken, was ich an deiner Stelle getan hätte, wenn ich meine Familie auf derartige Weise verloren hätte. Karriere hätte ich bestimmt keine mehr gemacht. Wie geht es dir denn heute, Mann?"

Kowalski nickte, ohne sein Lächeln zu unterbrechen. Er war froh, dass dieses Lächeln aufrichtig war.

„Mir geht es prima. Ich lebe. Ich fange sogar an, mich nach meiner Zwangsversetzung einigermaßen an das neue Dezernat zu gewöhnen. Korschinek ist ein klasse Chef und ein echter Freund. Ohne ihn wäre ich schon lange am Arsch. Außerdem habe ich tolle neue Kollegen gefunden. Kennst du Maximilian Keller? Mad Max?"

„Nur vom Hörensagen. Er soll ein ziemlicher Freak sein. Oder muss ich es mit der derzeit gebotenen politischen Korrektheit formulieren: Ein außergewöhnlicher Mensch?"

„Keller ist wirklich ein ganz besonderer Zeitgenosse. Ich will nicht den geringsten despektierlichen Anflug gegen ihn hören. Ich möchte ihn nicht mehr missen, denn er schafft es mit seinen abgefahrenen Eigenschaften und Fähigkeiten, mir den Alltag bei den langweiligen Bescheißern erträglich zu halten. Außerdem hat er unglaublich viel auf dem Kasten, einen zauberhaft schrägen Humor und liebt Filme, wie ich."

Thomas Frey ging an die Stirnwand des Geräteraums jener Sporthalle der Gesamtschule, die 300 Meter von der Bank entfernt lag und in der das SEK seine Einsatzzentrale eingerichtet hatte. An der Wand stand ein Tisch mit einer Kaffeekanne. Frey füllte zwei Becher und reichte einen Kowalski.

„Immer noch schwarz? Ohne Milch und Zucker?"

Kowalski nickte.
Die beiden Männer stießen mit ihren Bechern an.
„Auf die alten Zeiten!"
„Auf die alten Zeiten!"
Thomas Frey senkte seinen Kaffeebecher.
„Ganz unter uns Pastorentöchtern. Wenn ich bei diesem Scheißverein tatsächlich etwas zu sagen hätte, hätte ich dich auf keinen Fall für das was du getan hast zwangsversetzt, sondern dir einen dicken Schmatz auf beide Wangen und den dicksten Orden, den unser schönes Land zu bieten hat, verpasst. Sogar das Kamener Kreuz am Bande in Gold, mit Eichenlaub, Schwertern und Brillanten. Aber leider gibt es Gesetze, die auch der schlimmsten Drecksau Schutz und Trutz gewähren."
„Danke für deine Meinung. Ich habe getan, was ich tun musste. Scheiß der Hund darauf, welche Rechte der Mistsau zustanden, auf die ich gepfiffen hatte. Ich habe das Leben eines Kindes gerettet. Während ein großer Klumpen Unrat aus dem geplatzten Müllsack des sechsten Schöpfungstags lediglich Brüche bei seinem Stolz, seiner Hand und seiner rechten Kniescheibe davongetragen hat. Ich stehe zu dem, was ich getan habe und würde es, ohne mit der Wimper zu zucken, jederzeit wieder tun. Und wenn ich dafür den Rest meiner Tage als Politesse Parkknöllchen schreiben müsste."
Der Einsatzleiter des SEK hockte sich auf die Kante des Tischs.
„Ich bin froh, dass du da bist. Ich war noch nie in einen solchen Fall involviert. In vier Stunden und 15 Minuten läuft das Ultimatum der Geiselgangster ab. Seit den Tagen der RAF ist kein Verbrecher mehr auf die Idee gekommen eine Geiselnahme zu nutzen um Gesinnungsgenossen oder Kollegen freizupressen. Kannst du dir einen Reim darauf machen?"
Kowalski schüttelte den Kopf. Er hatte sich einen Stuhl herangezogen und darauf Platz genommen, wobei die Lehne nach vorne zeigte, damit er sich dabei mit den Ellenbogen abstützen konnte.
„Sorry, auch für mich ist die Sache vollkommen vertrackt. Was denkst du über den Plan, die Forderungen erst einmal

zu erfüllen und die Gangster dann festzusetzen, wenn sie sich auf die Flucht machen?"

„Ich bin da nicht so optimistisch, ob das wirklich eine erfolgreiche Strategie ist. Wenn die Bankräuber den Rest der Geiseln mitnehmen, ist die Chance unkalkulierbar, dass wir am Ende die gezogene Arschkarte bis zum bitteren Ende ausspielen müssen. Grundsätzlich kann ich mich damit abfinden, dass die Gangster das Geld und ihre Kumpanen erhalten und wir damit das Leben weiterer Geiseln retten können. Ich bete für zwei Sekunden freies Schussfeld auf die Wichser. Dann blasen wir sie weg und die Sache ist erledigt", schloss Frey.

„Wie viele Geiseln befinden sich noch in der Hand der Gangster?"

Thomas Frey kratzte sich am Kopf.

„Als der Überfall begonnen hat, waren insgesamt 19 Menschen in der Bank. Drei Mitarbeiter im Schalterbereich, der Leiter der Bankfiliale und 15 Kunden. Unmittelbar nach dem Überfall, noch bevor die erste Geisel sterben musste, haben die Gangster die drei Mitarbeiter und fünf Kunden mit verklebten Mündern und verbundenen Augen aus der Bank getrieben. Somit verblieben der Filialleiter und zehn Kunden. Zwei davon sind tot. Also befinden sich noch neun Menschen in der Hand der Verbrecher."

Frey schwieg für einen Moment, bevor er leise hinzufügte: „Es gibt einige Anhaltspunkte, dass an der Geschichte was stinkt."

„Sehe ich genauso. Hast du die Videos von den Hinrichtungen der beiden Geiseln gesehen?", wollte Kowalski wissen.

„Klar, mehr als einmal. Irgendwas stimmt an den Filmen nicht. Ich kann dir aber nicht konkret sagen, was mir daran komisch vorkommt. Es ist nur das gute alte Bauchgefühl."

„Willkommen im Club. Ich habe die ganze Zeit den Eindruck, die Aufnahmen sind einstudiert. Die Einstellungen sind in beiden Fällen vollkommen identisch. Die Kameraführung ist routiniert optimiert und auf Täter und Opfer fokussiert. Von der Umgebung ist praktisch nichts zu erkennen. Ebenso wenig von der eigentlichen Schussabgabe. Ich würde mich mit der Kamera neben den Schützen stellen, damit auch wirklich jeder sehen kann, wie dem Opfer der Kopf wegfliegt, wenn es mir als Gangster auf die maximale Schockwirkung ankommen würde."

Thomas Frey zuckte mit den Schultern und sammelte die Kaffeebecher ein, um sie noch einmal zu füllen.

„Unsere Gangster sind Vollprofis. Sie haben die Aktion minutiös vorbereitet. Da ist es eigentlich selbstverständlich, wenn sie auch die Aufnahmen vorher minutiös geprobt haben."

Der Leiter des SEK reichte seinem Kollegen einen der beiden gefüllten Becher.

„Ja, da hast du recht. Was ich jedoch gar nicht in den Kopf bekomme, ist das Terzett der Knackis, die von den Jungs befreit werden sollen. Ein Autoknacker, ein Großdealer und ein Mörder und Betrüger, den ich wirklich gerne behalten würde, damit ich eventuell doch noch einen Zugang zu seinem Boss legen kann, um ihn endlich zu verknacken."

„Dieser Lolo war ein Mitarbeiter Gerbers?", fragte Frey.

„Ja, er gehörte zum ursprünglichen Vertriebsteam Gerbers. Mir ist schleierhaft, was unsere Bankräuber von dem Kerl wollen. Allerdings hat er sich bislang überaus angetan gezeigt auf diese Weise in Freiheit zu kommen. Die Kollegen, die ihn abgeholt haben, waren übereinstimmend der Ansicht, Lolo hätte mit dieser Befreiungsaktion gerechnet."

„Das kann ich mir gut vorstellen. Der Kerl hat lebenslänglich", stellte Frey fest.

„Was ist mit dem Geld?", wollte Kowalski wissen.

„Das hat fünf Minuten bevor du kamst ein Kurier der Landeszentralbank abgeliefert. Sechs Millionen in Fünfzigern sind eine ganze Menge Papier."

„Keine Ahnung wie viel Papier das ist. Ich bin Beamter der Besoldungsgruppe A 13, wenn mich meine Erinnerung nicht trübt. In puncto Soll und Haben meiner Kontoführung hatte ich es noch nie mit Summen zu tun, die größer waren als vier Stellen vor dem Komma. Und das war als schwarze Zahl weiß Gott selten der Fall. Wie viel sind sechs Millionen in Fuffis?"

Thomas Frey rekapitulierte so sachlich, dass Kowalski sich dabei an einen der Vorträge von Mad Max erinnert: „Eine Million Euro in 50 Euroscheinen wiegen genau 18,40 Kilo.

Der Stapel mit 20.000 neuen Banknoten, die eine Million ergeben, ist zwei Meter hoch. Und nicht zuletzt für die Logistiker in unserer lauschigen kleinen Runde, die Million in Fuffis nimmt ein Volumen von 21,56 Litern ein. Also stell dir für die gesamte Summe sechs bis sieben 20-Liter-Kanister vor, die zusammen knapp 120 Kilo wiegen."

„Donnerwetter. Das ist viel mehr Material als ich gedacht hätte. Wie ist die Kohle verpackt?"

„In sechs entsprechend großen und verwanzten Koffern. Ich nehme nicht einmal eine Wette um ein kühles Blondes in der „Bullenweide" an, dass wir keine Chance erhalten werden, die Peilgeräte in den Koffern zu nutzen. Die Geldübergabe ist geradezu perfekt organisiert. Jeder der drei Freigepressten schnappt sich zwei Koffer und liefert sich quasi mitsamt der Kohle ab."

„Da halte ich nicht dagegen. Aber eine Einladung zum Bier steht, wenn wir diesen Irrsinn ohne großen Kollateralschaden hinter uns bringen. Wenn es dich dabei nicht stört, dass ich mir zur Gesellschaft ein prickeliges Wässerchen in die Rübe knalle. Sollte ich ganz gut drauf sein, sogar mit Fitzelchen Zitron von Schale."

Thomas Frey lachte, doch Kowalski hakte mit vollem Ernst weiter nach: „Wir hätten also drei Gangster, 120 Kilo Geld, neun Geiseln und drei Freigepresste. Wie wollen unsere Täter damit die Biege machen? Wie sieht ihre Forderung bezüglich eines Fluchtwagens aus?"

„Du wirst lachen. Was das Fluchtfahrzeug anbelangt, liegt weder bei uns, noch beim Nikolaus ein Wunschzettel vor. Die klassische Limousine würde die Jungs mit ihren vielen Gästen und ihrem Reisegepäck kaum weiterbringen. Selbst wenn sie vollgetankt ist."

Die beiden Männer schwiegen für einen Augenblick.

„Weißt du was?", fragte Kowalski plötzlich.

„Worauf willst du hinaus?"

„Ich bin mir sicher, die werden keine Forderung nach einem bestimmten Fahrzeug stellen. Die haben ihren Rückzug genauso gut geplant wie die ganze Aktion."

„Meinst du wirklich?"

„Überleg doch mal. Wir haben es mit einem perfekt vorbereiteten Trio zu tun, das vom feinsten bewaffnet ist, YouTube und sonst was hacken kann und nicht die geringsten Hemmungen kennt. An deren Stelle hätte ich meine Flucht ebenfalls minutiös vorbereitet und organisiert. Wenn ich ein eigenes Fahrzeug verwende, kann ich sicher sein, dass es nicht mit Wanzen oder GPS präpariert ist."

„Dafür lauern jede Menge Einsatzfahrzeuge und Hubschrauber in Habachtstellung."

„Können die auch nachts fliegen?"

„Wie kommst du darauf?"

„Wann läuft das Ultimatum ab? Um halb vier in der Nacht?

Thomas Frey nickte.

„Wir haben Juni. Der Monat mit den kürzesten Nächten. Ich habe keine Ahnung, wann morgen früh Sonnenaufgang ist. Aber ich bin mir sicher, um 3.30 Uhr ist es noch stockfinster."

Thomas Frey griff zum Funkgerät.

„Stefan, kannst du schnell eruieren, wann morgen früh die Sonne aufgeht?"

Es dauerte keine 20 Sekunden, bevor es im Funkgerät wieder knackte.

Die Antwort fiel knapp aus. Er wandte sich wieder Kowalski zu.

„Bingo! Um 3.30 Uhr ist es noch stockfinster. Die Sonne geht am 6. Juni genau um 4.22 Uhr auf. Es dämmert also erst gegen vier Uhr."

„Ich bin mit Hubschraubern nicht so bewandert. Können die auch nachts fliegen?"

Thomas Frey nickte.

„Natürlich. Wir haben am Flughafen einen Helikopter vom SEK stationiert. Gut, dass wir uns gerade über die Fluchtmöglichkeiten unterhalten haben. Ich lasse den Heli sofort einsatzbereit machen. Sag jetzt nichts. Das hätte ich natürlich sofort veranlassen müssen."

Er griff wieder zum Funkgerät und richtete die Anweisung an den Kollegen.

Thomas Frey stand von seinem Platz auf.

„Sorry, aber ich muss unsere kleine Plauderei an dieser Stelle unterbrechen und mich um mein Team kümmern. Es wäre eine große Hilfe, wenn du mit deinem cleveren Köpfchen weiter am Ball bleibst. Noch so ein paar kluge Einfälle wie der mit dem Heli und wir schnappen uns die bösen Buben, bevor sie noch mehr Scheiße bauen können."
Kowalski stand ebenfalls auf.
„Kein Thema. Ich wollte mich sowieso vom Acker machen. Ich muss den Kollegen Keller zurück ins Leben rufen. Er kann in diesem Fall nur hilfreich sein. Allerdings muss ich ihn vorher medizinisch betreuen. Er hatte heute Abend ein verdorbenes Pils."
Die beiden Männer lachten und schüttelten sich die Hand.
Kowalski wandte sich zum Gehen, während es im Funkgerät von Thomas Frey wieder knackte. Er führte das Gerät zum Ohr und aktivierte die Empfangsfunktion. Kowalski wandte sich wieder seinem Freund zu und registrierte bestürzt, wie der erblasste und nur „Gottverdammte Scheiße" murmelte. Dann ließ er das Funkgerät förmlich auf den Tisch fallen.
„Was ist passiert?", wollte Kowalski wissen.
Thomas Frey achtete gar nicht auf ihn. Während er mehrmals „Gottverdammte Bastarde!" schrie, aktivierte er seinen Laptop, der mit aufgeklapptem Bildschirm auf dem Tisch gestanden hatte.
Auf dem Bildschirm erschien wieder die Seite von YouTube. Das schwarze Fenster für die Video-Wiedergabe erwachte zum Leben. Es erschien ein schmerzhaft vertrauter Schriftzug. Diesmal lautete er: „Hinrichtung Nr. 3". Dann verfolgten die beiden Beamten voller Entsetzen die ablaufende Videosequenz einer weiteren 32-sekündigen Hinrichtungsszene. Diesmal musste ein Mädchen sterben, das die beiden Beamten, trotz verklebtem Mund und verbundenen Augen, auf höchstens zehn oder elf Jahre schätzten.

5. *Juni 2014, 23.30 Uhr*

„Hauptkommissar Kowalski?" – Die Stimme von Oberstaatsanwalt Dr. Krömer drang aus dem Hörer. *Wen hast du erwartet, wenn du meine Nummer wählst, du Klappspaten,* dachte Kowalski, als er das Gespräch angenommen hatte, *den Geist der vergangenen Weihnacht?*
„Ja, Dr. Krömer?"
„Sie haben bei unserem Gespräch mit Viktor Korschinek die Frage gestellt, welche dienstliche Rolle Sie in diesem Falle übernehmen sollen. Nun, jetzt ist es amtlich: Sie sind offiziell dabei. Auf Anweisung des Innenministers haben wir die *SoKo City-Bank* eingerichtet. Alle Kräfte der Polizei die verfügbar sind, arbeiten ab sofort bei dieser Sonderkommission mit. Jeder Urlaub ist gestrichen. Der Banküberfall genießt für alle Kräfte die höchste Priorität. Bitte machen Sie sich sofort auf den Weg in das St. Agnes Krankenhaus. Der behandelnde Arzt der Bankmitarbeiterin Katharina Möller ist damit einverstanden, dass sie einige Fragen beantwortet."
„Geht in Ordnung. Ich bin schon unterwegs. St. Agnes ist höchstens zehn Minuten von meinem aktuellen Standort entfernt."
Kowalski beendete das Gespräch und gab dem Polizeiobermeister hinterm Steuer die Adresse für das nächste Ziel. Der Oberstaatsanwalt hatte Kowalski einige Angaben zu der Bankmitarbeiterin, mit der er gleich sprechen sollte, auf sein Smartphone geschickt. Katharina Möller war 53 Jahre alt, alleinstehend und arbeitete seit ihrem 17. Lebensjahr bei der City-Bank. Sie hatte sich direkt nach der Mittleren Reife um einen Ausbildungsplatz als Bankkauffrau bei dem Geldinstitut beworben und war wegen ihrer guten Noten sofort angenommen worden. Laut Auskunft ihrer Personalakte, die die Bank dem LKA direkt übermittelt hatte, war Katharina Möller eine zuverlässige Mitarbeiterin, die jeden Tag einen perfekten Kassenabschluss präsentierte. Sie hatte in der ganzen Zeit bei der

City-Bank kaum Fehlzeiten wegen Krankheit angesammelt. Frau Möller verfügte auf ihrem Girokonto über ein Saldo von aktuell 4582,86 Euro und hatte 25.000 Euro in Sparbriefe investiert. Zum Haushalt der Katharina Möller zählte ein Kater namens „Chewbacca". Sie lebte in einer Zweieinhalbzimmer-Eigentumswohnung, deren Hypotheken seit mehr als acht Jahren bis auf den letzten Cent getilgt waren.

Im Empfangsbereich des Krankenhauses wartete bereits ein Arzt auf Kowalski, der sich als Dr. Mannhardt vorstellte und den Hauptkommissar in einen Raum im dritten Stock führte. Der Arzt klopfte und sie betraten nach einem leisen aber bestimmten „Herein!" das Zimmer.

Kowalski blickte sich um. Es war ein typisches Krankenzimmer, das den gleichen unsympathischen Geruch verströmte wie der Rest des Krankenhauses. Der Raum war relativ schmal. Direkt neben dem Eingang stand ein leeres Krankenbett. Im zweiten Bett saß aufrecht eine Frau mittleren Alters in einem Bademantel. Sie versuchte ihre Besucher mit einem Lächeln zu begrüßen, was ihr jedoch nicht wirklich gelang. Der Hauptkommissar trat an das Bett und reichte der Frau die Hand.

„Guten Abend, Frau Möller. Mein Name ist Kowalski. Hauptkommissar Rufus Kowalski. Ich bin Mitglied des Sonderkommandos, das das Landeskriminalamt wegen des Überfalls auf Ihre Bankfiliale zusammengestellt hat. Ich weiß, Sie haben Schlimmes erlebt und es ist bereits spät, aber wenn Sie sich in der Lage fühlen, einige Angaben zu machen, könnte sich das als große Hilfe für uns erweisen. Es stehen Menschenleben auf dem Spiel."

Katharina Möller räusperte sich. Sie war nicht sehr groß. Kowalski schätzte sie trotz ihrer halb liegenden Position auf 1,65 Meter. Die Frau war deutlich übergewichtig. Der Busen wogte matronenhaft unter einem weißen Nachthemd. Sie trug ihre Haare hochtoupiert. Dem Blond, das nicht nur sauber, sondern viel zu rein wirkte, hatte ein Haarfärbemittel hilfreich zur Seite gestanden. Die Frisur verlieh ihr einen ebenso altmodischen Ausdruck wie die Brille mit den mandelförmig gefassten Gläsern. Sie machte trotzdem einen koketten Eindruck und hatte sich vor dem Eintreffen des Hauptkommissars herausgeputzt. Sie hatte sich die Lippen sorgfältig mit einem mohnroten Stift nachgezogen. Dennoch irrten ihre Augen nervös hinter den Brillengläsern umher. Ihre vor dem Körper gefalteten Hände hatten sich so fest in die Decke des Krankenbetts gekrallt, dass die Knöchel weiß hervorstanden.

Die Frau startete einen weiteren Versuch eines Lächelns.

„Ich bitte Sie, Herr Kommissar. Obwohl mich der reizende Doktor mit reichlich Beruhigungsmittel gefüttert hat würde ich sowieso nicht zur Ruhe kommen. Wenn ich Ihnen helfen kann, wäre mir das ebenfalls eine große Stütze."

Kowalski begann behutsam mit der Befragung. Katharina Möller war nervös und redete wie ein Wasserfall. Sie verlor sich nach wenigen Sätzen in ausschweifender Geschwätzigkeit. Sie beschrieb wie die Gangster die Filiale gestürmt hatten. Wie sie sich auf den Bauch legen musste, die Augen verbunden bekam und dann die Bank unter Todesangst verlassen durfte. Allerdings erwies sich Frau Möller als geübte Beobachterin. Sie konnte die Kunden erstaunlich exakt beschreiben.

Es bereitete Kowalski zunehmend Schwierigkeiten, seine Aufmerksamkeit mit geduldiger Freundlichkeit zu bemänteln. Er nutzte eine kurze Pause im Redefluss seiner Gesprächspartnerin um sich zu erheben. Er reichte Katharina Möller die Hand und bedankte sich wortreich für ihre Mitarbeit. Bevor er zu den obligatorischen Wünschen für künftiges Wohlbefinden kam, fiel ihm die Frau ins Wort.

„Es tut mir leid, wenn ich Ihnen nicht mehr berichten kann. Es ging alles so schnell und viel habe ich nicht sehen können, weil ich ja auf dem Bauch liegen musste. Als die Männer in die Bank gekommen sind, holten zwei so komische Waffen aus ihren Taschen und hängten sie sich um."

Kowalski stutzte und setzte sich wieder.

„Was verstehen Sie unter komischen Waffen?"

Katharina Möller wurde ein wenig verlegen und schlug wieder die Augen nieder.

„Wissen Sie, ich habe ein ungewöhnliches Hobby. Aber ich rede nur mit ganz wenigen Menschen darüber, sonst halten mich meine Mitmenschen für bekloppt."

Kowalski tätschelte ihre Hand. „Ich versichere Ihnen, ich halte Sie nicht einmal im Ansatz für verrückt. Und jetzt haben Sie mich richtig neugierig gemacht. Heraus damit. Was hat es mit Ihrem Hobby auf sich?"
„Meine heimliche Leidenschaft ist Science-Fiction. Ich habe hunderte von Romanen gelesen, sehe mir alle entsprechenden Filme im Kino an und kenne natürlich auch jede einschlägige Fernsehserie."
„So wie ‚Raumschiff Enterprise' oder ‚Invasion von der Vega'?", fragte Kowalski. „An die kann ich mich aus meiner Jugend erinnern."
„Ja, genau. Das waren gerade die beiden Serien, die bei mir in jungen Jahren das Interesse an Science-Fiction geweckt haben. Natürlich bin ich auch später, beispielsweise bei ‚Raumschiff Voyager' oder den diversen Serien von ‚Stargate' am Ball geblieben. In ‚Stargate Atlantis', das ist eine recht junge Serie, benutzen die Menschen solche automatischen Waffen mit kurzen Läufen und Magazinen, die in der Schulterstütze untergebracht sind, um sich gegen die Aliens zur Wehr zu setzen. Der Abzug sitzt weit vorne."
„Ich muss mich zwar als Banause outen, was Science-Fiction anbelangt und von ‚Stargate Atlantis' habe ich nicht die geringste Ahnung. Aber ich glaube, ich kann Ihnen folgen. Warten sie bitte einen Moment."
Kowalski aktivierte sein Smartphone. Er gab den Begriff „Maschinenpistolen" bei Google ein und aktivierte die Bildfunktion. Er reichte Katharina das Gerät, die durch die Bilder scrollte. Als sie fündig wurde reichte sie das Telefon an Kowalski zurück. Sie deutete dabei auf eine „FN P90".
Kowalski zog die Augenbrauen hoch. Wenn bisher letzte Zweifel bestanden hatten, dass es sich bei den drei Geiselnehmern um Profis handelte, waren diese nun mit dem konkreten Hinweis auf ihre Bewaffnung zerstreut. Er bedankte sich bei der Zeugin, wünschte ihr alles Gute, verabschiedete sich mit wachsender Angst, dass er seine Rechte opfern müsste um wegzukommen, und wandte sich zum Gehen.

6. Juni 2014, 0.15 Uhr

Thomas Frey blickte Kowalski zweifelnd an.

„Die Täter sind tatsächlich mit belgischen FN P90 ausgerüstet?"

„Die Zeugin hat die Waffen ziemlich einwandfrei identifiziert."

In der letzten Stunde hatte sich eine Menge in der Sporthalle getan, die als Einsatzzentrum diente. Die Einsatzkräfte hatten vier Reihen von Tischen aufgestellt. Das diffuse Licht im Raum hellte nun die zahlreichen Monitore auf, hinter denen Beamte in Einsatzausrüstung saßen und Computer bedienten oder ruhig mit gedämpften Stimmen telefonierten.

Wieder einmal musste Kowalski an das verzerrte Bild solcher Einsätze denken, wie es das Fernsehen in seinen beknackten Serien transportierte. Da rannten die Beamten der Sondereinsatzkommandos nach einer Geiselnahme herum als wären sie Mitglieder der Murmel AG in der Gaga-Farm. Die wichtigsten Protagonisten brüllten sich beständig an, um ihre Kompetenz zu klären. Als wäre ein gut ausgebildetes Borderline-Syndrom eine unverzichtbare Voraussetzung, um sich für einen Job im gehobenen Polizeidienst zu qualifizieren und Extremsituationen wie Geiselnahmen managen zu dürfen.

Thomas Frey hatte in dem Seitenraum mit den Sportgeräten seine improvisierte Kommandostelle eingerichtet. In dem fensterlosen Raum stapelten sich Turngeräte und Bodenmatten. Die über Jahre zu selten getauschte Luft hatte den Geruch von altem Schweiß und Leder im Raum wie einen stabilen Bezug festgetackert. Thomas Frey hockte auf einem der beiden Tische.

„Nichts gegen die Zeugin. Aber wie kann eine alleinstehende Bankmutti, die gerade viel Schlimmes durchgemacht hat, eine so spezielle Maschinenpistole derart bestimmt identifizieren?"

„Die Frau hat ein recht bemerkenswertes Hobby."

„Den Ehrenvorsitz in der Assassinengilde? Kochen und Backen mit Plastiksprengstoff?"

„Nein, du bröseliger kleiner Scherzkeks, du. Frau Möller ist Science-Fiction Fan. Sie kennt jeden Roman, jeden Film und alle einschlägigen Serien im Fernsehen. Sie hat die Waffen anhand einer Serie namens ‚Stargate Atlantis' identifiziert."

Thomas Frey grinste.

„Da sag noch einer, Fernsehen macht blöd. Ich kenne die Serie. Lief eine Zeitlang spätnachmittags bei Tele Fünf. Genau der richtige Schwachsinn zum runterkommen, wenn du Schichtdienst und anschließend drei Stunden Sport gehabt hast. Ich weiß welche Waffen da zum Einsatz kommen. Derartige Ballermänner verscherbelt niemand so einfach schwarz unter dem Ladentisch. Diese Knarre ist ein verdammt heißes Teil. Ich persönlich würde sie sofort gegen meine Heckler & Koch eintauschen. Möchtest du eine weitere Wette um ein Bier riskieren, dass unsere Jungs ganz nebenbei richtig gut mit ihren Ballermännern umgehen können?"

„Nein, vielen Dank", winkte Kowalski ab, „in diesem Raum wird niemand diese Wette annehmen."

„Hauptsache wir haben darüber gesprochen", zuckte Frey mit den Schultern.

„Wie ist denn der Stand bezüglich unserer drei Tenöre?", hakte Kowalski nach.

„Sind bereits eingetroffen. Wobei ich mir in Punkto Qualität der Sangeskunst bei diesen drei Galgenvögeln keine großen Illusionen mache", erklärte Frey mit einem Lächeln.

„Kann ich mich mit ihnen unterhalten?"

„Im Prinzip spricht nichts dagegen. Wir haben hinter der Sporthalle einen Gefangenentransporter als mobilen Knast geparkt. Muller und Jensen sind richtige Herzchen. Tätowierte Assis der untersten Schublade. Berufsverbrecher wie aus dem Bilderbuch. Ich riskiere die nächste Pils-Wette mit der These, dass denen ihre Muttis morgens ein Schnitzel um den Hals gebunden haben, damit wenigstens die Straßenköter mit den kleinen Bastarden spielen wollten. Das trifft auch auf Lolo zu. Der raucht am liebsten zwei Kippen auf einmal und fühlt sich mehr als wohl in seiner Haut. Ich habe das Gefühl als genieße er die Aktion, weil sie ihn vom kleinen schmierigen Bescheißer und Kindsmörder zu so etwas wie einem kriminellen Schwergewicht befördert. Für Muller und Jensen würde ich keine Sekunde opfern. Die haben Oberwasser. Feixen, belegen alle Vertreter der Ordnungsmacht ständig mit beleidigenden Tiernamen und machen ansonsten ausgiebig von ihrem Recht zu Schweigen Gebrauch."

„Dann lass uns doch mit Herrn Lolo ein Ründchen plaudern. Bist du dabei?"

Während sie auf den Gefangenen warteten rief Kowalski im Dezernat an. Bereits nach dem zweiten Klingelzeichen meldete sich Viktor Korschinek.

„Hallo Viktor. Ich bin bei Thomas in der Einsatzzentrale des SEK. Wir wollen uns mit Lolo unterhalten. Wie sieht es übrigens mit dem wertgeschätzten Kollegen Keller aus? Reist er immer noch durch die Zwischenwelten oder haben die ersten Wiederbelebungsversuche bereits gefruchtet?"

Ohne direkt darauf zu antworten, reichte Viktor Korschinek sein Telefon weiter. Mad Max meldete sich.

„Das kleine Mäxchen meldet sich zur Stelle."

„Wie geht es dir? Wieder einigermaßen nüchtern?"

„Der eine sagt so, der andere so. Ich habe erst einmal herzhaft gekotzt und bin dann mit dem Kopf unter den kalten Wasserhahn. Habe ein weiteres Mal genauso göttlich gekotzt, anschließend einen starken Kaffee getrunken und daraufhin in dickem Strahl zum dritten Mal gekotzt. Abwechslung ist doch immer wieder das Salz des Lebens. Und aller guten Dinge sind bekanntlich drei. Jetzt fühle ich mich wie ein überfahrenes Eichhörnchen, aber ich stehe für jede Schandtat bereit. Wie kann der arme Sméagol dem guten Herrn zu Diensten sein?"

„Schön, dass du wieder an Bord bist. Lass bitte die Drähte glühen. Gehe jeder Meldung über Waffendiebstahl nach. Selbst wenn im städtischen Kindergarten von Bad Westernkotten eine Wasserpistole auf unerklärliche Weise verschwunden ist, will ich das wissen. Die Täter verwenden Berettas und belgische FP N90. Ich habe keine Ahnung, wo du konkret ansetzen kannst. Ach ja, und klappere noch einmal die Kandi-

daten ab, die befreit werden sollen. Und danach noch einmal und noch einmal. Bis wir etwas gefunden haben."
„Korschinek hat mich schon auf den Stand der aktuellen Lage gebracht. Ich werde mir was einfallen lassen. Macht euch keine Gedanken."

Kowalski beendete das Gespräch, weil zwei Kollegen des SEK den Gefangenen Lolo in den Raum führten.

Mathèo Lolo war knapp 1,80 Meter groß und trug seine Zivilkleidung. Ein schwarzer Nadelstreifenanzug, der aus den aktiven Tagen des Betrügers stammte und damals mit Sicherheit auf Maß geschneidert war. Die Gefangenenkost hatte Herrn Lolo entweder besser gemundet als den meisten anderen Gästen des modernen Strafvollzugs oder er hatte in den Jahren seiner Haft den sportlichen Ausgleich vernachlässigt. Jedenfalls spannte das Jackett ordentlich um die saftigen Hüften und ließ sich nicht mehr schließen. Lolo hatte den Zweiteiler mit einem fliederfarbenen Hemd kombiniert, dessen obere drei Knöpfe geöffnet waren und den Blick auf eine dicht bewaldete Brust freigab. In deren bürstenartigen schwarzen Haaren ruhte ein riesiges goldenes Kreuz mit dem Schmerzensmann als beinahe lebensgroßem Anhänger. Es hing am Ende einer Panzerkette, ebenfalls aus Gold und dick genug, um sich im Nebenjob erfolgreich als Ankerkette für einen Flugzeugträger bewerben zu können.

Der Mann hatte sein dichtes schwarzes Haar mit altmodischer Pomade nach hinten gekämmt und über der Stirn zu einer Tolle aufgetürmt, von der Elvis Zeit seines Lebens nur träumen konnte. Die Frisur endete im Nacken über den vor Schuppen strotzenden Kragen von Hemd und Jacke. Lolo trug einen dünnen Schnurrbart und grinste breit. Dabei gab er den Blick auf einen ungepflegten Zahnzustand frei, dessen obere Schneidezähne aus Gold bestanden. Er hielt die Arme, die mit Handschellen fixiert waren, den Beamten entgegen. So als wolle er darauf drängen sofort von diesen Schmuckstücken befreit zu werden. Kowalski ignorierte die Geste. Lolo zuckte mit den Schultern, griff mit beiden Händen in die Brusttasche auf der rechten Seite seines Hemdes und förderte eine Schachtel Marlboro heraus. Die fixierten Hände behinderten ihn ein wenig. Als geübter Kettenraucher ließ er sich jedoch von dem verchromten Handicap nicht irritieren. Mit den Lippen zog er eine Zigarette aus der Box. Als er sie mit einem Zug entfacht hatte griff Thomas Frey nach der Zigarette, riss sie Lolo von den Lippen und warf sie in einen der Kaffeebecher, die auf dem Tisch standen. Die Zigarette erlosch mit einem kurzen Zischen. Lolos Miene wechselte schlagartig von einer impertinenten Überheblichkeit zu ärgerlicher Verachtung.

„Rauchen ist in öffentlichen Gebäuden verboten", erklärte Thomas Frey lakonisch. „Wir sind hier in einer Schule und nicht in deiner Zelle."

„Verdammte Bullenwichser", zischte Lolo. „Aber ich werde auch euch irgendwann alle kriegen."

„Ist nicht wahr?", reagierte Kowalski spöttisch. „Und wie soll das funktionieren? Du bist das personifizierte Nichts. Ein beschissener kleiner Kinderficker. Die mieseste Schabe im Knast. Wenn du in der Nacht ordentlichen Sex gehabt hast, brennt dir die ganze nächste Woche lang der Arsch oder du hast eine Sehnenscheidenentzündung im rechten Daumen. Du nimmst jetzt ganz schnell den Fuß vom Gas und versuchst ein bisschen netter zu uns zu sein. Glaubst du denn im Ernst, wir lassen dich so mir nichts dir nichts wegspazieren? Innerhalb von 24 Stunden haben wir deine Befreier und dich kassiert. Dann sitzt du wieder in deiner Zelle und singst von da an mindestens 20 Mal ‚Ihr Kinderlein kommet' im Knackichor."

Während Kowalski sprach, veränderte sich Lolos Mienenspiel. Von seiner trotzigen Verärgerung über das Rauchverbot über Erstaunen bis zu unbegrenzter Heiterkeit. Kowalski musterte den Roma: Er feixte wie der Joker, der sich anschickte, Gotham City endgültig in Chaos und Verderben zu stürzen.

Der Hauptkommissar wandte sich an Thomas Frey.

„Habe ich gerade etwas besonders Lustiges gesagt? Meine sexuelle Anspielung war politisch total unkorrekt. Und darüber hinaus noch aus irgendeinem Film geklaut."

Frey schüttelte den Kopf und zeigte an, dass er mit der Reaktion des Gefangenen ebenfalls nichts anfangen konnte. Kowalski wandte sich wieder an Lolo.

„Mach mich schlau. Wie konnte es mir gelingen, so erfolgreich zu deiner Erheiterung beizutragen? Vielleicht kann ich mich für einen Nebenjob als Alleinunterhalter beim nächsten bunten Abend der Bullenschweine bewerben."

„Aber bitte versprich mir dann, dass du deine Witze ganz, ganz langsam erzählst, damit sie auch jeder im Publikum versteht", ergänzte Thomas Frey und hoffte, die Schmierbacke würde die Feinheiten ihrer Eloquenz zu schätzen wissen.

Lolo schüttelte sich inzwischen vor Lachen. Er zog eine weitere Zigarette aus der Brusttasche seines Hemdes, als hätte er bereits vergessen, wie sein letzter Versuch zu rauchen geendet hatte und zündete die Kippe an. Thomas Frey schritt diesmal nicht ein.

„Ihr seid wirklich komisch. Das lustigste Gespann seit Dick und Doof. Da keiner von euch dick ist, gehe ich davon aus, dass ihr beide Doof und Doof seid. Was glaubt ihr eigentlich, mit wem ihr euch hier eingelassen habt? Eines kann ich euch versprechen: Ihr werdet weder von mir, noch von meinen Freunden in diesem Leben auch nur eine Spur entdecken. In vier Stunden bin ich weg und keine Macht der Welt wird in der Lage sein, mich wieder in den Knast zu stecken. Ach ja, warum habt ihr eigentlich nicht den lustigen Wichtel mit dem dicken Kopp mitgebracht, der mich das letzte Mal verhört hat? Hat der's nicht gebracht oder darf er wieder mit einer roten Zipfelmütze im Vorgarten eine Schubkarre voll Stiefmütterchen über den Rasen schieben?"

Lolo brach ab und musterte seine beiden Gesprächspartner, um die Wirkung seiner Worte zu überprüfen. Er registrierte Ungläubigkeit und Neugier.

„Was?", grinste Lolo noch breiter. „Das war keine Drohung. Das war ein Versprechen. Ach ja, den Zwerg könnte ich als Narr gut gebrauchen. Ich mach euch einen guten Preis für den verkackten kleinen Gadscho."

6. Juni 2014, 0.45 Uhr

„Maximilian Keller?"
Mad Max drehte sich zu Kowalski um, der hinter ihn getreten war. Angesichts des jämmerlichen Erscheinungsbildes seines Kollegen musste der Hauptkommissar grinsen. In der Hand hielt Kowalski ein Glas Wasser und zwei Alka Seltzer.
„Darf ich mich erkühnen zu fragen, wie sich das werte Befinden entwickelt?"
„Arschlecken, rasieren? Vier Euro Fünfzig", knurrte Keller. „Wenn du mir auf der Stelle einen Einlauf mit zwei Buletten und einem Liter heißem Terpentin verpasst, vergesse ich vielleicht für einen Moment meinen Brummschädel. Aber bevor wir weiterhin eine unausgewogene Mischung aus Albernheiten und Höflichkeiten über den aktuellen Status unserer physischen Befindlichkeit kultivieren, möchte ich für meinen Teil dafür plädieren, uns streng auf das Dienstliche zu beschränken. Wenn ich mich nicht irre, läuft das Ultimatum in nicht einmal drei Stunden ab. Für eure milden Gaben, die meine Leiden hoffentlich lindern, guter Herr, sage ich freilich meinen artigen Dank."
Keller riss dem Kollegen das Wasser und die zwei kleinen Päckchen aus der Hand. Er öffnete die Verpackungen mit den Zähnen und ließ die weißen Tabletten in die Flüssigkeit plumpsen, wo sie sofort begannen sich sprudelnd aufzulösen.
„Also ich bin nirgends auf gestohlene Waffen gestoßen. Die Täter müssen über Quellen verfügen, die mir weder offiziell noch meta-offiziell zugänglich sind. Da uns hierzulande keine wie auch immer legitimierten Quellen bekannt sind, aus denen sich die belgischen Bullpub-Wummen beziehen lassen, müssen wir von international vernetzten Tätern ausgehen. Ich habe zudem die Anrufe analysiert. Die Männer verwenden in der Tat Stimmverzerrer. Dafür ist kein großer technischer Aufwand erforderlich. Du kannst dir die erforderlichen technischen Komponenten per Internet in jedem Versand für

Techno-Tinnef bestellen. Kostet keinen Hunni. Auch wenn die Täter offensichtlich ein einwandfreies Deutsch sprechen, konnte ich Details in der Aussprache identifizieren, die auf eine slawische Herkunft schließen lassen. Für uns geht somit die Sonne im Osten auf."
„Eine slawische Herkunft? Kannst du das präzisieren? Polen, Russen, Bulgaren, Ukrainer?"
„Sorry, noch erfolgen diese Angaben ohne Gewähr. Die Verzerrung erleichtert eine Lokalisierung auch nicht gerade. Da muss ich eine größere Maschine anwerfen, schweres Gerät auffahren und vor allem Linguisten konsultieren, die mehr von der Sache verstehen als ich. Von wegen Dunkelfärbung der Konsonanten und so. Wenn wir den Umfang der Aktion und die Ausrüstung in Betracht ziehen und berücksichtigen, dass die Täter in der Lage sind, das Internet und YouTube zu manipulieren, würde ich persönlich auf Jungs aus dem russischen Raum tippen."
Kowalski lehnte sich zurück und dachte einen Moment über das nach, was ihm sein Kollege gerade unterbreitet hatte.
„Ich denke, da bist du auf der richtigen Spur. Was gibt es noch?"
„Na ja, in der kurzen Zeit, in der ich wieder unter den Lebenden weile, konnte ich noch keine Wunder bewirken. Ich habe die Typen, die befreit werden sollen durch alle Rechner und Filter gejagt. Es lässt sich beim besten Willen kein Zusammenhang erkennen. Die Kameraden sind sich nie begegnet, haben nie zusammen Mist gebaut und keine gemeinsamen Tage in Haft verbracht."
Kowalski schlug unvermittelt mit der rechten Faust auf die Schreibtischplatte, um seinen aufblühenden Frust zu kompensieren.
„Gut, das ist zwar zum Mäusemelken, aber was soll's. Da du Lolo gerade nicht explizit erwähnt hast, gehe ich davon aus, er passt bezüglich seiner sozialen Kompetenz nicht in das Schema des Terzetts."
„Das ist richtig", entgegnete Keller, der nach einer Flasche Wasser neben der Tastatur seines Rechners griff, sie öffnete

und fast komplett in den Hals rinnen ließ. Das Glas mit den Alka Seltzer war längst geleert.

„Scheiß Brand. Ich könnte saufen wie eine Ziege", stellte er mehr zu sich selbst fest, bevor er wieder zu einem dienstlicheren Tonfall wechselte.

„Mathèo Lolo teilte seine Zelle von Dezember 2011 bis September 2013 mit einem lettischen Staatsbürger namens Uldis Maksimenko. Maksimenko ist heute 41 Jahre alt und Mitglied einer internationalen Bande, die sich auf den Raub kompletter Lastzüge im gesamten westeuropäischen Raum spezialisiert hat. Wahrscheinlich ist Maksimenko sogar der Kopf der Bande. Die Jungs klemmen Lastzüge und statten sie mit perfekten neuen Papieren für die Ladungen und Fahrzeuge aus. Dazu gefälschte Zulassungen und Firmenaufschriften aus dem Baltikum. Dann geht's Richtung Osten."

„Und wo ist die Pointe?"

„Das kann ich dir noch nicht genau sagen. Fest steht, Maksimenko und Lolo waren ziemlich dicke, während sie zusammen einsaßen. Was bei derart unterschiedlichen Karrieren und Charakteren eigentlich merkwürdig ist. Lolo rangiert als Vergewaltiger und Kindsmörder in der Knasthierarchie noch unter den Schaben, die sich in die Küche verirren."

Mad Max reichte Kowalski ein Foto von Maksimenko. Der pfiff durch die Zähne. *Gegen dieses bebilderte Herzchen sieht King Kong wie ein indisches Hungerkind aus.* Keller fuhr fort: „Von Maksimenko ist zum einen ein Vorstrafenregister bekannt, das das Telefonbuch von Hamburg füllen könnte und zum anderen seine Herkunft aus Aizpute, einer westlich gelegenen Kleinstadt in Lettland mit rund 5500 Einwohnern, die im Mittelalter ein bekanntes Handelszentrum war. Für die historisch Interessierten in unserer exklusiven, kleinen Runde: Der deutsche Name von Aizpute lautete Hasenpoth. Die Leitung der Haftanstalt hat bestätigt, die beiden hätten sich fast ausschließlich auf Russisch unterhalten. Maksimenko wurde im letzten September entlassen und direkt den lettischen Behörden überstellt. Er saß bis Dezember offiziell in Riga, weil er auch in seiner Heimat einen ziemlich großen Deckel offen hatte. Bei der Überführung zu einer Vernehmung gelang es

Herrn Maksimenko, durch die Mithilfe unbekannter Komplizen zu entkommen. Bislang ist er unauffindbar. Somit steht er für eine Befragung nicht zur Verfügung."

„Mist. Und die Überprüfung weiterer Kontakte dieses Goldstücks lässt sich ebenfalls nicht schnell genug auf die Beine stellen", erwiderte Kowalski.

Keller drehte seinen Stuhl in Richtung des Kollegen und sah ihn fragend an.

„Euer Plauderstündchen mit Herrn Lolo hat sich wohl ebenfalls als Griff ins Klo erwiesen?"

Kowalski seufzte und nickte. Mad Max sah ihn an.

„Gut. Ich wage folgende These: Muller und Jensen sind Beifang. Wer stellt denn so einen Aufriss auf die Beine für einen Autoknacker und einen Dope-Schieber aus der unteren Tabellenhälfte ihrer kriminellen Bundesliga? Damit ist Lolo logischerweise die eigentliche Zielperson der Befreiung. Dann spüren wir doch ab sofort der Frage nach: Warum der Aufwand für die Befreiung eines Betrügers und Kindermörders, der nebenher ein paar Millionen abgestaubt hat? So kommen wir unweigerlich zur einzigen Frage, die jede Form des Verbrechens gleichermaßen formuliert. Wem nützt es? Zu Lolos Opfern zählten weder Russen noch Letten oder Deutsche. Er hat seine eigenen Landsleute über den Tisch gezogen und ein Mädchen seines Volkes geschändet und dann ermordet. Sorry. Aber dass die Roma ein solches Rad drehen, um sich eventuell an der Mistsau rächen zu können? Also das kann ich mir beim besten Willen nicht vorstellen. Das ist doch mehr als bescheuert. Wir können es drehen und wenden, wie wir wollen, der Arsch bleibt hinten und nichts macht den geringsten Sinn. Keine Angst, ich lege sofort wieder den Riemen auf die Orgel. Zieh du wieder hinaus in die feindliche Welt. Schnapp dir die bösen Buben, Tiger!"

Auf dem Hof wartete der Beamte im Streifenwagen. Kowalski bat ihn, ihn wieder zur Einsatzzentrale des SEK zu bringen. Als sich das Fahrzeug in Bewegung setzte, schaltete sich das Funkgerät ein. Der Kollege in der Zentrale war hörbar nervös und beorderte alle Einsatzfahrzeuge, die nicht in den Bankraub mit Geiselnahme involviert waren, zu einem schweren Verkehrsunfall. Ein Lieferwagen mit aktuellen Druckerzeugnissen der Springer-Presse hatte die Zugmaschine eines Gefahrguttransporters gerammt. Der Transporter war umgestürzt und blockierte eine große Kreuzung der B 334, die zum Hafen führte.

Kowalski fragte nach der Ladung des Transporters.

„Es handelt sich um 23.000 Liter Hydrazin. Der Tankcontainer ist nach einer ersten Prüfung unbeschädigt. Allerdings dringt offensichtlich Flüssigkeit aus dem Einfüllventil aus. Wir müssen die Umgebung augenblicklich in einem Umkreis von 500 Metern evakuieren. Im Gefahrenbereich liegt blöderweise eine Wohn- und Pflegeeinrichtung für Senioren. Und auch die überfallene Bank."

6. Juni 2014, 1.15 Uhr

Während der Streifenwagen zur Einsatzzentrale des SEK raste, brach in der gesamten Umgebung ein Inferno aus. Einsatzfahrzeuge der Polizei und der Feuerwehr preschten in ganzen Rudeln durch die Nacht. Kowalskis Wagen überholte einen Trupp des Katastrophenschutzes, dessen blaue Fahrzeuge mit Blaulicht und Martinshorn zum Unfallort jagten.

Kowalski drückte auf seinem Mobiltelefon die Kurzwahl von Keller.

„Wir kaufen nichts", meldete sich der Kollege mit Bestimmtheit.

„Du mich auch. Ich brauche sofort einen deiner Vortragsklassiker über Hydrazin im Schnelldurchlauf. Hier hat sich nämlich gerade ein Tanklaster mit dem Zeug auf die Seite gelegt. Mit ziemlich genau 23.000 Liter an Bord. Ich dachte, das ist ein Raketentreibstoff. Wieso gondelt ein derartiges Scheißzeug mitten in der Nacht durch unsere schöne Stadt?"

„Hydrazin, Hydrazin, lass mal schauen. Das ist eine farblose Flüssigkeit. Sie ist leicht entflammbar. Geruchlos, hygroskopisch und neigt zur Rauchbildung. Darüber hinaus stinkt das Zeug wie die Pest. Steigt die Temperatur auf mindestens 38 Grad, bildet Hydrazin mit der Umgebungsluft ein explosives Gemisch. Selbst ohne Sauerstoff ist die anorganische chemische Verbindung aus Stickstoff und Wasserstoff mit der Summenformel N_2H_2 ausgesprochen reaktionsfreudig. Sie bleibt brennbar, greift Metall an und bildet giftige Dämpfe wie zum Beispiel Ammoniak oder verschiedene Stickoxide. Bei allen chemischen Abläufen, an denen Hydrazin beteiligt ist, bleibt stets höchste Brand- und Explosionsgefahr bestehen. Wenn also rund 23.000 Liter von dem Zeug hochgehen führt das zu einem ziemlich tiefen Loch in der umgebenden Bausubstanz. In diesem Falle sehe ich schon die Schlagzeilen: Im Umkreis von mehr als 500 Metern gingen sämtliche Fensterscheiben zu Bruch!"

„Schön", unterbrach ihn Kowalski, „die Profis von Feuerwehr und Katastrophenschutz werden schon dafür sorgen, dass keiner mit einer brennenden Kippe um den Laster herum rennt. War's das?"

„Oh nein, mein Lieber. Zu deiner persönlichen Hydranzinpremiere solltest du unter allen Umständen in deinem besten Schutzanzug erscheinen. Das Gift findet sonst die unterschiedlichsten Wege in deinen Körper. Du kannst es beispielsweise oral, also in kleinen Häppchen, am besten auf Pumpernickel, zu dir nehmen. Einatmen führt ebenso zu einer erfolgreichen Vergiftung wie Hautkontakt Auch wenn Hydrazin erst bei 38 Grad ein explosives Gemisch mit der Luft bildet, entsteht die toxische Wirkung als Atemgift bereits ab 20 Grad. Und zum Abschluss eine kleine Auswahl von Beschwerden, die durch Aufnahme von Hydrazin auftreten können. Haut und Augen röten sich bereits bei geringsten Kontaktmengen. Es folgen Verbrennungen mit entsprechenden Schmerzen. Ein Löffelchen mit dem Munde genommen und du wirst brechen, was das Zeug hält. Dazu kommen Bauchkrämpfe, Ermattung und geistige Aussetzer bis hin zur Bewusstlosigkeit."

„Das genügt nun aber wirklich."

„So schnell schießen die Preußen nicht. Da wären noch ein paar Details zum Einatmen. Erst wird dir speiübel, dann folgen Hals- und Kopfschmerzen, ein brennendes Gefühl in den Lungen, Atembeschwerden und Atemnot. Das Gemeine an einer solchen Hydrazinvergiftung ist das verzögerte Auftreten dieser Beschwerden. Beim Gau einer Vergiftung kommt es zu einem Lungenödem. Aber vorher sind längst Leber, Nieren und das gesamte Nervensystem geschädigt. Das Krebsrisiko steigt zudem rapide und regelmäßige Einnahme führt ziemlich sicher zum Tode."

„Danke, danke. Das genügt! Da wir in diesem Land eher selten Raketen betreiben, um eine bundesdeutsche Raumstation mit Nachschub für ihre Besatzung zu versorgen, wäre es noch schön zu wissen, wozu das Zeug sonst noch gut ist."

„Verdünnte Hydrazin-Lösungen kommen in chemischen Laboren zum Einsatz. Als Reagenzien beispielsweise. Dampfkraftwerke verwenden das Zeug, um Wasser für die

Kessel zu deoxigenieren. Das heißt, um aus diesem Wasser den Sauerstoff zu trennen. Wäre ich kein kleiner Polizist, sondern Chemiker, würde ich Hydrazin in der chemischen Synthese als starkes Nukleophil oder als Reduktionsmittel von Carbonylgruppen verwenden. Aber bis ich dir Nukleophil und Carbonylgruppe erklärt habe, veröffentlichen internationale Medien Geschichten zum 25-jährigen Geburtstag der garstigen Vorfälle, die uns zurzeit so sehr in Atem halten. Denn dann müsste ich dir auch die sogenannten Wolff-Kishner-Reaktion oder Wolff-Kishner-Reduktion erklären. Ach ja, verschiedene Derivate von Hydrazin finden sich auch in Unkrautvernichtern und die Pharmakologie verwendet das Zeug ebenfalls."

„Ich danke dir wie immer für das erhellende Gespräch."

Der Passat hielt vor der Sporthalle und Kowalski spurtete in die Einsatzzentrale. Thomas Frey stand in einer Ecke, biss sich auf die Unterlippe und hörte einem Kollegen zu. Er bemerkte Kowalski und hob die Hand. Als der Hauptkommissar den Einsatzleiter erreicht hatte, rief er: „Himmel, Arsch und Wolkenbruch. Kannst du mir vielleicht erklären, was da für eine degenerierte Micky-Maus-Scheiße abläuft? Erst der Überfall und jetzt noch ein mittelschwerer Katastrophenfall mit zigtausend Litern übelster Chemiescheiße, die sich an frischer Luft in einen Dr. Jekyll aus purem Gift und in einen Mister Hyde aus hochexplosivem Sprengstoff verwandelt."

Kowalski nickte. „Keller hat mir gerade bestätigt, es reichen 20 Grad, damit der Ernstfall eintritt, wenn das Giftzeug in die Atmosphäre gelangt. Das heißt, dann kommt es zu einer Vergiftung der Luft. Vielleicht kann sich die Anschlussinformation für die gute Nachricht qualifizieren? So richtig doll Krawumm macht Hydrazin in Verbindung mit Luft erst ab 38 Grad. Aber das kann uns dann auch Wurst sein, denn schon ab 35 Grad gibt es hitzefrei. Gut, dass es mitten in der Nacht ist. Wenn es hochkommt, herrschen draußen 14 oder 15 Grad."

„Na, da freue ich mich doch wie Bolle", grummelte der Einsatzleiter. „Willst du immer noch keine Wette mit mir riskieren?"

„Kommt darauf an, um was es geht."

„Ich setze ein komplettes Jahresgehalt gegen ein albanisches Rubbellos, dass der Chemieunfall kein Zufall war. Das passt viel zu gut zu unserem Überfall. Egal was die Gangster vorhaben, das Chaos, das nun wegen der Evakuierung und der Bergung von dem Giftzeug herrscht, passt doch wie Arsch auf Eimer. Die Chancen, wesentlich problemloser verduften zu können, sind um hundert Punkte gestiegen."

Kowalski konnte die Wut seines Kollegen gut verstehen.

„Wir sollten bei dem Unfall ansetzen. Gab es Verletzte? Was ist mit den beiden Fahrern?"

„Der Mann aus dem Lieferwagen hat nichts abbekommen, der andere aus dem Lastwagen hat äußerlich ein paar Kratzer davongetragen, als seine Kiste umgekippt ist."

„Sind die beiden Männer ansprechbar?"

„Der Typ aus dem Giftlaster hat einen Schock, ist katatonisch und brabbelt nur dummes Zeug. Die Kollegen konnten die Papiere bergen. Der Sattelzug ist auf eine große internationale Spedition zugelassen. Der Fahrer hatte das Zeug bei einem Chemiekonzern in Nordrhein-Westfalen gestern um die Mittagszeit abgeholt, pünktlich alle Lenkpausen eingehalten und war vollkommen nüchtern. Der Kerl aus dem Lieferwagen ist soweit ok", berichtete Frey.

„Dann möchte ich mit ihm sprechen."

6. Juni 2014, 1.15 Uhr

Mathèo Lolo musste noch immer lachen, wenn er an die Begegnung mit den zwei Arschgeigen vom LKA dachte. Die Bullen machten ihm Spaß. *Scheissen sich in die Hosen, weil seine Freunde richtig Druck machen. Uldis hat nicht zu viel versprochen.* Was Lolo auch nie in Zweifel gezogen hätte. Gut, die Männer als Freunde zu bezeichnen war etwas hoch gegriffen. Tatsächlich kannte er die Männer gar nicht, die offensichtlich wegen ihm eine ganze Stadt, ein ganzes Land in Angst und Schrecken versetzten. Noch nicht. Aber bisher war alles so gekommen, wie es Uldis ihm in der Zelle in die Hand versprochen hatte. Endlich war Lolo da angekommen, wo er sich schon lange in der Hierarchie des Verbrechens gesehen hatte. *Ganz oben. Da, wo die richtig bösen Buben spielten. International, ohne Skrupel und immer eine Nasenlänge besser als die gesamte gottverdammte Bullerei.*

Lolo sah sich selbst als Berufsverbrecher. Eine Laufbahn, die er früh und mit fürchterlicher Konsequenz eingeschlagen hatte. Bereits als Kind war er ein pathologischer Lügner gewesen. In der Grundschule bestahl er seine Mitschüler, schwänzte regelmäßig den Unterricht, zerstörte mit Leidenschaft öffentliches Eigentum. Von Papierkörben, die in Flammen aufgingen, über demolierte Telefonzellen bis zu aufgeschlitzten Sitzen und Polstern in Omnibussen und Straßenbahnen. Mit zehn Jahren war er schon ein starker und leidenschaftlicher Raucher.

Nachdem die Bullen ihn zum dritten Mal nach einem Autoklau aufgegriffen hatten, war er zum ersten Mal für ein halbes Jahr in einem Jugendknast gelandet. Eine Woche nach seinem 14. Geburtstag. Künstlerpech, da er nun strafmündig war. Er war ein Zigeuner. Oder politisch korrekt: ein Mitglied des Volkes der Sinti und Roma. Das verbesserte seine Sozialprognose nicht zwingend. *Die Bekloppten von der Aufsicht und Betreuung im Knast hatten dennoch immer an das Gute in den jungendlichen Knackis geglaubt.* Lolo hatte es schnell zur Meisterschaft im Tricksen und Täuschen gebracht, und jedem Sozialfuzzi immer genau das vorgesungen, was dieser hören wollte. Er war relativ klein, zierlich und hatte die großen schwarzen Kulleraugen seines Volkes. *Die konnte er rollen und mit Tränen füllen, bis jeder Psychodoc im Knast mich spätestens nach 30 Sekunden für das verfickte Jesuskind persönlich gehalten hatte.* Und somit waren sie auf beiden Augen zu blind, um in ihm das wahre Bild zu erkennen: Einen vollkommen verkanteten und unerziehbaren kleinen Assi.

Einmal hatte er sogar das Vergnügen gehabt, mit einem halben Dutzend Kollegen und genau so vielen Betreuern drei Wochen an Bord eines Segelschiffs auf der Ostsee zu verbringen. Ein staatlich geförderter Luxusurlaub zur Verbesserung des Sozialverhaltens. Lolo hatte brav Kartoffeln geschält, Geschirr gespült, Wäsche gewaschen und sich in Lobkreise integrieren lassen, nur um seine Ruhe zu haben. Wenn der Kahn am Abend angelegt hatte, waren sie regelmäßig durchgebrannt, hatten Kioske geknackt, sich mit Alk und Kippen eingedeckt und dann irgendwo am Strand Party gemacht. Einmal, in Dänemark, hatten sie im nächtlichen Suff die geniale Idee gehabt, drei Katzen aufzugreifen. Denen hatten sie dann an ihrem Lagerfeuer glühende Schraubenzieher in den Arsch gesteckt und sich kaputt gelacht, wie die blöden Viecher ausgeflippt sind, bevor sie dann hopsgingen.

In den folgenden Jahren hatte Lolo alles mitgehen lassen, was nicht niet- und nagelfest gewesen war. Mit seinen Kumpel hatte er auch Köter geklaut. Möglichst kleine Hunde von alten Omis, die das gar nicht so richtig rafften. *Aus der Rasse der Nuttenfiffis und Fotzenlecker. Die Viecher haben wir jedoch nicht geschnappt, um sie zu verkaufen, sondern um bei Spiel, Sport und Wetten einen ordentlichen Reibach zu machen.* Die Köter erhielten jede Menge elektrische Stromstöße, damit sie aggro wurden. Und natürlich nichts zu fressen. Nach zwei oder drei Tagen waren sie reif für die Kühltruhe. Diese Truhe war in den Boden eingegraben, damit man sich gut darum versammeln konnte und als zahlender Gast nicht versäumte, was in der Truhe abging.

Wenn die Töle in der Truhe war, sich vor Schiss und Panik die Seele aus dem Leib kläffte, waren Wetten angenommen worden. Sobald die im Sack waren, kamen vier ausgehungerte Ratten zu dem Fiffi in die Truhe. In den Fällen, in denen Fiffi was drauf hatte, machte er die Ratten tatsächlich platt. Aber das war eher selten der Fall. Selbst wenn die Töle die Ratten gekillt hatte, war sie dann meist so hinüber, dass er sie mit dem Springmesser abstechen musste. Diese Form der Hundekämpfe hatte sich zum echten Renner entwickelt, weil seine „Landsleute" und andere Verpeilte aus der Zockerszene, oder albanische Zuhälter auf einem solchen Scheiß standen. Als „Promotor" hatte Lolo immer seinen Schnitt gemacht.

Allein der Eintritt hat 300 Eier betragen. Für jeweils sechs Kämpfe.

Mit 17 war Lolo für drei Jahre fällig gewesen. Im Knast ging damals jedoch ein Sozialarbeiter an den Start, der wirklich etwas drauf gehabt hatte. In jungen Jahren war er selbst ein schwerer Junge gewesen. Ein Schläger, Zuhälter und Bankräuber. Dann hatte er zurück auf den Pfad der Tugend gefunden und sein Leben in den Dienst der Rettung verlorener Seelen gestellt. Allerdings nicht mit Kuschelkursen und Lobkreisen, sondern mit eisenhartem Drill und jeder Menge Arschtritte. Mit echten Doc Martens. Diese Sprache hatte Lolo verstanden. Er riss sich am Riemen und zeigte, dass in ihm sogar ein richtig cleveres Kerlchen schlummerte. Er holte seinen Schulabschluss nach. Die mittlere Reife. Mit Hilfe des Sozialarbeiters bekam er sogar einen Ausbildungsplatz bei einer Bank. Das Geldgeschäft hatte ihm von Anfang an Spaß gemacht. Mit den richtigen Tricks und Kniffen eröffnete das Gewerbe für einen ehrgeizigen Verbrecher vollkommen neue und ertragreiche Betätigungsfelder.

Seine große Stunde war schließlich gekommen, nachdem er Norman Gerber kennen gelernt hatte. *Naja*, dachte Lolo im Rückblick, *irgendwie war Gerber dann doch nicht in der Lage gewesen, das wahre Potential seines Mitarbeiters Mathèo Lolo zu erkennen.* Der arrogante Arsch, der mit einem goldenen Löffel auf die Welt gekommen war, hatte ihn an der viel zu kurzen Leine geführt und dauernd angepfiffen, damit er die „richtigen" Klamotten trug. Gedeckte Anzüge mit geschlossenen weißen Hemden und dezenten Krawatten. Der fette Fuzzi Hubertus hatte ihm dauernd in den Ohren gelegen, wie man richtig auftrat, wie man sich standesgemäß bei Tisch verhielt, welchen verfickten Wein man zu Fisch trank und welche scheiß Gabel notwendig war, um das Scheißzeug zu fressen. *Fisch ist sowie nichts anderes als schwules Schnitzel. Es hatte nur noch gefehlt, der Penner hätte mir vorgeschrieben, beim Pissen mein Ding mit einer goldenen Zuckerzange zu halten.*

Diese ständigen Gängeleien hatten für Lolo schnell das Fass zum Überlaufen gebracht. Als Selbstständiger hatte er sich mit dem Vertrieb der Finanzprodukte auf seine eigenen Leute fokussiert.

Er kannte die Roma. Wusste, wie sie ticken und nutzte ihre Solidarität mit Mitgliedern ihres Volkes gnadenlos aus. Rund 25 Millionen Euro hatte er seinen Leuten abgeknöpft, bevor ihn jemand angeschissen hatte. Dass er sich der Vergewaltigung und des Mordes an einer 14-jährigen aus seiner Sippe schuldig gemacht hatte, hatte Lolo verdrängt.

Die kleine geile Ratte hat es ja gewollt und sicher auch ihren Spaß gehabt. Hätte bloß ihre Schnauze halten müssen. Aber ein bisschen Schwund ist immer.

Mathèo Lolo zündete sich eine weitere Zigarette an. Der Beamte, der ihn in dem Gefangenentransporter bewachte, hatte es aufgegeben, ihm das Qualmen zu verbieten. Er starrte voller Missbilligung in die Zelle. Der Gefangene grinste ihn an.

Lolo zog den Rauch seiner Zigarette in die tiefsten Regionen seines Atmungsapparats ein und ließ sich in Gedanken zu dem Tag zurückfallen, an dem die Knastbullen Uldis Maksimenko erstmals in seine Zelle geführt hatten. Damals hatte er das für eine Scheißidee gehalten. Es war gemütlich und bequem gewesen, eine Zelle für sich alleine zu bewohnen. Und vor allem sicher. Wenigstens in diesen vier Wänden hatte er bis dahin seine Ruhe genießen können. Beim Freigang, wenn die Zellen geöffnet waren oder wenn er sich im Hof aufhalten musste, konnte es schnell ungemütlich werden.

Nein, Ärger war nicht nur eine Option im Knast, sondern täglicher Alltag. Eine Folge der darwinistischen Reinkultur, die die Interaktion der Insassen einer Haftanstalt strukturierte. Die Starken fraßen die Schwachen. Betrüger und Kinderschänder zählten zu den ganz Schwachen. Vor allem, wenn sie als Ausgleich nicht über körperliche Eigenschaften und Fähigkeiten verfügten, die hinter Gittern einen Engpass an Image und harter Währung kompensieren konnten. Die harten Knackis ließen regelmäßig die Schwächlinge und Kinderficker zur Wahl der Maikönigin antreten. *Sogar wenn das Kalenderblatt erst Oktober anzeigte.*

Die Zuhälter oder die Jungs, die wegen Rauschgiftdelikten einsaßen, hatten sich zu Gangs zusammengeschlossen und bestimmten den eigentlichen Alltag im Knast. Alle inoffiziellen Geschäfte und Transaktionen liefen über diese Gruppen. Dope, Glückspillen, H, Koks, Telefone, Alkohol, Schutzgebühren und Popomuschis.

Am schlimmsten waren die Rocker. Es hatte Lolo drei Hunderter pro Woche gekostet, damit sie ihn in Ruhe ließen. „Lebensversicherung" nannten diese Wichser solche Aufwendungen, wenn sie sich bei Neulingen, die in ihr Beuteschema passten, als Herr Kaiser von der „Humbug-Mülleimer" vorstellten. Dass er überhaupt noch über solche Mittel verfügen konnte, verdankte er seinem ehemaligen Chef Norman Gerber. Der wusste zu schätzen, dass Lolo bislang eisern über alle gemeinsamen Unternehmungen geschwiegen hatte und sorgte darum für eine regelmäßige finanzielle Vorsorge.

Lolo lehnte sich zurück, schloss die Augen und nahm einen tiefen Zug von seiner Marlboro. Als sich die Tür seiner Zelle damals geöffnet und er Uldis zum ersten Mal gesehen hatte, war ihm der Schreck in die Glieder gefahren. Der Kerl war ein Baum von einem Mann gewesen. Fast zwei Meter groß, mit mächtigen Muskeln und perfekt durchtrainiert. Uldis Maksimenko hatte ein ärmelloses Unterhemd aus Feinripp, eine blaue Trainingshose aus Baumwolle und grüne Flipflops getragen. Der ganze Oberkörper war mit Tätowierungen bedeckt gewesen.

Keine bunten Knastbildchen, die von dilettantischen Mithäftlingen und mit unzureichendem Werkzeug gestochen worden waren. Bei Uldis Maksimenko waren echte Künstler am Werk gewesen. Jungs, die 200 oder 300 Eier pro Stunde für ihre Arbeit kassierten. Die meisten Motive hatten sich um irgendwelche Gothic-Scheiße gedreht. Totenköpfe, Kreuze, Schlangen. Über den rechten Bizeps zog sich jedoch das faszinierendste Tattoo, das Lolo bis dahin in seinem Leben gesehen hatte. Es schien, als wäre die Haut über dem Muskel aufgeschnitten und zur Seite geklappt. Die Ränder waren mit Schrauben und Flügelmuttern fixiert. Darunter waren glänzende Maschinenteile, Leitungen, Schaltkreise und Schalter zu erkennen, die den realistischen Eindruck erweckten, Uldis wäre unter seiner menschlichen Hülle in Wirklichkeit ein Androide. Wie Arnold Schwarzenegger als Terminator. Das Bild war so perfekt gestochen, dass die mechanischen Elemente bei einer gewissen Entfernung tatsächlich räumlich wirkten.

Uldis trug eine Glatze. Auf dem Hinterkopf prangten kyrillische Schriftzeichen, die Lolo als irgendeine russische Nazischeiße identifizierte. Offensichtlich zählte sein neuer Zellengenosse zu den politisch verkorksten Arschlöchern, die es für originell und als einzigen gangbaren Weg für die Zukunft der weißen, arischen Rasse erachteten, wenn sie Hitler, den Zar und den Kosmopoliten der russisch-orthodoxen Kirche in einen Topf warfen, darüber hinaus Ausländern den Tod schworen und allen Juden den Holocaust 2.0 auf die Hand versprachen. Obwohl Mathèo Lolo sich wenig um Geschichte oder Politik kümmerte, waren für ihn als Roma die Sensoren gegen Rassismus und totalitäre politische Ansichten geschärft. Lolo ließ die Kippe auf den Boden fallen und zermalmte sie mit dem Absatz seines Stiefels, was den Beamten vor dem Gitter wirklich wütend machte.

Fick dich, dachte Lolo. Er blickte auf den Boden und zählte mehr als ein halbes Dutzend zertretener Kippen.

Maksimenko hatte sich nicht nur als ruhiger Zeitgenosse erwiesen. Er hatte vor allem nichts dagegen gehabt, sich auch als Beschützer von Mathèo Lolo in Szene zu setzen. Uldis war in jüngeren Jahren ein professioneller Kickboxer gewesen und hatte Dutzende von illegalen Barenuckle-Boxfights gewonnen.

Nachdem zwei türkische Dealer bewusstlos mit gebrochenen Nasen und zahnlosen Oberkiefern in der Gemeinschaftsdusche aufgefunden worden waren und der Boss der Rocker mit multiplen Frakturen an Armen, Brustkorb und Schädel für mindestens fünf Monate im Krankenhaus gelandet war, hatte sich Lolo jeden wünschenswerten Respekt innerhalb der eigenwilligen Knastwelt gesichert. Weil er aus einem Verband russischer Roma stammte und somit die Sprache beherrschte, hatte er sich mit seinem neuen Freund ausschließlich auf Russisch unterhalten.

Beide Männer standen auf Fußball und Pferdewetten. Wenn sie über Frauen und Sex gefachsimpelt hatten, waren die Grenzen zwischen Wunsch und Wirklichkeit schnell verschwommen. Zumindest Lolo log beim Tratsch über die Weiber, bis sich die Balken zu Kringeln gebogen hatten. Wenn Uldis die Angebereien tatsächlich für bare Münze genommen hatte, dann muss ihm sein Zellenkumpel Lolo wie Casanova mit dem Schwanz von John Holmes erschienen sein.

Es hatte Monate gedauert, bis er mit Uldis so vertraut gewesen war, dass sie sich gegenseitig in die Details ihre kriminellen Laufbahnen eingeweiht hatten. Immerhin hatte er es geschafft, eine zweistellige Millionensumme abzuzocken. Was seinem neuen Freund imponiert hatte. Uldis hatte sich mehr als einfacher Handwerker dargestellt. Ganze Lastwagen zu klauen und erfolgreich zu verschieben erforderte allerdings echte Eier. Wenn sie über ihre Taten sprachen, hatte es Uldis stets vermieden, einen auf dicke Hose zu machen. Im Laufe der Zeit waren ihre Gespräche immer enger um den eigentlichen Punkt gekreist, der ihr Leben bestimmte. Das Ende ihres Zwangsaufenthaltes in diesem verschissenen Knast. Lolo konnte zu diesem Zeitpunkt von seiner Entlassung allenfalls träumen.

Uldis wollte es spannend machen. Zwei Monate, bevor er sich mit einem feisten Grinsen aus der gemeinsamen Zelle verabschiedet hatte, hatte der Lette verschwörerisch erklärt, dass er niemals auf seinen offiziellen Entlassungstermin warten würde, denn dann müsste er noch weitere sechs Jahre absitzen. Unter dem Siegel der Verschwiegenheit hatte Uldis gestanden, den Schutz mächtiger Menschen im Hintergrund zu genießen, die hinter den Kulissen bereits mit Volldampf daran arbeiteten, dass er vorzeitig und vor allem ganz offiziell in Freiheit kommen würde.

Vor allem die weiteren Offenbarungen des Zellengenossen hatten Lolo regelrecht elektrisiert.

„Meine Partner planen schon lange ein ganz großes Ding", hatte Maksimenko berichtet. „Es geht um eine Millionenbeute. Der Plan ist so genial, dass er gar nicht schiefgehen kann."

„Ich freue mich für dich", hatte Lolo damals mit spürbar reduzierter Begeisterung dieses Bekenntnis registriert. „Für mich heißt das: ich kann hier alleine verschimmeln."

Darauf hatte Uldis nur konspirativ gegrinst.

„Nein, nein, du wirst hier nicht mehr lange sitzen. Das verspreche ich dir. Das Ding, das wir planen, soll uns nicht nur ein paar Millionen einbringen, es dient auch der Befreiung einiger hochqualifizierter Kollegen, auf deren Mitarbeit wir künftig nicht verzichten wollen. Wir werden dich ebenfalls befreien. Allerdings unter einer Bedingung!"

Mathèo Lolo erinnerte sich daran, dass ihn die Eröffnung einer solchen Perspektive vor Erregung zum Zittern gebracht hatte. Natürlich war er mit jeder Bedingung einverstanden gewesen. Wenn es erforderlich gewesen wäre, hätte er seine Seele dem Teufel verkauft.

„Wie lautet die Bedingung?", hatte er Uldis feierlich gefragt und Uldis hatte geantwortet: „Du stellst mir keine Fragen zu den Details und dem Termin. Lass dich überraschen. Du wirst schon erfahren, wann der Zeitpunkt gekommen ist."

Sieben Wochen später war Uldis freigekommen. Hätte Mathèo Lolo das Gesicht seines Freundes sehen können, nachdem der ihm dem Rücken zugewandt hatte, um die Zelle zu verlassen, hätte er ein hämisches Grinsen entdeckt. Ein Grinsen, das immer dann eintritt, wenn es einem raubtierhaften Wesen gelungen ist, die Falle hinter einem ahnungslosen Opfer zuschnappen zu lassen.

6. Juni 2014, 1.30 Uhr

Lukas Bergmann hatte jedes Gefühl für die Zeit verloren. Sein Körper fühlte sich wie ein einziger langgezogener Schrei des Schmerzes an. Ein Schrei, den er in die Welt gebrüllt hätte, doch der verklebte Mund verhinderte jeden Ansatz, die unendliche Pein herauszuschreien. Die Sitzposition mit den beiden nach hinten fixierten Armen machte es ihm unmöglich, sich bequemer anlehnen zu können. Das ganze Gewicht des Oberkörpers lastete auf den Schultergelenken und verursachte unerträgliche Schmerzen. Die Stunden, die er nun in dieser unkomfortablen Lage verbracht hatte, förderte dieses umfassende Gefühl des Schmerzes ebenso, wie die fehlende Möglichkeit die Beine bewegen zu können. Obwohl Lukas Bergmann außerstande war, die Dauer seines Martyriums nach Stunden oder Minuten zu bemessen, hatte er de facto rund acht Stunden unbeweglich in der peinigenden Stellung verharrt.

Die Gangster hatten ihn in die Ecke des Raums gesetzt und damit verhindert, dass er sich zur Seite legen konnte. Jedes Mal, wenn er versucht hatte sich zu bewegen, um den Körper wenigstens ein wenig zu entlasten, hatte er einen Tritt in die Seite erhalten. Offensichtlich befand sich die ganze Zeit einer der Täter im Raum, um ihn zu bewachen. Oder zu beobachten? Offensichtlich. Denn die schmerzhaften Reaktionen waren immer unmittelbar erfolgt, nachdem Lukas Bergmann nur den geringsten Versuch unternommen hatte, sich zu bewegen. Er empfand sich selbst als personifizierte Figur der drei Affen, die sich jeweils Mund, Ohren und Augen zuhalten. Irgendwo hatte er einmal gelesen, bei diesen drei Viechern handele es sich um Symbole aus Japan, die den vorbildlichen Umgang mit dem Bösen symbolisieren: Nichts hören, nichts sehen, nichts sagen. Irgendein Kram aus dem Buddhismus.

Zu den Schmerzen gesellte sich die umfassende Desorientierung. Lukas Bergmann konnte weder hören noch sehen.

Der Geschmack in seinem Mund spottete jeder Beschreibung. Für ein zuckerfreies Fisherman's-Bonbon mit Minzgeschmack hätte er seine Großmutter verkauft. Bergmann versuchte, die Knie ein wenig anzuwinkeln. Aber die Bewegung verlagerte sein Gewicht, belastete die schmerzenden Arme noch stärker und jagte eine neuerliche Schmerzwelle durch seinen Körper, die ihn hilflos stöhnen ließ. Er streckt sich und empfing einen weiteren Tritt in die Seite. Der Tritt war nicht mehr ganz so stark wie am Anfang. Vor Stunden. Vor Tagen?

Der Filialleiter trieb durch die endlose See der Pein und bemerkte, wie sich Tränen in seinen Augen sammelten, die sich sofort im Gewebe der Binde verloren. Lukas entwickelte die Empfindungen eines Kindes, das allein und verlassen war, bedroht und geschlagen. Eine Urangst vor absoluter Einsamkeit. Warum war ihm die Rolle des Opfers in diesem Alptraum zugefallen?

Gibt es eine Vorbestimmung, ein Regelwerk des Schicksals, in dem festgelegt ist, wer sich für die Opferolle zur Verfügung stellen muss und wer zum Täter berufen ist?

In der griechischen Mythologie gab es ein Trio von Schicksalsgöttinnen, die das Verhängnis verkörperten. Die Namen der Göttinnen wollten ihm ums Verrecken nicht einfallen.

Streng dich an! Du hast das mal gewusst! Du hast es gelesen! In deiner Jugend!

Lukas Bergmann versuchte, sich zu konzentrieren. Konzentration um einen bestimmten Begriff zu finden war etwas Gutes. Konzentration drängte den Schmerz in den Hintergrund. Auch wenn es sich um so etwas Bescheuertes wie griechische Göttinnen handelte. Bergmann grübelte weiter. Es waren die Moren! *Nein! Falsch!* Die Mädels hießen, hießen ... Moiren! *Du hast es! Es gab drei davon! Und wie lauteten die Namen dieser Moiren?*

Das war schon leichter. Denn nachdem er zu dem Begriff Moiren gefunden hatte war es nur ein kleiner Schritt zu, ... zu Klotho! Lachesis! Atropos! *JA! BINGO! Das war es!*

Klotho war die Göttin, die den Lebensfaden gesponnen hatte, Lachesis hatte seine individuelle Länge abgemessen und Atropos, als Vollstreckerin des Schicksals, hatte ihn schließlich abgeschnitten.

Der Funke der Euphorie, den diese Erkenntnis im Geiste von Lukas Bergmann zu entzünden vermochte, glomm jedoch nur kurz auf. Ein Krampf raste durch seine linke Wade mit einer steil ansteigenden Amplitude der Schmerzbildung, die ihm erneut die Tränen in die Augen trieb. *Ist das vielleicht das Ende?*, dachte Lukas Bergmann plötzlich. *Sterbe ich bald? Wie viel Zeit bleibt mir noch? Was werden die Verbrecher mit mir tun, wenn sie erhalten haben, was sie verlangten? Auf die paar Euro, die in den Auszahlungsautomaten lagern, können es die Typen ja wohl kaum abgesehen haben.*

Er musste husten. Wieder drohte ihn sein Knebel dabei zu ersticken. Plötzlich spürte Lukas Bergmann Schmerz in seinem Gesicht, als jemand mit einem Ruck das Klebeband von seinem Mund riss. Instinktiv nutzte er den Moment um zu husten und mit kräftigen Zügen seine Lungen mit frischer Luft zu füllen. Die vom Klebstoff gereizte Gesichtshaut brannte wie Feuer. Außerdem schien sein Bart soweit gewachsen zu sein, dass der Klebstoff an den kurzen Härchen zusätzliche Angriffsfläche gefunden hatte. Wenn es nun zwischen ein und zwei Uhr wäre, dann dauerte der Überfall bereits rund acht Stunden an.

Kurz darauf spürte Lukas Bergmann den Hals einer Kunststoffflasche an seinen Lippen. Kühles, stilles Wasser rann in seinen Mund. Er konzentrierte sich darauf, unter keinen Umständen wieder husten zu müssen und keinen Tropfen zu verschwenden. Da nicht absehbar war, wie lange er trinken konnte, versucht er die Gunst des Augenblicks so gut es ging zu nutzen, und schluckte so schnell es ihm möglich war.

Jeder Schluck, der die Kehle hinabrann, spülte auch ein wenig mehr von dem abartigen Geschmack aus seinem Mund. Die Peiniger ließen Lukas Bergmann so lange trinken, bis er den Kopf zurück neigte, um zu signalisieren, dass er genug hatte. Kaum war die Flasche von seinem Mund entfernt, fühlte er, wie ein neues Stück Klebeband den unteren Teil seines Gesichts bedeckte.

Die Ablenkung mit der Erfrischung hatte die Gedanken von Lukas Bergmann wieder geschärft. Doch je länger er über seine Situation nachdachte, desto sicherer war er sich über das Ende, das die Angelegenheit für ihn persönlich nehmen würde. Er war eine Geisel. Darum war es ihm bestimmt, bis zum bitteren Ende seinen Beitrag zu leisten. Und am Ende hockte Atropos. Die Schicksalsgöttin mit der Schere. Schnipp, schnapp und es ist vorbei. Die Geisel ist tot.

6. Juni 2014, 1.30 Uhr

„Viktor Korschinek. Wo bist du gerade?"
Kowalski vermied es, mit einem dummen Spruch zu antworten. Er befürchtete, sein Chef würde in dieser Situation nicht einmal im Ansatz Sinn für ein humoristisches Amuse Gueule entwickeln.
„Ich bin noch in der Einsatzzentrale. Haben sich die Täter inzwischen wieder gemeldet? Gibt es endlich eine Forderung nach Fluchtfahrzeugen?"
„Nein. Aber wir haben eine direkte Verbindung zu euch in die Zentrale geschaltet. Ihr sitzt ja an der Quelle. Was nutzt es, wenn wir Sesselfurzer auf dem neusten Stand sind und ihr nicht zeitgleich auf dem Laufenden seid?"
Sesselfurzer ist gut, dachte Kowalski, *dann hat mein lieber Freund seinen Humor noch nicht ganz verloren.*
„Oh, welch erstaunliche Anerkennung von Kompetenzen und dann diese beinahe lichtschnelle Einrichtung sinnvoller kurzer Dienstwege. Da muss doch der Amtsschimmel vor Enttäuschung seinen schönen Diensthafer im dicken Strahl auskotzen."
Kowalski spürte wie Korschinek lächeln musste.
„Da gebe ich dir ausnahmsweise einmal recht. Was passiert an der Front des Chemieunglücks?"
„Ich wollte gerade hinfahren und mir selbst ein Bild machen. Auf jeden Fall ist hier die Hölle ausgebrochen. Die Kollegen, die Feuerwehr, der Katastrophenschutz, Krankenwagen. Alles ist auf den Beinen. Irgendwie scheint es einem höheren Plan zu folgen. Knapp 100 Meter vom Unfallort entfernt liegt dieses große Senioren- und Pflegeheim. Die alten Leutchen würden ganz schön was zu husten bekommen, wenn es zum großen Austritt oder gar zu einer Explosion dieser Hydrazin-Scheiße käme."
„In Ordnung, mach dich auf die Socken. Wir bleiben in direktem Kontakt, wenn sich die Täter melden. Ist einer der

Fahrer, die an dem Unfall beteiligt waren, vernehmungsfähig?"

„Ja, der, der den Lieferwagen gefahren hat ist soweit unversehrt. Ich knöpfe mir den Mann gleich vor."

Die beiden Polizisten beendeten das Gespräch grußlos. Kowalski wandte sich Thomas Frey zu.

„So, ich werde mal dem Unfallort einen kurzen Besuch abstatten und mich dann mit dem Fahrer des Lieferwagens unterhalten. Er ist Türke und heißt Alparslan Erglu. Wenn der Kunde faul ist, werde ich das herausfinden. Je länger ich mich mit diesem Fall beschäftige, desto sicherer bin ich mir, dass dieser Unfall kein widriger Beitrag zu unserem Scheißtag gewesen sein kann, den das Schicksal in seinen unerfindlichen Ratsschlüssen als Bonus spendiert hat. Wenn wir diesen Gedanken freilich weiter verfolgen, müssen beide Fahrer involviert sein. Die Wahrscheinlichkeit, dass um diese Zeit an dieser Stelle so mir nichts, dir nichts ein Gefahrguttransporter unterwegs ist und sich dann auch noch an der richtigen Stelle auf die Seite legt, bewegt sich für mich auf dem gleichen Niveau, wie die Wahrscheinlichkeit, dass ich den nächsten Jackpot im Lotto knacken werde. Auch wenn ich meine heidnischen Götter seit Jahrzehnten voller Inbrunst um die Gnade dieser Gunst anflehe."

Frey lachte entspannt.

„Kowalski, ich bitte dich, gib deinen Göttern eine Chance. Fülle einen Lottoschein aus und gib ihn ab."

6. Juni 2014, 1.45 Uhr

Maximilian Keller ließ sich in seiner Konzentration nicht ablenken, als Kowalski das Büro betrat. Er starrte auf den Flachbildschirm vor sich. „Und, hat der brave Sméagol endlich einen Weg in das dunkle Herz von Mordor gefunden? Das dunkle Tor ist unpassierbar und ich habe keine Lust, die Treppen des Cirith Ungol zu erklimmen.", sagte Kowalski.

„Scheiß auf Mordor. Ich gebe es zwar nur ungern zu: Aber ich stecke fest", gab Keller zu.

„Hast du Erglu durchgecheckt?", wollte Kowalski wissen.

„Klar. Aber da ist nichts Auffälliges. Die Familie ist wohl situiert. Erglus Frau arbeitet seit 15 Jahren als Arzthelferin in einer großen Zahnarztpraxis in der Innenstadt. Ihr Mann fährt nicht nur nachts für den Verlag, tagsüber hilf er zudem bei seinen Eltern, die einen renommierten Supermarkt mit türkischen Spezialitäten führen." Nach einer kurzen Pause fuhr Mad Max fort.

„Also, bei Erglu sind in den letzten sechs Monaten keine auffälligen Zahlungen eingegangen, die den Rückschluss erlauben könnten, er hätte sich ein Honorar für seinen Beitrag an dem Unfall verdient. Und bitte keine Fragen, woher ich das weiß und welche Bankgeheimnisse ich auf die Schnelle verletzten musste, um an diese Informationen zu kommen. Auch auf dem Geschäftskonto der Eltern ist keine Summe aufgetaucht, die sich nur mit dem Verkauf von 10.000 Tonnen Broccoli auf einen Schlag erzielen ließe. Und wer mag schon Broccoli? Da schreit sogar der Vegetarier in mir: Kotz!"

Mad Max stand auf und hockte sich auf die Kante seines Schreibtischs.

„Das ist der beklopteste Fall, den ich in meiner Laufbahn bisher erlebt habe."

„Geht mir genauso", meinte Kowalski, während er sich streckte und gähnte.

„Das Gespräch mit dem Türken war auch ein Griff ins Klo. Braver Familienvater, süße Töchter, keinerlei Hinweis auf ein Motiv, sich mit Bankräubern und Geiselgangstern einzulassen."

Die beiden starrten für einen Augenblick schweigend auf den Boden, als der Klingelton von Kowalskis Telefon ertönte. Am anderen Ende war Thomas Frey.

„Du solltest dich auf die Socken machen und in die Einsatzzentrale kommen. Die Geiselgangster haben sich gemeldet. Nun scheint die heiße Phase zu beginnen."

6. Juni 2014, 2.20 Uhr

Thomas Frey drückte auf die Abspieltaste des Aufnahmegeräts. Sofort erklang die Roboterstimme: „Unser Ultimatum läuft in 80 Minuten ab. Sie erhalten nun die Anweisungen für unseren Rückzug. Wir haben das geeignete Fahrzeug für unseren Rückzug selbst organisiert. Es wird exakt um 3.30 Uhr eintreffen. Sie werden alles unterlassen, was das Fahrzeug aufhalten oder behindern könnte. Für jede Minute Verspätung töte ich eine weitere Geisel. Und zwar live und in Farbe, vor der weltweiten YouTube-Gemeinde. Unterlassen Sie nach unserer Abfahrt zudem alle Bemühungen, unserem Fahrzeug zu folgen. Wir haben im Vorfeld die Route mit mehr als 50 Kameras dekoriert, mit deren Hilfe wir sehen können, ob uns jemand folgt. Auch das wird mit weiteren Geiselerschießungen geahndet."

Es folgte eine kurze Pause.

„Nun zu den Männern, deren Freilassung einer der zentralen Bestandteile unserer Forderung ist. Wir erwarten Sie exakt um 3.25 Uhr. Jeder von Ihnen wird in jeder Hand jeweils eine Million tragen. Packen Sie das Geld in unverwanzte stabile Taschen aus synthetischem Material. Wir werden das Befolgen dieser Anweisung natürlich ebenfalls genau prüfen und Zuwiderhandlungen entsprechend ahnden. Die Männer werden sich direkt von der gegenüberliegenden Seite des Platzes mit schnellen Schritten aus der Richtung des Lichtmastes nähern, dessen Kamera wir uns erlaubt haben, zu deaktivieren. Wir werden den Tatort exakt um 3.35 Uhr verlassen. Ich betone noch einmal ausdrücklich, wir erkennen jeden Versuch uns zu folgen und reagieren mit entsprechenden Maßnahmen."

Kowalski kratzte sich am Kopf.

„Da sag noch einer, die Jugend von heute weiß nicht was sie will und agiert ohne Ziele und erkennbare Willensbildung."

Thomas Frey hatte keine Lust, sich auf die Ebene seines Humors zu begeben. Ihm stand nicht mehr der Sinn nach Galgenhumor.

„Ja, die Jungs wissen was sie wollen."

Auch Kowalski war sich plötzlich des Ernstes der Lage bewusst.

„Was sagt der Oberstaatsanwalt? Was meint der Innenminister?"

„Sie sprechen wie aus einem Munde: Der bisherige Verlauf der Aktion erlaubt nicht die geringsten Zweifel vom unbedingten Durchsetzungswillen der Täter abzurücken. Ach ja, und nachdem ein halber Stadtbezirk mitten in der Nacht mit Bussen und Krankenwagen abtransportiert wird, ist auch der Oberbürgermeister auf die Seite der Nachtaktiven gewechselt. Einer mehr, der uns nun im Nacken sitzt. Der Sozi hat sogar mal Chemie studiert und in dieser schönen naturwissenschaftlichen Disziplin promoviert. Er wusste besser über Hydrazin Bescheid, als alle Anwesenden hier zusammen. Und er was not amused, um das einmal vorsichtig auszudrücken."

„Glaubst du wirklich, dass unsere kleinen Schweinchen ihre Fluchtstrecke mit Kameras überwachen?"

„Du nicht? Da wir keine Ahnung haben, wo sie hin wollen, hat es keinen Sinn, auf die Suche nach Kameras zu gehen. Du weißt, wie klein die Dinger sind. Ich möchte jedenfalls das Risiko nicht eingehen, Ressourcen zu binden, um danach zu suchen. Die merken doch sofort, wenn wir eine Kamera finden und aus dem Verkehr ziehen. Der Innenminister teilt diese Einschätzung. Und natürlich der Oberbürgermeister."

Inzwischen hatten sich die wichtigsten Köpfe des SEK um Kowalski und ihren Einsatzleiter versammelt. Plötzlich erschien ein Kollege mit einem Tablett voll belegter Brote. Kowalski quittierte das Angebot wie die übrigen mit einem dankbaren Nicken.

Kowalski griff nach einem Butterbrot und nahm auch eine Plastikflasche mit Wasser. Nachdem er gegessen und getrunken hatte, wandte er sich an Thomas Frey.

„Gut, dass wir darüber gesprochen haben. Aber trotzdem macht das alles doch überhaupt keinen Sinn."

„Was meinst du?", hakte Thomas Frey neugierig nach.

„Na ja, das was wir nun von dem Fluchtplan wissen. Gut, die Täter wollen mit einem eigenen Auto entkommen. Aber wohin wollen sie damit? Das reicht doch nicht, damit sie es außer Landes schaffen. Und wenn die Jungs sich nicht entsprechend weit absetzen, kassieren wir sie früher oder später. Und wenn nicht wir, dann die Kollegen von Interpol. Banküberfall, Geiselnahme, Erpressung, mehrfacher Mord. Das sind Delikte, die nicht einmal bei den somalischen Warlords am Horn von Afrika als grober Unfug durchgehen."

„Darüber habe ich mir auch schon den Kopf zerbrochen. Ohne Ergebnis, wie ich zugeben muss."

6. Juni 2014, 3.30 Uhr

Lukas Bergmann musste hinter seinem Knebel aufschreien. Ein stummer Schrei als Folge der Schmerzen in den Armen und seinen Schultern, die nun unerträglich waren. Der Filialleiter kämpfte in Gedanken mit der Frage, ob er einen Filmriss gehabt hatte. Seit ihm die Verbrecher zum letzten Mal etwas zu trinken gegeben hatten, konnte er sich nicht mehr an weitere Gedanken und Überlegungen erinnern. Auch an das, was vorher durch seinen Kopf gegangen war, hatte er nur noch bruchstückhafte Erinnerungen. Sollte ihm am Ende die Gunst einer Ohnmacht gewährt worden sein?

Er fühlte sofort wieder Panik aufsteigen. Er war endgültig am Ende seiner Kräfte angelangt und immer noch in umfassendes Dunkel gehüllt. Lukas Bergmann konzentrierte sich auf die Bewegungen, die die winzigen Erschütterungen des Bodens übermittelten. Nachdem es lange ruhig gewesen war, schienen nun zwei oder mehr Männer aufgeregt im Büro auf und abzugehen. Dann öffnete sich offensichtlich die Bürotür, worauf Lukas Bergmann schloss, weil der Hauch eines Luftzugs sein Gesicht streifte.

Das Abgeschnittensein von jeglichen Sinneseindrücken war noch unerträglicher als die Schmerzen in seinem Oberkörper. Er fasste den letzten Rest Mut, um ruckartig den Kopf zu drehen und so gegen die Wand zu pressen, bis der Kopfhörer verrutsche und schließlich das rechte Ohr freigab. Sofort drangen wieder Geräusche zu ihm durch. Die Stimmen, die er hörte, waren unverändert verzerrt, klangen identisch und schlossen jede Möglichkeit aus, die Zahl der Personen zu verifizieren.

„Seid ihr alle bereit? Es geht los. Öffne die Eingangstür."

Lukas Bergmann hörte, wie die elektrische Tür zum Vorraum aufging und sich wieder schloss. „Schneller, schneller", erklangen gedämpfte Rufe aus dem Foyer. Wenige Momente später waren weitere schwere Schritte von mehreren Menschen zu vernehmen. Die Tür schloss sich und eine andere Tür zwischen Vorraum und Schalterbereich öffnete sich. Lukas Bergmann vernahm schweres Atmen, wie es Menschen ausstoßen, wenn sie eine körperliche Anstrengung hinter sich gebracht haben. „Kein Wort! Stellt die Taschen hier ab und kniet euch nieder. Da draußen gibt es eventuell noch funktionierende Richtmikrophone. Deshalb haltet ihr gefälligst das Maul. Wir haben drei Minuten, bis das Fluchtfahrzeug eintrifft und dann fünf weitere, um unseren Rückzug zu organisieren. Wir werden euch jetzt die Augen verbinden. Konzentriert euch auf meine Anweisungen. Tut exakt, was ich sage."

Lukas Bergmann hörte eine tiefe männliche Stimme schimpfen. Es klang wie Französisch. Soweit ihn der Französischunterricht seiner Schulzeit nicht im Stich ließ, beschwerte sich der Mann über die Behandlung. Er beschimpfte seine „Gastgeber" mit Obszönitäten, die eindeutig nicht zum Lehrplan der Oberstufe bei Madame Chicot gehört hatten. Die Reaktion erfolgte ohne Verzögerung.

„Halt dein verdammtes Maul, du verfickter Froschfresser, oder deine Befreiung endet augenblicklich an dieser Stelle mit einer Kugel in deiner hohlen Birne", herrschte die Roboterstimme. Der Franzose verstummte augenblicklich.

Lukas Bergmann versuchte, sich noch mehr zu konzentrieren. Er hatte seine Schmerzen fast vollkommen verdrängt. Das Geschehen, auf das er sich mit dem einzig funktionierenden Sinnesorgan fokussieren konnte, zog ihn in seinen Bann. Im Schalterraum brach Hektik aus. Zahlreiche Menschen bewegten sich. Plötzlich war er sich sicher, dass sich ein Fahrzeug dem Eingang der Bank näherte. Er hörte das Geräusch einer Bremse. Der Motor heulte kurz auf. In seiner Lage war es dem Filialleiter unmöglich, die Art des Fahrzeugs zu bestimmen. Ein Lastwagen war es keinesfalls. Auch den Gedanken an einen Omnibus verwarf er. Wenn er hochrechnete wie viele Menschen sich derzeit in der Bank befanden, war eine Limousine ebenfalls auszuschließen. Es waren mindestens drei, wenn nicht gar vier Täter, wenigstens zehn Geiseln und weitere Menschen, die gerade eingetroffen waren. Damit war

klar, es musste sich um einen Lieferwagen handeln. *Wie viele Menschen passten in so einen Lieferwagen?*
Erst öffnete sich die Tür zur Bank, dann die zwischen Foyer und Schalterraum.
„Alles klar?"
Die Frage der Roboterstimme erhielt keine Entgegnung.
„Also, jeder weiß, was er zu tun hat. Kontrolliert noch einmal, damit wir nichts vergessen haben. Ihr drei nehmt je einen unserer Gäste an die Hand und führt ihn in den Wagen. Achtet beim Verstauen der Taschen und der Ausrüstung darauf, dass alles richtig gelagert ist und nicht verrutschen kann, wenn wir losfahren. Dalli, Dalli, die Zeit läuft, wir müssen in genau drei Minuten und 30 Sekunden weg sein. Wenn einer unserer Gäste sich unkooperativ zeigt oder gar laut wird, zieht ihm eine über."
Lukas Bergmann vernahm die Schritte von zahlreichen Menschen. Sie bewegten sich schnell. Außer den Geräuschen der Schritte, aus denen er besonders die von schweren Stiefeln heraushören konnte, registrierte er Gegenstände, die jemand über den Boden schleifte und die offenbar schwer waren.
„Was sagen unsere Kameras? Lassen sich irgendwo Bullen blicken? – In Ordnung. Ich bin froh, dass sie kooperieren und mitspielen."
Lukas Bergmann kam zu dem Schluss, dass die Täter niemanden zurücklassen würden. Augenblicklich spürte er, wie wieder Panik in ihm aufstieg. Sein Herzschlag begann sich zu beschleunigen. Er fühlte ihn wie einen mechanischen Fremdkörper in seiner Brust pochen. Die Blutpumpe gebärdete sich dabei nicht wie das freundliche Organ, das ihm die Fortführung seines Daseins sicherte, sondern wie ein aufgebrachter Alien, der seine Brust zu sprengen drohte.
Es gab bei genauer Betrachtung jedoch keinen Grund, warum die Täter ihn mitnehmen sollten. Er war doch nur ein Zeuge. „Was ist mit dem Bankarsch?"
Die Frage elektrisierte Lukas Bergmann und ließ seinen Herzschlag aussetzen.
„Alles nach Plan. Schnell ausknipsen."

Lukas Bergmann fühlte wie sich der Inhalt seines leeren Magens aus reiner Säure und Schmerz durch seine Speiseröhre nach oben arbeitete und seinen Mund füllte. Schritte näherten sich. Er verlor die Kontrolle über seine unteren Köperöffnungen. Jemand ging neben ihm in die Knie.
„Jetzt hat er sich doch noch vollgeschissen. Ein passendes Happyend für einen verkackten Tag."
Der beißende Schmerz des entfernten Klebebands vor seinem Mund rief Lukas Bergmann für einen Augenblick wieder in die Wirklichkeit zurück. Augenblicklich schüttelte ihn ein Hustenanfall, der Inhalt seines Mundes lief heraus und tropfte auf seine Brust. Dann fühlte er, wie ihn zwei kräftige Hände an den Gelenken seiner Füße packten, die ebenfalls mit einem Kabelbinder fixiert waren und von der Wand wegzerrten. Die Bewegung erfolgte unvermittelt, sein Kopf schlug auf dem Boden auf. Den folgenden Schmerz nahm er jedoch nicht wahr, weil der Rest seines Körpers förmlich aufschrie.

Als sein Körper zur Ruhe gekommen war, drehten ihn die Hände mit groben Griffen an den Schultern zur Seite. Zum ersten Mal seit Stunden waren Arme, Schultern und Rücken von jeder Form des Drucks und der Belastung befreit. Lukas Bergmann stieß einen Schrei aus. Er rang mit seinem Verstand. Aus einem unerfindlichen Grund wehrte sich sein Innerstes mit aller Macht dagegen, das Bewusstsein zu verlieren. Wenn er nur noch ein paar wenige Augenblicke zu leben hatte, wollte er sie mit wachem Verstand erleben. Unter allen Umständen. Die Schmerzen begrüßte er nun als Zeichen dafür, sich in diesem Moment noch zu den Lebenden zählen zu dürfen. Und jeder weitere Moment wäre alles Geld der Welt wert.

„Na, ja, wenn der Clown gleich abtritt, könntest du ruhig etwas netter zu ihm sein."
Offensichtlich waren es zwei Stimmen. „Wenn du meinst. Wirklich freundlich sind wir ja nicht mit ihm umgesprungen. Immerhin war er unser Gastgeber und wir haben in seiner Bank erfolgreiche Geschäfte abgewickelt."
„Kein Einspruch. Mach es unserem Hosenscheißer ein wenig bequemer."

Lukas Bergmann fühlte wie eine Hand in einem Handschuh seinen Kopf erstaunlich behutsam anhob. Dann schob jemand ein Kissen unter seinen Kopf und ließ ihn ebenso sanft wieder darauf zurücksinken. Der Geruch der Unterlage war identisch mit dem der beiden Kissen, die zur Ausstattung des braunen Ledersofas der Sitzecke in seinem Büro gehörten.

Wenigstens sterbe ich mit einem Kissen unter dem Kopf, dachte er. Bevor er abtreten würde, wollte er jedoch wenigstens einen einzigen Satz an seine Peiniger und Mörder richten.

„Werden Sie mich jetzt umbringen?", krächzte und röchelte er. Seine Stimme klang in diesem Augenblick genauso wenig menschlich, wie die seiner Peiniger.

Als Antwort erntete er nur ein Lachen. Nicht hämisch oder schadenfroh, eher fröhlich und aufmunternd. Das Letzte was Lukas Bergmann wahrnahm, war ein Stich in seinen Hals. Offensichtlich erhielt er eine Injektion. Eigentlich hatte er damit gerechnet, mit einer Kugel im Kopf zu enden. Das wäre wenigstens schnell gegangen. Nun wollten ihn die Verbrecher offensichtlich mit Gift hinrichten. Die unbestimmte Furcht vor Schmerzen und Krämpfen, die er mit dieser Todesart assoziierte, öffnete einmal mehr seine Schließmuskeln.

Hoffentlich macht mich jemand sauber, bevor meine Familie meinen Leichnam zu sehen bekommt, war das Letzte, das Lukas Bergmann dachte, bevor ihn die Dunkelheit umfing.

6. Juni 2014, 3.30 Uhr

Boboko Badi fühlte, wie die Anspannung von ihm wich, die ihn die letzten Tage beständig in Anspruch genommen hatte. Er blickte nach rechts. Auf dem Beifahrersitz saß Vetter Moshto. Moshto war der drittälteste Sohn seines Onkels Jorska und der Patensohn seines Vaters. Deshalb trug der Vetter den Namen Moshto. Moshto Badi stand dagegen sichtlich unter Strom. Er hatte einen großen Teil der Organisation der Logistik für die Geiselnahme übernommen und hervorragende Arbeit geleistet. Bisher hatte alles wie am Schnürchen geklappt. Die letzten zwei Monate waren der pure Stress gewesen. Großvater Tshukurkas Gesundheitszustand hatte sich seit seinem Treffen mit dem Fürsten in St. Petersburg Ende März rapide verschlechtert. Viel schneller, als die Familie gehofft hatte. Die Ärzte gaben dem alten Mann inzwischen nur noch einen, maximal zwei Monate. Deshalb musste die Aktion unbedingt jetzt laufen, damit der große Vista den Erfolg und die Bestrafung des Schuldigen noch erleben konnte.

Wenn Boboko an seinen Großvater dachte, erschien unweigerlich das Bild ihres letzten Zusammentreffens vor seinem inneren Auge, das gerade einmal sechs Tage zurücklag. Der Vista war nur noch ein Schatten seiner selbst gewesen. Grau und zusammengefallen im Krankenbett. Mit Schläuchen, die im gesamten Körper zu stecken schienen. Wenn da nicht die klaren wachen Augen gewesen wären, hätte Boboko Badi seinen Großvater bereits für tot gehalten. Zwar versuchte er die Realität des bevorstehenden Todes so gut es ging zu verdrängen, doch wenn es dem jungen Mann nicht gelang, die Bilder seines Großvaters sofort zu bannen, übermannte ihn die Trauer und er musste mit den Tränen kämpfen.

Die konnte er im Augenblick jedoch nicht brauchen. Mit beiden Händen in schwarzen Lederhandschuhen hielt er das Lenkrad des Transporters fest und konzentrierte sich auf die

Fahrbahn. Sie hatten den Weg tausendmal berechnet und ihn mit anderen Fahrzeugen ungezählte Male abgefahren. Boboko Badi blickte abwechselnd in beide Außenspiegel und versicherte sich, dass die drei anderen Fahrzeuge dicht aufgeschlossen hatten.

Die Suche nach einem geeigneten Transporter hatte sich als harte Nuss erwiesen. Groß genug, um mindestens 17 Menschen, die Ausrüstung und das erbeutete Geld aufzunehmen, aber so kompakt, um problemlos in einem 40-Fuß-Container zu verschwinden. Die Maße des Stahlbehälters waren als internationaler Standard gesetzt: 12,19 Meter Länge, 2,48 Meter Breite und 2,51 Meter Höhe. Von diesen 40-Fuss-Containern verkehrten inzwischen mehr als 15 Millionen Stück rund um die Welt.

Angesichts der 17 Menschen, die den Tatort verlassen mussten, der Ausrüstung und nicht zuletzt der Beute, war als einziges passendes Transportfahrzeug ein Sprinter von Mercedes in Frage gekommen. Der Hersteller bot im Rahmen dieser Fahrzeugreihe eine Version mit geschlossenen Seitenwänden, Hecktür und 7345 Millimeter Gesamtlänge an. Das Auto bot eine Ladefläche von acht Quadratmetern und ein Ladevolumen von 15,5 Kubikmetern. Genügend erforderlicher Transportraum. Hervorragend hatte jedoch die Breite des Sprinters von 1993 Millimetern gepasst. Bei einer Innenbreite von 2,39 Metern, über die der Container verfügte, passte der Mercedes genau hinein.

Probleme hatte nur die Höhe des Sprinters bereitet. Sie lag bei 2435 Millimetern. Die Innenhöhe eines Containers betrug dagegen nur 2385 Millimeter. Das Auto war somit fünf Zentimeter zu hoch gewesen.

Die Badis hatten mehrere Szenarien durchgespielt, um dieses Problem zu lösen. Eine Option war der Umbau des Transporters. Das Absenken des Dachs um sechs bis sieben Zentimeter wäre aufwendig, aber machbar gewesen. Allerdings wäre die Veränderung aufgefallen und sie hätten auch die anderen Fahrzeuge ebenfalls umbauen müssen, die sie zur Ablenkung und zur Irreführung der Verfolger einsetzen wollten. Der erforderliche Aufwand für den Umbau der insgesamt fünf Transporter, die der Plan vorgesehen hatte, hätte jedoch den zeitlichen Rahmen gesprengt. Die Anfertigung eines Spezialcontainers mit der erforderlichen Innenhöhe hatten sie gleich zu Beginn der Überlegungen verworfen. Weniger wegen des erforderlichen Aufwands als vielmehr wegen des abweichenden Formats. Der Container wäre alleine schon optisch aufgefallen und hätte sich zudem mit anderen nicht stapeln und lagern lassen. Der Inhalt musste schließlich nach dem erfolgreichen Abschluss der Aktion eine Reise um die halbe Welt antreten.

Die einfachste Lösung hatte auf der Hand gelegen. Bevor Boboko den Transporter später in den Container steuern würde, würde er mit Moshto die Luft aus den Reifen lassen und die Außenspiegel einklappen. Waren die Reifen platt, wären die fehlenden Zentimeter bei der Innenhöhe des Containers kompensiert.

Boboko Badi lenkte den Sprinter behutsam durch die leeren Straßen eines Wohngebiets. Obwohl die Polizei durch den Unfall mit dem Chemielaster und den Überfall ausreichend abgelenkt war, wollte er unter keinen Umständen auffallen oder in eine Absperrung der Polizei geraten.

Sie hatten für diese Aktion fünf identische Sprinter mit zuschaltbarem Allradantrieb erworben. Da Geld keine Rolle spielte und wenigstens das Fluchtfahrzeug über entsprechende Leistungsreserve verfügen musste, war die Entscheidung auf die stärkste Motorversion gefallen. Der Dreiliter-V6-Diesel leistete 190 PS. Mit dem ganzen Firlefanz der Aufpreisliste hatte jedes Auto mehr als 100.000 Euro gekostet.

Mihali Badi, der Kopf der Aktion, der in St. Petersburg geblieben war, um dem Großvater und dem Rest der Familie nahe zu sein, hatte den Plan in allen Details ausgearbeitet. Mihali war ein Genie was Vorbereitungen anbelangte. Das Geheimnis seiner erfolgreichen Pläne lag darin, jeden Aspekt nach Schwächen abzuklopfen. Er ließ sich niemals vom unkritischen Willen zum Erfolg blenden, der bei einer Planung gerne dazu verleitete, Probleme im Detail zu ignorieren, die einen Erfolg gefährden konnten. Nach dem Motto: Es kann nicht sein, was nicht sein darf. Mihali Badi dachte und handelte nach dem Prinzip: Es kann alles sein, was eigentlich nicht sein sollte. Und schon gar nicht sein darf. Zur Bekräftigung zitierte er in diesem Zusammenhang stets den deutschen Militärstrategen Clausewitz: „In dem Moment, in dem die Kampfhandlungen einsetzen, sind alle zuvor entwickelten Strategien hinfällig."

Mihali Badis Plan sah vor, neben dem Fluchtfahrzeug die vier weiteren identischen Sprinter einzusetzen, von denen drei zu Beginn der Fluchtaktion in verschiedenen Richtungen aus der Stadt fahren sollten. Dem Fünften war die Rolle des Jokers vorbehalten.

Mihali Badi hatte sogar eine Verfolgung durch Hubschrauber der Bundeswehr einkalkuliert, die über eine entsprechende Ausrüstung verfügten, ein Fahrzeug auch bei Nacht und mit großem Abstand zu verfolgen. Mihali hatte die Meinung vertreten, es wäre dem Erfolg der Aktion nur dienlich, wenn sich die Staatsmacht mit allem verfügbaren Hightech an ihre Fersen heften würde. Denn dann würde der große Zaubertrick der Flucht umso weniger Zweifel wecken.

In den Diskussionen im Familienrat hatte Mihali stets argumentiert, er würde als Verantwortlicher der offiziellen staatlichen Stellen, die ihre Aktion auf den Plan riefen, so vorgehen. Gebetsmühlenhaft hatte er seine Warnungen geäußert, die deutsche Polizei und ihre übergeordneten Stellen auf keinen Fall zu unterschätzen. Wenn es um hingerichtete Geiseln und die Drohung ging, die entsprechenden Tötungen via YouTube im Internet zu veröffentlichen, würden die Verantwortlichen alle Register ziehen, um eine solche Katastrophe zu verhindern und die Drahtzieher zu verhaften. Spätestens seit der erfolgreichen Befreiung der „Landshut" aus den Händen palästinensischer Terroristen 1977 in Mogadishu, bei der alle Geiseln unversehrt geblieben waren, die Täter jedoch den Tod gefunden hatten, war klar: Gerade die Deutschen spielten auf dem Gebiet der Terrorbekämpfung weltweit in der ersten Liga.

Während Boboko den Mercedes lenkte, blickte er auf seine Armbanduhr. 3:31 Uhr. Noch waren knapp drei Kilometer zurückzulegen. Er sah wieder zu seinem Vetter.

„Alles klar, Moshto?"

Moshto nickte mit zusammengekniffenen Lippen. „Alles klar. Allerdings würde ich im Moment jede Summe bezahlen, um eine rauchen zu können. Scheiß Laster. Ich hätte es wie du machen sollen. Den Scheiß mit dem Gequalme gar nicht erst anfangen."

„Geduld. In spätestens 30 Minuten kannst du qualmen, bis dir der Rauch aus den Ohren kommt. Was wir hier durchziehen, ist doch nur als Wahnsinn zu bezeichnen."

Moshto musste lächeln.

„Das kannst du laut sagen, Mann. Es ist der vollkommene Wahnsinn. Wir werden Kriminalitätsgeschichte schreiben. Aber eines sage ich dir nun unter vier Augen: Wenn der Alte dem Fürsten nicht geschworen hätte, dass bei dieser Aktion niemand zu Schaden kommen darf, hätte ich nicht mitgemacht. Du weißt, ich liebe unseren Großvater über alles und ich achte die Traditionen unseres Volkes. Aber das Bedürfnis nach Vergeltung und diese archaische Auffassung von Gerechtigkeit halte ich persönlich für grenzwertig. Ist das wirklich gerechtfertigt, was wir da gerade abziehen, nur um einen Landsmann in die Hände zu bekommen, der sich gegenüber unserem Volk schuldig gemacht hat?"

Boboko Badi nickte und gab seinem Vetter innerlich recht. Sie fuhren an eine Ampel, die kurz zuvor auf Rot gesprungen war. Boboko hätte es noch geschafft, die Ampel bei Gelb zu überqueren, aber er musste darauf achten, dass noch drei weitere Fahrzeuge folgten.

Für die Flucht und das Ablenkungsmanöver waren die fünf identischen Fahrzeuge bei unterschiedlichen Mercedes-Händlern im ganzen Bundesgebiet besorgt worden. Die Badis hatten drei Männer rekrutiert, die jeweils mit einer Einmann-Spedition im Eillieferdienst gescheitert waren. Alle waren entweder bereits in die Insolvenz gegangen oder standen kurz vor der Zahlungsunfähigkeit. Diesen Männern hatten die Badis das Angebot unterbreitet, für jeweils 25.000 Euro, zuzüglich zur Begleichung ihrer Verbindlichkeiten, in der Nacht des 6. Juni 2014 nach vorbestimmten Routen in neuen Sprintern die Stadt zu verlassen. Früher oder später würde die Polizei sie anhalten und gründlich überprüfen. Diese

Überprüfung würde lediglich ordentlich zugelassene Lieferwagen und Fahrer mit einwandfreien Papieren ergeben, die nüchtern, frisch und fröhlich ihrem Brot nachgingen, indem sie unterschiedliche Waren auslieferten. Natürlich würde auffallen, dass diese Männer mit gleich aussehenden Fahrzeugen unterwegs waren, wie sie im Zusammenhang mit einem Banküberfall und einer Geiselnahme gesucht wurden. Sie wiesen beispielswiese unter anderem eine übereinstimmende mattschwarze Folierung auf.

Aber es gab kein Gesetz, das einem Spediteur verbot, sein Fahrzeug mit einer mattschwarzen Folie zu bekleben. Neben der üppigen Geldprämie, die den drei Fahrern in bar überreicht worden war, durften sie ihre neuen Sprinter nach Beendigung der Aktion behalten. Boboko Badi hoffte bei der Abschlussbesprechung überzeugend genug gewesen zu sein, als er den „Mitarbeitern" im Falles eines Fehlverhaltens oder gelöster Zungen die Konsequenz verdeutlicht hatte: Ein überraschender und sicherer Unfalltod.

Die Entscheidung für die mattschwarze Folierung hatten die Badis getroffen. Sie sollte die Sichtbarkeit ihres Fluchtfahrzeugs aus der Luft vermindern. Um die Verfolgung zusätzlich zu erschweren, hatte Vetter Luluvo noch einen weiteren Trumpf im Ärmel. Das Computergenie der Badis hatte es nicht nur geschafft, sich in die Seite von YouTube zu hacken, er trieb sich auch seit Stunden in den Leitungen der Stadt herum und hatte dabei die Überwachungskameras rund um die Bank lahmgelegt. Wer diesen Zaubertrick beherrschte, der konnte auch andere Funktionen öffentlicher Einrichtungen manipulieren. Für ihre ausführenden Familienmitglieder in der Bank hatte er ein Laptop so präpariert, dass sie die Videos der Hinrichtungen online stellen konnten ohne mit ihm via Internet bei der Übertragung in Verbindung treten zu müssen.

Die Ampel sprang auf Grün. Boboko Badi wollte losfahren. Von rechts näherte sich ein Fahrzeug der Feuerwehr mit eingeschaltetem Martinshorn, Blaulicht und hoher Geschwindigkeit. Boboko Badi musste grinsen. Das Ablenkungsmanöver mit dem Chemieunfall hatte ebenfalls perfekt geklappt. Der Fahrer des Lastwagens war ein deutscher Mitarbeiter der internationalen Spedition, die zum Imperium der Tschernjatinskis gehörte. Verschwiegen, loyal und dank seiner Rolle bei dieser Aktion finanziell so gut und diskret abgesichert, dass sich seine Mittäterschaft niemals nachweisen lassen würde. Lediglich das Ventil des Tankcontainers war so manipuliert worden, dass nach dem Umkippen ein wenig von der gefährlichen Flüssigkeit auslaufen konnte. Gerade so viel, um das volle Programm des Katastrophenschutzes hochzufahren, aber bei weitem nicht genug, um für eine wirkliche Gefährdung zu sorgen.

Auch für die perfekte Verschleierung der Beteiligung Alparslan Erglus war Vetter Mihali ein kreativer Dreh eingefallen. Die 100.000 Euro Prämie für seine Zusammenarbeit waren als fingierter Casinogewinn an seinen Bruder Gündüz geflossen. Gündüz Erglu hatte bei einem privaten Aufenthalt in Kaliningrad fünf Wochen zuvor auch einen Abstecher in das Casino „Asow-City" unternommen und dort beim Blackjack eine bemerkenswerte Glückssträhne gehabt. Die Auszahlung des Gewinns war mit einem offiziellen Scheck des Casinos erfolgt, der sich problemlos nachverfolgen ließ.

Tatsächlich benötigte Alparslan Erglu die Summe, um seiner jüngsten Tochter, deren Namen Boboko Badi vergessen hatte und die an einer seltenen und definitiv tödlich verlaufenden Krankheit litt, eine erfolgversprechende Behandlung in einer teuren amerikanischen Privatklinik zu ermöglichen. Die Badis hatten ihrem türkischen Mitarbeiter versichert, selbstverständlich auch für alle weitergehenden Kosten aufzukommen, für den Fall, die 100.000 Euro würden nicht ausreichen.

Noch zwei Kilometer bis zum John-F.-Kennedy-Platz. Boboko Badi betätigte kurz die Warnblinkanlage. Das war das Zeichen für die folgenden Fahrzeuge, sich nun auf die abgesprochenen Routen zu begeben. In diesem Moment trat Vetter Luluvo wieder in Aktion. Er deaktivierte im Umkreis von drei Kilometern die gesamte Straßenbeleuchtung. Augenblicklich war die komplette Umgebung in Dunkelheit getaucht. Boboko schaltete die Fahrzeugbeleuchtung aus. Gleichzeitig mit seinem Vetter griff er auf den Boden zwischen den Sitzen.

Dort lagen Nachtsichtgeräte, die sich die beiden Männer über die Köpfe streiften.

Dann gab Boboko Badi Gas. Er erreichte den John-F.-Kennedy-Platz, schoss über die Zufahrt zum Fußgängerbereich. In rund 30 Meter Abstand zum Eingangsbereich der City-Bank bremste er hart, legte den Rückwärtsgang ein und stieß zurück, während er einlenkte. Einen knappen Meter vor der Außentür der Bankfiliale kam er zum Stehen. Die Vettern sprangen aus dem Wagen, während die Flügel der Tür zur Seite glitten. Die Männer öffneten die Hecktür des Sprinters. Im Foyer der Bank erschienen zwei der Maskierten. Ohne ein Wort zu verlieren, klatschten sie sich ab.

6. Juni 2014, 13.30 Uhr

Maximilian Keller grinste wie Wile E. Coyote, der mit einer doppelläufigen Schrotflinte direkt auf den Kopf des Road Runners zielte.
„Hier riecht es aber lecker. Sagen Sie jetzt nichts, Fräulein Hildegard. Lassen Sie mich raten. Auf der Karte steht heute unter Tagesmenü: ‚Bärenarsch im Waldbrand gegart. Mit Markklößchensuppe als Vorspeise und grünem Wackelpeter zum Dessert'".

Kowalski zog schuldbewusst die Achseln hoch. Obwohl er alle Fenster seiner Wohnung weit aufgerissen hatte, hatte sich der Geruch nach verbranntem Essen in allen Räumen und Einrichtungsgegenständen verteilt.

„Ich hatte einen Mörderkohldampf, nachdem wir mehr als 30 Stunden auf den Beinen gewesen sind und wollte mir etwas in die Pfanne hauen. Ich habe sie aufgesetzt und wollte die Wartezeit im Sessel mit der Lektüre der Zeitung überbrücken. Dabei bin ich dann aber sofort eingepennt."

Mad Max folgte ihm in die Küche. Auf dem Herd stand noch immer die Pfanne mit zehn verkohlten Quadern. Das waren einmal Fischstäbchen gewesen. Kowalski liebte Fischstäbchen. Schon seit Kindertagen. Ohne Beilagen, gänzlich unplugged, nur mit einem Glas Remoulade serviert. Früher hatte er locker den Inhalt einer Großpackung mit 15 Stück verputzt. Inzwischen reichte die Zehnerpackung. War wohl eine Alterserscheinung. Mad Max betrachtete die verkohlten Fischstäbchen wie ein Forensiker, der ein einzigartiges Beweismittel untersuchte. Dann wandte er sich ernst und gefasst an Kowalski.

„Und? Gab es kein Spielzeug zu deinem Happy Meal?"

„Nur ein Pony für Barbie. Ich wollte aber Bumble-Bee, das Jungs-Spielzeug aus der Transformers-Serie."

„Dann sollten wir sofort auf die Pirsch gehen und eine kräftige Mahlzeit erlegen. Ich habe nämlich auch tierischen

Schmacht. Wenn ich genau auf meinen sensiblen kleinen Magen höre, wäre eine Pizza mit vier verschiedenen Käsesorten genau das passende Gegenmittel."

„Super Idee. Bei der Pizza mache ich mit. Dazu brauche ich noch einen schönen, frischen, gemischten Salat. Und zur Feier des Tages einer verkorksten Ermittlung und erfolgreich flüchtiger Verbrecher zum Dessert noch eine Portion Tiramisu. Mit einem doppelten Espresso."

Während sich Kowalski seine Jacke schnappte, war Keller bereits aus der Tür. Ein gutes Essen war jetzt genau das Richtige, um in Ruhe die Geschehnisse der Nacht zu verarbeiten und zu besprechen. Er schnappte sich den Schlüssel seines Autos, der an einem Haken neben der Wohnungstür hing, und folgte seinem Kollegen.

Mad Max stand vor dem Heck des Golfs und hatte die Hände in die Hüften gestemmt. Stoßfänger und Heckklappe waren komplett demoliert. Ebenso die Hecklichter. Das ramponierte Auto war sozusagen als Kirsche auf der Torte der schrecklichen letzten Nacht gelandet. Kowalski hatte bei dem Aufprall insoweit Glück gehabt, dass die hinteren Räder nicht beschädigt waren und sich das demolierte Auto somit wenigstens noch aus eigener Kraft bewegte. Angesichts des Alters und der betrüblichen Restwertprognose des Volkswagens war Kowalski sich darüber im Klaren, sein Auto als Totalschaden abschreiben zu müssen. Selbst wenn die Versicherung der blöden Tusse, die ihn abgeschossen hatte, bezahlte, würde das nie und nimmer für einen neuen vernünftigen Gebrauchten reichen.

Obwohl Kowalski seit dem Caddy-Cabrio aus den guten kalifornischen Tagen nie wieder Gefühle für ein Auto entwickelt hatte, schmerzte der Anblick des demolierten Volkswagens doch. Immerhin hatte ihn die Kiste mehr als acht Jahre überall hin transportiert und, abgesehen von einer streikfreudigen Lichtmaschine und vier erschöpften Stoßdämpfern, keine Mucken gezeigt.

Eine Stunde später lehnten sich die beiden Polizisten in ihren Stühlen zurück. Selten hatte ihnen eine Mahlzeit besser geschmeckt. Während sie aßen, hatten sie peinlich vermieden, das Gespräch auf den Fall zu bringen.

„Eigentlich müsste ich ein Glas auf die Gangster trinken", bemerkte Mad Max schließlich doch süffisant, als sie beim Espresso angekommen waren. Entgegen sonstiger Gepflogenheiten hatte er sich einen Ramazzotti bestellt und hob das Glas mit dem dunklen Likör hoch, bevor er es mit einem Schluck leerte.

„Da könnte ich glatt mitmachen", entgegnete Kowalski, „Mann oh Mann, waren die Jungs gut. Sind spurlos mit den Geiseln, den Freigepressten und der Kohle entkommen. Ich möchte nicht in der Haut des Innenministers stecken. Mir tut sogar Dr. Krömer leid. Nur der OB ist aus dem Schneider. Der Chemielaster ist nicht ausgelaufen, das Hydrazin hat nicht *Krawumm!* gemacht, kein Bewohner des benachbarten Seniorenwohnheims der Arbeiterwohlfahrt hat husten müssen, die zuständigen Stellen haben die Gefahr gebannt und wenn wir den Radiointerviews mit Betroffenen Glauben schenken dürfen, fand Volkes Stimme überaus lobende Worte für das beherzte, rasche und effiziente Vorgehen aller Verantwortlichen."

„Wenn du meinst. Trotzdem ist es mir ein Rätsel, wie wir das alles so grandios vergeigen konnten. Waren wir wirklich so dämlich oder unsere Gangster so clever? Du warst doch live und in Farbe vor Ort. Erzähl doch mal."

Kowalski leerte seinen Espresso und gab dem Kellner ein Zeichen, dass er einen weiteren doppelten brauchte.

„Da gibt es eigentlich nicht viel zu erzählen. Wir standen bereit. Die Helis hatten alles im Blick. Kurz vor 3.30 Uhr meldeten sie, dass sich vier dunkle Mercedes Sprinter dem Kennedy-Platz näherten. Dann gingen im wahrsten Sinne des Wortes alle Lichter aus. Wie sich gezeigt hat, hatten sich die Gangster in das städtische Netz für die Steuerung der Straßenbeleuchtung gehackt. Das brachte natürlich alles aus dem Konzept. Irgendwo hatten sich die Autos getrennt und waren in alle vier Himmelsrichtungen geprescht. Eines näherte sich dem Kennedy-Platz ziemlich flott. Da nicht erkennbar war, was die drei anderen Lieferwagen im Schilde führten, mussten sie ebenfalls observiert und verfolgt werden. Was zusätzliche Kräfte gebunden hat, die wir wirklich nicht hatten."

„Ich sage es ja nur ungern", unterbrach ihn Mad Max, „aber ich könnte noch einen zweiten Nachtisch vertragen." Ohne auf eine Reaktion zu warten, rief Keller nach einer weiteren Portion Tiramisu.

„Sorry, dass ich dich unterbrochen habe. Wie ging es weiter?"

„Du hast den gesamten Sprechfunkverkehr verfolgt. Du weißt doch, wie die Sache weiter gelaufen ist."

Max Keller klimperte seinen Kollegen mit den Wimpern an.

„Der arme Sméagol lauscht so gerne der Stimme des guten Herrn. Auch wenn es ihm nicht gelungen ist, den Ring der Macht in den Feuern des Schicksalsberges zu zerstören. Die Menschen sind einfach zu schwach und erliegen stets dem schmeichelnden Werben des einzigen Rings."

„Du mich auch. Die Kerle trafen punkt 3.30 Uhr vor der Bank ein und machten sich exakt fünf Minuten später vom Acker. Sie fuhren in Richtung Hafen, ich setzte mich in Bewegung. Drei Kreuzungen später ist mir die Tussi mit ihrem Daimler-Cabrio hinten rein␣gerauscht. Aus die Maus."

Mad Max vermittelte den Eindruck, als würde er über der Frage nachdenken, ob noch eine weitere/dritte Portion Tiramisu passen könnte. Oder ein zweiter Ramazzotti.

„Lass dich nicht aus dem Konzept bringen. Ich hänge bedingungslos an deinen Lippen."

„Im Hafen bretterten die Täter über das Gelände der alten Getreidespeicher und -speditionen. Schließlich fuhr der Transporter aus der Stadt, schien es nicht einmal mehr besonders eilig zu haben. Der Heli flatterte in sicherem Abstand hinterher. Er dirigierte und koordinierte die offiziellen Einsatzfahrzeuge weiträumig um die tatsächliche Fluchtroute. Es ging weiter auf die Autobahn. Nach mehr als einer Stunde steuerte der Lieferwagen eine Raststätte an. Er hielt neben einer Zapfsäule. Nachdem ein Mann in einem Arbeitsoverall ausgestiegen war, der mit einem Lolli zwischen den Zähnen begann, die Karre vollzutanken, gab Krömer den Befehl zum Zugriff. Es war kurz vor fünf. An der Raststätte waren nur ein paar Trucker auf den Beinen, die nun alle für die nächsten tau-

send langen Winterabende am Lagerfeuer etwas zu erzählen haben. Der Heli landete auf der Zufahrt zu den Zapfsäulen, die Einsatzwagen ließen die Reifen qualmen und Bremsen quietschen. Der Fahrer benahm sich, als würde er mit dem was kam, rechnen. Er lehnte sich freiwillig mit erhobenen Händen an die Seitenwand des Lieferwagens. Hast du nicht die Videoaufnahmen gesehen, die zeigen, was dann kam?"
„Nö. Das habe ich mir geschenkt."
„Der Fahrer war alleine in dem Lieferwagen. Im Laderaum waren nur Pakete mit Original-Ersatzteilen für Motorräder geladen. Den Gangstern ist es tatsächlich gelungen, das echte Fluchtauto vor unseren versammelten wachen Augen verschwinden zu lassen. Wahrscheinlich bereits am Anfang der Verfolgung, irgendwo im Hafen. Klassisch gefickt, wenn ich das einmal so prosaisch zum Ausdruck bringen darf. Die drei anderen schwarzen Sprinter konnten ebenfalls gestellt werden. Dabei ist natürlich auch nichts Verwertbares herausgekommen. Die Fahrer waren sauber, die Ladungen unverfänglich. Die Fahrzeuge waren ordnungsgemäß zugelassen. Wir können es drehen und wenden wie wir wollen. Und auch auf die Gefahr, ich könnte mich wiederholen: Wir sind klassisch gefickt."

Max Keller schob die letzte Gabel seines zweiten Nachtischs in den Mund.

„Normally I'm used to being kissed, before I get fucked!"

6. Juni 2014, 15.00 Uhr

Dr. Krömer sieht richtig scheiße aus, dachte Kowalski, als er am Besprechungstisch Platz genommen hatte. Aber es fiel ihm schwer, sich darüber zu freuen. Viktor Korschinek und Thomas Frey, der inzwischen Zivil trug, hockten ebenfalls auf ihren Stühlen, starrten vor sich hin und gaben geschlossen die begossene Pudeldressur.

Viktor Korschinek seufzte und erhob sich. Er verließ den Besprechungsraum und kehrte mit seiner Calvadosflasche und einem Tablett voll Schwenkern zurück. Max Keller signalisierte mit glitzernden Augen, nichts gegen einen Apfelschnaps einwenden zu wollen. Thomas Frey schien ebenfalls nicht abgeneigt. Dr. Krömer blickte skeptisch.

„Bitte jetzt keinen Tritt auf die Spaßbremse! Von wegen Alkohol im Dienst", erklärte Viktor mit Bestimmtheit, während er vier Gläser füllte. „Außer Ethanol fällt mir persönlich nämlich nichts Besseres ein, was in dieser Situation Trost spenden könnte. Und der Dienst geht langsam in die 30. bis 36. Stunde."

„Da wird Ihnen in diesem Raum niemand widersprechen", seufzte der Oberstaatsanwalt resigniert und nahm das Glas entgegen.

„Auf den größten Misserfolg aller Zeiten", hob Viktor Korschinek das Glas. Vor seinem inneren Auge kondensierten die Bilder der frühen Morgenstunden zu einem fest ablaufenden Film. In Farbe, mit Gerüchen und Geräuschen. Aber ganz ohne Musik.

Die Gangster waren mit allen Geiseln entkommen. Die befreiten Knackis waren verschwunden, die sechs Millionen ebenso, sogar die hingerichteten Geiseln. Kaum waren die Täter geflüchtet, hatten die SEK-Kräfte die Bankfiliale gestürmt. Die Räume waren vollkommen leer gewesen.

Sie hatten den Filialleiter in seinem Büro auf dem Boden liegend gefunden. Gefesselt, mit verbundenen Augen, einem verrutschen Kopfhörer auf dem Haupt und tief schlafend. Der Mann war sofort in ein Krankenhaus gekommen. Die erste Untersuchung hatte ergeben: Herr Bergmann war körperlich so weit wohlauf und stand unter dem Einfluss eines starken Betäubungsmittels. Mit seinem Erwachen war frühestens in 24 Stunden zu rechnen. Zu welchem Zeitpunkt der Mann schließlich für eine Vernehmung zur Verfügung stehen konnte, stand in den Sternen.

In einem der Büros, in dem die Gangster offensichtlich die drei Geiseln erschossen hatten, war eine riesige, bereits angetrocknete Blutlache zurückgeblieben. Die Spezialisten der Spurensicherung waren immer noch im Einsatz und es würde noch Tage dauern, sämtliche Spuren in der Bankfiliale zu sichten, zu sortieren und zu interpretieren.

Der Calvados schien Dr. Krömer erreicht zu haben. Er straffte sich und blickte in die Runde.

„Bevor ich ins Innenministerium fahre, die Beichte ablege und mir zehn Millionen Rosenkränze für meine Missetaten und Versäumnisse aufbrummen lasse, würde ich Sie bitten, mir irgendetwas Hieb- und Stichfestes in die Hand zu geben. Verstehen Sie mich nicht falsch, ich möchte ganz einfach nicht wie ein komplettes Arschloch dastehen."

Max Keller ergriff gefasst und sachlich das Wort.

„Ich bin jetzt seit Mitternacht intensiv mit dem Fall beschäftigt. Mal abgesehen von einer ausgiebigen Mittagspause. Bleiben wir bei den Fakten. Es kann kein Zweifel daran bestehen: Wir haben es nicht mit einem klassischen Überfall auf eine Bank mit anschließender Geiselnahme zu tun. Die Aktion diente einem anderen Zweck. Es ging ausschließlich um die Befreiung der drei Verbrecher. Alle anderen Spekulationen wären Humbug. Wenn ich den Aufwand betrachte, den unsere Täter für diese Aktion betrieben haben, können wir die sechs Millionen Lösegeld als Unkostenrückerstattung abschreiben."

Die vier Kollegen musterten Mad Max aufmerksam und nickten.

„Das entscheidende Indiz für diese These ist für mich der Umstand, dass bislang noch niemand aus der Umgebung der Geiseln reagiert hat. Da wir sie nicht kennen, wissen wir natürlich auch nichts über ihr Umfeld. Aber wenn rund ein Dutzend Menschen einfach so verschwindet, während sie ganz normalen Besorgungen nachgehen und niemandem fällt das auf, dann stinkt das. Ich habe mich schon heute Nacht über dieses Phänomen gewundert. Aber nun sind weitere zwölf Stunden vergangen und noch nicht ein naher Anverwandter steht auf der Matte, um eine Vermisstenanzeige zu erstatten. Darum steht für mich fest, die Geiseln sind in Wirklichkeit Komplizen."

Dr. Krömer hing förmlich an den Lippen von Max Keller. In seinen Augen glomm der erste Hoffnungsschimmer.

„Ich habe heute früh die Bilder der freigelassenen Geiseln an die Banktante im Krankenhaus geschickt, die alle als Stammkunden identifiziert und ausdrücklich herzliche Grüße an den netten Kommissar hinterlassen hat, der so aufmerksam und freundlich bei seinem nächtlichen Besuch gewesen ist."

Keller grinste Kowalski an.

„Wenn ihr mich fragt, haben die Gangster mit der Freilassung dieser Geiseln Sorge getragen, um mit dem Rest quasi unter sich bleiben zu können. Dafür mussten alle, die nicht an dem Komplott beteiligt waren, die Bank unbedingt verlassen."

Mad Max versicherte sich mit einem Rundblick weiterer Zustimmung.

„Ich habe mir noch mindestens hundert Mal die Videos mit den Erschießungen angesehen. Je öfter ich die Sequenzen studiert habe, desto sicherer war ich mir, die Takes sind gestellt. Im entscheidenden Moment der Schussabgabe ist die Waffe in keinem der drei Fälle zu sehen. Abgesehen davon hat mir ein Forensiker gezwitschert, ein Geschoss vom Kaliber neun Millimeter Parabellum geht durch einen menschlichen Körper, wie durch einen Pappdeckel. Wenn ihr jemandem ein solches Ding von hinten in die Birne ballert, fliegt vorne das ganze Gesicht durch die Bude und der Kameramann hätte sich das Projektil eingefangen. Allerdings haben die Spezialisten auch dafür eine Erklärung. Sollten die Täter Patronen mit reduzierter Ladung verwendet haben, haut eine solche Hinrichtung auch mit der Neunmillimeter hin, ohne dass es danach wie im Spielzimmer des kleinen Hannibal Lecter aussieht."

Thomas Frey nickte.

„Das sehe ich auch so."

„Da bleibt nur ein Problem", unterbrach der Oberstaatsanwalt. „Das Blut, das wir im Büro der Bank gefunden haben, ist eindeutig menschlich und stammt von drei verschiedenen Personen."

„Blut lässt sich abzapfen und im Beutelchen transportieren."

„Die gentechnische Untersuchung läuft, aber das Ergebnis wird noch eine Weile auf sich warten lassen."

„Hat jemand Lust mit mir zu wetten? Ich setze darauf, dass das Ergebnis der Untersuchung beweist, dass zwischen den vermeintlich Hingerichteten verwandtschaftliche Verbindungen bestehen", warf Mad Max spontan ein.

„Ist das wirklich dein Ernst?", fragten Viktor Korschinek und Rufus Kowalski wie aus einem Mund.

„Ja, ich bin mir sicher. Eine so komplexe Aktion kann nur als Family-Business klappen. Wenn wir in dem Punkt Einvernehmen erzielen, es mit einem Komplott zu tun zu haben, ist die Folgerung, dass ein Familienverbund als Täter und/oder Komplizen dahinter steckt nur folgerichtig. Um glaubhaft eine homogene Gruppe von zufällig zusammengewürfelten Menschen zu spielen, die wie zufällig in Geiselhaft geraten, sind mindestens drei verschiedene Generationen erforderlich. Die Bankangestellte hat ja bestätigt, dass die ihr nicht bekannten Kunden aus unterschiedlichen Altersgruppen gekommen waren. Was liegt da näher, als mit einer Familie zu arbeiten? Vor allem, um sicherzustellen, damit hinterher niemand die Klappe aufmacht."

Dr. Krömer blieb skeptisch.

„Da regt sich bei mir immer noch nichts. Können Sie diese, ich möchte es vorsichtig formulieren, gewagte These nicht ein bisschen schlüssiger verifizieren? Von wegen Innenminister und so."

Mad Max schien es zu genießen, dass sich alle Augen auf ihn gerichtet hatten und gönnte sich eine kurze Pause. Nach einem Schluck fuhr er fort: „Ich bin hundertprozentig davon überzeugt, dass die Hinrichtungen getürkt waren. Weil klassische Verbrecher in der Kriminalgeschichte noch nie mit einer derartigen Brutalität vorgegangen sind. Hätten wir es mit einer terroristischen Tat irgendwelcher politischen Spinner oder religiösen Fanatiker zu tun, die Gefangene *coram publico* im Internet den Kopf abschlagen, ok. Solche Typen hätten das Netz sofort benutzt, um ihre Untaten propagandistisch auszuschlachten. Aber so? Erstens ist kein Gangster so abgewichst, erst einmal zwei Geiseln abzuknallen, um klar zu stellen, wer am Drücker ist. Und das sozusagen auch noch hinter vorgehaltener Hand. Zweitens war die Drohung, die Videos der Hinrichtungen ins Netz zu stellen, ein Bluff. Die Reaktionen des Publikums und vor allem der Medien in der ganzen Welt hätte niemand kalkulieren können. Lassen wir einmal den Imagegau für unsere Politik und Polizei außer Acht: Wenige Minuten nach der Veröffentlichung einer derartigen Abscheulichkeit, die zudem in professioneller Bild- und Tonqualität aufgenommen wurde, wäre jeder internationale Fernsehsender, jede große Tageszeitung und jede Nachrichtenagentur auf diesem Planeten Amok gelaufen. Das hätte für unsere Täter ein unkalkulierbares Risiko bedeutet. Vor allem, weil die Pressemeute wie eine Rinderherde im Rahmen einer Stampede den Ort des Geschehens gestürmt hätte. Das hätte jede noch so gut geplante Flucht gefährdet. Deshalb bin ich überzeugt, die Videos waren ausschließlich für den dienstlichen Gebrauch gedacht. Und letztendlich, und da schließt sich der Kreis zu meiner Familien-These, warum haben die Täter sogar die Leichen der drei Erschossenen mitgenommen?"

12. Juni 2014, 15.30 Uhr

Boboko Badi betrachtete sich in dem großen beleuchteten Spiegel hinter seinem Schminktisch. Er blickte in ein weiß geschminktes Clownsgesicht. Mit einer roten Knollennase, riesigem grellroten Mund und schwarz-weiß geschminkten Augen. Den Kopf bedeckte eine Perücke – ein Afro mit orangefarbenen Locken von fast einem Meter Durchmesser. *Erinnert ein wenig an den bunten Schwachkopf von McDonalds*, dachte der Roma, nachdem er mit der Prüfung seiner Maske zufrieden war. Am Anfang seiner Karriere als dummer August war er sich in der Rolle des Deppen vom Dienst blöd vorgekommen. Mit Zirkus hatte er schon als Kind nichts anfangen können. Aber nach mehr als vier Wochen war er in seine Maskerade hineingewachsen. Schließlich war ein Clown eine geniale Figur für die perfekte Tarnung. Vollkommen unkenntlich konnte er sich frei bewegen – in einen weiten gelben Overall gehüllt, den große bunte Punkte bedeckten. Der Umgang mit den riesigen schwarzen Lackschuhen hatte einige Zeit der Gewöhnung erfordert.

An den Kassen des „Zirkus Maximus" drängten sich bereits die Gäste für die Nachmittagsvorstellung. Am Abend stand das große Finale in dieser Stadt auf dem Programm. Dann würde der Zirkus noch in der Nacht seine Zelte abbrechen und sich auf den Weg zum nächsten Quartier begeben. Als nächstes gastierte der Zirkus in Berlin und zog dann weiter nach Osteuropa und Skandinavien. Warschau, Krakau, Kopenhagen, Stockholm, Vilnius, Riga und Helsinki waren die weiteren Stationen, bevor es ins Winterlager nach St. Petersburg ging. Aber das kümmerte Boboko Badi nicht weiter. Mit der heutigen Abendvorstellung endete seine Karriere in der Unterhaltungsbranche. Morgen früh würde er wieder in sein angestammtes Leben als Geschäftsmann schlüpfen, der sich auf einem Sitz in der Business-Klasse der Lufthansa nach St. Petersburg befördern ließ. Beköstigt durch ungenießbare Häppchen.

Mit der Geschichte des Zirkus hatte er sich dagegen ausführlich beschäftigt. Der „Zirkus Maximus" würde 2015 sein 125-jähriges Bestehen feiern. Den traditionsreichen Zirkus hatte Ende des 19. Jahrhunderts Großfürst Vladimir Alexandropowitsch Tschernjatinski gegründet. Das war der Ururgroßvater von Dimitri Fjódorowitsch Tschernjatinski, dem derzeit amtierenden Oberhaupt des Hauses Tschernjatinski. Der Ahn war ein begeisterter Freund der Reitkunst und Musikalität der Roma gewesen. 1890, anlässlich der Vermählung seiner jüngsten Tochter Darja Arkadjewna mit einem englischen Spross aus der 1885 begründeten Baronie Montagu of Beaulieu, hatte er den Zirkus ins Leben gerufen, um darin das Hochzeitsfest zu veranstalten. Ein Einfall, der monatelang für Gesprächsstoff in der Gesellschaft von St. Petersburg gesorgt hatte. Nach der Feier hatte der Fürst den Zirkus dem frischvermählten Paar als Hochzeitsgabe verehrt. Er war klug genug zu bemerken, dass der Schwiegersohn nicht der hellste gewesen war und nur von drei Dingen eine Ahnung hatte: Pferden, Frauen und deren ausdauerndem Beritt.

Vetter Moshto hatte eine so extrovertierte Tarnung wie der eines Clowns weniger gelegen. Aber er liebte Tiere und somit war es leicht gewesen, ihn als Tierpfleger im Zirkus unterzubringen. Den Überfall selbst hatten Gabor, Janosh und Pepe Lehmann durchgeführt, drei Großneffen von Großmutter Nonoka. Sie waren bereits seit Beginn der Saison im Zirkus untergekommen. Als Fahrer, Mechaniker und Mädchen für alles. Um ihre Tarnung nicht in Gefahr zu bringen, würden die drei für den Rest der Saison weiter im Zirkus arbeiten.

Boboko Badi mischte sich unter die Gäste , die nun auf das Gelände strömten. Die meisten von ihnen waren Kinder, die voller Aufregung und Anspannung ihre erwachsenen Begleiter abwechselnd vor die Käfige der Tiere zerrten und um Süßigkeiten wie Popcorn, Zuckerwatte und Limonade bettelten. Der „Zirkus Maximus" war für seine Dressurakte berühmt. In keinem anderen Zirkus der Welt konnte das Publikum mehr Pferde, Raubkatzen oder Elefanten in der Manege beobachten. Wie zur Gründungszeit des Zirkus waren die meisten Artisten, Dompteure und Mitarbeiter Roma.

Kaum hatte Boboko Badi die „Allee" erreicht, die von den Kassenwagen zwischen Käfigen und Buden zum Zelt führte, war er von begeisterten Kindern umringt. Er riss Grimassen, zog eine winzige Trompete aus einer der riesigen Taschen des Clownskostüms und blies darauf einen schauerlich schrägen Ton, der auf ein begeistertes Publikum traf. Der Clown tätschelte mit seinen weißen Handschuhen zahllose Kinderhäupter und verteilte Luftballons, die er vorher aufblies und mit einer geschickten Bewegung verschloss. Wenn er gut drauf war, schaffte er es sogar, aus dünnen länglichen Ballons etwas zu formen, was entfernt an einen Hund erinnerte.

Auf seinem Weg über das Gelände begegnete er zwei der Lehmann-Brüder, die ihn keines Blickes würdigten. Sie hatten vereinbart, ihren Kontakt im Zirkus auf das Notwendigste zu beschränken. So wie es für Menschen angemessen war, die über einen absehbaren Zeitpunkt zusammen arbeiteten. Pepe war zudem sauer auf Boboko. Der Mittlere des Lehmann Trios war beim Überfall über das Ziel hinausgeschossen und hatte den Filialleiter gequält. Boboko hatte Pepe dafür ordentlich den Kopf gewaschen, was diesem überhaupt nicht gefallen hatte.

Am seinem letzten Tag als Clown fühlte sich Boboko Badi großartig. Alles, was sie so lange geplant und vorbereitet hatten, war in der Woche zuvor abgelaufen wie ein Uhrwerk. Besonders stolz war der Roma über den Trick mit dem verschwundenen Fluchtfahrzeug.

Nachdem sie die Bank verlassen hatten, waren sie in Richtung Hafengebiet gefahren. Auf dem Gelände mit den verlassenen Speichern gab es eine breite Durchfahrt zwischen zwei Hallen, die auf einer Länge von mehr als 100 Metern überdacht war. Unter dem Dach hatte ein Sattelzug mit einem 40-Fuß-Container gewartet. Der Container war hinten geöffnet und mit zwei Rampen versehen worden. Nachdem der Fluchtwagen für die Verfolger unter dem Dach verschwunden war, war der fünfte Sprinter losgefahren und so schnell hinter dem Dach wieder erschienen, dass Verfolger aus der Luft den Eindruck gewannen, als wäre das Fluchtfahrzeug mit gleichbleibendem Tempo unter der Abdeckung hindurch gefahren.

Boboko und Moshto Badi hatten den echten Fluchtwagen vor den Rampen abgestellt, waren aus dem Wagen gesprungen, hatten die Reifen durchstochen und dann den Wagen in den Container gefahren. Dank des Allradantriebs war das auch mit luftleeren Reifen problemlos gelungen. Wie zuvor lange geübt, hatten die Lehmanns, in der Ex-Rolle der Geiseln, ihre Gäste und die Beute in weniger als einer Minute über die Heckklappe aus dem Fluchtwagen geräumt. Während sie sich auf drei wartende Lieferwagen und einen Tiertransporter mit den Aufschriften des „Zirkus Maximus" verteilten, hatten Boboko und Moshto Badi die Rampen in den Container gewuchtet und ihn verschlossen. Boboko hatte das Schloss mit einer offiziellen Plombe des Zolls versiegelt. Der Fahrer hatte den Sattelzug in Bewegung gesetzt. In weniger als fünf Minuten nach der Flucht aus der Bank waren die Spuren komplett verwischt.

Das Kalkül der Badis war aufgegangen. Der Chemieunfall und die Verfolgung von vier möglichen Fluchtfahrzeugen hatte die Polizei derart in Anspruch genommen, dass die Ringfahndung zu spät ausgelöst wurde. Zumindest nicht so lange wie der LKW brauchte um die Autobahn zu erreichen. Der Container war hellgrau lackiert und trug den Schriftzug „Maersk", das Markenzeichen einer dänischen Spedition und Reederei, die zu den größten Container-Carriern der Welt zählte. Die Papiere für den Container waren makellos. Bei diesem Bereich der Logistik hatten sich die Kontakte und Unternehmen des Fürsten in vollem Umfang bewährt. Bis die Polizei das Hafengelände weiträumig abgeriegelt und die Großfahndung offiziell eingeleitet hatte, war der Container längst auf dem Weg nach Bremerhaven, um sich bereits am folgenden Tag an Bord der „Emma Maersk" mit Tausenden anderen Containern auf eine weite Reise nach Asien zu begeben, wo er nach vielen Wochen schließlich in Nachodka, dem östlichsten russischen Hafen am pazifischen Ozean landen würde. In jenem fernen Winkel des riesigen russischen Reichs war mit einem fabrikneuen, voll ausgestatteten Mercedes Sprinter mit langem Radstand, Allradantrieb und stärkster Motorisierung ein guter Preis zu erzielen. Auch wenn seine Reifen platt waren.

Auf seinem Weg begegnete Clown Boboko der elfjährigen Anna, dem jüngsten Mitglied der „Matruschkas". Die „Matruschkas" waren eine bekannte Trapeztruppe, die sich nach den berühmten ineinander verschachtelten Puppen benannt hatte, weil die zwölf Mitglieder sich auf drei Generationen verteilten. Die „Matruschkas" waren ebenfalls Roma. Niemand hatte bemerkt, dass eine Woche zuvor, am 5. Juni, die Nachmittags- und Abendvorstellung ohne ihren Auftritt stattgefunden hatte. An diesem Tag war die Familie für einen anderen Auftritt gebucht gewesen, den sie so brillant und diszipliniert gemeistert hatten, wie seit Jahr und Tag ihre atemberaubenden akrobatischen Darbietungen unter dem Dach des Zirkuszeltes.

Boboko hielt drei Meter vor Anna an, die bereits das Kostüm für ihren Auftritt trug. Sie verbeugte sich elegant mit einem geschmeidigen grazilen Knicks vor dem Clown. Der erwiderte die Verbeugung und stolperte dabei zur Freude der Beobachter scheinbar über seine riesigen Schuhe. Danach verschränkte der Clown seine Finger vor dem Bauch um eine Räuberleiter zu bilden. Das Mädchen sprang auf den Clown zu und hüpfte beinahe schwerelos mit dem rechten Fuß auf die Sprosse. Der Clown stieß das zierliche Mädchen mit aller Kraft in die Luft. Dabei drehte sie einen Salto und landete mit einem Lächeln und ohne die geringste Unsicherheit hinter dem Clown wieder auf dem Weg. Die Gäste applaudierten, die Kinder jubelten, der Clown und die Artistin verneigten sich dankbar und ein wenig huldvoll nach allen Seiten.

Niemand wäre angesichts dieser Szene auf die Idee gekommen, dass das Mädchen eine Woche zuvor dabei gefilmt worden war, wie ein maskierter Verbrecher sie in einer Bank, in der sie als Geisel in die Hände skrupelloser Gangster gefallen war, mit einem Schuss in den Hinterkopf hingerichtet hatte.

Auch beim Einsatz der „Matruschkas" als Geiseln hatte Mihali Badi jedes Detail durchdacht. Im Rücken der drei „Hingerichteten" war eine Vorrichtung angebracht, die Filmemacher dazu verwenden, um nach Schussverletzungen derart realistisch Blut fließen zu lassen, dass entsprechende Szenen nur Betrachtern ab 18 Jahren zugemutet werden konnten. Dabei zündete eine winzige Sprengladung in dem Augenblick in dem der Schuss zu hören war und zerfetzte einen Beutel mit Kunstblut. Bei den Hinrichtungen war tatsächlich echtes Blut vergossen worden. Es war den drei „Opfern" zuvor abgenommen worden, um die Spurensicherung zu täuschen. Die Aufnahmen der Hinrichtungen hatten sie so ausgetüftelt und arrangiert, dass der Trick mit dem Blut für die Kamera nicht erkennbar war.

Während der Clown in Richtung der Kassen schlenderte und seine Faxen trieb, musste er plötzlich stutzen. In der Schlange der Wartenden erkannte er einen Mann mit einem pummeligen Jungen, der zwar groß gewachsen war, doch mit seinem kindlichen Gesicht kaum älter als zwölf oder 13 Jahre alt sein konnte. Der Mann war Lukas Bergmann, der Leiter der überfallenen Bank Er trug Jeans, ein bordeauxrotes Polohemd von Lacoste, das sich wie die Oberfläche des roten Planeten über seinen Bauch spannte, und Sportschuhe. Der Junge war in einen hellblauen Trainingsanzug weniger gekleidet als vielmehr gehüllt.

Der Clown trat näher an die Warteschlange. Dem Filialleiter waren die Spuren seines Martyriums noch anzusehen. Zumindest für jemandem, der genau wusste, was der Mann vor einer Woche durchgemacht hatte. Lukas Bergmann war bleich, hatte dunkle Ringe unter den Augen und blickte ständig nervös nach rechts und links. Der dicke Junge hatte den rechten Arm fest um seinen Vater gelegt, was beiden Halt zu geben schien.

Als Boboko Badi Bergmann betrachtete, übermannte ihn das schlechte Gewissen. An der Person des Filialleiters war der Schwur, den sein Großvater dem Fürsten gegeben hatte, eindeutig verletzt worden, bei der Befreiung von Lolo keinem Außenstehenden Schaden zuzufügen. Der Clown drängelte sich durch die Menge zu Vater und Sohn. Mit einer tiefen Verbeugung zog er die Aufmerksamkeit der beiden auf sich. Der Junge begann sofort zu strahlen und auch der Mann riskierte ein schüchternes Lächeln.

„Säährrr verrrääährtes Publikum", rief der Clown gedehnt. Er deutete mit einer ausladenden Geste auf die Bergmanns und verbeugte sich dabei erneut. „Säähen Sie hääär, auf diese wichtigen Gääääste. Sie sänd seit dem 35. Mai die elfundneuzigsiebzigundzweiten Besucher von beriiiehmtesten Zirkus von Väält."

Mit einer großartigen Bewegung seiner Rechten fischte er zwei große goldglänzende Kunststoffkarten aus seinem Kostüm und reichte sie mit einer weiteren tiefen Verbeugung dem Jungen.

„Weil sänd elfundneuzigsiebzigundzweiten Besucher von beriiiehmtesten Zirkus von Väält seit 35. Mai, dürfen besuchen Vorstellung als Gääste von Äähre. Diiiierfen sitzen in grooooße Looooge, diiiiierfen essen, naschen und trinken so viiiel wie können, bis plaaatzen!"

Der Clown machte das Geräusch einer Explosion, ruderte mit den Armen und ließ sich auf den Hintern fallen. Die Menge lachte und applaudierte. Auch der dicke Junge. Lukas Bergmann trat vor und reichte dem Clown die Hand, damit er wieder aufstehen konnte. Als Boboko vor ihm stand, beugte er sich nach vorne und fragte flüsternd: „Ist das Ihr Ernst, wir bekommen von Ihnen Freikarten? Wie kommen wir zu dieser Ehre?"

Der Clown antwortete ebenso leise: „Das ist ein kleiner Gag für unsere Gäste. Ich verteile für jede Vorstellung einige dieser Spezialkarten. Wie gesagt, sie gelten für die Logen und an allen unseren Erfrischungsständen. Genießen Sie die Vorstellung. Lassen Sie sich verzaubern und von allen Sorgen ein wenig ablenken."

Lukas Bergmann murmelte seinen Dank. Der Clown reichte seinem Sohn die Hand. Sie verbeugten sich beide, wobei der Clown sich so bewegte, dass er leicht mit dem Kopf des Jungen zusammenstieß. Darauf ließ er sich mit einem lauten „Oiiiii, oiiiii weh!" wieder auf sein Hinterteil fallen. Diesmal half ihm der Junge wieder auf die riesigen schwarzen Füße. Während sich der Clown mit theatralischen Gesten den Staub vom Kostüm klopfte, fragte ihn der Junge nach seinem Namen.

Der Clown strahlte: „Niemand weißä, wär iche wirkliche binne. Ichä binne näämlisch Boboko! Gröööößtes Clown von Welt!"

13. Juni 2014, 17.01 Uhr

Norman Gerber schwitzte wie noch nie zuvor in seinem Leben. Eine Bö erfasste die Piper Seneca V unvermittelt und riss das zweimotorige Flugzeug völlig überraschend in einer viertel Rolle nach Backbord. Sein Schweiß floss in Strömen, weil er seit Stunden einen Neoprenanzug trug. Um beim Start in Palma mit dem ungewöhnlichen Aufzug kein Aufsehen zu erregen, hatte er darüber Anzug mit Hemd und Krawatte angelegt. Den Anzug hatte er bei seinem Aufenthalt auf den Seychellen bei einem diskreten indischen Schneider in Victoria anfertigen lassen. Dank eines fünfzigprozentigen Aufschlags auf das Honorar hatte es der Schneider unterlassen zu hinterfragen, warum jemand als Unterzeug einen Taucheranzug tragen wollte und von dem Anzug darüber einen so perfekten Schnitt erwartete. Da nicht kalkulierbar war, wie lange er im Meerwasser ausharren musste, hatte sich Gerber für einen Neoprenanzug mit sieben Millimeter Dicke entschieden, um in jedem Fall die Gefahr einer Unterkühlung zu bannen. Somit war die Herausforderung für den Schneider besonders anspruchsvoll ausgefallen.

Was jedoch seine Transpiration im Moment wirklich auf Touren brachte, war die schiere Todesangst, die er darüber hinaus um Atem ringen ließ, seit er sich mit dem winzigen Flugzeug durch die entfesselten Elemente kämpfte und seine Flughöhe die 100 Fuß unterschritten hatte.

„Gottverdammte Scheiße", brüllte der Pilot mit aller Kraft gegen das Chaos an. Trotz der Anspannung glitten seine Gedanken ständig zurück zur letzten Nacht. Zur sicherlich letzten Nacht, die er in seinem Haus auf dem Höhenzug von Sa Mola, mit dem atemberaubenden Blick von der Terrasse auf die Bucht und den Hafen von Port d'Andratx im Osten und die Weite des Mittelmeers im Westen, verbracht hatte. Am späten Nachmittag hatte er an der Bar des Cafés „La Consigna", im Hafen von Port d'Andratx, zwei abenteuerlustige, prollige

Schlampen aus Manchester klargemacht und abgeschleppt. Die beiden Mädchen erschienen schlagartig vor seinem inneren Auge: Sheryl und Maggie, maximal Zwanzig, und zungengepierct. Die straffe Haut mit mehr bunten Bildchen überzogen, als in einem japanischen Manga zu finden sind. Und zudem mit Brüsten ausgestattet, die derart voluminös, symmetrisch und fest kein Herr im Himmel als natürliche Spötter der Schwerkraft wachsen lassen würde. Dieses dynamische Duo hatte sich als durch und durch hochleistungs-versaut erwiesen, als Norman Gerber es durch den Pool, die Hausbar und über die indigoblaue Satinwäsche seiner großflächigen Bettenlandschaft gescheucht hatte, wobei es dem orgienerprobten Gastgeber mehr als einmal die Sprache verschlug. Am Morgen hatte er jedem der beiden Mädels einen violetten Euroschein ins Dekolleté gesteckt und ihnen freigestellt aus seinen Beständen uralter Branntweine aus der französischen Kleinstadt Cognac und erlesenster Single Malts der schottischen Highlands in ihre Rücksäcke zu füllen. Anschließend rief er ein Taxi, das die Tierchen zuverlässig in Richtung ihrer Zweisterne-Absteige entsorgte. Schon die jüngsten Spirituosen waren bereits zu Zsa Zsa Gabors Geburt seit Jahrzehnten in Eichenfässern gereift und repräsentierten einen stattlichen vierstelligen Betrag. Die hohe Wahrscheinlichkeit, dass diese alkoholischen Pretiosen innerhalb der nächsten 24 Stunden als Bestandteile von Mischgetränken mit Eiswürfeln und Coca Cola enden würden, die mit Joints und Klapsmühlenfutter als Teil einer berauschenden Dreifaltigkeit für den unendlichen Partyspass garantierten, sollte Gerber kein Kopfzerbrechen mehr bereiten.

Wütend verscheuchte Gerber die Erinnerungen an die letzte Nacht. *Ich brauche meinen Verstand wirklich für Wichtigeres!* Die Wellen schienen haushoch. Zudem war es fast dunkel geworden. Die Maschine führte längst ein Eigenleben und scherte sich einen Scheiß um die Signale des Steuerknüppels. Die zweimotorige Piper tanzte durch die drei Ebenen des Raums wie eine Staubmaus im Windkanal. Gerber verfluchte im Takt von Sekundenbruchteilen seinen Plan, mit einem fingierten Absturz alle Spuren zu verwischen, um ohne weitere

Nachstellungen von Polizei oder geprellten Anlegern ein entspanntes Leben führen zu können.

Das unkontrollierte Taumeln führte den Piloten eine gefühlte Handbreit über einer Meeresoberfläche, die er in derartigem Wüten bislang nur als virtuelle Konstrukte von Hochleistungscomputern für animierte Hintergründe aus Hollywood-Blockbustern kannte. Der „Sturm" war ein beknackter Streifen gewesen, der in Gerbers Augen nur ein Gutes hatte: Dieser Schönling George Clooney soff am Ende ab. Es würden nur noch wenige Sekunden vergehen. Dann kam es unweigerlich zum Touchdown. Und er hatte nicht die geringste Vorstellung, wie viel Zeit ihm noch bleiben würde, bis er eine Beute der Fluten werden würde. Selbst als eingefleischter Zocker hätte er in diesem Moment keinen Pfifferling darauf gesetzt, die nächsten Minuten zu überleben. Auch wenn Norman Gerber nicht abergläubisch war, stand für ihn fest: *Passender konnte ein Freitag, der 13. nicht zur Höchstleistung auflaufen.*

Wasserlandung! Was für eine Scheißidee!, schoss es dem Piloten durch den Kopf. Das klappte selbst bei spiegelglatter Wasseroberfläche nur mit viel Glück und Können. Es war seit jeher völliger Quatsch von Seiten aller Airlines der Welt, ihren Fluggästen zu suggerieren, sie könnten nach dem Niedergehen auf einem Ozean mit einer Schwimmweste unter ihrem Sitz und dem Trillerpfeifchen im Mund wie die Entlein herumschwimmen, bis Hilfe kommt. Ein Flieger hatte auf dem stürmischen Nordatlantik im Winter nicht den Hauch einer Chance unbeschadet zu wassern. Er würde auf den Wellen zerbröseln wie ein Keks. *Hatte nicht Leonardo DiCaprio persönlich in „Titanic" den Beweis geliefert, dass finale Schwimmübungen im Atlantik bei winterlichen Temperaturen nicht viel mehr Zeit erfordern, als die Zubereitung einer Fünf-Minuten-Terrine?*

Trotz der geringen Wahrscheinlichkeit, eine erfolgreiche Wasserung hinzulegen, hatte er sich bewusst für diesen Stunt entschieden. Freilich hatte Norman Gerber ursprünglich nicht vorgehabt, bei einem derartigen Sturm den Flieger ins Wasser zu setzen. Bei schönem Wetter war die Landung 30 Kilometer weiter westlich von Korsika geplant gewesen. Damit kein

Hobbyschiffer zufällig mit seinem Kahn in der Nähe herumschipperte. Der Sturm selbst war eigentlich keine große Überraschung gewesen. Er hatte ja die Wetterberichte verfolgt und vor dem Start der Warnung des Flugzeugvermieters auf den Sturm über der geplanten Flugroute mit dem Hinweis auf eine Kursänderung nach Sardinien gekontert. Aber nachdem der aufziehende Sturm während des Flugs eine derartig verheerende Energie entwickelt hatte, war es zu spät gewesen, den Plan abzublasen. Er hatte sich mit seinem Partner per Funk lediglich darauf verständigt, den Absturzort näher an die Küste zu verlegen. Aber weniger als 30 bis 35 Kilometer durften es auch nicht sein. Das Meer musste am Absturzort tief genug sein, damit keine Marine oder Küstenwache auf die dämliche Idee kam, nach dem Opfer zu tauchen. Es ging um viel zu viel.

Der Pilot holte tief Luft und spannte sich an. Er würde ab sofort so cool bleiben wie die kosmische Hintergrundstrahlung. Auch wenn ich keine Chance habe, werde ich sie nutzen! Ein fatalistischer Gedanke, doch die Erinnerung an die vergangene Nacht beflügelte Norman Gerber: Wer vögeln kann, der kann auch fliegen! Es gelang ihm seine Höhe knapp 15 Meter über der Wasseroberfläche zu halten. An die Oberkante des Cockpits hatte er den Sender geklebt, der die Position des Schiffs signalisierte, das ihn bergen sollte.

Laut Signal war die „Cavaddu di Mari" rund drei Kilometer in nördlicher Richtung entfernt. Gerber packte das Steuer mit der Linken. Mit der Rechten betätigte er das Walkie-Talkie, das er sich vorsorglich um den Hals gehängt hatte.

„Ange, ich rufe Ange! Kannst du mich hören, mein Freund? Melde dich! Umgehend! Hier ist Norman. Hörst du? Die Scheiße dampft, ich weiß nicht wie lange ich den Flieger noch halten kann. Und ich habe nicht die geringste Lust vor deiner verfickten Froschfresserinsel abzusaufen."

Das Walkie-Talkie knackte zwei- oder dreimal.

„Du solltest inzwischen gelernt haben, mein Korsika ist einfach nur Korsika und nicht irgendeine Insel der Froschfresser. Keine Angst, ich habe dein Signal. Ich komme dir entgegen. Das wird aber kein Zuckerschlecken. Mein ‚Seepferdchen' ist ein kleiner Fischkutter und kein Zerstörer der französischen Marine. Schau, dass du schnell wasserst, damit du dich nicht wieder von mir entfernst. Bei dem Seegang kann ich nicht voraussagen, wie schnell ich vorankomme."

„Gut, deine Stimme zu hören", presste Norman Gerber hervor. „Ich gehe jetzt hinunter. Vor mir tut sich ein einigermaßen breites Tal zwischen zwei Wellen auf. Das müsste gerade so reichen."

Ohne auf die Antwort zu warten, ließ er die Maschine weiter sinken. Etwa zwei Meter über der brodelnden Wasseroberfläche zog er den Bug der Piper leicht nach oben, sodass sie hart mit der Unterseite auf dem Wasser aufschlug. Der Aufprall presste ihm für einen Moment die Luft aus den Lungen. Er sah sich hektisch um, während er mit der Rechten seinen Gurt löste.

Liebes Tagebuch! Nicht vergessen: Dankesschreiben, Blumen und Pralinen an Piper schicken! Die Kiste hat tatsächlich gehalten, dachte er.

Die Zelle des Flugzeuges hatte den Aufschlag ohne Bruch überstanden. Auch war keine der beiden Tragflächen abgebrochen. Die unbeschädigte Auflagefläche verlieh dem Flugzeug auf dem Wasser, trotz der aufgewühlten See, Auftrieb und eine gewisse Stabilität. Wenigstens für den Augenblick. Um das Eindringen des Wassers wenigstens für ein paar Sekunden zu verhindern, hatte Norman Gerber die Fugen der Tür vor dem Start mit einer Silikonpaste abgedichtet. Er hatte geplant, das Flugzeug nach dem Wassern durch die Frontscheibe zu verlassen. Um die Glasfläche aus Kunststoff schnell öffnen zu können, hatte er sich eine handliche Axt besorgt. Dazu führte er noch eine elektrische Stichsäge von Bosch mit sich. Mit einem starken 18-Volt-Lithium-Ionen-Akku. Das Ding fraß sich durch Holzplatten von bis zu acht Zentimetern Stärke. Beim Üben hatte er maximal zehn Sekunden benötigt, um ein ausreichend großes Loch in eine ähnlich robuste Platte aus Plexiglas zu sägen.

Die Schneide der Axt, eine Spezialanfertigung aus extra gehärtetem Stahl, drang bereits beim ersten Schlag im rechten Eck der Frontscheibe durch die Verglasung. Norman

Gerber ließ die Axt fallen und griff nach der Stichsäge. Das Sägeblatt fraß sich vom Loch, das das Beil geschlagen hatte, in Windeseile durch das Material. Er hatte dagegen das Gefühl, als müsste er sich mit einem Plastikmesser durch eine Platte aus Panzerstahl arbeiten. Jede Sekunde, die er arbeitet, erschien ihm als gefühlter Arbeitstag. 1000 Meter unter Tage. Er keuchte vor Anstrengung. Eine Welle brach über das Flugzeug und strömte wie ein Wasserfall durch die entstehende Öffnung über dem Armaturenträger. Sofort stieg der Pegel im Innenraum, weil die See sich bereits durch andere Öffnungen im Rumpf Zugang zum Passagierabteil verschafft hatte.

Norman Gerber zog die Säge von rechts entlang des Übergangs der Scheibe zum Dach und der A-Säule nach unten. Als die Öffnung schließlich fertig war, war sie etwas schmaler ausgefallen, als er es geplant hatte. *Drauf geschissen!* Das musste reichen! Die Säge war wie die Axt auf dem Boden des Innenraums gelandet und sofort im sprudelnden Wasser versunken, das nun schon kniehoch im Passagierraum stand. Während eine weitere Welle über den Flieger schwappte und den Innenraum bis über die Sitzflächen füllte, zerrte er an der wasserdichten Tasche, die er hinter sich gelagert hatte. Diese Tasche enthielt alle Schätze, die er aus dem Versteck seiner Villa am Morgen geborgen hatte.

Zuvor hatte er sie fest mit einem aufblasbaren Schlauchboot verbunden, das sich nach dem Ziehen eines Sicherheitsventils von selbst aufblies. Dann griff er nach einem Stapel Karten und persönlichen Papieren, die er vorbereitet hatte. Er schleuderte sie aus dem Flugzeug. Zumindest die Karten würden dank ihrer wasserfesten Beschichtung schwimmen. Wenn die Küstenwache oder Marine nach ihm suchte, sollten diese Papiere den Beweis seines Absaufens liefern.

Gerber schob die Tasche durch das Loch in der Scheibe. Sie klemmte, weil die Öffnung nicht groß genug war. Er spannte die Muskeln in den Armen an und presste das Paket durch die Öffnung. Bevor es wie ein Korken aus einem Flaschenhals aus der Frontscheibe ploppte, zog er an dem Ventil. Das kleine Boot mit der Tasche rutschte über die Nase des Fliegers ins Wasser. Als er sich wieder umdrehte, um die kleine Rettungsinsel zu greifen, die er für sich selbst bereit gelegt hatte, unterlief eine Welle das Heck des Flugzeugs. Die Bewegung drückte die Nase weit unter Wasser, bis dessen Oberfläche die Öffnung in der Cockpitverglasung erreichte. Der Rumpf stellte sich für einen Augenblick fast senkrecht auf. Mit einem leisen Knirschen, das im Brausen des Sturms kaum zu hören war, brach die rechte Tragfläche.

Die Bewegung des Rumpfes ließ Norman Gerber mit dem Rücken auf den Steuerknüppel prallen. Der Schmerz traf ihn wie ein Hieb. Er schnappte nach Luft. Der Anflug von Panik ließ sich nicht länger unterdrücken, weil ihm der abrupte Lagewechsel das Rettungsfloß wieder aus der Hand gerissen hatte. Wenn er in seinem Stress nun das Ventil losriss, würde das Scheißteil im Inneren des kleinen Fliegers förmlich explodieren. Und das wäre sein sicheres Ende. Das Flugzeug schwappte zurück. Das Trägheitsmoment der Gegenbewegung trieb das Wasser im Inneren wieder ins Heck. Sofort schnellte der Bug nach oben und Norman Gerber klatsche mit dem Gesicht ins Wasser.

Das Rettungsfloß kam ihm dabei entgegen. Er griff zu und riss es an seinen Körper. Er versuchte sich umzudrehen. Das Wasser schwappte zurück. Für einen Augenblick lag der Rumpf wieder eben im Wasser. Dafür neigte er sich nach links, weil das Gegengewicht der rechten Tragfläche fehlte. Der linke Flügel übernahm für einen Moment die Rolle eines Kiels. Immerhin stabilisierte das Gewicht des untergetauchten Motors die Kabine ein wenig. Eine Mischung aus Panik und Erschöpfung drohte ihm die Kontrolle zu entreißen. Der Neoprenanzug und die darüber gezogene Kleidung, die sich komplett mit Wasser vollgesogen hatte, fühlten sich an, als hätte er an jedes Glied seines Körpers Bleigewichte gebunden. Als würde er einen sogenannten „Seniorenanzug" aus der Forschung für altersgerechte Fahrzeuge tragen. Der Anzug schränkte bei einem jüngeren Menschen die Bewegungsfähigkeit und das Sichtfeld so ein, dass seine optische Wahrnehmung und die Bewegungsfähigkeit denen eines über Siebzigjährigen entsprach. Autofirmen arbeiteten in der

Entwicklung mit solchen Anzügen, um herauszufinden, was alte Knacker in einer Kiste hinterm Steuer noch auf die Reihe bekamen. Gerber fehlte die Zeit, sich darüber zu wundern, warum ihm ausgerechnet in einer derartigen Notsituation solche Belanglosigkeiten durch den Kopf gingen.

Der Kampf mit den Elementen, die diffuse Beleuchtung und die heftigen Bewegungen, die er ohne Halt zu finden kompensieren musste, standen wieder unmittelbar davor, ihm den Rest zu geben. Zumal das laute Brausen des Windes und des bewegten Wassers zusätzlich an seinen Nerven zerrte. In diesem Augenblick, als ihn die Panik zu überwältigen drohte, klatschte ihm eine weitere Welle einen Schwall des kalten Seewassers ins Gesicht. Diese nasse Ohrfeige brachte Gerber dazu, sich wieder zu fangen. Es gelang ihm schließlich, die Rettungsinsel durch das Loch in der Frontscheibe zu pressen und das Notventil zu ziehen. Er konnte gerade noch sehen, dass sich das orange Floß neben der Nase des Fliegers aufblähte, bevor eine Woge den Bug der Piper wieder in den Himmel hob.

Ohne weitere Zeit zu verlieren begann Norman Gerber, sich ebenfalls durch das Loch in der Frontverglasung zu befreien. Da der Rumpf der Piper nun auf der Seite lag, hatte die Öffnung ein Hochkantformat angenommen. Er musste seine Schulter verrenken. Als er den Oberkörper ins Freie quetschte, spürte er wie ein stechender Schmerz durch seine linke Schulter schoss. Die Kante der Scheibe hatte sich durch Jackett, Tauchanzug und Haut bis auf den Muskel gebohrt und einen tiefen Schnitt hinterlassen. Norman Gerber spürte kaltes Wasser auf der blanken Haut. Es brannte, als das Salz in die frische Wunde drang, während er den Oberkörper aus dem Loch im Cockpitfenster zwängte.

Beim Gesäß blieb er endgültig hängen. Der Gürtel seiner vollgesogenen Hose verfing sich am Rand der Öffnung. Während er verzweifelt mit den Füßen ruderte, um sich an der Lehne des Pilotensitzes abzustoßen, schob sich wieder eine meterhohe Welle unter das Heck des Fliegers, das sich einmal mehr fast senkrecht aufstellte und damit die Nase mit dem feststeckenden Piloten unter Wasser drückte.

Nun war es ihm nicht mehr länger möglich, seine Panik zu ignorieren. Er verspürte zum ersten Mal seit er denken konnte nackte Angst. Inzwischen hatte sich der Innenraum der Piper mit derart viel Wasser gefüllt, dass die verbliebene Luft nicht mehr ausreichte, um für den erforderlichen Auftrieb so sorgen. Mit einem leisen metallischen Stöhnen und Zischen begann der Flieger – langsam, ganz behutsam – die letzten 1,5 Kilometer seines Lebens in Richtung Meeresgrund in Angriff zu nehmen. Und dabei seinen Piloten mitriss, der – Kopf voraus – zur Hälfte in der Frontscheibe steckte und zappelte wie ein Lebendköder am Angelhaken.

Norman Gerber schlug um sich und ruderte, nur noch vom Überlebensinstinkt getrieben, mit den Beinen. Er befand sich bereits unter der Wasseroberfläche. Die Kälte, die Dunkelheit, die vollkommen fehlende Sicht und die verrinnende Sauerstoffreserve in seinen Lungen drohten seinen Verstand endgültig aussetzen zu lassen. Irgendwie schaffte es sein rechter Fuß, die Kante der Sitzfläche zu treffen. Er spannte die Oberschenkelmuskeln an und drückte das Bein mit einer Kraft durch, die nur das massenweise ausgeschüttete Adrenalin in seinem Körper freisetzen konnte. Dabei gab die Faltschließe seines Gürtels nach, der sofort aufging und seinen Widerstand aufgab. Somit schaffte er es, mit seiner Hüfte das Loch in der Frontscheibe zu passieren. Norman Gerber schlug mit den Beinen wie ein Nichtschwimmer, den jemand unfreiwillig in ein tiefes Gewässer geworfen hatte. Die Kälte, die Dunkelheit und das Brennen in seinen Lungen hatten jedes Maß des Erträglichen längst überschritten. Er fühlte, wie sein Bewusstsein sich anschickte, ihn in jedem Augenblick zu verlassen. Sekundenbruchteile bevor ihn die Schwärze vollkommen hinweg gerissen hätte, brach sein Kopf durch die Wasseroberfläche.

Er riss die Luft in seine brennenden Lungen, ohne darauf zu achten, wie sich in das lebensspendende Gas eine ordentliche Menge Salzwasser mischte, das augenblicklich zu einem starken Hustenanfall führte. Er drohte neuerlich zu ersticken, zumal eine weitere Welle über ihn hinweg rollte. Nach dieser Woge beruhigte sich die See für einen Moment. Trotz ständiger Hustenanfälle gelang es ihm, einige ruhige Atemzüge zu nehmen. Sofort klärte sich sein Verstand. Er drehte sich ruckartig im Wasser herum, um sich zu orientieren. Das Schlauchboot und die Rettungsinsel hatten sich nicht weiter als 20 bis 30 Meter entfernt.

Mit kräftigen Schwimmbewegungen erreichte er die Insel mit seiner Tasche, die ein wenig näher auf und ab schwappte. Während er das Seil, das die Insel umgab, mit der Linken griff, drehte er sich zur Seite und legte den Weg zur größeren Rettungsinsel zurück, die auf der schwarzen Wasseroberfläche mit den wütend tanzenden Schaumkronen wie eine Feder zu schweben schien. Der Anblick schien ihm in diesem Moment schöner und begehrenswerter als der jeder Luxusyacht. Er bekam das Halteseil zu fassen. Mit einer letzten Kraftanstrengung wuchtete er seine Tasche über den Rand. Wie es ihm schließlich gelang, sich selbst in das Schlauchboot zu zerren, hätte er später beim besten Willen nicht erklären können.

Er lag mit dem Rücken an die Innenseite des Wulstes gelehnt und umklammerte mit beiden Armen seine Tasche. Die Anspannung ließ ihn zusammenbrechen und er begann wie ein kleines Kind zu weinen, das sich beim Sturz vom Fahrrad böse verletzt hatte. Niemand konnte ihn sehen. Weit und breit war kein Mensch, vor dessen Augen er die Illusion des harten Burschen hätte aufrechterhalten müssen. Gerber ließ seinen Tränen freien Lauf, schrie, schluchzte und heulte im wahrsten Sinne des Wortes Rotz und Wasser. In einem Meer, das in höchster Wut tobte, kam es auf diese paar zusätzlichen Tropfen salzigen Wassers wirklich nicht an.

Im Auf und Ab der Wellen war ihm jedes Zeitgefühl verloren gegangen. Sein Geist gönnte sich im Bewusstsein, das Schlimmste überstanden zu haben, eine Reihe von Aussetzern unbestimmter Länge. Er fand die Kraft, seine Rechte zu heben und auf seine Uhr zu blicken. 17:35 Uhr. Die letzte halbe Stunde war definitiv die längste seines Lebens gewesen. So hatte er seine Flucht nicht geplant gehabt. Sein Leben hatte an einem seidenen Faden gehangen. Die Frage, ob dieses Risiko es wert gewesen war, schoss ihm durch den Kopf. Mit der instinktiven Antwort: „Was für eine saudumme Frage!" – fühlte er, wie sein Selbstvertrauen wieder Oberwasser erlangte. Natürlich war es jedes Risiko wert gewesen, wenn ihm diese Odyssee schließlich ermöglichte, künftig mit rund 100 Millionen Euro in der Tasche in einem tropischen Paradies zu leben. Ohne Angst, verhaftet oder zur Rechenschaft gezogen zu werden oder bei jedem Schritt ängstlich nach hinten blicken zu müssen, ob da nicht ein Bulle oder ein angepisster betrogener Anleger herum schlich. No risk, no fun! Norman Gerber war selbst erstaunt, wie schnell sich die Demut zurückgezogen hatte, die die gerade erlebte Nahtoderfahrung so plastisch zum Leben erweckt hatte. Mit Begeisterung registrierte er, wie seine Lebensgeister zurück kehrten und ihn wie eine elektrische Ladung durchströmten. Er verspürte schrecklichen Durst, den der scheußliche Geschmack des Salzwassers in seinem Mund exponentiell verstärkte. Und er verspürte einen bohrenden Hunger.

Er richtete sich auf und ließ den Blick umher schweifen. In seinem Rücken klärte sich der Himmel tatsächlich auf. Die schwarze Wand des Sturms vor ihm schien sich zu entfernen. Auch die Wut der Wellen hatte ihren Zenit überschritten. Die Wogen fanden zu einer gleichmäßigeren Bewegung zurück. Über die rechte Schulter hinweg erkannte er ein kleines Fischerboot, das sich wie ein Terrier durch die Schaumkronen biss. Es hielt schwankend und stampfend direkt auf ihn zu. Norman Gerber hörte ein Knacken und sah erstmals bewusst an sich herab. Um seinen Hals hing noch immer das Walkie-Talkie. Ein Wunder, dass der Riemen nicht gerissen war, als er sich durch das Cockpitfenster gequetscht hatte. Er drückte den Empfangsknopf. Eine klare Stimme meldete sich mit einem unverwechselbaren Akzent.

„Hier spricht Großadmiral Ange Giacobbi von der Brücke des Fischkutters ‚Cavaddu di Mari'. Wenn mich meine trüben Augen nicht täuschen und mein Feldstecher noch funktioniert, sehe ich in einem knappen Kilometer Entfernung einen lausigen kleinen Fisch. Soll ich ihn aus dem Wasser ziehen oder soll ich mich direkt auf den Heimweg begeben?"

Norman Gerber musste grinsen. Er schaltete auf Sprechen.

„Ich war noch nie so froh, eine Stimme zu hören. Ich denke schon, dass es eine gute Idee ist, den lausigen kleinen Fisch aus der See zu ziehen. Bei Gelegenheit erzähle ich dir ein Märchen aus meiner Heimat. Darin macht ein geretteter Fisch seinen Fischer zum gemachten Mann."
„Es spricht nichts dagegen, ein reicher Mann zu werden", kam prompt die Antwort. „Aber das wünsche ich mir gar nicht von diesem Fisch. Ich fühle mich über alle Maßen glücklich und geehrt, dass ich dir das Leben retten darf. Denn jetzt kann ich dir meine Schulden bis auf den letzten Centime zurückzahlen. Ach ja, ich lege noch ein paar trockene, warme Klamotten, eine eiskalte Pietra und ein riesiges Sandwich mit Lonzo drauf. Sozusagen als Rabatt, oder besser als Zinsen für meine Lebensschuld."

14. Juni 2014, 15.00 Uhr

Dr. Dr. Ansgar Burmeester musterte seinen Gast, der stumm über seine Teetasse hinwegblickte und in Gedanken versunken schien. Burmeester war froh. Ihr Verhältnis hatte sich während der zurückliegenden Zusammenkünfte entspannt. Kowalski schien verinnerlicht zu haben, dass ihre gemeinsamen Gesprächsrunden an den Samstagnachmittagen keine zwangsverordneten Sitzungen waren, sondern ausschließlich der Erweiterung des Horizonts dienten. Nach den vorausgegangenen Treffen musste der Jurist zugeben, dass der Hauptkommissar wesentlich mehr zu seiner persönlichen Anregung beigetragen hatte, als es jemals zu erwarten gewesen wäre. Inzwischen schätzte er den nachdenklichen Mitarbeiter des LKA als Zeitgenossen, der über eine bemerkenswerte Belesenheit und Allgemeinbildung verfügte. Am meisten bewunderte Burmeester an seinem Gast jedoch dessen beständige Bemühungen, sich seinem Schicksal und den daraus resultierenden Problemen zu stellen und ihnen aktiv zu begegnen. Ein Bulle mit vernarbter Seele und Alkoholproblem, der sich viel zu selten im Griff hatte, hätte auch viel zu penetrant all die gängigen Klischees strapaziert, mit der die einschlägige Kriminalliteratur oder die telegene Dauerbelästigung durch dieses Genre ihre Protagonisten inflationär gestalteten.

Dr. Burmeester war sofort die geistige Abwesenheit seines Gastes an diesem Nachmittag aufgefallen. Schon bevor der Termin mit Kowalski vereinbart worden war, hatte der Jurist beschlossen, sich bei diesem Treffen ausführlich die Geschichte der merkwürdigen Geiselnahme berichten zu lassen, die zu seinem Erstaunen bislang nicht den Weg in die Medien gefunden hatte. Gerade weil sich sein Freund Viktor bei der telefonischen Nachfrage so zurückhaltend gezeigt hatte, war das Interesse des Juristen erst richtig geweckt worden.

Bislang hatte sich Kowalski vornehmlich um seinen Tee gekümmert. Burmeester fasste den Entschluss, für etwas

Ablenkung und Entspannung zu sorgen. Er aktivierte die Musikanlage, die zwar Burmeesters Namen trug, mit deren Schöpfer er jedoch weder verwandt noch verschwägert war. Einfühlsame Klänge einer virtuos gespielten Jazz-Gitarre füllten den Raum. Kowalski blickte auf und ließ sich augenblicklich auf die Musik ein. Nach einigen Takten stellte er fest: „Das ist ausgezeichnet. Was ist das?"
„Zigeuner-Jazz", lächelte Dr. Burmeester. „Ich liebe diese Musik."
„Ja, ein ganz klein wenig ist mir diese Art von Musik vertraut. Aber weiter als bis zu Django Reinhardt reichen meine Kenntnisse nicht. Eines kann ich mit Sicherheit sagen, da spielt auf keinen Fall Django Reinhardt. Der müsste doch mindestens seit sechs Jahrzehnten tot sein. Dies ist eine moderne Aufnahme. Wer spielt da?"
„Wauwau Adler. Und mit den sechs Jahrzehnten bezüglich Reinhards Todes haben sie recht. Er starb 1953 mit gerade einmal 43 Jahren."
„Im Ernst? Wauwau Adler?"
Dr. Burmeester lachte.
„Ja, der Mann heißt tatsächlich so. Zumindest lautet sein Künstlername so. Der richtige Name ist Josef Adler. Als er 1967 auf die Welt kam, hatte ihn seine ältere Schwester, die damals noch keine zwei Jahre alt gewesen war, wohl mit einem Hund verglichen und den Säugling als Wauwau bezeichnet."
„Der Mann spielt sensationell. Eigentlich müsste er Wow-Wow heißen. Ist er ein Roma?"
„Ja. Genau wie die beiden anderen Musiker seines Trios. Am Bass hören sie Joel Lochner und die Rhythmusgitarre spielt Holzmanno Winterstein. Gefällt es Ihnen?"
„Es ist ausgezeichnet. Erstaunlich, dass ich da noch nicht früher drauf gestoßen bin. Allerdings bin ich in musikalischen Dingen eher ein Banause. Ich höre wenig Musik. Ich mache mir nichts aus musikalischer Berieselung. Wenn ich arbeite, laufe oder lese stört mich Musik. Wenn ich Musik höre, möchte ich mich darauf konzentrieren. Was der These widerspricht, der Mensch wäre multitaskingfähig. Das ist

nichts weiter als ein Mythos. Zumindest soweit es mich persönlich betrifft."

„Verfügen Sie über einen iPod?"

„Ja. Ich glaube, ich besitze so etwas. Haben meine Kollegen mir mal zum Geburtstag geschenkt. In der Annahme, ich könnte damit etwas Abwechslung in mein Lauftraining bringen, das sich schnell einmal über drei oder vier Stunden ziehen kann. Wieso fragen Sie?"

„Nun, dann könnte ich die CD darauf überspielen. Oder soll ich Ihnen eine Kopie brennen lassen?"

Kowalski überlegte einen Augenblick. Vielleicht konnte es nicht schaden, sich künftig ein wenig mehr dieser Musik zu öffnen. Bei dem leisen Jazz faszinierte ihn nicht nur der Rhythmus, sondern vor allem die Virtuosität, mit der Herr Adler seine Finger über das Griffbrett fliegen ließ. Was für eine Begabung, was für ein Talent! Während er sich weiter auf die Musik konzentrierte, befiel ihn für einen Moment eine melancholische Anwandlung über die allgegenwärtige Ungerechtigkeit der Welt. Während Castingshows und zeitgemäße Popmusik musikalisches Talent und Fähigkeiten auf einem Niveau feierten und zu millionenfachen Auflagen pushten, dessen Qualität eine Beleidigung für musikalische Berieselung in jedem Kaufhausaufzug darstellte, kannte im Verhältnis keine Sau derartige Genies wie diesen Musiker. *Sic transit gloria mundi*, kam Kowalski zur Einsicht, zuckte im Geiste mit den Schultern und zeigte sich bereit, ein Monatssalär zu verwetten, dass Herr Adler wohl schwerlich vom Verkauf seiner Tonträger existieren konnte.

„Eine CD wäre wunderbar. Um der Wahrheit die Ehre zu geben, den iPod kann ich bis heute nicht einmal unfallfrei ein- oder ausschalten, geschweige denn bedienen, ohne einen internationalen Zwischenfall zu provozieren."

Dr. Burmeester spürte, dass sie bei diesem Treffen nicht so schnell zu ihrer gewohnten Thematik kommen würden. Der Banküberfall mit Geiselnahme schien seinem Gast unverändert in den Knochen zu sitzen. Und darüber wollte Burmeester endlich mehr wissen. Er wagte einen Vorstoß.

„Sie sind heute nicht sehr gesprächig."

Kowalski sah Burmeester wieder an, ohne jedoch in irgendeiner Art und Weise verstimmt zu wirken. Er konnte sogar lächeln.

„Da haben Sie verdammt recht. Ich bitte das zu entschuldigen. Aber diese Bankgeschichte liegt mir immer noch quer im Magen. Ich arbeite ja nun schon seit einigen Tagen bei der Polizei und habe in dieser Zeit auch schon manche Nuss knacken müssen, die lange so hart erschienen war, dass man sich daran die Zähne ausbeißen konnte. Aber schließlich hat auch die härteste Schale ihren Widerstand aufgegeben. Dieser Fall scheint freilich unlösbar."

Dr. Burmeester war sich sicher, den Nerv seines Gastes an der richtigen Stelle getroffen zu haben, und wollte ihn nun nicht mehr von der Leine lassen.

„Würden Sie mir Details verraten? Ich habe bereits bei unserem gemeinsamen Freund Viktor insistiert, aber der hat mich ziemlich rüde abblitzen lassen. Und, um mit offenen Karten zu spielen, aus meiner persönlichen Neugier über den Fall möchte ich erst gar kein Hehl machen."

„Das kann ich Ihnen nicht verdenken. Wir könnten lange in den Annalen der deutschen Kriminalpolizei buddeln und würden nicht im Entferntesten etwas zu Tage fördern, was sich als Präzedenzfall qualifizieren könnte."

Kowalski räusperte sich, als wollte er sich erst einmal sammeln, nahm einen Schluck Tee, und begann mit einer detailreichen Schilderung der Vorkommnisse vom 5. und 6. Juni.

Dr. Burmeester folgte dem Bericht schweigend, ohne seinen Gesprächspartner durch Zwischenfragen zu unterbrechen. Er beschränkte sich darauf, hin und wieder an seiner Teetasse zu nippen.

Kowalski begann seine Schilderung mit dem Abend in der „Bullenweide". Als er Mad Max Gesellschaft geleistet und dieser sich die Lampen ausgeschossen hatte. Die Beschreibung der Abläufe und persönlichen Eindrücke und Einschätzungen blieb sachlich, als würde der Hauptkommissar sie in einer offiziellen Lage vortragen. Der Report fesselte Dr. Burmeester in hohem Maße.

„Ich hoffe, ich habe Sie mit meinem Bericht nicht gelangweilt", schloss Kowalski seine Erzählung und leerte seine Tasse in einem Zug. Die Musik war längst verstummt, ohne dass es die Männer beachtet hätten.

Nichts wäre dem Gastgeber ferner gelegen, als Kowalski zu widersprechen. Es waren noch so viele Fragen offen geblieben. Dazu gehörte unter anderem der Umstand, dass in den Medien bislang nichts von diesem spektakulären Banküberfall zu lesen oder zu sehen gewesen war.

„Keinesfalls, keinesfalls", betonte Burmeester. „Ganz im Gegenteil. Ich habe noch jede Menge Fragen."

„Nur keine Scheu, Doc. Immer raus, was keine Miete bezahlt."

„Ich möchte gar nichts zu Details des aktuellen Fahndungsstandes wissen. Es sind die Nebenaspekte, die mich beschäftigen. Zum Beispiel, warum ein so spektakuläres Verbrechen noch immer keinen Weg in die Medien gefunden hat? Normalerweise müssten doch noch heute, zwei Wochen nach einem solchen Ereignis, regelmäßige Sonderausgaben von überregionalen Tageszeitungen auf den Markt geworfen werden, die sich mit dem Fall beschäftigen. Die Bild-Zeitung hätte eine Sonderredaktion bilden müssen, wahrscheinlich mit mehr Köpfen als ihre LKA-SoKo, und jede Illustrierte von ‚Stern', über ‚Spiegel', ‚Focus' bis zu ‚Time' oder ‚Newsweek' müsste mit Exklusiv-Geschichten auf ihren Titelseiten um die sensationslüsternen Leser buhlen. Aber nichts war zu sehen oder zu lesen. Keine Zeile, keine noch so kleine Meldung. Es war lediglich von einer konzertierten Übung des SEK und des Katastrophenschutzes in den regionalen Medien die Rede gewesen, die ihr Oberbürgermeister mit stolz geschwellter Brust als sehr erfolgreich bezeichnet hatte. Wobei der Fokus auf dem Zwischenfall mit dem Chemikalientransporter gelegen hatte. Alles halb so wild, nix passiert. Für die Bevölkerung hat zu keinem Zeitpunkt eine Gefährdung bestanden – das übliche Politikergeschwätz."

Kowalski lächelte. Burmeester stand auf, umrundete die Kücheninsel und öffnete einen der Eisschränke. Er wandte sich an seinen Gast.

„Ich brauche jetzt etwas Stärkeres als den Tee und würde mir ein Glas Weißwein gönnen. Darf ich Ihnen ebenfalls etwas ‚Stärkeres' aufwarten?"

„Sie werden lachen, ich könnte eine schöne kalte Cola vertragen."

„Sie werden ebenfalls lachen. Das ist kein Problem." Burmeester füllte die Getränke in Gläser und stellte die Cola vor seinem Gast ab.

„Was mich außerdem brennend interessiert, sind die Ergebnisse der Spurensicherung."

Kowalski nippte an seinem Glas.

„Das ist schwierig. Eines hat die Spurenlage bewiesen: Die ganze Geschichte war tatsächlich getürkt. Wir sind zu einhundert Prozent sicher, dass die Gangster niemanden getötet haben."

„Warum?"

„Wir haben die Videos mit den Hinrichtungen tausendmal angesehen und mit Hilfe von Profis analysieren lassen. Als wir die Bank erreichten, fanden sich in einem der Büros große Blutlachen. Das Blut stammte eindeutig von Menschen. Damit konnten wir uns in diesem Moment noch in Sicherheit wiegen, es mit einem Jahrhundertverbrechen zu tun zu haben. Die gründliche gentechnische Analyse der Blutproben ist zwar noch lange nicht abgeschlossen, doch bereits das vorläufige Ergebnis sorgte für eine echte Überraschung. Die drei Opfer waren blutsverwandt. Der Umstand, dass die Gangster die Leichen mitgenommen haben, erhärtete die Vermutung von vorgetäuschten Geiselerschießungen."

Burmeester blickte seinen Gast gespannt an. Er hatte sein Glas nicht angerührt.

„Was hat die gentechnische Analyse noch ergeben?"

„Es ist wirklich erstaunlich, was die Spezialisten da heute alles zutage fördern können. Nicht nur verwandtschaftliche Beziehungen oder Erbkrankheiten, sogar die ethnische Zugehörigkeit lässt sich konkret fixieren."

„Was bedeutet das in diesem speziellen Fall?"

„Alle drei Opfer gehören dem Volk der Sinti und Roma an."

14. Juni 2014, 15.00 Uhr

Ange Giacobbi hatte die aktuelle Ausgabe des „Corse Matin" aufgeschlagen. Die in Ajaccio erscheinende Lokalzeitung für Korsika berichtete ausgiebig über den Sturm vom Vortag, der über den südlichen Teil der Insel gezogen war und dabei große Schäden verursacht hatte. Meteorologen bezeichneten ihn als „stärkstes Unwetter der vergangenen 25 Jahre". Mehr als drei Dutzend Boote und Segelyachten waren gesunken. Zehn Wassersportler waren durch die Küstenwache gerettet worden, fünf Menschen hatten den Tod gefunden, ein Dutzend galt noch als vermisst. Im Hafen von Porto Veccio waren mehrere Boote auf Grund gelaufen. Das Unwetter hatte Dächer abgedeckt und eine Autofahrerin aus Bonifacio unter einem umgeknickten Baum begraben. Einige Dörfer in den Bergen waren ohne Stromversorgung oder von der Außenwelt abgeschnitten. Ein umfangreicher Bericht war dem Absturz eines Privatflugzeugs gewidmet, das sich auf dem Weg von Palma de Mallorca nach Figari befunden hatte und wohl rund 30 Kilometer südwestlich der Küste ins Meer gestürzt war.

Der Korse tunkte ein Stück Weißbrot in seinen Kaffee und beobachtete seinen deutschen Freund. Die beiden Männer saßen auf dem kleinen Balkon, der zur Wohnung von Ange Giacobbi in der Altstadt von Porto Veccio gehörte. Norman Gerber lag zurückgelehnt in seinem Stuhl und hatte die Augen geschlossen. Er fühlte sich noch immer erschöpft. In der Nacht hatte er schlecht geschlafen, weil die Erlebnisse des Nachmittags, als er auf der stürmischen See um sein Leben gekämpft hatte, ständig als Alpträume auf ihn eingestürmt waren. Und das obwohl er mit seinem Lebensretter Unmengen von Rotwein und fast eine ganze Flasche eines einheimischen Kastanienschnaps getrunken hatte, nachdem sie das Land erreicht hatten. Die Geräusche, die das Blättern der Zeitung verursachten, weckten ihn.

„Und? Steht was Vernünftiges in dem Käseblatt?"
„Die Redaktion hat deinem Absturz einen großen Dreispalter mit vielen Bildern gewidmet."
Der Korse reichte seinem Freund die Zeitung. Gerber überflog den Text. Sein Gastgeber stand auf, verschwand in der Küche und kam mit Gläsern, zwei Flaschen eiskaltem Perrier und einer Karaffe grünem Pfefferminzsirup zurück. Norman Gerber nickte dankbar. Er spürte noch immer beständig einen quälenden Durst, der sicherlich zu einem nicht unbeträchtlichen Teil von der gestrigen Sauferei herrührte. Ein kaltes „Menthe a L'eau" war für den Augenblick genau das richtige. Ange mischte die Drinks und reichte ihm ein Glas, das er fast in einem Zug leerte.
„Noch ein Glas?"
„Ich bitte darum. Ich kann gar nicht so schnell trinken, wie ich Durst habe. Ich habe das Gefühl, ich kann niemals den gestrigen Geschmack aus meinem Mund spülen."
Norman Gerber lächelte dankbar und musterte seinen Freund. Ange Giacobbi verkörperte rein äußerlich das Klischee eines Korsen bis an die Grenze der Karikatur. Es schien, als wäre er direkt dem Comic „Asterix auf Korsika" entsprungen. Als hätte er dem französischen Zeichner Albert Uderzo persönlich für einen seiner unbeugsamen Korsen Modell gestanden. Giacobbi war mittelgroß und hager. Er hatte ein markantes Kinn und trug stets einen Mehrtagebart. Sein dunkles Haar vertrug kurzfristig eine dringende Wäsche und mittelfristig einen entschlossenen Schnitt, um dem Schopf mit den ausgeprägten Koteletten so etwas wie eine zivilisierte Facon zu verleihen. Einen deutlichen Mangel an Stil und Lebensart repräsentierten auch die papageienbunten Hemden aus Seide mit riesigem Kragen, die der Korse so gerne trug. Und das auch noch stets aufgeknöpft bis zu Mitte der Brust. Solche Hemden waren modern gewesen, als John Travolta Ende der Siebziger des letzten Jahrhunderts in „Saturday Night Fever" die Welt mit Disco-Fieber infiziert hatte. In der dichten, dunklen Behaarung ruhte ein großes Kruzifix aus Gold. Mit einem bemerkenswert gequält blickenden Schmerzensmann. Norman Gerber bezeichnete

den Anblick für sich im Stillen als *Berg Golgatha nach einem Waldbrand.*

Doch nicht nur äußerlich war Giacobbi ein Parade-Korse. Auch seine Lebensweise entsprach bis ins Detail allen Klischees, die diese Insel hervorgebracht hatte. Ange war fest in seinem Familienverband verwurzelt, dessen Einkommensquellen er niemals konkret beschreiben wollte. Norman Gerber war überzeugt, die Sippe frönte unverändert lokaler Folklore wie der Blutrache und des Sprengens missliebiger Immobilien. Allerdings hätte sich sein Freund eher die Zunge abgebissen, als mit einem Außenstehenden über diese spezielle Form der traditionellen Rechtspflege zu reden. Giacobbis Kutter „Cavaddu di Mari" war wesentlich hochseefester, als es der äußere Eindruck vermuten ließ. Doch allein mit dem Fang von Fisch hätte sich Ange Giacobbi in den überfischten Küstenregionen der Insel kein solides Einkommen sichern können. Der Hauptzweck des Boots bestand im Transport von Konterbanden. Von Zigaretten über Waffen bis zu einem breiten Spektrum von Drogen.

Anges Onkel, Prosper Pietragalla, war so etwas wie der Pate in diesem Teil der Insel. Er betrieb während der Touristensaison offiziell einen kleinen Laden für Lebensmittel am Palumbaggio, einem weitläufigen Strandbereich südöstlich von Porto Veccio. Dort deckten sich Camper und Bewohner der zahllosen Ferienhäuser mit frischem Obst und Gemüse ein, das ebenso hemmungslos überteuert war wie die lokalen Spezialitäten im überschaubaren Sortiment. Während eines Besuchs bei Anges Onkel war Norman Gerber durch den Laden gestreift und hatte per Zufall auf das Preisschild an einer Salami gesehen, die vielleicht ein halbes Pfund Gewicht hatte. Für die aufgerufene Summe musste die Wurst entweder über eine Füllung aus Kolibrizungen und Krabbenzahnfleisch verfügen oder direkt aus einer fast ausgerotteten Tierart gefertigt sein. Doch kein Kunde störte sich an der Preisgestaltung. Jeder konnte sich in seinem Haus oder Wohnwagen als „Gegenleistung" sicher vor unliebsamen Besuchen, Diebstählen und unverhofften Feuern fühlen, wenn er zu den Stammkunden von Monsieur Pietragalla zählte. Pietragalla schlief nachts in einem heftig oxidierten Trailer hinter seinem Einzelhandelsimperium. Mit einer geladenen Schrotflinte neben seinem Klappbett.

Giacobbi zerknüllte die Zeitung und warf sie auf den Tisch. Er stand auf.

„Ich habe Hunger, lass uns richtig gut essen gehen. Wir haben immer noch jede Menge Gründe zu feiern."

Norman Gerber grinste.

„Das ist eine gute Idee. Es gibt auch noch viel zu besprechen. Ich muss für meine weitere Flucht einen neuen Plan entwerfen. Wenn mein Foto als Unfallopfer die Runde macht, wird es nicht lange dauern und die Behörden kommen dahinter, dass es nicht einen ungarischen Geschäftsmann zeigt, sondern den Millionenbetrüger Norman Gerber, der international zur Fahndung ausgeschrieben ist. Hast du schon etwas für heute Abend im Auge?"

Der Korse grinste ebenfalls.

„Natürlich. Lass dich überraschen. Es wird dir gefallen."

„Gut, ich vertraue dir, mein Freund."

„Vorausgesetzt, ich kann dich, trotz deiner gestrigen Erfahrungen, für eine kleine Seepartie begeistern", wollte Giacobbi wissen.

Norman Gerber nickte.

„Natürlich. Das Wetter ist wunderbar, ich bin ein Fan von Booten. Daran ändert auch mein gestriges Abenteuer nichts."

„Dann wirst du gleich so richtig Spaß haben. Lass dich überraschen. Ich habe mir nämlich ein neues Bötchen gegönnt."

Der Korse grinste nur. Die beiden fuhren mit Anges rentenreifen Renault R5 den kurzen Weg zum Hafen. Die Sonne hatte das Rot des Lacks ausgebleicht und abstumpfen lassen und die fortgeschrittene Oxidation der Auspuffanlage ein übermütiges Verbrennungsgeräusch verliehen. Die fehlende Klimaanlage ersetzten die geöffneten Seitenscheiben, die sich nur mit Fensterkurbeln bewegen ließen. Die offenen Fenster ließen auch die Qualmerei des Korsen verschmerzen. Ange Giacobbi hatte eigentlich immer eine brennende Gitanes ohne

Filter im Mundwinkel hängen. Norman Gerber hasste den Gestank der schwarzen Glimmstängel.

Im nördlichen Teil des Hafens fanden sie einen Parkplatz. Wegen des schönen Wetters hatte sich der Yachthafen von Porto Veccio deutlich geleert. Erstaunlicherweise waren die Spuren des Sturms fast vollständig beseitigt worden. Angesichts des vorherrschenden korsischen Arbeitsethos grenzte das in seinen Augen an ein Wunder.

Am nördlichen Kai lagen die fetteren Pötte. Ange Giacobbi schleppte eine große Tasche aus Canvas und eine Kühlbox, während er zügig auf ein schlankes Rennboot zustrebte. Das Cockpit war mit einer Plane abgedeckt. Das Boot selbst schien nagelneu. Es war schneeweiß. Auf der Seite war über die gesamte Rumpfhöhe das korsische Nationalsymbol, der Mohrenkopf mit dem weißen Stirnband, lackiert. Norman Gerber kannte die unterschiedlichen Geschichten, die das Symbol offiziell interpretierten: Das Wappen repräsentierte für Korsen ein Freiheitssymbol, aber niemand wusste tatsächlich, welcher historische, von der Sonne verwöhnte Mitbürger darauf dargestellt war. Der Legende nach geht der Kopf auf einen maurischen Herrscher aus dem 13. Jahrhundert zurück. Der hatte angeblich eine junge Korsin in seine spanische Heimat entführt. Ihr korsischer Verlobter verfolgte sie und der maurische König schickte seinen tapfersten Gefolgsmann, damit er den Korsen erschlug. Der besiegte jedoch seinen Gegner und hielt dem König den abgeschlagenen Kopf als Zeichen des Triumphs entgegen.

Eine andere Interpretation zielte in Richtung eines Symbols für das Ende der Sklaverei auf Korsika im 18. Jahrhundert. Für Norman Gerber war das alles überkandidelter Bullshit. In seinen Augen repräsentierte der Schwarze eine arme Sau, die ein Sturm als Schiffbrüchigen an einen korsischen Strand gespült hatte. Er war davon überzeugt, dass die Einheimischen den Gestrandeten gefunden und ihn sogleich abgemurkst hatten, um ihm auch noch sein letztes Hemd klauen zu können. So wie sie das noch heute mit allen Fremden taten. Damit qualifizierte sich der schwarze Kopf mit dem weißen Stirnband als wahrhaft authentisches Symbol der Insel.

Als Norman Gerber begriff, auf welches Schiff sein Freund zusteuerte, beschleunigte sich sein Puls. Er traute seinen Augen nicht. Der Bekloppte hatte sich doch tatsächlich eine „Cigarette 38 Top Gun" gegönnt. Das Boot war mit dem Heck am Kai vertäut. Der Schriftzug des Namens „Testa Mora" war diskret gehalten, darunter war „Porto Veccio" zu lesen.

Als Giacobbi das Boot erreicht hatte, drehte er sich zu Gerber um und strahlte wie ein Kind unter dem Weihnachtsbaum.

„Na, habe ich dir zu viel versprochen? Voila! Meine neue Cigarette 38 Top Gun!"

Norman Gerber war noch immer sprachlos. Dieses Boot war beileibe nicht nur ein schlichtes Motorboot. Das war eine verkappte Rennmaschine. Analog zu seiner Welt der Sportwagen verglich er dieses Projektil mit einem Porsche 918 Spyder. Er nahm seinen Freund spontan in den Arm.

„Mann, Alter, ist das abgefahren! Wie viel geht sie?"

„Um die 90 Knoten. Ich habe nicht die Version mit den beiden serienmäßigen 8,2-Litern von Mercury genommen, sondern die mit den neuen Neunlitern aus Leichtmetall. Von denen bringt jeder einzelne 1100 PS. Allerdings verbrät das Teil unter Volllast mindestens 500 Liter in der Stunde."

Die beiden Männer kletterten auf das Heck und begannen die Plane zu lösen, die das Cockpit und den Bereich mit den Sitzen abdeckte. Der Korse hatte sich für eine Ausstattung in rotem Leder entschieden, die Gerber als nuttig empfand. Die Sitze für den Skipper und den Co-Piloten waren an den Seitenwangen extrem stark profiliert, um den Passagieren entsprechenden Halt zu geben. Das Cockpit wäre auch in einem Sportwagen nicht deplatziert gewesen. Unter den dominierenden sieben Rundinstrumenten saß ein riesiger Bildschirm für das GPS. Das Lenkrad hätte auch einen Lamborghini oder Ferrari zieren können. Rechts und links lagen die polierten Chromhebel, mit denen sich das Gas der beiden Maschinen regeln ließ. Norman Gerber kalkulierte die Kosten für den Spaß auf mindestens 400.000 Euro. Wenn nicht sogar auf eine halbe Million. Sein Kumpel hatte somit den größten Teil der Prämie für seine Rettung schon vorauseilend auf den Kopf gehauen. *Recht so,* dachte er. *Nur nichts anbrennen lassen!*

Der Korse betätigte den Starter. Augenblicklich verfielen die V8-Motoren in ein dumpfes Brabbeln. Norman Gerber bekam eine Gänsehaut. Nichts auf der Welt klang so unverhohlen nach schierer Kraft und stimulierender Aggressivität wie ein Motor mit acht Verbrennungseinheiten in V-Konfiguration und offenen Auspuffanlagen aus amerikanischer Fertigung. Die Ansauggeräusche belegten die Bereitschaft der Gemischaufbereitungen, den Sprit ab sofort in dicken Strahlen einzusaugen. Unter Volllast reichte ein Liter Super keine 300 Meter weit. Die Motorabdeckung senkte sich wieder auf die beiden Triebwerke.

„Lös du die Leinen", bat der Korse seinen Freund. Gerber salutierte wie ein französischer Soldat mit der nach vorne gerichteten rechten Handfläche.

„Ay, ay mon Capitaine. Leinen los!"

Er band das Boot los und versorgte die Leinen aus weißem Kunststoff mit routinierten Bewegungen. Der Skipper fuhr die Motoren um 200 bis 300 Umdrehungen höher. Das Brabbeln ging in ein gleichmäßiges tiefes Grollen über. Am Pier wandten neugierige Spaziergänger ihre Köpfe in Richtung der urzeitlichen Geräuschquelle. Gerber schmiegte sich in das Leder des Co-Pilotensitzes. Das Rennboot nahm Fahrt auf. Giacobbi steuerte es souverän aus dem Hafen. Dann beschleunigte er auf rund 30 Knoten. Der Bug des knapp zwölf Meter langen Schiffs hob sich aus dem Wasser. Der Sound aus dem Heck gönnte sich mindestens ein halbes Dutzend weitere Dezibel und strömte trompetend aus den vier armdicken Stutzen der Endrohre, die in glänzendem Chrom aus dem Heck ragten.

Norman Gerber schloss für einen Moment die Augen und genoss den Fahrtwind. Er hatte seine Kappe abgenommen und in die Tasche des Blousons gesteckt. Er drehte sich nach rechts zu seinem Freund. Der Korse konzentrierte sich auf das Gewässer vor ihm. In der Bucht vor Porto Veccio kreuzten um diese Tageszeit und bei dem strahlenden Wetter unzählige kleine Boote, mit knatternden Außenbordern oder Segeln, die sich in der guten Brise sauber blähten und so auch der kleinsten Jolle eine bemerkenswerte Geschwindigkeit verliehen. Der Korse hielt nicht einmal eine Kippe zwischen den Zähnen. Das wollte etwas heißen. Norman Gerber drehte sich um. Der Anblick des Hafens schnurrte regelrecht zusammen. Der Skipper beschleunigte weiter. Der Rumpf löste sich weiter aus dem Wasser. Die beiden Schrauben schlugen mit ihren rasenden Umdrehungen riesige Wassermengen zu weißem Schaum, der eine gerade gleißende Bahn hinter dem Boot bildete. Die „Cigarette" tanzte förmlich auf den Kämmen der kleinen Wellen. Die harten Schläge, die bei jedem Auftreffen auf die Wasseroberfläche durch das Schiff liefen, unterstrichen den Sinn der so extrem profilierten und gepolsterten Sitze. Die Geschwindigkeit musste nun die Grenze von 100 Sachen überschritten haben. Die Motoren brüllten wie Dämonen aus einer Zeit, da das Wünschen noch geholfen hatte. Eine Unterhaltung war undenkbar geworden. Fasziniert beobachtete Gerber, wie die Küstenlinie vorbeischoss. Als die Bucht an Steuerbord zurückfiel, folgte das Boot der Richtungsänderung und nahm Kurs auf das offene Meer. In diesem Moment drückte Ange Giacobbi die beiden Gashebel bis zum Anschlag nach vorne.

Der Dunst arbeitete erfolgreich daran, den Horizont zu einem diffusen Übergang vom Wasser zum Himmel zu verschmelzen. Sie passierten eine Fähre, die vom sardischen Palau Richtung Porto Veccio strebte, dann änderte Giacobbi in einem sachten Schwenk den Kurs nach Steuerbord in Richtig Süden. Er verringerte die Geschwindigkeit, bis das Boot wesentlich ruhiger im Wasser lag und wieder eine Unterhaltung möglich war. Norman Gerber atmete durch.

„Na", grinste der Korse, „was sagst du?"

„Nichts. Ich bin einfach nur sprachlos. Das war so ziemlich das geilste, was ich je erlebt habe. Himmel, ich habe mich selten so lebendig gefühlt. Und das will nach den Erfahrungen von gestern wirklich etwas heißen. Darum liebe ich das Meer. Entweder es bringt dich um oder es beschert dir die phantastischsten Erlebnisse. Wie soll dieser bemerkenswerte Ausflug weitergehen?"

„Ich dachte, wir schippern jetzt erst einmal nach Sardinien und nehmen in Porto Cervo einen Aperitif. Dann geht es weiter nach Bonifacio. Ich habe in der „Caravelle" einen Tisch bestellt. Dort wird dich deine wunderbare Rettung noch einmal ein kleines Vermögen kosten. Denn ich werde alleine für mich ein ‚Plateau Super Caravelle avec Langouste' für Zwei bestellen."

Ange Giacobbi schob die Gasgriffe wieder nach vorne.

16. Juni 2014, 8.15 Uhr

Rufus Kowalski lenkte seinen ramponierten Golf auf den Parkplatz des LKA. Das Heck hatte ein Bekannter notdürftig repariert, damit die Beleuchtung funktionierte und die Klappe sich schließen ließ. Das war zwar kein dauerhafter Zustand, doch irgendwie fühlte sich der Hauptkommissar derzeit nicht in der Lage, sich gedanklich mit der Beschaffung eines neuen fahrbaren Untersatzes zu beschäftigen.

Als er seine Parkbucht ansteuerte, entdeckte er einen Auflauf von Kollegen, die rund um einen bunten Lieferwagen wuselten, der am Rande des Parkgeländes abgestellt war. Kowalski erkannte Thomas Frey und einige seiner Kollegen vom SEK, die sich an dem Fahrzeug zu schaffen machten. Mit Blaulicht, Martinshorn und quietschenden Reifen näherten sich drei Ambulanzfahrzeuge. Sofort erwachte in Kowalski die berufliche Neugier. Als er sein verließ Auto, entdeckte er Maximilian Keller, der mit schnellen Schritten auf ihn zukam.

„Guten Morgen, Herr Kollege", begrüßte Kowalski ihn. „Die Woche fängt ja gut an. Ist das ein neuer Polizeiservice? Werden zur Erleichterung unserer Arbeit die Tatorte direkt auf unser Gelände verlegt?"

„Schön wär's", erwiderte Keller. „Ich bin auch gerade erst gekommen und weiß selbst nicht, was gebacken ist. Bertram Weiß vom Wachdienst wollte nach dem Ende seiner Schicht nach Hause. Der Lieferwagen hat seine Neugier geweckt. Zum einen weil er bereits gestern Abend dort stand, zum anderen weil er sich für die Lackierung mit Airbrush interessierte. Irgend so eine Kiste mit seinem Modellbauhobby. Und schließlich hat er Klopfgeräusche aus dem Inneren gehört. In der Karre ist mindestens eine Person eingesperrt."

Die beiden Beamten eilten zu dem Lieferwagen. Keiner der umstehenden Kollegen sagte etwas. Aus dem Inneren war ein deutliches Klopfen zu vernehmen. Kowalski begrüßte Thomas Frey.

„Moin, moin, mein Lieber. Was geht ab? Warum seid ihr mit dem großen Besteck da?"
Frey schüttelte Kowalski die Hand.
„Tja, nach der großen Verarsche im Bankgeschäft überkommt alle, die etwas mit der öffentlichen Ordnung zu tun haben, noch immer das große Fracksausen. Niemand traut den Komikern weiter, als er ein Klavier schmeißen kann. So gut, wie wir auf den Arm genommen wurden, ist es nicht auszuschließen, dass bis jetzt genug gelacht worden ist und die Jungs nun das nächste Level erreicht haben um beispielsweise mit scharfen Bomben zu arbeiten."
„Ist das nicht ein bisschen paranoid?"
„Vorsicht ist die Mutter der Porzellankiste."
„Schön, dann macht mal schön vorsichtig. Auf wen oder was warten wir dann noch?"
„Viktor ist auf dem Weg. Er möchte sich nichts entgehen lassen. Der Polizeipräsident und der Oberstaatsanwalt verleben durch die Wonnen hemmungslos ausgelebter Wichtigkeit hoffentlich schöne Stunden bei einer Tagung im Innenministerium."
Wie auf das Stichwort strebte der Kriminaloberrat mit schnellen Schritten aus dem Gebäude. Seine Beweglichkeit strafte den massigen Körper Lügen. Er begrüßte alle Anwesenden mit Namen und Handschlag. Dann wandte er sich an den SEK-Einsatzleiter.
„Lasset die Spiele beginnen! Alle, die nichts mit dem Entschärfen von Sprengkörpern zu tun haben, ziehen sich ins Gebäude zurück. Ich will niemanden an den Fenstern sehen."
Auf einen Wink zogen sich alle Beamte, die nicht zum SEK gehörten, in das Gebäude zurück. Nachdem sich der Bereich des Parkplatzes geleert hatte und die Zufahrt zum Gelände abgesperrt war, näherten sich zwei Spezialisten mit Schutzausrüstung dem Lieferwagen. Die Klopfgeräusche waren nun deutlich zu vernehmen. Jemand schien im Inneren des Lieferwagens fest mit dem Absatz auf den Boden zu stampfen. Die beiden Bombenentschärfer, die dem Fahrzeug am nächsten standen, blickten sich an, nickten kurz und nahmen ihre Helme ab.

Einer aktivierte sein Funkgerät: „Verdammt noch mal, da sind keine Bomben. Da sind Menschen drin, die sich bemerkbar machen wollen. Jemand versucht zu sprechen. Es klingt als müsste er sich durch einen Knebel verständigen. In dem Auto ist jemand in Not. Brecht endlich die Heckklappe von der Scheißkarre auf, verdammt noch mal!"

Ein SEK-Mann trat mit einem Brecheisen hervor und setzte es entschlossen an dem Spalt zwischen den beiden Flügeln der Hecktür an. Ein kurzer Ruck und die Tür sprang auf. Der Beamte starrte in das Innere des Wagens, ließ das Brecheisen fallen, riss den Helm vom Kopf und drehte sich mit fassungslosem Staunen zu den Kollegen um, die nun aus allen Richtungen auf das Fahrzeug zugelaufen kamen.

„Das glaubt mir keiner, der es nicht selbst gesehen hat."

Rückblende: November 2011

Joseph Tschupka schloss die Augen und seufzte. Er lehnte sich in seinem Schreibtischsessel zurück und streckte und räkelte sich auf dem Bezug aus originalem Ferrarileder. In leuchtendem Rot. Die Sportwagen aus dem oberitalienischen Maranello bildeten eine zentrale Leidenschaft im Leben des 49-jährigen Unternehmers. Eine Liebhaberei, deren aktive Ausübung beträchtliche flüssige Mittel erforderte. Der Unterhalt für vier geschiedene Frauen hatte sich in den beiden zurückliegenden Jahrzehnten zu einem weiteren teuren Hobby entwickelt. Ebenso eine ununterbrochene Reihe von Geliebten, die niemals über den 25. Geburtstag hinausgekommen waren. Ein persönliches Datum, das nach Tschupkas Dafürhalten das Erreichen des Reifepunktes signalisierte, welches zum automatischen Aussortieren aus der Position der amtierenden Gespielin führte.

Aktuell hielt sich Joseph Tschupka eine 23-jährige Begleiterin. Die kreiste zwar um den Traualtar wie ein Stern, der in den Gravitationsbereich eines schwarzen Lochs geraten war, doch Tschupka hatte sich nach Abwicklung seiner vierten Ehe den ewigen Schwur geleistet, erst wieder einen Bund fürs Leben zu schließen, wenn sich die Hölle als ganzjähriges Wintersportzentrum etabliert hatte.

Ein Blick auf den Kalender zeigte: Mit den ruhigen Tagen war es bald wieder vorbei. In knapp zwei Wochen, am 27. November, zündeten die Menschen die erste Kerze an ihren Adventskränzen an. Die unsägliche Zeit der Besinnung stand bevor. Die Adventszeit bedeutete Hochkonjunktur für jede Organisation, die sich Hilfe von hungernden, flüchtenden und anderweitig unterversorgten Menschen auf die Fahnen geschrieben hatte. Viele Verantwortliche setzten den Advent gerne mit „Erntezeit für Spendengelder" gleich.

Joseph Tschupka zählte mit seiner Organisation „A Smile for Africa e. V." seit mehr als zehn Jahren zu den etablierten Säulen der Helfer-Branche. Freilich fokussierte sich das Zentrum der Wohltaten nicht auf hungernde Menschen im Sahel oder auf flüchtende Massen im Sudan, sondern auf ein halbes Dutzend Konten von Banken, die ohne Ausnahmen in Offshore-Paradiesen residierten und über die ausschließlich Joseph Tschupka verfügen konnte. Der gebürtige Österreicher, der seit seinem 17. Lebensjahr in Frankfurt am Main lebte, hatte über eine Ausbildung als Außenhandelskaufmann und dank einer kleinen Erbschaft bereits mit 20 Jahren zur Selbständigkeit gefunden. Mit einer kleinen Firma für Im- und Export hatte Tschupka über Jahre eher überschaubare Geschäftserfolge gefeiert. Bis er sich zum ausgehenden Jahrtausend näher mit dem sogenannten „Allphasen-Nettosystem mit Vorsteuerabzug" beschäftigt hatte. Dieses System, gemeinhin als Umsatzsteuer oder Mehrwertsteuer bekannt, generierte der Bundesrepublik Deutschland ein Einkommen, das Experten für 2012 mit einem Volumen von 195 Milliarden Euro bezifferten. Was etwa 30 Prozent des staatlichen Einkommens entsprach. Dies waren offizielle Statistiken, die Tschupka mit großem Ernst verfolgte. Wie alles, was es zum Thema Mehrwertsteuer zu wissen gab. An erster Stelle die Paragrafen 2 und 4 des Umsatzsteuergesetzes, die die Ausnahmen und den ermäßigten Steuersatz von sieben statt 19 Prozent regelten. Insbesondere die Befreiung von der Umsatzsteuer hatte das Interesse des Kaufmanns geweckt. Wegen der Wechselwirkung dieses Gesetzes- und Regelwerks mit den einschlägigen Bestimmungen der europäischen Gemeinschaft zur Umsatzsteuer oder dem Offshore-Steuerabkommen. Der Österreicher hatte mit jahrelanger akribischer Recherche die Lücken und Widersprüche zwischen nationalem und internationalen Steuerrecht herausgearbeitet Damit war es Joseph Tschupka gelungen, verborgene Lagerstätten zu erschließen, aus denen sich konkrete Umsatzsteuerrückerstattungen für mehr oder weniger virtuelle Warenströme über EU-Grenzen hinweg in solide und beständig sprudelnde Einkommensquellen veredeln ließen. Das behutsame und umsichtige Vorgehen aus diesem tiefreichenden Wissen, hatte Tschupka ein Netz von anonymen Nummernkonten in diskreten Steuerparadiesen rund um den Globus beschert, deren kumulierte Guthaben, unerreichbar für deutsche Finanzbehörden, bis dato auf eine Gesamtsumme im achtstelligen Bereich angewachsen waren. Im oberen achtstelligen Bereich.

Zwei Umstände hatten den klugen wie umsichtigen Herrn Tschupka bislang davor bewahrt, mit seinen Machenschaften als Betrüger aufzufliegen. Seine offizielle, schon länger erfolgreiche Tätigkeit als Geschäftsmann, die er penibel mit vorbildlicher Steuerehrlichkeit führte und sein Wirken als Philanthrop.

Die Gründung der Organisation „A Smile for Africa e. V." war 2001 erfolgt. Ursprünglich war sie als Initiative gedacht, um seiner dritten Frau Madeleine, einem ehemaligen französischen Fotomodell, ein derart ausfüllendes Beschäftigungsfeld zu bereiten, dass sie sich einerseits im Glanz der Öffentlichkeit sonnen konnte und andererseits ausgelastet genug war, um Joseph Tschupka das ungestörte und stressfreie Ausleben seiner diskreten amourösen Leidenschaften zu ermöglichen.

Nachdem Madeleine 2005 einem unverschuldeten Verkehrsunfall zum Opfer gefallen war, hatte Joseph Tschupka nicht nur in der Auszahlung der Lebensversicherung in Höhe von zwei Millionen Euro, die er aus Anlass der Eheschließung abgeschlossen hatte, Trost gefunden, sondern auch das Werk der guten Taten persönlich übernommen, um es nicht zuletzt wegen der positiven Wirkung in der öffentlichen Wahrnehmung weiterzuführen. Darüber hinaus hatte eine gründliche Auseinandersetzung mit den rechtlichen und fiskalischen Grundlagen der Hilfsorganisation ein hohes Potential an Möglichkeiten zutage gefördert, die versteckten Konten des Kaufmanns mit weiteren sprudelnden Zuflüssen zu speisen.

Joseph Tschupka wandte sich den Layoutentwürfen für die kommende Spendenkampagne zu. Es war allerhöchste Eisenbahn, die Flyer in den Druck zu geben, damit der Vertrieb sie an eine Million ausgewählte Haushalte zwischen Flensburg und Oberammergau verschicken konnte. Die Adressen einkommensstärkerer Haushalte mit hoher bürgerlicher Bildung und latenter Bereitschaft aus Geboten der Nächstenliebe mit den Unterprivilegierten dieser Welt wenigstens in Gestalt kleiner Geldbeträge zu helfen, hatte über die Jahre einen fachkundigen Adressenhandel generiert.

Der Flyer dokumentierte mit bunten Grafiken das bislang erfolgreiche Wirken der Organisation und wies mit besonderer Inbrunst auf die geringen Verluste hin, die die gesammelten Spenden auf ihrem Weg zum wohltätigen Wirken verzeichnen durften. „A Smile for Africa e. V." zeichnete sich traditionell dadurch aus, dass tatsächlich nur ein geringer Teil der gesammelten Spenden in Verwaltung und Werbung flossen. Das Engagement hatte Joseph Tschupka bislang zahlreiche Ehrungen eingetragen. Allen voran das Große Verdienstkreuz der Bundesrepublik Deutschland.

Darüber hinaus erzählte der Flyer für die schlichteren Gemüter die rührende Geschichte des fünfjährigen Mbeke irgendwo aus dem Sahel. Den auf der einen Seite ein erschütterndes Bild als Hungerkind mit aufgeblähtem Leib, dünnen Gliedmaßen und großen, tränengefluteten Augen im Alter von drei zeigte. Auf der anderen Seite als glücklichen gesunden Jungen, der lachend eine kleine Ziege im Arm hielt. Und das nur, weil der Text glaubhaft versicherte, bereits die geringe Zuwendung von umgerechnet 20 Euro pro Monat würde für das Wachsen und Gedeihen einer Bürgerkriegswaise wie des kleinen Mbeke ausreichen. „A Smile for Africa e. V." sorgte mit dem überschaubaren Obolus dafür, dass Mbeke und seine zahllosen kleinen Leidensgenossen ihrem einst harten Leben künftig mit einem Lächeln entgegen treten konnten. Bei der Erstellung des Layouts hatte es die größten Probleme bereitet, zwei Fotos von „Bälgern" zu besorgen, so erzählte Tschupka im kleinen Kreis, die sich so ähnlich waren, dass das „Vorher" als Hungerhaken und das „Nachher" als Glückskäfer glaubhaft rüberkamen. In Wirklichkeit hatten die beiden Kinder gar nichts miteinander zu tun. Und ob eines davon im wahren Leben den Namen Mbeke trug kümmerte ihn ungefähr so viel wie ein umgefallener Sack Reis in einem Arbeitervorort von Peking.

Das gestalterische Konzept des Flyers war in Ordnung. Der Text wies nach gründlicher Durchsicht keinen Fehler mehr auf. Es war eine gute Idee gewesen, in das Werk zusätzlich eine Wachsmalzeichnung der vierjährigen Tochter von Tschupkas anatolischer Putzfrau zu integrieren. Das Gekritzel zeigte mit etwas Phantasie fröhliche Kinder, Bäume mit viel Grün, schwer identifizierbare Nutztiere und eine strahlende Sonne. Mit diesem heiteren Bild wollte sich der kleine Mbeke auf seine eigene und persönliche Weise für die Benevolenzen bedanken, die ihm die mildtätigen Menschen aus dem fernen Deutschland in so reicher Art und Weise teilhaftig werden ließen. Joseph Tschupka schrieb eine Mail an die Druckerei, um die Freigabe zu erteilen. Druck und Versand des Flyers erforderten eine Investition von knapp eineinhalb Millionen Euro. Gut angelegtes Geld, denn der Rücklauf war in der Vergangenheit stets erstaunlich gewesen. Die Kosten übernahm er mit seiner offiziellen Firma, in der sie als offizielle Spende zur Senkung seines zu versteuernden Einkommens beitrugen.

Tschupka war auch so klug gewesen, in eine professionelle PR-Agentur zu investieren, die tatsächlich alle Register zog, um „A Smile for Africa e. V." in bestem Licht erscheinen zu lassen. Er befolgte damit eigentlich nur die alte Regel: „Tue Gutes und rede darüber". Das Geheimnis von Tschupkas Erfolg als Wohltäter bestand darin, einen sicheren Weg gefunden zu haben, tatsächlich Hilfe zu leisten und sich dabei trotzdem die eigenen Taschen zu füllen.

Bevor er sich als Spendensammler und Gutmensch ein zweites Standbein aufgebaut hatte, hatte er sich umfassend mit der Branche auseinandergesetzt, deren Ruf – vorsichtig ausgedrückt – bescheiden war. So hatte er von Anfang an auf Drückerkolonnen verzichtet, die Mitmenschen an ihren Haustüren bedrängten, um mit aggressivem Direktmarketing entsprechende Mildtätigkeit zu provozieren. Außerdem ließen zu viele Organisationen bekanntlich zu große Anteile aus ihrem Spendenaufkommen in undurchsichtigen Organisationstrukturen versickern. Die kurzsichtig aufgestellten Idioten, die in seinen Augen zu den schwarzen Schafen der

Branche zählten und nichts weiter erreichten, als deren lausiges Image weiter zu beflügeln, nutzten beispielsweise das aktive Spendensammeln, um in einer Art Zweitverwertung Wohnungen und Lebensumstände der potentiellen Spender auszubaldowern. Wenig später brachten gut organisierte Banden bevorzugt hilflose Senioren um ihr Hab und Gut.

Wie bei seinen Im- und Exportgeschäften hatte Joseph Tschupka auch beim mildtätigen Engagement zwei verschiedene Schienen verlegt. Die Gelder, die er mit seinen Briefaktionen erbettelte, wanderten tatsächlich zum größten Teil nach Afrika. Die Nachweise pflegte der Unternehmer mit größter Öffentlichkeitswirkung zu inszenieren. Erst wenn das Geld den schwarzen Kontinent und damit die undurchsichtigen Verwaltungsstrukturen vor Ort erreicht hatte, war es entsprechend ungeschützt, um in das Beuteschema des Joseph Tschupka zu passen. Dafür war jedoch ein Partner erforderlich, der ebenso gleichgesinnt wie entsprechend professionell aufgestellt war. Und vor allem vollkommen skrupellos.

Er blickte auf seine Uhr. Der Nachmittag hatte sich zum frühen Abend vorgearbeitet. Es war Viertel vor sechs und draußen war es längst dunkel. Zeit, um sich zum Flughafen zu begeben. Tschupka hatte sich mit seinem britischen Geschäftspartner verabredet, der mit dem British Airways-Flug 912 um 18.55 Uhr aus London Heathrow landen sollte. Seit 15 Jahren arbeitete Joseph Tschupka nun mit Cyrus Matrella aus Manchester zusammen. Matrella, 61 Jahre alt, war bereits seit mehr als drei Jahrzehnten ein Profi in der Im- und Exportbranche und mit allen Wassern gewaschen. Eine seiner Firmen, die „TransWorldTrade Ltd.", residierte in St. Peter Port, der Hauptstadt der Kanalinsel Guernsey. Gemeinsam hatten Tschupka und Matrella ein unschlagbares System ausgearbeitet, mit dem sich prächtige Rückerstattungen von Umsatzsteuern durch geschickte Lenkung meist virtueller Warenströme generieren ließen. Diese Rückerstattungen nach der Grenzüberschreitung der Waren bildeten den Mittelpunkt des gemeinsamen Geschäftsmodells. Bislang war es den beiden Partnern erfolgreich geglückt, sich nicht von ungezügelter

Gier die Sinne vernebeln zu lassen. Dabei genügte es, sich die zahlreichen Beispiele von „Kollegen" vor Augen zu führen, die früher oder später Opfer ihrer Raffsucht geworden waren und nun einsaßen. Bei den Rädern, die sie drehten, mussten sie Im Falle des Erwischtwerdens mit mindestens zehn Jahren Käfighaltung rechnen.

Tschupka sortierte die Unterlagen, die er für die Besprechung benötigte, in seinen schwarzen Dokumentenkoffer und machte sich auf den Weg. Er lenkte seinen nicht mehr taufrischen Audi A6 Avant durch den Feierabendverkehr der Mainmetropole in Richtung Süden zum Flughafen. Die Umsicht des Kaufmanns im offiziellen Geschäftsbetrieb trug sogar dafür Sorge, weder für sein Büro, noch für seinen Dienstwagen einen ungebührlichen Aufwand zu betreiben, der irgendwann negativ auffallen konnte. Auch seine Villa in Königstein mit Blick auf die Burgruine war so angelegt, dass sie den Spagat schaffte, einerseits nicht protzig zu erscheinen, andererseits für einen erfolgreichen Geschäftsmann jedoch angemessen repräsentativ zu wirken. Eine Stellung als Wohltäter brachte es zwangsläufig mit sich, ein gastliches Haus zu führen. Regelmäßig zu Gesellschaften zu laden gehörte dazu, um die empfindlichen Fasern zu pflegen, sie sozusagen weich und aprilfrisch zu spülen, aus der alle belastbaren Seilschaften geknüpft waren.

Im Rückzugsgebiet der Reichen und Schönen der Mainmetropole ließ sich am Wochenende zudem einigermaßen neidfrei die Passion eines eingefleischten Ferraristi ausleben. Wenn Joseph Tschupka an die rasenden Pretiosen aus Norditalien dachte, die seine Garage füllten, senkte sich Milde und Wohlbehagen in sein Gemüt. Besonders der neue „FF", den er vor acht Wochen übernommen hatte, generierte einen Besitzerstolz, der ihn fast zum Platzen brachte. Der Nachfolger seines „612 Scaglietti" war das außergewöhnlichste Auto, das er je besessen, beziehungsweise gefahren, hatte. Der V12 mit 6,3 Liter Hubraum leistete 660 PS. Erstmals brachte Ferrari in diesem Fahrzeug die Kraft via Allradantrieb auf die Straße. Vor vier Wochen, als der „FF" eingefahren und die Nacht von einem Mittwoch auf Donnerstag trocken gewesen war, hatte er auf der achtspurig ausgebauten Autobahn nach Darmstadt erfolgreich das Versprechen von 335 km/h Höchstgeschwindigkeit überprüft. Bei dieser Geschwindigkeit war die Piste schmal wie ein Feldweg erschienen. Kein Wunder, denn bei diesem Tempo legte ein Fahrzeug innerhalb von nur einer Sekunde rund 100 Meter zurück. Zehn Sekunden für einen Kilometer. In diesen Augenblicken war Adrenalin in Dosen durch seinen Körper geströmt, die eine Badewanne hätten füllen können.

Während Joseph Tschupka an der Einfahrt zum Parkhaus P2/P3 seinen Parkschein zog, verfluchte er einmal mehr das Raubrittertum der Parkgebühren. Jedes Mal, wenn er seinen Wagen nach einer drei- oder viertägigen Geschäftsreise in den Garagen des Frankfurter Flughafens auslöste, stellte er sich die Frage, in welcher neuen Farbe die Kiste für den Preis lackiert worden war.

Es war 18.45 Uhr. Tschupka war so pünktlich, dass er sich auf dem Weg zum Ausgang der Fluggäste im Terminal 1 nicht beeilen musste. Die erste Anzeige über die An- und Abflugzeiten, an der er vorbeikam, informierte ihn über die pünktliche Ankunft der British Airways aus London. Um Viertel nach sieben strebte Cyrus Matrella bereits aus dem Sicherheitsbereich. Mit einem abgegriffenen schwarzen Trolley im Schlepptau. Die beiden Männer begrüßten sich herzlich und tauschten auf dem Weg zum Parkhaus private Belanglosigkeiten aus. Matrella war ein echtes Familientier, der seiner Ehefrau seit fast 40 Jahren mit erstaunlicher Treue zugetan war. Er hatte ein halbes Dutzend Kinder groß gezogen und schwärmte seinem Geschäftspartner über die prächtige Entwicklung seiner Enkelschar vor, die inzwischen die Ordnungszahl elf erreicht hatte.

Wie immer hatte Tschupkas Sekretärin für ihren Chef und seinen Gast jeweils ein Deluxe-Zimmer im „Frankfurter Hof" reserviert und für 20.30 Uhr einen Tisch für zwei im Teppanyaki-Raum des japanischen Restaurants „Iroha" bestellt. Wenn die beiden das Geschäftliche besprochen hatten, gehörte ein umfangreicher Umtrunk zum festen Programm ihrer Meetings. Deshalb gönnte sich Tschupka den Luxus der Übernachtung, so konnte er für den Rest des Tages auf seinen Wagen verzichten. Da sein Gast am nächsten Morgen erst die BA 907 um 11.50 Uhr nehmen würde, blieb nicht zuletzt ausreichend Zeit zum Ausschlafen und für ein üppiges Frühstück.

Beim Abendessen hatten die beiden Männer Glück, das Restaurant nur zurückhaltend besetzt vorzufinden. Sie waren die einzigen Gäste an ihrem Tisch und konnten sich somit über ihre Geschäfte austauschen, ohne allzu große Ohren anderer kulinarischer Mitstreiter fürchten zu müssen.

Während der japanische Koch mit der Vorbereitung der Vorspeise begann, indem er für jeden der beiden Männer ein halbes Dutzend gerade noch lebender Schrimps mit einem makellos polierten Spatel auf die heiße Platte presste, blätterte Josef Tschupka durch die Unterlagen, die ihm sein Partner gereicht hatte.

„Was haben wir denn da Schönes? 500.000 Dosen Deodorant, sortiert in die Duftnoten ‚herb-frisch' (männlich), ‚moschus', ‚tropic' und ‚ice-cool', Einkaufspreis 0,29 Eurocent pro Stück. Ich will gar nicht wissen, in welcher asiatischen Klitsche du diesen Nuttendiesel geschossen hast."

Cyrus Matrella grinste. Die mimische Übung wies eindeutig raubtierhafte Züge auf.

Tschupkas Zeigefinger glitt über Dutzende Posten von Ramschkosmetika, die zusammen mindestens sieben 40-Fuß-Container füllten. Es folgten zahllose Positionen von winterlicher Kleidung der Saison 2010 aus Bangladesch, für deren Transport und Lagerung zehn weitere Container erforderlich waren. Als der Kaufmann die billigen Plastikspielsachen, das Werkzeug der ultimativen Schrottklasse und die Haushaltswaren aus chinesischer Produktion abgearbeitet hatte, umfasste der begutachtete Warenwert rund zwei Million Euro und benötigte für Lagerung und Transport insgesamt 29 Container.

Beim Aufblicken erntete Joseph Tschupka einen missbilligenden Blick des Kochs, weil das kunstfertig erstellte Gebilde aus gebratenen und von allen Chitin-Komponenten des Exoskeletts befreiten Krustentieren wegen seiner Lektüre zu erkalten drohte.

Tschupka nickte entschuldigend, trank sein Bier auf Ex und widmete sich der Vorspeise, bevor er sich an seinen Partner wandte.

„Wie sind die Konditionen?"

„Die TransWorldTrade Ltd. verkauft dir den ganzen Krempel für 1,1 Millionen. Frei Haus in deine Zwischenlager in Monrovia."

Matrella sprach ausgezeichnet Deutsch. Seinen Militärdienst hatte er als Mitglied der „Britisch Army of the Rhine", genauer gesagt bei der Royal Air Force in Gütersloh verbracht. Allerdings hatte er einen starken britischen Akzent behalten, der bei der Aussprache von Begriffen wie „Krempel" für Erheiterung bei seinem Partner sorgte.

„In den Papieren mutiert der Schrott zur Qualitätsware, die dann für 6,5 Millionen offiziell an meine ‚Matrella International Trade' in Manchester geht. Dafür werden roundabout 1,235 Millionen Euro Mehrwertsteuer fällig, die du abkassierst."

Tschupka nickte zustimmend, während er mit den Stäbchen ein Stück des Rinderfilets in seinen Mund bugsierte.

Matrella fuhr fort: „Dann kaufe ich von dir das Zeug wieder zurück. Ich denke, ich verscherble die Hälfte in überschaubaren Posten an Resterampen. Der Rest „lagert", bis er abgeschrieben ist. Dann spende ich das Zeug nach Afrika, kassiere dafür Steuerbefreiung für Waren und Transport, zuzüglich der Spendenbescheinigung. Mit meinem Netzwerk an Verbindungen in praktisch allen schwarzafrikanischen Ländern lässt sich der Ramsch vor Ort noch gewinnbringend verticken. Damit erzielen wir das erforderliche Klimpergeld, um das ganze Gesocks in Uniform oder irgendwelchen öffentlichen Funktionen zu schmieren."

Matrella ließ eine weitere Runde Raubtierlächeln springen. Er hatte es nicht so mit den Ländern der Dritten Welt und Afrika hasste er generell: Wegen des Scheißklimas, der allgegenwärtigen Scheißkorruption, der scheiß Faulheit und der scheiß Gleichgültigkeit der Menschen, die er mit seiner Mischung aus Rassismus und Vorurteilen jedem Schwarzafrikaner unterstellte. Dazu latente Gewaltbereitschaft, einen eklatanten Mangel an Zivilisation und Hygiene. Unvermittelt musste er schallend lachen.

„Was erheitert dich?", wollte Tschupka überrascht wissen.

„Mir ist gerade durch den Kopf gegangen, was die mit den Kosmetika und dem Deo sinnvolles anfangen können. Dazu ist mir ein guter Witz aus meiner Militärzeit eingefallen."

„Wie geht der?"

„Warum stinken alle Schwarzen?"

Tschupka schüttelte den Kopf.

„Damit sie sogar von Blinden gehasst werden können."

Die beiden Männer schüttelten sich solange vor Lachen, bis sich der japanische Koch wieder zu einer mimischen Intervention der Missbilligung veranlasst sah.

Daraufhin beruhigten sich die beiden. Matrella fuhr sachlich fort, nachdem er sich mit einem weiteren Schluck Bier gesammelt hatte.

„Den Transport der Waren übernehmen wieder unsere chinesischen Freunde. Sie berechnen das Dreifache der üblichen Tarife für deine Bücher und die Spendenbescheinigungen, liefern jedoch für die Hälfte in bar."

Die Männer gaben sich Mühe, der weiteren Abfolge des Menüs die ihr gebührende Aufmerksamkeit zukommen zu lassen, während sie die Details ihrer Transaktionen besprachen. Der Kontrakt hatte einzig das Ziel, mit überwiegend fingierten Warenströmen durch Verschieben über Grenzen virtuelle Mehrwertsteueraufkommen zu generieren, die der deutsche Fiskus auf Heller und Pfennig, wie seit vielen Jahren, erstatten würden. Bei ihrem letzten Treffen, zwei Monate zuvor, hatten die beiden bei einer Flasche Single Malt an der Hotelbar, deren Preis die Staatsschulden von Argentinien zu einem guten Teil beglichen hätte, darüber sinniert, wie der bislang so stetige und zuverlässige Geldfluss soweit beschleunigt werden konnte, dass es ihnen in absehbarer Zeit möglich war, ihre stressigen Jobs an den Nagel zu hängen. In Anbetracht der Illegalität, in der sich das gemeinsame Geschäftsmodell permanent bewegte, war das Risiko aufzufliegen und dann für sehr lange Zeit hinter schwedischen Gardinen zu landen, nie restlos auszuschließen.

Joseph Tschupka hatte sich in ruhigen Stunden lange mit diesem Problem beschäftigt, das wirklich nicht von der Hand zu weisen war: Was nützte der schönste Ertrag aus betrügerischen Geschäften, wenn man im Knast verschimmelte? Denn dann war nicht nur die Freiheit beim Teufel, sondern auch die Kohle futsch. Darum hatte er sich erlaubt, sich diskret nach profitablen Anlagemodellen umzusehen. Angesichts der stetig sinkenden Zinsen der Zentralbanken und der daraus resultierenden verfallenden Renditen für konventionelle Anlagen, schien es geraten, gewisse Risiken in Kauf zu nehmen.

Wie es der Zufall wollte, hatte er bei seinem exklusiven Oldtimerzirkel Kontakt zu einem Investmentberater aufgenommen, der ihm nicht nur durch seine kultivierten Manieren und sein angenehmes, zurückhaltendes Auftreten, sondern vor allem wegen dessen Cabrioversion des Porsche 911 turbo aufgefallen war. Aus der ersten Serie von 1987. Ein makelloses Fahrzeug, wie gerade vom Band gerollt. In einem metallischen Dunkelblau lackiert, mit hellgrauer Lederausstattung. Ein Tier von einem Auto. Mit brutaler Leistungsentfaltung, wenn der mächtige Lader endlich seine Einsatzdrehzahl erreicht hatte und einem zusätzlich wirklich kniffligen Fahrverhalten im Grenzbereich, welches einen ausgewiesenen Könner am Volant erforderte. Der Besitzer hatte sich mehr als einmal bei Treffen auf der Nordschleife des Nürburgrings als ein solcher erwiesen.

Nachdem Tschupka und Matrella gegen 23.00 Uhr ihr Essen beendet hatten, waren sie an die Bar gewechselt. Bevor der Angestellte ihre Bestellung aufnehmen konnte, wandte sich Tschupka konspirativ an seinen Gast.

„Mir ist unser nächtliches Gesprächsthema vom letzten Mal nicht aus dem Kopf gegangen. Von wegen der ‚Risiken und Nebenwirkungen unserer geschäftlichen Aktivitäten'. Vielleicht habe ich da eine Lösung gefunden, die es uns erlaubt, noch einmal richtig abzusahnen und dann dem Verbotenen zu entsagen. Ich habe mein gutes Leben so lieb gewonnen. Allein die Vorstellung, es könnte im Knast enden, treibt mir den Angstschweiß auf die Stirn. Ich hoffe, du bist damit einverstanden, dass ich noch einen späten Gast in unsere Runde gebeten habe, der unserem Problem aufgeschlossen gegenüber steht und über die Möglichkeiten attraktiver Lösungen verfügt. Er müsste jeden Moment eintreffen."

„Mir ist alles recht, wenn es mich in Richtung Rente weiterbringt, damit ich mich voll und ganz meiner Familie widmen kann", lächelte Matrella. „Und reden kostet bekanntlich nichts."

Sie bestellten ihren bevorzugten Single Malt.

„Bringen Sie eine ganze Flasche", beschied Joseph Tschupka dem Barkeeper.

„Unser Gast ist ein profunder Kenner dieser Tropfen und ein bekannter Sammler von Single Malts und Cognacs", belehrte er seinen Partner.

Während sie die Wartezeit mit einem frischgezapften Pils gegen ihren unvermindert stechenden Durst überbrückten, betrat ein gepflegter Mann mittleren Alters den Raum. Er trug eine beige Bundfaltenhose aus breitem Cord und einen mitternachtsblauen Rollkragenpullover aus Cashmere. Nach einem kurzen Blick in die Runde erkannte er die beiden Geschäftsmänner an der Bar und strebte mit selbstbewusstem Schritt und einem breiten Lächeln auf sie zu. Den Mann schien eine Aura aus Charisma und liebenswürdiger Ausstrahlung zu umgeben, die sich förmlich zu manifestieren schien.

Er schüttelte Tschupka fest die Hand.

„Hallo Joseph, ich freue mich, dich zu sehen. Ich hoffe, ihr hattet ein gutes Essen. Nachdem wir das Offizielle besprochen haben, musst du mir unbedingt von deinem neuen Ferrari erzählen. Ich bin zwar ein eingefleischter Porsche-Mann, aber einen Zwölfzylinder mit 660 Pferdchen können meine Freunde in Zuffenhausen leider nicht ins Rennen führen."

„Ich freue mich ebenfalls, dich zu sehen. Ich hoffe, es ist inzwischen nicht zu spät für dich. Mein neuer FF ist wirklich der Überhammer. So ein Auto habe ich nie zuvor unterm Hintern gehabt."

„Es ist nie zu spät für gute Gespräche. Und für neue Freunde. Möchtest du mich deinem Begleiter vorstellen?"

Joseph Tschupka wandte sich an Cyrus Matrella und bat mit einem Schulterzucken um Verzeihung.

„Himmel, wo bleibt meine Kinderstube? Ich bitte um Entschuldigung und hoffe, dass die Übernahme unserer Rechnung den Fauxpas kompensieren kann. Cyrus, darf ich dir Norman Gerber vorstellen? Ich bin sicher, dass er einen wichtigen Beitrag für die Lösung unseres Problems leisten kann. Norman, das ist Cyrus Matrella aus Manchester. Mein alter Freund und langjähriger Geschäftspartner."

16. Juni 2014, 10.00 Uhr

Viktor Korschinek pfiff auf die Konventionen und auf seine eiserne Regel, niemals vor elf Uhr ein alkoholisches Getränk zu sich zu nehmen. Die Menge Calvados, die er in sein Glas gefüllt hatte, hätte gereicht, um einen veritablen Durst nach einer langen körperlichen Anstrengung unter sengender Sonne zu löschen. Der Rest der Runde, die sich um seinen Konferenztisch versammelt hatte, war ebenfalls mit einem stramm eingeschenkten, normannischen Apfelschnaps ausgestattet worden. Mit Ausnahme von Kowalski, der seine anhaltende Erschütterung mit einem kalten Soda bekämpfen musste.

Niemand in der Runde wollte sich anschicken, das Schweigen zu durchbrechen. Auch Dr. Krömer saß stumm vor seinem Glas, an dem er nippte, ohne den geringsten Widerstand durch einen Hinweis auf die Dienstvorschriften zu leisten. Maximilian Keller schüttelte nur in unregelmäßigen Abständen den Kopf und Thomas Frey hatte immer noch eine Miene aufgesetzt, als hätte gerade etwas an den Grundfesten seiner persönlichen Lebensphilosophie gerüttelt. Seit Jahrtausenden wusste jeder: Die Welt ist eine Scheibe! Und plötzlich sollte das verdammte Ding eine Kugel sein?

Auf dem Tisch lagen verschiedene Schusswaffen. Drei Berettas und drei belgische FN P90, jede Menge Munition, eine große schwarze Tasche aus stabilem Material. Daneben, sauber gestapelt, 20.000 Fünfzig-Euro-Scheine. Neben Korschineks Schreibtisch häuften sich fünf weitere Taschen, die ebenfalls jeweils prall mit Fünfzigern gefüllt waren. Noch war keine Zeit gewesen das Geld zu zählen. Aber keiner hätte eine Wette angenommen, es könnten statt sechs Millionen nur 5.999.950 Euro sein.

Das ganze Zeug hatte sich auf der Ladefläche des Lasters eines Catering-Unternehmens befunden. Neben zwei Gangstern, die furchtbar schlecht rochen, weil sie noch die gleichen Klamotten getragen hatten, in denen sie zehn Tage zuvor ausgetauscht worden waren. Muller und Jensen waren gefesselt, geknebelt und mit Kapuzen über dem Kopf gefunden worden. Keiner der beiden war in guter geistiger Verfassung gewesen. Muller hatte geheult wie ein Schlosshund, als die Kapuze und der Knebel entfernt wurden und er eine Zigarette rauchen durfte. Jensen war im Rahmen eines Tobsuchtsanfalls regelrecht explodiert. Er brüllte, schrie und drohte jeden umzubringen, der ihm das angetan hatte. In dem Augenblick, in dem sie die Bank betreten hatten, so hatten sie ungefragt berichtet, waren sie gefesselt, geknebelt und in Dunkelheit gehalten worden. Und jedes Mal, wenn sie die Anweisungen der Gangster nicht minutiös befolgt hatten, hatten sie sich eine fürchterliche Tracht Prügel eingefangen. Die sofortige Überprüfung des Autos hatte ergeben, dass weder ein Unternehmen namens „Gourmet-Paradies" noch eine Zulassung, die zu den Nummernschildern gepasst hätte, existierte.

Thomas Frey griff sich eine der zahlreichen Patronen und betrachtete sie von allen Seiten. Als Spezialist für Schusswaffen hatte er sofort erkannt, dass es sich bei der angehäuften Munition ohne Ausnahme um Platzpatronen handelte. Schließlich ließ er sich zu einem Lächeln hinreißen.

„Ich hätte wieder einmal eine Wette anzubieten. Und zwar, dass wir die Waffen, die Munition und den Hummer-Laster ein Jahr lang erkennungsdienstlich behandeln können, ohne irgendeine verwertbare Spur zu finden, die uns einen Hinweis auf die Täter liefern kann. Keinerlei Fingerabdrücke oder aussagekräftiges DNA-Material."

Dr. Krömer seufzte.

„Ich kann mir nicht vorstellen, dass Sie in dieser Runde einen Teilnehmer finden werden, der sich auf diese Wette einlässt. Natürlich werden wir an diesen Gegenständen nichts finden, was uns weiterbringt. Nichtsdestotrotz werden wir alles so genau untersuchen lassen, wie nie zuvor in der Geschichte unserer Behörde. Vielleicht kann sich ja doch noch etwas als verwertbares Beweisstück qualifizieren."

Alle schienen froh, dass der Bann gebrochen war. Viktor Korschinek hatte nach einem mächtigen Schluck ebenfalls zu seiner alten Fassung gefunden.

„Ich denke, wir sind uns darüber einig, es mit einer genialen Charade zu tun zu haben. Der Banküberfall und die Geiselnahme waren nur ein Ablenkungsmanöver. Das Lösegeld, das die Täter erpresst haben, ist wohl bis auf den letzten Cent zurückerstattet worden. Ebenso die 53.300 Euro, die die Täter mit Hilfe der Schlüssel des Filialleiters aus dem Kellertresor erbeutet hatten. Irgendeine schlaue Idee, was das Ganze sollte? Der Schlüssel zur Lösung liegt im Motiv für diese Aktion."

Rufus Kowalski blickte in die Runde.

„Da stimme ich dir zu, Viktor. Ich denke, wir können davon ausgehen, dass Sinn und Zweck der Aktion in der Befreiung der Gefangenen zu suchen ist. Da die Gangster uns die Herren Muller und Jensen wenn auch etwas ramponiert, aber ansonsten heil zurückerstattet haben, zielte die Aktion ausschließlich auf die Befreiung von Lolo."

Niemand wollte widersprechen.

Dr. Krömer stand von seinem Platz auf und begann im Raum auf und ab zu gehen.

„Bei den Hintermännern kann es sich nur um Roma handeln. Das bestätigen die ersten Analyseergebnisse des Blutes, das wir in der Bank gefunden haben. Was Sinn machen würde. Schließlich ist auch Lolo ein Roma."

Viktor Korschinek blickte missbilligend auf den herumtrabenden Oberstaatsanwalt, verkniff sich aber ein bestimmtes „Sitz machen!" – Ein Lacher von Keller und Kowalski schien ihm diese Insubordination nicht wert.

„Dann versuchen wir es doch einfach mal mit gesundem Menschenverstand. Lolo hat sich schwerer Verbrechen gegen das Volk der Roma schuldig gemacht. Wir haben ihn zwar geschnappt und rechtskräftig verurteilt. Allerdings gehe ich persönlich davon aus, das Rechtsempfinden dieser Bevölkerungsgruppe ist archaischer gestrickt, als dass ihm unsere Rechtsordnung nebst Strafvollzug angemessen Rechnung tragen kann."

Alle Männer im Raum bestätigten ihre Zustimmung zu den gerade geäußerten Thesen mit einem Nicken.

„Schön, dann spinne ich diesen Faden weiter. Obwohl Sinti und Roma seit Jahrhunderten mitten unter uns leben, wissen wir über dieses Volk nichts und begegnen ihm deswegen mit gepflegten Vorurteilen: Der Zigeuner an sich meidet die Sesshaftigkeit, streicht gerne die Fiedel, lebt vom Scherenschleifen, Kesselflicken und von der Stütze. Er klaut alles, was nicht niet- und nagelfest ist und die Frauen lesen aus der Hand die Zukunft. Auf der anderen Seite ist uns, als aufgeklärte, gebildete und kultivierte Gutmenschen vom Volk der Dichter und Denker natürlich bekannt, dass das alles ein kompletter Bullshit ist. Und angesichts dessen was die Deutschen während ihrer braunen Phase als Richter und Henker allein den Sinti und Roma zugefügt haben, gilt es schon als politisch unkorrekt, wenn der Kantinenchef ein Zigeunerschnitzel auf die Tageskarte setzt. Worauf ich hinaus will: Die Roma sind ein Volk, das über den gesamten europäischen Kontinent verteilt und somit seit Jahrhunderten multikulti aufgestellt ist, bevor es dieser Begriff überhaupt in den neudeutschen Sprachschatz gebracht hat. Will meinen: Sinti und Roma verfügen über jede Menge kluger Köpfe, die über alle Grenzen hinweg ihre Fäden ziehen, erfolgreiche Geschäfte führen und sich mit so vielen Reichen und Mächtigen freundschaftlich arrangiert haben, dass wir von diesen Verbindungen nur träumen können. Ich sage euch, es waren solche Leute, die diesen Plan ausgeheckt haben, um einen Verbrecher an ihrem Volk in ihre Gewalt zu bringen und um mit dem betriebenen Aufwand ein starkes Zeichen zu setzen."

Der Oberstaatsanwalt hatte wieder Platz genommen. Er nippte mehrmals an seinem Glas und spielte eine Weile gedankenverloren mit einer der Patronen auf dem Tisch. Dann ergriff er das Wort.

„Ihre Argumentation klingt rundum schlüssig. Aber was bedeutet das für uns und unsere Ermittlungen?"

„Das kann ich Ihnen genau sagen. Auch auf die Gefahr hin, meine Einschätzung könnte Ihnen nicht schmecken: Wir können uns über Wochen und Monate einen Wolf ermitteln. Wir haben nicht die geringste Chance auch nur einen Stich zu machen. Anknüpfend an die These der internationalen Vernetzung der Täter und Hintermänner bedeutet das im Klar-

text: Alle Beteiligten an dieser Aktion sind längst in alle vier Winde zerstreut."
Dr. Krömer knirschte mit den Zähnen.
„Aber wir können doch nicht untätig bleiben. Auch die Polizei ist zumindest in Europa hervorragend vernetzt. Interpol wird uns wertvolle Hilfestellung leisten."
„Meinen Sie wirklich?", entgegnete Viktor Korschinek, der mit einem kurzen Seitenblick feststellte, wie Frey, Kowalski und Keller ihrem Dialog gespannt folgten und nicht die geringste Anstrengung unternahmen, sich in dieses Duell der Giganten einzumischen. Der Chef der Abteilung 12 beschloss, trotzdem weiterhin vorsichtig vorzugehen und möglichst frei von Emotionen zu argumentieren. Krömer war scheinbar immer noch auf dem Trip, er hätte eine echte Chance mit einem spektakulären Fahndungserfolg eine weitere Kerbe in den Kolben seines 45ers schnitzen zu können. Er fixierte den Oberstaatsanwalt und schaffte es, jede Form der Häme aus seiner Stimme zu verbannen.

„Da wir hier in dieser kleinen Runde eher informell zusammenhocken, was die strikt vorschriftswidrige Einnahme von alkoholischen Getränken während des Dienstes deutlich unterstreicht, kann es nicht schaden einige verwegene Gedankenstränge zu spinnen und zu verknüpfen. Auch wenn die sich als Häresie gegen das staatliche Gewaltmonopol erweisen könnten. Wir haben hier den ungewöhnlichsten Fall, der der Polizei je untergekommen ist. Ein Fall, der jedoch bislang außerhalb der öffentlichen Wahrnehmung abgelaufen ist. Wofür ich persönlich beständig all meinen heidnischen Göttern danke. Denn wenn jemals nach außen dringen sollte, wie genial uns diese Bande über den Tisch gezogen und den nackten Arsch versohlt hat, bis er dunkelrot wurde und wie Feuer brannte, hat die Ordnungsmacht in diesem Lande bis in die Steinzeit verkackt, wenn ihr mir diese eher despektierliche Ausdrucksweise nachsehen wollt. Ganz im Ernst, Herr Doktor. Wollen Sie wirklich Ihre europäischen Kollegen um Amtshilfe in einem Fall ersuchen, bei dem es den Tätern gelungen ist, vor unseren Augen erfolgreich Schwerverbrecher zu befreien und dafür im Gegenzug

Beute, Waffen und nicht benötigte Geiseln auf dem Tablett zu servieren?"
Korschinek fixierte Dr. Krömer fragend mit hochgezogenen Brauen. Der leerte zornig sein Glas.
„Sprechen Sie ruhig weiter. Wobei ich mir nicht vorstellen kann, dass ich das, was Sie gleich sagen, beziehungsweise vorschlagen werden, gerne hören möchte."
„Sie sind der Boss." Auf einen kleinen Seitenhieb konnte und wollte Viktor Korschinek beim besten Willen nicht verzichten.
„Wenn wir die Sache genau betrachten, ist weder unserem Land noch unserem Rechtssystem ein wirklich ernster Schaden zugefügt worden. Auf keinen Fall so ernst wie der Imagegau, den eine umfangreiche Fahndung zwangsläufig auslöst. Gelingt es uns, uns mit dieser Betrachtung anzufreunden, können wir mit der Güterabwägung wenigstens ein Placebo basteln. Wenn wir die ganze Sache maximal auf kleiner Flamme weiterköcheln, geschieht das im Interesse der öffentlichen Ordnung. Wir haben die Beute, wir haben zwei unserer Stammkunden zurückerhalten und der einzige Schaden, der ernstlich entstanden ist, hat seine Spuren praktisch ausschließlich an unserem Stolz hinterlassen. Was ich so wortreich umschreiben will, heißt auf den Punkt gebracht: Schwamm drüber!"
Korschinek wandte sich an den Oberstaatsanwalt.
„Wenn Sie damit einverstanden sind, gehen wir folgendermaßen vor: Wir nähen jetzt erst einmal endlich einen Knopf an den Fall Gerber. Dann ermitteln wir diskret auf ganz leisen Sohlen und mit einem kleinen Team in der Geiselsache weiter."
Dr. Krömer vermittelte nicht gerade den Eindruck, als hätte er verstanden, wie Korschinek ihm gerade den Königsweg mit vergoldeten Steinen gepflastert hatte. Dennoch signalisierte er mit einem Nicken sein Einverständnis.
„Dann wäre das geklärt. Meine Herren, ich danke für das Gespräch."
Die Runde begann sich aufzulösen. Thomas Frey und Dr. Krömer verließen Korschineks Büro zuerst. Als Kowalski

und Keller folgen wollten, beschied ihnen ihr Chef mit einem Blick, noch zu bleiben.

„Wir drei sollten noch ein paar Wörtchen wechseln und unsere künftige Strategie besprechen."

Mad Max ließ sich wieder in einen der Sessel fallen.

„Gut, dann muss der Nudelsalat schweren Herzens noch eine Weile warten."

Nachdem sie unter sich waren, blickten Kowalski und Keller ihren Chef erwartungsvoll an. Korschinek schenkte ihnen ein gütiges, väterliches Lächeln.

„Keine Angst, Männer, ich möchte auf keinen Fall dienstlich werden. Nur vor unserem Cheffe wollte ich nichts gegen die Kantine äußern und keinesfalls den Vorschlag unterbreiten, dass wir drei uns jetzt verkrümeln und beim Italiener verwöhnen lassen."

Die Kommissare nickten dankbar. Der Dezernatsleiter packte die Unterlagen in die Schreibtischschublade, die er anschließend verschloss. Als die drei bereits die Tür erreicht hatten, klingelte das Telefon. Viktor Korschinek kämpfte mit sich, ob er den Anruf annehmen sollte. Was konnte so dringend sein, um nicht bis nach der Mittagspause warten zu können? Dann siegte das Pflichtbewusstsein. Er griff zum Hörer und blaffte ein entschieden unfrohes „Was ist?" hinein.

Mit voranschreitender Dauer des Anrufes, dem Korschinek wortlos folgte, wurde sein Teint bleicher. Schließlich ließ er sich wieder in seinen Schreibtischsessel sinken. Kowalski und Keller beobachteten ihren Chef mit wachsender Sorge. So gelangten eindeutig schlechte Nachrichten durch die Leitung.

„Sind Sie sicher? Gibt es wirklich keinen Zweifel?" Die sonst so kräftige Stimme des Kriminaloberrats war zu einem Flüstern verkommen. Er senkte langsam den Hörer auf die Gabel, öffnete das Fach seines Schreibtisches mit dem Calvados, füllte seinen Schwenker bis zur Hälfte und stürzte den Schnaps in einem Zug hinunter.

Viktor Korschinek wirkte so erschüttert, dass seine Mitarbeiter auf einen losen Spruch verzichteten.

„Was ist passiert?", fragte Keller.

Korschinek reagierte nicht direkt. Er aktivierte seinen Rechner und rief seinen E-Mail-Account auf. An oberster Stelle stand eine Nachricht auf Spanisch mit einer Videodatei als Anhang.

„Eine Video-Datei von unseren Kollegen aus Spanien. Aus Palma de Mallorca, wie ich sehe", bemerkte Mad Max. Ohne seinen Chef um Erlaubnis zu bitten, lud er den Anhang herunter und öffnete ihn.

Das Video stammte von einer Überwachungskamera auf einem Flughafen. Das Bild zeigte keinen der großen Bereiche für An- und Abflüge der Charter- und Linienflugzeuge. Im Hintergrund war ein Schild mit „General Aviation" zu erkennen. Die Anzeige für Datum und Uhrzeit im Bild zeigte: 13. Juni 2014, 13.18 Uhr. Der Raum war leer. Nur hinter einem Schreibtisch langweilte sich eine junge Frau, die an einer Kaffeetasse nippte und in einem Magazin blätterte. Ein Mann mittleren Alters betrat den Raum und steuerte den Schreibtisch an. Er trug einen sommerlichen Hut, das klassische Sonnenbrillenmodell „Shooter" von Ray-Ban mit extrem dunklen Gläsern, das von vielen Piloten bevorzugt wurde. Die Maskerade vervollständigte ein Henriquatre-Bart. Eine „Muschi-Fresse", wie Mad Max diese Form einer Barttracht zu bezeichnen pflegte. Irgendwie kam ihnen der Mann bekannt vor. Als sein Oberkörper das Bild der Überwachungskamera füllte, stutzten Kowalski und Keller einen Moment und stellten dann wie aus einem Munde fest: „Das ist doch Gerber!"

„Scheint allerdings ein wenig zugenommen zu haben. Der Kerl sieht aus wie das Michelin-Männchen", ergänzte Mad Max.

Korschinek nickte wortlos.

„Wenn es nach unseren Malle-Kollegen geht, ist das mitnichten Norman Gerber, dessen Name wegen des internationalen Haftbefehls freilich bekannt war, sondern der des ungarischen Geschäftsmannes Gyula Hargitay aus Székesfehérvár, der sich gerade die Unterlagen für eine vorbestellte Privatmaschine abholt, die er bereits vor Wochen gechartert hatte. Es handelt sich dabei um denselben Flugzeugtyp, den wir im Fundus von Herrn Gerber gefunden und an die Kette gelegt haben. Eine Piper Seneca."

„Wer soll das sein?", fragte Keller.

„Der ungarische Geschäftsmann Gyula Hargitay aus Székesfehérvár", referierte Korschinek tonlos, als müsste er einem Dreijährigen Lösungswege für infinitesimale Gleichungen erklären.

„Die Bilder stammen vom vergangenen Freitag", murmelte Kowalski mehr zu sich selbst. „Gerber hat wohl noch einen letzten Rundgang auf seinen spanischen Latifundien absolviert und wollte sich dann auf dem Luftweg absetzen. Dass er das nicht unter seinem eigenen Namen tat, ist eigentlich logisch. Der ungarische Geschäftsmann Gyula Hargitay aus Székesfehérvár als Tarnung spricht für eine gewisse Kreativität. Aber was soll uns dieser Beitrag sagen?"

Er blickte Korschinek erwartungsvoll an. Auch Keller schien seinem Chef die volle Aufmerksamkeit zu schenken.

Aus Korschineks Stimme schwang Resignation.

„Das Video hat uns von den Spaniern via Interpol erreicht. Mit der Bitte um weitergehende Angaben bei der Identifikation dieses Mannes, der hier ein Flugzeug mietet. Tatsächlich kennt niemand den Typen. Schon gar nicht im ungarischen Székesfehérvár."

„Gut, wir haben das Rätsel des Fremden geklärt. Setzt die Kollegen in Spanien aufs richtige Pferd und dann lass uns endlich essen gehen."

„Mir ist der Appetit vergangen."

„Wegen dieser Mail? Was soll denn so besonderes mit diesem ungarischen Geschäftsmann aus Székesfehérvár passiert sein, dass es dir so spontan derart auf den Magen geschlagen hat?"

Viktor Korschinek hob die Brauen und bemerkte lakonisch: „Der ungarische Geschäftsmann ist nach der Übernahme des Fliegers in Richtung Korsika aufgebrochen. Sein Ziel war der Flughafen Corse Sud bei Figari, im Süden der Insel. Kurz vor dem Anflug geriet Herr Hargitay in einen heftigen Sturm. Der Tower des Flughafens wollte ihn noch nach Süden in Richtung Sardinien umleiten, doch der Pilot sprach von Problemen mit einem Motor. Der Flieger verlor immer mehr an Höhe, bis er um genau 17.01 Uhr etwa 30 Kilometer vor der südwestlichen Küste vom Radar verschwunden ist."

„Was soll das heißen?", fragte Kowalski mehr aus einem Reflex heraus.

„Was das heißen soll?", begann Korschinek zu brüllen, während er mit hochrotem Kopf aufsprang. „Was das heißen soll? Du blöder polnischer Dickschädel! Das soll heißen: Gerber ist abgestürzt! Er ist tot! Das Meer ist im Bereich der Absturzstelle mindestens 1500 Meter tief! Der Sturm war dabei so heftig, dass er keinerlei Überlebenschancen hatte. Ihr könnt also die Akte Gerber schließen, in die Tonne treten und euch dann von mir aus eine Pizza oder eine ganze Lasagne direkt aus dem Ofen in den Arsch schieben. Ich habe von diesem Scheißladen die Schnauze gestrichen voll!"

Mit einem gebrüllten „FEIERABEND!" stürmte Viktor Korschinek aus dem Büro.

19. Juni 2014, 16.00 Uhr

Rufus Kowalski hatte sich so in die Unterlagen zum Fall Gerber vertieft, dass er die Zeit vergessen hatte. Er sah auf die Uhr. Gleich vier durch. Die letzten drei Stunden seit der Mittagspause waren wie im Flug vergangen. Inzwischen war auch die Milch auf seinem Schreibtisch warm geworden. Kowalski hielt den Bericht der spanischen Polizei und der französischen Küstenwache in der Hand. Ebenso Kopien der Unterlagen vom Mietvertrag des Flugzeugs und der persönlichen Papiere des ungarischen Geschäftsmanns. Fälschungen vom Feinsten. Sie mussten Gerber ein Vermögen gekostet haben. Die französische Küstenwache hatte die Suche nach der Piper und ihrem Piloten längst eingestellt. Auch Einheiten der französischen und italienischen Marine waren daran beteiligt gewesen. Die Suchkräfte hatten nur ein paar Papiere und Karten gefunden, die auf der Wasseroberfläche trieben. Sie stammten zweifelsfrei aus der vermissten Piper und von dem ungarischen Geschäftsmann.

Mad Max saß hinter seinem Schreibtisch. Er hatte sich zurückgelehnt und, entgegen seinen sonstigen Gepflogenheiten, die Füße auf den Schreibtisch gelegt. Auf seinen Oberschenkeln lag ein Stapel Kopierpapier. Mit mechanischen Bewegungen faltete er die Bögen nacheinander zu kleinen Fliegern, die er nach der Fertigstellung durch den Raum gleiten ließ. Nachdem der letzte Flieger im Sinkflug Kowalskis Kopf nur um wenige Zentimeter verfehlt hatte, sah er auf. Keller war offensichtlich geistig vollkommen abgetaucht. Als Kowalski auf den Boden blickte, entdeckte er ein halbes Dutzend Papierflieger. Typisch Keller. Er hatte das Papier nicht in den einfach zu faltenden, klassischen spitzen Flieger verwandelt, den jedes Kind kannte, sondern kunstvolle Gleiter geschaffen, von denen kein einziger dem anderen glich. Der Kollege beherrschte offensichtlich zahllose Möglichkeiten, mit denen sich ein Papierbogen in ein flugfähiges Objekt verwandeln ließ. Jeder glich einem kleinen Kunstwerk, auf den Millimeter genau gefaltet. Mehr Origami-Kunstwerk als Kinderkram aus einem Grundschul-Klassenzimmer.

Kowalski musste an die Szene aus „Planet der Affen" denken, in der Professor Zaius den Papierflieger zerknüllte, den Astronaut Taylor als Nachweis seiner Intelligenz gefaltet hatte. Bei den Affen galten flugfähige Objekte aus Menschenhand als Gipfel der Häresie. War Mad Max wirklich ein Mensch und stammte er tatsächlich von der Erde? Der Zweifel kam Kowalski spontan, als er die Flugbahn des nächsten Gleiters verfolgte. Vielleicht war sein Job als Bulle nur eine raffinierte Tarnung? Und er vertrieb sich damit einfach nur die Zeit, bis ihn das Mutterschiff seiner Rasse von seiner Erkundungsmission auf Sol 3 wieder abholte?

Er sah nicht weniger fasziniert zu, wie Keller den nächsten Flieger faltete. Mit gleichmäßigen Bewegungen, wie eine Maschine. Mit einer sachten, ausholenden Bewegung des rechten Arms brachte er sein jüngstes Werk in die Luft. Der Flieger drehte einen weiten Bogen nach links, als würde er von einer Fernsteuerung gelenkt werden und kreiste, ohne nennenswert an Höhe zu verlieren, drei Runden um die beiden Schreibtische, bis er einen Strömungsabriss erlitt und fast senkrecht zu Boden stürzte.

„Glaubst du im Grunde deines Herzens, dass Gerber wirklich tot ist?"

Die Stimme Max Kellers, die plötzlich die Stille unterbrach, erschreckte Kowalski. Er zuckte zusammen.

„Was meinst du?"

Mad Max faltete den nächsten Flieger und antwortete ohne aufzublicken: „Ich frage mich die ganze Zeit, ob unser Freund Gerber wirklich den Löffel abgegeben hat. Bei seinem Bad im Mittelmeer."

„Welcher Gedanke führt dich zu der Annahme, er könnte den Absturz überlebt haben?"

Der nächste Papierflieger erhob sich in die abgestandene Luft des Büros.

„Es ist keine fundierte Annahme, die auf Fakten und Beweisen basiert. Mehr so eine Art Gefühl. Auch ein Verstandsmensch wie ich lässt mal seinen Bauch zu Wort kommen. Und hört dann auch auf das Organ in der Leibesmitte. Schließlich gibt der Klügere bekanntlich nach. Denk doch noch einmal an den Banküberfall. Er stellte sich als perfekte Inszenierung heraus. Wir, Polizei, Militär, Politik, die gesammelte geballte Staatsmacht haben geschlossen hyperventiliert. Wir wähnten unschuldige Menschen in den Händen skrupelloser Gangster, die nicht davor zurückschreckten, Geiseln vor laufender Kamera abzuschlachten, damit wir ja ganz schnell mit dem weggeworfenen Stöckchen angerannt kommen. Eine zünftige und furchterregend inszenierte Drohung hat ausgereicht, um, entgegen aller Doktrin, Menschen aus unserer Obhut auf dem silbernen Tablett zu servieren und sogar mit einem Dressing von sechs Millionen Euro aus Staatsknete anzurichten. Und dann hat sich die ganze Aktion nur als eine einzige große Zirkusnummer herausgestellt. Nichts ist was es zu sein scheint. Was wäre, wenn sich der Abgang Gerbers auch nur als Trick eines begabten Illusionisten erweisen sollte? Damit will ich die Frage in den Raum werfen: Hat Gerber wirklich Pech gehabt und ist auf seiner Flucht verunglückt? Oder war der Absturz Bestandteil eines raffinierten Fluchtplans?"

„Ist das dein Ernst? Die Suchmannschaften haben Papiere auf dem Meer gefunden, die den Flieger und den Piloten eindeutig identifiziert haben."

„Hallo? Papiere, die auf dem Wasser treiben? Die schmeißt jeder gerne mit lockerer Hand aus dem Fenster, wenn er sicher sein will, dass sie an einer bestimmten Stelle des Weltmeers gefunden werden sollen."

Die Bemerkung brachte auch Kowalski zum Grübeln.

„Wenn wir es so betrachten, kann es natürlich eine absichtlich gelegte Spur sein."

Die Tür zum Büro sprang auf. Viktor Korschinek walzte hinein. Er ließ einen weiteren Vorgang auf Kowalskis Schreibtisch klatschen.

„Hier, damit die Sammlung komplett ist. Auf unseren Hinweis hin, es handelte sich bei dem abgeschmierten Flieger nicht um den ungarischen Geschäftsmann Gyula Hargitay aus

Székesfehérvár, sondern um den von Interpol per internationalem Haftbefehl gesuchten Hochleistungsbetrüger Norman Gerber, haben die spanischen Kollegen auf der sonnigen Baleareninsel doch noch ihre Ärsche aus den Sesseln gewuchtet und die Villa von Gerber auf dem Höhenzug von Sa Mola endlich penibel in Augenschein genommen. Die Hütte war natürlich leer. Wertsachen wurden nicht gefunden. Aber lest doch selbst. Und wenn ihr die Lektüre abgeschlossen habt, klappen wir die Akte Gerber endgültig zu und gehen einen bröseln. Ich gebe die erste Runde aus."

Korschinek blickte seine Kollegen an und wunderte sich, dass beide nicht augenblicklich unter lauten Jubelschreien aufsprangen, da er ja mehr oder weniger offiziell den Feierabend eingeläutet hatte.

„Was ist Mädels? Keinen Bock? Habt ihr Tomaten auf den Ohren? Oder eure Tage? Ich habe gesagt, ich gebe einen aus. Das ist ein Angebot, das ihr doch nicht abschlagen könnt."

„Ne, ne, Chefchen, das ist es nicht, was unsere Begeisterung an der kurzen Leine hält. Wir haben uns gerade über Gerber und sein Dahinscheiden unterhalten. Wir haben die wilde These entwickelt, der Absturz könnte irgendwie allzu geschmeidig erscheinen, wenn wir ihn als geplante Aktion in einem raffinierten Fluchtszenario durchspielen. Herr Gerber ist schließlich kein kleiner Dummer."

„Und?"

„Wir erkühnten uns, im Vertrauen auf die Freiheit der Gedanken, den Faden in diesem Sinne weiterzuspinnen und haben schließlich die Frage aufgeworfen, ob Gerber tatsächlich ein Fall für das Archiv ist, oder ob sein Verschwinden ein ähnlicher Zaubertrick gewesen ist, wie der große Banküberfall."

Viktor Korschinek ließ sich nachdenklich auf der Kante von Kowalskis Schreibtisch nieder.

„Ihr werdet lachen, mich haben auch schon solche Bedenken beschlichen. Der Flugzeugabsturz passt tatsächlich ein bisschen zu gut zu einem cleveren Fluchtplan mit dem Tausch einer Identität. Obwohl mir Luftfahrtexperten bestätigt haben, dass der Sturm im Westen von Korsika in der fraglichen Zeit ungewöhnlich heftig gewesen war. Es hätte nur eine sehr geringe Chance bestanden, den Flieger zu wassern und noch auszusteigen. Und dann? Die Küste ist mehr als 30 Kilometer von der Absturzstelle entfernt. Die Strecke wird Gerber ja wohl nicht geschwommen sein."

„Du hast ja recht. Da sind noch viel zu viele offene Fragen", erklärte Mad Max, „aber ich finde, es würde sich lohnen, wenn wenigstens wir zwei die Sache noch eine Weile verfolgen."

„Wartet einen Moment. Das werde ich sofort klären", entgegnete Viktor Korschinek und stürmte aus dem Büro.

Kowalski sortierte die Unterlagen zum Fall Gerber, bevor er sie in der Akte zusammenfasste und in seiner Schreibtischschublade verschloss. Mad Max heftete seine Gleiter mit Stecknadeln an die große Pinnwand. Für Kowalski sah sie nun aus wie E.T.s Insektensammlung nach dem Besuch einer fremden Welt ohne Farben.

Die beiden Beamten standen auf und wollten gerade das Büro verlassen, als Viktor Korschinek wieder hereinstürmte. Es schien guter Laune zu sein.

„Ich muss euch eine gute und eine schlechte Mitteilung machen. Zuerst die Schlechte: wir sind nicht die einzigen, die Zweifel an Herrn Gerbers Ableben hegen. Vier Idioten, ein Gedanke. Auch unser allseits so geliebter Oberstaatsanwalt hat mir gerade gestanden, er nagt schon eine ganze Weile an dem gleichen Knochen. Auch er konnte bislang jedoch keine konkreten Gründe finden, die diese Zweifel unterfüttern. Deshalb hat er meinem Vorschlag zugestimmt. Und jetzt kommt die gute Nachricht: Ihr zwei bleibt an der Sache dran. Er hat nur eine Bedingung gestellt. Das Ganze muss heimlich, still und leise über die Bühne gehen. Nur wir vier wissen von der Sache. Krömer hat die Frist auf vier Wochen festgesetzt. Wenn wir bis dahin nichts Habhaftes gefunden haben, das unzweifelhaft belegen kann Gerber könne doch noch am Leben sein, ist endgültig Schluss mit lustig."

Kowalski sah Mad Max an, als könnte er sich nicht entscheiden, ob er gerade veralbert wurde. Und wenn ja, wie sehr. Deshalb hakte sich Kowalski bei seinem Vorgesetzten unter und bugsierte ihn aus dem Büro.

„Wir sind ja so was von begeistert von dir, mein lieber Viktor. Wenn wir es innerhalb der nächsten vier Wochen nicht schaffen, einen Beweis von Norman Gerbers Wiederauferstehung ranzuschaffen, habe ich sowieso keinen Bock mehr auf den Fall."

Während sie das Büro verließen, ahmte Mad Max die Synchronstimme von Bugs Bunny bemerkenswert lebensecht nach und sagte:

„Wir müssen uns unbedingt einmal in den nächsten Tagen zum Lunch treffen. Ich habe gehört, dass auf der Milchstraße ein neuer Klingone eröffnet hat. Das Gach, das sie dort servieren, soll einfach bezaubernd sein. Sie kennen doch Gach, die klingonische Lieblingsspeise, die aus Würmern zubereitet wird? Wörtlich übersetzt heißt Gach übrigens ‚liebliche Würmchen'. Ach, Sie sprechen kein Klingonisch? Wie schade! Dann singe ich Ihnen vielleicht ein kleines klingonisches Wiegenlied? Es trägt den Titel ‚Kon watsch okt', das heißt so viel wie ‚Schlaf, kleiner Krieger!'..."

Viktor Korschinek stieß einen Schrei aus und versuchte Mad Max einen Tritt zu verpassen.

25. Juni 2014, 12.30 Uhr

Maximilian Keller bugsierte das Tablett mit seinem Teller Nudelsalat und einem Glas Mineralwasser zum letzten freien Tisch an der Fensterfront der Kantine des Landeskriminalamts. Dort hatten seine Kollegen bereits Platz genommen. Viktor Korschinek metzelte an einem Schweineschnitzel „Wiener Art" herum, das sicher zarter ausgefallen wäre, wenn die Kantine scharfe Messer zur Verfügung gestellt hätte. Rufus Kowalski traktierte mit der Gabel eine Portion „Spaghetti Bolognese". Wie ein Bub, der mit einem spitzen Stock im Wald ein totes Tier untersuchte, um sich zu vergewissern, dass es sich wirklich nicht mehr bewegen würde.

„Mahlzeit", schmetterte Mad Max.

„Mahlzeit", murmelten die Kollegen, ohne auch nur im Ansatz Begeisterung in dieser Äußerung mitschwingen zu lassen.

„Lassen Sie doch mal das Kind vorbei, es kann ja gar nichts sehen", forderte Keller einen Kollegen auf, der den Zugang zum leeren Platz am Tisch von Korschinek und Kowalski blockierte. Der Kollege trat zur Seite, Max Keller quetschte sich vorbei und ließ sich auf den Stuhl fallen.

„Schmeckt's?", feixte er.

„Morgen gehen wir zu deinem neuen Klingonen", grummelte Viktor Korschinek. Kowalski schnüffelte an dem Streuer mit Parmesankäse. Die Dinger waren immer dann auf den Tischen verteilt, wenn „Pasta" auf der Karte stand. Oder das, was sich der Koch darunter vorstellte. Der Hauptkommissar beschloss, den Geruch des Streukäses auf dem Konto mangelhafter Fußhygiene zu verbuchen und verwarf die Idee, mit dem gelben Pulver der Fleischsoße auf seinen Nudeln wenigstens ein bisschen Geschmack einzubläuen.

„Wenn wir schon bei den schönen Dingen des Lebens sind, die einem auf den Magen schlagen", presste Korschinek zwischen den Zähnen hervor, die sich einen heftigen Kampf mit einem Bissen des Schnitzels lieferten, „was machen eure Recherchen im Falle Gerber?"

„Mühsam eicht sich das Nährhörnchen", mümmelte Max Keller, der den Nudelsalat in sich hinein schaufelte, als würde sein Gehalt nach verzehrten Gabeln abgerechnet. Er schluckte, tupfte sich den Mund mit der Papierserviette ab, nahm einen Schluck Wasser und begann sachlich zu referieren: „Rufus und ich können uns, ohne Selbstbeweihräucherung, nunmehr als Spezialisten für Meeresströmungen rund um Korsika bezeichnen. Auch zum Thema mediterrane Meteorologie ist uns hier und heute nichts Menschliches mehr fremd. Die Suchaktion von Militär und Küstenwache ist noch über eine Woche lang gelaufen, hat aber außer den geborgenen Papieren und Karten nichts mehr zu Tage gefördert. Der Vermieter des Flugzeuges in Palma hat alle Unterlagen beigebracht, die unzweifelhaft bestätigen, dass die Piper in gutem Zustand und pünktlich nach Vorschrift gewartet war. Was einen technischen Defekt als Absturzursache eher unwahrscheinlich erscheinen lässt. Allerdings bestätigte der Fluglotse in Figari die Aussage des Piloten, ein Motor wäre ausgefallen. Telefonische Rückfragen mit der Dame, die Gerber in Palma die Unterlagen für den Flieger ausgehändigt hatte, haben uns auch nicht weitergebracht. Außer ihrer Beobachtung, Herr Hargitay, respektive Gerber hätte ungewöhnlich stark transpiriert. Trotz der Hitze hatte er einen Anzug getragen und das Hemd einschließlich des Kragenknopfes geschlossen gehalten. Wir haben Dutzende weiterer Opfer von Gerber befragt, die Anzeige gegen ihn erstattet haben. Das waren alles redliche Kleinanleger, die einfach nur ein wenig zu ehrgeizig mit ihren mühsam zusammengekratzten Spargroschen verfahren sind. Beim neuerlichen Durchforsten der bei Gerber im Büro sichergestellten Unterlagen sind wir einem Geschäftsmann aus Königstein im Taunus auf die Spur gekommen. Er hatte über Konten auf der Insel Guernsey Millionenbeträge bei Gerber investiert. Wir setzten uns daraufhin mit den Kollegen in Frankfurt in Verbindung. Die haben den Hinweis dankbar aufgegriffen, sich angemessen für die unbürokratische Amtshilfe unter netten Kollegen bedankt und sofort den Im- und Exporthandel dieses, Moment, ich habe den Namen irgendwo im Hinterkopf notiert, Joseph Tschupka, genauer unter die Lupe genommen. So wie es scheint, hat Herr Tschupka über Jahre einen schwunghaften Betrug mit Mehrwertsteuerrückerstattungen betrieben. Die Frankfurter haben auf jeden Fall ein Ermittlungsverfahren eingeleitet und sind guter Hoffnung, ihnen könnte ein großer Fisch ins Netz gegangen sein. Zumal Tschupka sich auch mit einer renommierten Hilfsorganisation für Afrika engagiert hat und in diesem Bereich seiner geschäftlichen Aktivitäten alles auf einen großangelegten Spendenbetrug mit Steuerhinterziehung in Millionenhöhe hinausläuft. Gestern rief mich ein Kollege aus Frankfurt an und erstattete Bericht, dieser Tschupka hätte eng mit einem britischen Staatsbürger namens Cyrus Matrella zusammengearbeitet. Ein richtig großes Tier im internationalen Schiebergeschäft. 61 Jahre alt, aus Manchester, mit einer Filiale auf der Kanalinsel Guernsey. Er verfügt inzwischen ebenfalls über eine eigene Ermittlungsakte bei den Kollegen ihrer Majestät. Was uns weiteres Lob und Anerkennung unbekannter Kollegen von Scotland Yard eintragen dürfte. Alles in allem eine abwechslungsreiche Woche. Bis auf den einen betrüblichen Umstand: Wir haben bislang noch nicht die kleinste Spur erschnüffelt, die einen Hinweis auf das Überleben Gerbers liefern könnte."

Viktor Korschinek schleuderte sein Besteck auf das nicht einmal zur Hälfte verzehrte Schnitzel. Der Kartoffelsalat war gänzlich unberührt geblieben. Kowalski stellte sich die Frage, ob das nahezu unbeschadete Überleben der Beilage der fahlen Farbgebung oder doch eher der Konsistenz geschuldet war, die eindeutig ins Breiige ging.

„Naja, das ist noch nicht so dolle. Aber euch bleiben ja noch drei Wochen. Was meinst du dazu, Rufus? Du hast bislang noch gar nichts gesagt?"

„Kann ich dir mit einem guten halben Teller Spaghetti mit Fleischsoße eine Freude bereiten? Bitte greif zu und nimm reichlich. Wir geben gerne!"

Korschinek griff nach der Gabel, wickelte eine Portion Spagetti auf und schob sie sich in den Mund.

"Mhh. Auf jeden Fall besser als das Schnitzel und vor allem nicht so zäh."
Er griff nach dem Teller des Kollegen und machte sich über die Teigwaren her.

Die drei beendeten stumm die Mahlzeit, erhoben sich und trugen ihre Tabletts zur Abgabestelle für das schmutzige Geschirr. Während sie in Richtung ihrer Büros gingen, schlug Korschinek seinen Mitarbeitern, die links und rechts von ihm gingen, auf die Schulter.

"Jungs, ich habe einen Vorschlag. Da ich auch nicht ganz untätig war, habe ich Gerbers Personalakte von der Bundeswehr besorgt. Die Jahre von 1990 bis 1993 fehlen uns ja noch in seiner Biografie. Ich bringe euch die Akte gleich vorbei und ihr setzt dafür einen gescheiten Kaffee auf."

Zehn Minuten später betrat Korschinek das Büro von Keller und Kowalski. Da beide keinen Kaffee tranken, hatten sie sich einen Becher bei den Kollegen des Dezernats besorgt. Korschinek griff nach dem Becher und reichte Mad Max die Akte. Der begann sofort darin zu blättern.

"So. Gerber hat sich also im September 1989, noch vor dem Abitur, freiwillig bei der Bundeswehr für vier Jahre als Zeitsoldat verpflichtet. Er absolvierte die Grundausbildung in Böblingen bei Stuttgart. Dann erfolgte der Unteroffizierslehrgang in Hammelburg. Keiner von euch will wirklich wissen, wo das liegt. Jäger Gerber war wohl ein Streber, hat den Kurs mit besten Beurteilungen abgeschlossen. Mein Gott steht da ein Blabla drin. Augenblickchen, ich muss suchen, wie es weiter geht. Ah, ja. Nach dem Uffz-Lehrgang trug er den Waffenrock für ein halbes Jahr als Gruppenführer in einer Ausbildungskompanie. Ebenfalls wieder in Böblingen. Und wieder wissen die Beurteilungen nur Bestes über den Offiziersanwärter und Fahnenjunker Gerber zu berichten. Er errang in diesen Monaten das Einzelkämpferabzeichen und die Schützenschnur in Gold und feierte die Beförderung zum Fähnrich. 1992 wurde Gerber Leutnant. Danach folgte die Versetzung zur Deutsch-Französischen Brigade als Zugführer. Nicht zuletzt wegen seiner vorzüglichen Kenntnisse der französischen Sprache."

Korschinek und Kowalski folgten Kellers Vortrag konzentriert. Der überflog murmelnd zwei weitere Blätter, die offensichtlich nichts Erwähnenswertes hergaben. Dann griff er zu einem weiteren Blatt.

„Ah, da wird es interessanter. Hier haben wir einen Bericht über einen Unfall, in den Gerber involviert war. Unschuldig verwickelt, wie ich betonen darf. Ich zitiere nur den Bericht: Am 13. Mai 1993 kam es im Rahmen eines Manövers auf dem weitläufigen Truppenübungsplatz Münsingen auf der Schwäbischen Alb zu einem folgenschweren Unfall. Ein Wehrpflichtiger der Bundeswehr verursachte durch Müdigkeit oder Unachtsamkeit als Fahrer eines Lkw, der eine Gruppe aus Gerbers Zug transportierte, einen Zusammenstoß mit einem französischen Tankwagen, der rund 1500 Liter Benzin geladen hatte. Gerber, der als Zugführer auf dem Beifahrersitz des Lastwagens Platz genommen hatte, überstand den Unfall zunächst unverletzt. Es gelang ihm, sich aus dem umgestürzten Lkw zu befreien. Durch den Unfall war der Tank des Treibstofftransporters aufgeplatzt und der Kraftstoff breitete sich schnell aus. Gerber barg zuerst den schwer verletzten Fahrer des Lastwagens, dann brachte er die Männer auf der Ladefläche in Sicherheit, die den Unfall zum großen Teil ohne Verletzungen überstanden hatten, aber unter Schock standen. Schließlich kümmerte er sich um den französischen Fahrer, dessen Beine im Führerhaus eingeklemmt waren. Während Gerber versuchte, den Kameraden zu bergen, entzündete sich der ausgelaufene Kraftstoff. Als Gerber den Franzosen im letzten Augenblick befreit und sich über die Schulter geworfen hatte, um ihn in Sicherheit zu bringen, stand der Tankwagen bereits in Flammen. Nachdem Leutnant Gerber ein paar Schritte gerannt war, explodierte der Tank. Dabei traf ihn ein schweres Metallteil im Rücken. Es verletzte das Rückgrat so stark, dass Gerber zwei Monate im Bundeswehrkrankenhaus in Ulm intensivmedizinisch betreut werden musste, bis die Gefahr einer Querschnittslähmung gebannt war. Gerber konnte dank einer zweijährigen, erst stationären, dann ambulanten Reha praktisch vollständig genesen. Aus der Bundeswehr wurde er jedoch bereits im August 1993 vorzeitig entlassen, weil er dienstuntauglich war. Für sein Engagement, bei dem Gerber unter Einsatz seines Lebens das mehrerer Kameraden rettete, verlieh der damalige Verteidigungsminister Volker Rühe Leutnant Gerber persönlich zum Ende der Dienstzeit das Ehrenkreuz der Bundeswehr in Gold in besonderer Ausführung. Für die Rettung des französischen Kameraden erhielt Leutnant Gerber zudem die unterste Klasse des ‚Ordre national du Mérite', des französischen Verdienstordens."

„Tja, dann war die Militärakte von Herrn Gerber ein weiterer Griff ins Klo", brummte Viktor Korschinek. „Als Soldat war der Kerl ja ein echter Musterknabe. Sozusagen ein Kriegsheld im Frieden."

Kowalski nickte. Keller blätterte weiter in den Unterlagen, als es den Hauptkommissar wie ein Blitz durchzuckte.

„Moment mal. Steht in den Unterlagen auch etwas über den Franzosen, den Gerber gerettet hat?"

Mad Max jagte durch die Schriftstücke.

„Ja. Hier. Gleich habe ich es. Es handelte sich um einen gewissen Ange Giacobbi. Wehrpflichtiger im Range eines Unteroffiziers, sergent-chef der berittenen Truppe mit dem wundervollen Dienstgrad ‚Maréchal des logis-chef'."

„Berittene Truppe?"

„Ja, Chef. Die französische Armee fühlt sich sehr mit ihrer militärischen Tradition verbunden. Ehemals berittene Einheiten übernehmen in der modernen Armee unter anderem logistische Aufgaben. Die schönen alten Titel für die Dienstgrade haben sie sich bewahrt, seit Napoleon Europa aufgemischt hat."

„Schön, schön", unterbrach Kowalski, „steht in den Akten auch, woher dieser Chef-Marschall stammt?"

„Ja, hier. Ange, Giacobbi, geboren am 12. Februar 1971 in Porto Veccio, Départements Corse-du-Sud."

Die drei Männer sahen sich an, verzogen ihre Mienen zu einem Lachen und klatschten sich ab. Wie aus einem Munde riefen sie: „Porto Veccio liegt im Süden von Korsika. Bingo!"

Korschinek griff zum Telefonhörer und wählte.

„Dr. Krömer? Gut, dass Sie im Hause sind. Wenn Sie sich gleich auf den Weg in das Büro der Kollegen Keller und Kowalski machen verspreche ich Ihnen in die Hand, dass dieser Tag für Sie noch einen erfreulichen Verlauf nehmen wird."

3. Juli 2014, 11.45 Uhr

Max Keller ließ den letzten Löffel eines riesigen Eisbechers mit dem schönen Namen „Opaline" auf seiner Zunge zergehen. Kowalski konnte sich nur wundern. Die Menge des Zuckers in dieser Eiskreation, bestehend aus Karamell und Schokolade, für deren Preis der halbe Sahel Erntedankfest hätte feiern können, hätte gereicht, um einen ganzen Bus voller Diabetiker zu killen.

Die beiden fläzten in einem Polstersofa auf der Terrasse des „Glacier du Port" und beobachteten das Treiben in dem kleinen Hafen von Porto Veccio. Ihr Hotel, das „Costa Salina", lag nur wenige Schritte entfernt. Kowalski hatte sich beim Einchecken für einen Moment die Frage gestellt, wie sie mitten in der Saison so kurzfristig zwei Einzelzimmer mit Blick auf das Meer und den Hafen erhalten konnten, beschloss aber, auf der Suche nach einer Antwort keine weiteren Anstrengungen zu unternehmen.

Vor zwei Tagen hatte die Fähre um sieben Uhr in der Frühe Bastia, die nördlichste Stadt der Insel, erreicht. Danach waren sie mit ihrem Dienstwagen auf der Nationalstraße entlang der Küste die letzten rund 160 Kilometer nach Süden gerollt. Die Genehmigung der Dienstreise durch Dr. Krömer war ungewöhnlich unbürokratisch erfolgt. Nun fühlten sich die beiden Polizisten tiefenentspannt. Die beiden letzten Tage hatten sie faul und wie professionelle Touristen verbracht. Bis auf einen kurzen Anruf am Dienstag, um Viktor ihre gesunde Ankunft zu vermelden, war das LKA mindestens so weit entfernt wie die Kraterregionen auf der Rückseite des Mondes, deren Namen sogar Mad Max entfallen waren. Den ersten Tag hatten sie mit Schlafen und in Sichtweite des Pools verbracht. Wobei Kollege Keller die Sonne gemieden hatte, wie der Teufel das Weihwasser. Er hatte behauptet, seine Haut sei so empfindlich, ihm drohe sogar in einem Panzerschrank ein Sonnenbrand.

Am Mittwoch hatten sie ausgiebig die Gegend erkundet und die gesamte Südspitze der Insel abgeklappert. Von den Klippen, auf denen Bonifacio liegt, war die nördliche Küste von Sardinien unter einem leichten Dunstschleier zu erkennen gewesen.

Von der Schönheit des Tages überwältigt hatten sie sich zum Abschluss schließlich im Hafen ein opulentes Mahl gegönnt, wobei sich gezeigt hatte, dass Mad Max seine vegetarischen Intensionen nur bis an die Grenze aufrechterhielt, wo Fisch, sowie Schalen- und Krustentiere in seiner persönlichen Nahrungskette ebenfalls ein Plätzchen fanden. Sie hatten sich wohl für das beste Haus am Platze entschieden – das „Caravelle".

Nun schien ein weiterer Tag Opfer des süßen Nichtstuns zu werden. Noch ergriff Kowalski keine Nervosität, weil sie in Sachen Ange Giacobbi bislang nichts unternommen hatten.

„Das würde sich schon von alleine ergeben", hatte ihnen Viktor Korschinek vor ihrer Abreise noch konspirativ versichert. Kowalski nippte an seinem Kaffee, als sein Mobilephone klingelte. Auf dem Display erschien der Schriftzug „Unca Scrooge". Das war wohl der Anruf, den Korschinek versprochen hatte.

„Ich grüße Sie, Herr Kowalski", meldete sich Dr. Burmeester. „Ich hoffe, Sie genießen das gute Wetter auf Korsika und Ihren Aufenthalt."

„Danke. Bis jetzt dreht sich alles im grünen Bereich. Allerdings habe ich das Gefühl, als müsste langsam etwas Action und die notwendige Bewegung ins Spiel kommen."

„Keine Sorge. Wo sind Sie gerade?"

„Auf der Terrasse der Eisdiele im Hafen von Porto Veccio. Mad Max hat bereits einen riesigen Eisbecher gehabt und scheint ganz unverhohlen mit dem Gedanken zu spielen, sich einen weiteren komprimierten Zuckerschock zu verpassen."

„Reden Sie dem Kollegen diese Idee aus. Es ist schließlich Mittagszeit. Wenn Sie noch eine knappe halbe Stunde Geduld aufbringen können, werden wir gemeinsam speisen. Ich bringe noch einen Freund mit."

„In Ordnung. Wir freuen uns."
Mad Max blickte seinen Kollegen an.
„Wer war das? Unca Scrooge? Was will der denn? Treibt er sich etwa auch hier auf Korsika herum?"
„Er will mit uns essen. Er sagt, er ist in einer knappen halben Stunde mit einem Freund bei uns. Verdirb dir also nicht den Magen mit noch mehr von diesem süßen Zeug."

3. Juli 2014, 12.15 Uhr

Rufus Kowalski war nach dem Telefongespräch mit Dr. Burmeester kurz in einen angenehmen Dämmerzustand verfallen. Er döste mit fast geschlossenen Augen. Mad Max schlief mit zurückgelegtem Kopf. Die Bedienung trat an ihren Tisch, um den leeren Eisbecher und die Tasse abzuräumen. Sie beugte sich herunter und hielt plötzlich in ihrer Bewegung inne. Sie richtete sich auf und murmelte leise „mon dieu", während sie den Blick in Richtung Bucht fixierte. Das weckte das Interesse von Kowalski. Er richtete sich ebenfalls auf und blickte über den Hafen. Mit langsamer Fahrt näherte sich eine riesige Yacht. Kowalski rieb sich die Augen. So ein Schiff war ihm noch nie vor die Augen gekommen. Es hatte die ungewöhnlichste Form, die er je bei einem Wasserfahrzeug gesehen hatte. Trotzdem kam es ihm schlagartig bekannt vor. Er drang in Gedanken jedoch nicht bis zur Quelle seines Déjà-vus vor. Das Boot vermittelte den Eindruck, als wäre es vor Minutenfrist durch ein Dimensionstor von einem anderen Stern auf die Gewässer der Erde gesprungen. Oder durch ein Wurmloch aus dem späten 22. Jahrhundert angereist. Inzwischen waren alle Gäste des Eiskaffees aufgestanden, um das Spektakel des einlaufenden Schiffs zu verfolgen.

Kowalski gab seinem Kollegen einen Stups. Mad Max schreckte aus dem Schlaf.

„Wer denn, wie denn, wo denn, was denn?", nuschelte er noch etwas desorientiert. Er sah Kowalski an, der stumm auf das Meer deutete. Mad Max folgte der Bewegung und entdeckte die Yacht. Sie wurde immer langsamer und stoppte schließlich knapp 200 Meter vor der Hafeneinfahrt. Der Anker fiel.

„Das ist doch die Wally Power 118 aus ‚Die Insel'", murmelte er. „Du erinnerst dich doch hoffentlich an diesen SciFi-Streifen mit Ewan McGregor und Scarlett Johansson? Muss so aus dem Jahr 2005 gewesen sein."

„Ich wusste, ich habe das Bötchen schon einmal gesehen." Kowalski schätzte die Länge der Yacht auf mindestens 35 Meter. Sie hatte einen dunklen Rumpf und schien nur aus geometrischen Flächen zu bestehen. Er erkannte nicht eine einzige Kurve in der Linie. Vier Matrosen hoben ein langes Schlauchboot aus einem Raum im Bug. Nach etwa drei Minuten erschien es mit zwei Mann Besatzung hinter dem Heck, hielt auf den Hafen zu und legte direkt am Kai vor der Eisdiele an. Einer der Matrosen kletterte auf den Kai, überquerte die Straße, betrat die Terrasse und sah sich um.

„Rufus Kowalski? Maximilian Keller?"

Die beiden standen auf. Der Mann in seiner Uniform mit langen Hosen und kurzärmeligem Hemd war mindestens einen Meter neunzig groß und auffallend muskulös. Die Haut war braun gebrannt. Seine schwarzen Haare trug er militärisch kurz. Er wirkte weniger wie ein Seemann als wie ein Spezialist auf dem Gebiet des Personenschutzes. Kowalski und Keller waren für einen Moment zu verdutzt, um zu reagieren. Dann straffte sich der Hauptkommissar.

„Ich bin Rufus Kowalski und das ist mein Kollege Maximilian Keller."

„Dann darf ich Sie bitten, mir zu folgen. Wenn Sie keine Einwände haben, bringe ich Sie nun an Bord der ‚Pjotr I Weliki'. Sie werden dort zum Mittagessen erwartet."

In wenigen Minuten hatte das Schlauchboot die Yacht erreicht. Je näher sie kamen, desto eindrucksvoller und größer schien das Schiff. Sie umrundeten es und gingen backbord längsseits. Ein Teil der Reling war nach unten geklappt und bildete einen Anleger, der es den Passagieren erlaubte, bequem das Beiboot zu verlassen. Ihr Begleiter führte sie wortlos zum Heck, auf dem sie eine bequeme, weitläufige Sitzlandschaft erwartete. Das gesamte Deck war aus massivem Teakholz gefertigt. Die wolkengroßen Polster waren mit weißem Leder überzogen. Der Aufbau des Schiffs bestand aus einem einzigen symmetrischen Körper mit scharfen Kanten und geometrischen Flächen. Er war aus einer Metallstruktur mit getönten Glasscheiben gefertigt, die fugenlos eingelassen waren. Der Aufbau war zum Bootsheck hin geöffnet und überspannte als Schattenspender teilweise die Sitzlandschaft.

Über Eck saßen zwei Männer, die sich leise unterhielten. Sie trugen die gleichen weißen Hosen und Hemden wie die Männer der Besatzung. Als sich die Neuankömmlinge näherten, blickten beide auf. Der Linke war Dr. Burmeester. Der Rechte ein Mittfünfziger von respekteinflößender Statur.

Burmeester eilte auf Kowalski und Keller zu. Er schüttelte ihnen herzlich die Hände.

„Wunderbar, meine Herren, dass Sie gekommen sind. Ich freue mich wirklich, Sie zu sehen. Noch mehr freue ich mich auf das Vergnügen, Ihnen unseren Gastgeber vorstellen zu dürfen."

Er wandte sich an den Riesen, der nun an sie herangetreten war.

„Herr Keller, Herr Kowalski, dies ist mein Freund Dimitri Fjódorowitsch Tschernjatinski. Fürst Dimitri Fjódorowitsch Tschernjatinski, um genau zu sein. Er ist der Eigner dieser bemerkenswerten Yacht."

Der Fürst lächelte und wirkte dabei aufrichtig erfreut. Er wiegte jeweils ausgiebig die Rechten seiner beiden Gäste in seiner mächtigen Pranke.

„Gospodin Kowalski, Gospodin Keller, es ist mir eine Freude und Ehre, Sie an Bord meines Schiffs begrüßen zu dürfen. Ich bin mir bewusst, dass Sie eine Menge Fragen haben. Aber seien Sie versichert, dass uns genug Zeit zur Verfügung steht, alles ausführlich zu besprechen. Doch bevor wir uns dem Dienstlichen oder Geschäftlichen zuwenden, darf ich Sie bitten, meine Gäste bei einem kleinen Imbiss zu sein? Wenn Sie mir bitte folgen wollen."

Kowalski las eine Bestimmtheit in dem Auftreten dieses Fürsten, dem jede Form des Widerspruchs oder des kurzen Zauderns als Option unbekannt schien. Außerdem hatte er Hunger.

Dimitri Fjódorowitsch Tschernjatinski führte seine Gäste unter das Dach des Aufbaus. Die Sitzlandschaft ging direkt in den Essbereich über, der drei Stufen höher lag. Der rechteckige Tisch aus einer dicken, dunkel gefärbten Glasplatte bot an beiden Längsseiten jeweils vier Gästen Platz. Der Fürst wies Dr. Burmeester und Mad Max die eine Seite zu und nahm selbst mit Kowalski gegenüber Platz. Der Tisch war mit erlesenem Porzellan und Besteck aus Gold auf einer gestärkten Damastdecke eingedeckt. Die Servietten bestanden aus dem gleichen Material. Das exquisite Essen in sieben Gängen zog sich über mehr als zwei Stunden. Wie selbstverständlich berücksichtigte die Menüfolge die Vorlieben und persönlichen kulinarischen Eigenheiten der Teilnehmer. So erhielt Mad Max ausschließlich vegetarische Gerichte, die aus aufwendigen, eigenständigen Kreationen bestanden und nicht nur aus den pflanzlichen Beilagen der Fleischgerichte der anderen. Bei Dr. Burmeester schien eine Unverträglichkeit gegen Schalentiere vorzuliegen. Er erhielt zur zweiten Vorspeise keine ausgelöste Languste. Für ihn platzierte der Steward eine große Platte mit Austern in der Mitte des Tischs. Der Fürst forderte auch Kowalski auf eine zu probieren. Der Hauptkommissar schlürfte vorsichtig das weiche Fleisch, das er zuvor mit etwas Zitronensaft beträufelt hatte, aus der Schale. Es war eine Premiere. Er genoss auf Anhieb das Aroma von frischem Meerwasser mit einer ganz leicht nussigen Note und fragte sich, was sein Großvater wohl sagen würde, wenn er noch am Leben wäre. Nachdem er mitbekommen hatte, wie sein geliebter Enkel lebendige Tiere verzehrte, die noch nicht einmal gekocht waren. Und die es in den Augen des alten Kowalski evolutionstechnisch allenfalls zum Rang eines Ungeziefers gebracht hätten.

 Während sie aßen, führte hauptsächlich Dr. Burmeester das Wort. Er erläuterte den Polizisten Details zum Hintergrund des Fürsten, zur Familiengeschichte und zum Geschäftsimperium des Milliardärs. Kowalski war freilich nicht mit voller Aufmerksamkeit dabei, weil er sich mit voller Inbrunst der unglaublichsten Mahlzeit hingab, die er je zu sich genommen hatte. Das Hauptgericht stammte vom Kobe-Rind. Die Stücke schmolzen förmlich im Mund und vermittelten einen Fleischgeschmack, wie er derart kräftig und intensiv nicht vorstellbar gewesen wäre. Zum Kaffee führte der Fürst seine Gäste wieder zur Sitzlandschaft. Er richtete das Wort an Keller und Kowalski.

„Sie werden sich natürlich wundern und fragen, aus welchem Grund Sie hier auf Korsika an Bord meines Schiffs sind und welche Rolle Dr. Burmeester und ich in Ihrem Fall spielen."

Die beiden Beamten nickten.

„Sie, als deutsche Polizisten, und mich verbindet das vitale Interesse, Norman Gerber zu finden. Dr. Burmeester hat mich, gemeinsam mit Ihrem Vorgesetzten Viktor Korschinek, über alle Details des Banküberfalls und der Geiselnahme informiert. Sie, beziehungsweise die Behörden Ihres Landes, haben mein größtes Verständnis dafür, diese Angelegenheit so diskret wie möglich zu behandeln. Auch ich hege kein Interesse, den Fall an die Öffentlichkeit gelangen zu lassen. Doch während Sie Herrn Gerber nur juristisch zur Verantwortung ziehen wollen, geht es mir um eine hohe Summe, um die Norman Gerber meine Familie betrogen hat. Die werde ich unter allen Umständen zurückholen."

Mad Max zog fragend die Augenbrauen hoch.

„Mit Zins und Zinseszins, zum leichteren Rechnen aufgerundet, 80 Millionen Euro."

Kowalski pfiff durch die Zähne.

„Dank der Vermittlung von Dr. Burmeester mit Ihrem Vorgesetzten und dem zuständigen Oberstaatsanwalt haben wir eine diskrete Übereinkunft getroffen, die beiden Seiten helfen wird. Das heißt, unsere weiteren gemeinsamen Schritte sollen gewährleisten, Ihnen Gerber und mir mein Geld zuzuführen. Um dieses Ziel zu erreichen, stelle ich ab sofort meine finanziellen und logistischen Möglichkeiten und Kontakte in den Dienst der gemeinsamen Sache. Ich habe genau genommen bereits damit begonnen. Um die Schlüsselfigur Ange Giacobbi zu knacken, bedarf es subtilerer Möglichkeiten, als mit einem offiziellen Haftbefehl und einem Auslieferungsabkommen bei den französischen Dienststellen aufzumarschieren. Abgesehen davon: Wir wissen bisher nicht wirklich, ob Gerber tatsächlich noch lebt und wenn ja, wohin er entschlüpft ist."

Der Fürst blickte in die Runde, um seinen Gästen die Gelegenheit zu geben, Einwände zu formulieren. Niemand wollte etwas sagen.

„Gut, deshalb habe ich mir erlaubt, heute für 18 Uhr ein Zusammentreffen mit Monsieur Giacobbi außerhalb der Hoheitsgewässer zu arrangieren."

„Was macht Sie so sicher, dass er nicht nur mit uns reden wird, sondern uns auch das erzählt, was wir von ihm hören wollen?", verlangte Mad Max zu wissen.

Der Fürst lächelte.

„Wie ich gehört habe, sind Sie ein großer Freund von Spielfilmen, Gospodin Keller. Lassen Sie es mich mit einem Zitat aus meinem persönlichen Lieblingsfilm auf dem Punkt bringen: Ich werde Monsieur Giacobbi ein Angebot unterbreiten, das er nicht ablehnen kann."

„Und das wäre?"

„Ich gestatte ihm weiterzuleben, nachdem er eine umfassende Beichte abgelegt hat."

3. *Juli 2014, 17.00 Uhr*

Dimitri Fjódorowitsch Tschernjatinski hatte Rufus Kowalski zur Seite genommen. Seinem Kapitän hatte er Anweisung erteilt, Dr. Burmeester und Mad Max das Schiff zu zeigen. Die „Peter der Große" ankerte inzwischen rund 15 Meilen östlich von Porto Veccio auf dem offenen Meer, wo das Treffen mit Giacobbi stattfinden sollte. Die Küste lag im warmen Licht des späten Nachmittags. Der Dunst, der sich aus dieser Entfernung über die Details der hügeligen Linie gelegt hatte, lieferte ein sicheres Indiz für eine stabile Schönwetterlage in den kommenden Tagen.

„Ich bin kein Freund von großen Worten, deshalb komme ich immer schnell zur Sache", begann der Fürst eine neue Gesprächsrunde, nachdem sie beide auf dem Achterdeck allein waren.

„Nur zu, Hoheit. Auch ich schätze das direkte Wort."

„Zuerst: Bitte nennen Sie mich Dimitri, wenn Sie mir die Freude bereiten, Sie mit Rufus anreden zu dürfen. Was ein ungewöhnlicher Vorname für jemanden mit polnischen Wurzeln ist. Wenn ich mir diese Bemerkung herausnehmen darf."

Kowalski lachte.

„Es ist mir eine Ehre, Dimitri. Worauf wollen Sie, pardon, worauf willst du hinaus?"

„Du bist ein Polizist. Ich möchte ein Geständnis ablegen."

„Da bin ich wirklich neugierig."

„Der Banküberfall mit der Geiselnahme in deiner Stadt ließ sich nur mit meiner persönlichen Unterstützung durchführen. Ich bin direkt für den eigentlichen Ablauf, aber auch für das Motiv verantwortlich, das hinter der Aktion steht."

Kowalski sah ihn mit großen Augen ungläubig an.

„Kannst du dir inzwischen denken, worum es bei dieser Aktion tatsächlich gegangen ist?"

Der Hauptkommissar schüttelte den Kopf.

„Wenn ich ehrlich bin, nicht wirklich."
„Es ging einzig und allein um die Befreiung von Mathèo Lolo. Aber lass mich das alles genau erklären." Der Fürst beschrieb Kowalski detailliert die Gründe, warum die Roma Lolo in ihre Gewalt bringen wollten. Dann schilderte er die Geschichte der Verpflichtung seiner Familie ihnen gegenüber und vermittelte einen Einblick über deren Gerechtigkeitsverständnis. Tshukurka Badi, der Vista, war inzwischen verstorben. Durch die erfolgreiche Entführung von Lolo war es ihm jedoch möglich gewesen, mit unbefleckter Ehre seinen letzten Weg anzutreten. Nachdem Dimitri Fjódorowitsch Tschernjatinski seine Geschichten erzählt hatte, herrschte für einige Minuten Schweigen.

„Was ist aus Lolo geworden? Haben ihn seine Landsleute hingerichtet? Was Lynchjustiz wäre. Und das gefiele mir nicht. Nicht einmal im Falle Lolos."

„Nein, ich bitte dich, die Roma sind doch keine Lynchmörder. Es ging ihnen nicht um Rache, sondern um Gerechtigkeit. Vielleicht um eine archaischere Form der Gerechtigkeit, als die aktuellen Strafgesetzbücher selbsternannter aufgeklärter Nationen es vorsehen. Du hast Lolo doch persönlich erlebt?"

Kowalski nickte.

„Das war eine der übelsten Gestalten, die ich in meiner beruflichen Laufbahn getroffen habe. Ich bin sicher, sogar Mutter Theresa hätte ihm einen gewaltsamen Tod an den Hals gewünscht. Und zwar einen hässlichen, langsamen."

„Nun, ich denke, dass du bei dieser drastischen Einschätzung mit seinem Schicksal leben kannst. Lolo bekam eine geladene Pistole, eine halbe Stunde Vorsprung und damit verbunden die reelle Chance, sich in Sicherheit zu bringen. Er hat sich jedoch aus Angst vor seinen Landsleuten selbst eine Kugel in den Kopf gejagt und sein jämmerliches Dasein mit vor Angst vollgepissten Hosen beendet."

Kowalski nickte.

„Damit kann ich leben. Ich bin zwar Polizist, aber kein Prinzipienreiter oder gar Moralist."

„Davon habe ich gehört", erklärte der Fürst vorsichtig.

„Was hast du gehört?", fragte Kowalski erstaunt.

„Nun ich weiß, dass du ursprünglich deine Dienstzeit als Mordermittler verbracht hast. Du warst sogar ein sehr erfolgreicher Kriminalist auf dem Gebiet der Kapitalverbrechen. Allerdings galtest du schon immer als jemand, der in Ausnahmefällen in Sachen Moral nach persönlichen Standards handelt. Das war wohl auch bei deinem letzten Fall so. Darum haben deine Vorgesetzten dich in Viktor Korschineks Abteilung zwangsversetzen lassen."

„Woher weißt du das alles?"

„Ich bitte dich. Ich bin einer der reichsten Männer der Welt. Ich scheue keine Kosten und Mühen, um alles über die Menschen zu erfahren, mit denen ich es zu tun habe. Im guten wie im schlechten Sinn. Aber ich habe keine Ahnung, was da bei dir im Detail geschehen ist. Allerdings würde ich mich freuen, wenn du mir die Angelegenheit aus deiner Sicht schildern würdest."

Kowalski runzelte die Stirn. Er leerte sein Glas, stellte es ab, stand auf und trat an die Reling. Er musterte die Küstenlinie. Die Yacht bewegte sich kaum. Das Meer lag wie auf einer tintenblauen Glasplatte angerichtet da. Er war verwirrt. Dieser russische Oligarch, den er nun kaum seit vier Stunden kannte, hatte ihn an einer ganz persönlichen Stelle erwischt. Trotzdem fühlte er ein tiefes Zutrauen zu diesem Mann. Darum beschloss er, seine Geschichte zum ersten Mal für einen Außenstehenden in Worte zu fassen. Er drehte sich zu seinem Gastgeber um.

„Gut, Dimitri. Ich werde dir meine dienstliche Verfehlung erläutern. Es war im Januar. Ich war an der Verhaftung eines Kindermörders beteiligt, gegen den bereits mehr als vier Jahre ermittelt worden war. Der Kerl hieß Meinhard Gruber. 52 Jahre alt, gebürtig in Regensburg an der Donau. Dieser Gruber war eine der schlimmsten Kreaturen unserer Kriminalgeschichte. Er konnte es lässig mit amerikanischen Massenmördern vom Schlag eines Ted Bundy oder John Wayne Gacy aufnehmen, die wir bei der Polizei eigentlich als ausschließlich typisches US-Phänomen erachtet haben. Bis wir es mit Meinhard Gruber zu tun bekamen. Gruber ging wohl seit Anfang der Neunziger Jahre im gesamten Bundesgebiet auf Streifzug und baldowerte zuerst Straßenkinder aus. Kinder, die auf sich gestellt waren und die niemand so schnell vermissen würde. Er schlug bevorzugt nachts zu, betäubte seine Opfer, warf sie in seinen Lieferwagen und verschleppte sie in ein bayerisches Kaff, irgendwo zwischen Regensburg und Ingolstadt, dessen Namen ich vergessen habe, in dem er einen abgelegenen Bauernhof bewirtschaftete. Ein Ambiente wie aus einem schlechten Horrorfilm. Nur, wie meist in der Wirklichkeit, schlimmer als es sich jede Fiktion ausmalen könnte. Kein Mensch würde sich noch von einem Hannibal Lecter bespaßen lassen, wenn er nur ein einziges Mal in eine der Realitäten geblickt hätte, in denen Menschen wie Meinhard Gruber ihr Unwesen trieben. Gruber vergriff sich ausschließlich an Kindern zwischen sechs und elf Jahren. An Buben als auch Mädchen. Ich erspare dir die detaillierten Schilderungen der sexuellen Abartigkeiten, mit denen der Kerl seine Opfer teilweise über Wochen traktierte, bevor er sie erdrosselte, erschlug oder in einem Sautrog ersäufte und dann auf seinem weitläufigen Gelände entsorgte. Die Polizei kam ihm erst auf die Spur, als er seinen Wirkungskreis aus unbekannten Gründen verkleinerte, und sich auch an Kindern aus geordneten Familien aus einem Gebiet zwischen Regensburg und München vergriff. Ich hatte meine Ausbildung auf der Polizeischule in München gemacht. Ein damaliger Schulfreund bearbeitete den Fall. Wir waren über die Jahre in losem Kontakt geblieben. Nachdem Gruber fünf Kinder aus der Gegend verschleppt hatte, wuchs der Druck auf die Polizei. Es entstand eine SoKo. Daraufhin stellte mein Freund vergangenen Herbst bei meiner Behörde den Antrag, mich sozusagen als ,Leiharbeiter' mithelfen zu lassen, um das Schwein zu fassen.

Ende letzten Jahres kamen wir Gruber erstaunlich schnell auf die Spur und konnten ihn dann Anfang des Jahres verhaften. Er schien sogar irgendwie damit gerechnet zu haben. Vielleicht hatte sich seine Hybris auch über die Jahre verselbstständigt. Oder er wollte insgeheim gefasst werden, um endlich im Licht der Öffentlichkeit als Genie des Abartigen glänzen zu können. Gruber verstand es meisterhaft, uns während der ersten Vernehmungen zu manipulieren. Er lieferte den Hinweis, in seiner Gewalt würde sich aktuell noch ein Kind befinden. Sein Opfer drohte mit Sicherheit zu verdursten, wenn es uns nicht gelingen würde, es innerhalb von drei Tagen zu finden. Gruber berauschte sich an seiner eigenen Machtausübung, indem er sich weigerte uns zu sagen, wohin er das Kind verschleppt hatte. Er wollte der Herr über Leben und Tod bleiben. Bei dem Opfer handelte es sich um einen siebenjährigen Buben, das jüngste von vier Geschwistern. Der Vater arbeitete als Regierungsdirektor im staatlichen Hochbauamt von München. Wir waren uns irgendwann sicher, Gruber würde das Kind vor unseren Augen verrecken lassen. Er war mit nichts zu überreden, das Versteck zu verraten. Er reagierte auf Drohungen genauso wenig wie auf Appelle an seine Vernunft, geschweige denn auf unser Bitten und Flehen. Ein klassischer Soziopath, dem jede Form von Empathie so wesensfremd war, wie mir ein Würstchenwettessen. Er saß nur da, grinste und sang ‚La Paloma o he, einmal wird es vorbei sein.' Dieses Lied mussten auch inhaftierte jüdische Musiker in Auschwitz spielen, damit die SS-Schergen während des Stresses der Selektion an der Ankunftsrampe der Verschleppten ein wenig kultivierte Zerstreuung fanden."

Die ungewöhnlich lange Rede hatte Kowalskis Mund ausgetrocknet. Er nahm einen großen Schluck von seinem Wasser und fuhr fort: „Da habe ich schließlich die Initiative übernommen und Gruber innerhalb weniger Minuten überzeugt, uns das Versteck des Kindes zu verraten. Wir konnten es rechtzeitig befreien und eine Mordserie an mindestens acht Kindern aufklären. Weil über Jahre so viele Straßenkinder zum Beuteschema Grubers gehört hatten, ist bis heute offen, wie viele Menschen er tatsächlich getötet hat. Wir werden die genaue Zahl auch nie erfahren, weil es Gruber einen Monat später gelungen war, sich in seiner Zelle zu erhängen."

„Wenn du das Schwein mit Erfolg davon überzeugt hast, das Versteck des Kindes zu verraten, warum hat man dich dann strafversetzt?"

Kowalski blickte nach unten und lächelte verlegen.

„Nun, meine Überredungskunst war gleichermaßen unorthodox, wie sie sich aus strafrechtlichen Aspekten außerhalb jeglicher tolerierbarer Norm bewegte."
Jetzt war es am Fürsten fragend die Brauen nach oben zu ziehen. Kowalski blieb vollkommen gelassen. Nur seine Stimme wurde einen Tick leiser.
„Ich habe die Mistsau gefoltert. Gruber war ein übler Sadist. Aber selbst er war Schmerzen gegenüber so aufgeschlossen und belastbar wie kleine Mädchen gegenüber freilaufenden Mäusen. Weißt du, ich habe in meiner langen Laufbahn derart viel unendliches Leid gesehen. So Unbeschreibliches, Abartiges, was so Ausgetickte wie Gruber insbesondere Kindern angetan haben, dass es mehr ist, als ein Dutzend Leben ertragen könnten. Wenn du es genau wissen willst, habe ich sicher nicht nur wegen des Verlusts meiner Familie angefangen hart zu trinken. Es waren auch die unzähligen toten Augen, die meinen Suff gefördert haben, weil ich irgendwann der Meinung war, sie hätten mich nachts einmal zu viel angestarrt. Vor allem die toten Augen kleiner Buben und Mädchen. Ich redete mir zunehmend ein, wenigstens ein Teil der Kinder könnte noch leben, wenn ich meinen Job als Bulle besser gemacht hätte. Meine persönliche Vorstellung der Hölle umfasst einen Ort voller trauriger, zerstörter Kinder, die Perverse oder der Krebs auf dem Gewissen haben. Bei Gruber war schließlich eine Grenze überschritten. Ich habe nur noch Rot gesehen. Ich vereinbarte eine weitere Befragung mit dem Kerl. Er war überheblich genug, einen Rechtsbeistand als Betreuung bei den Vernehmungen abzulehnen. In den Vernehmungsraum schmuggelte ich eine kleine Tasche. Gruber war gefesselt und an den Tisch gekettet. Ich bat den Kollegen, der als Zeuge bei Befragungen anwesend sein musste, uns ein Getränk zu holen. Als ich mit Gruber alleine war, verbarrikadierte ich die Tür mit meinem Stuhl. Ich zog einen Maurerhammer aus meiner Tasche, schnappte mir Grubers Linke, fixierte sie auf der Tischplatte und zertrümmerte ohne Vorwarnung das oberste Glied des kleinen Fingers. Mit gezielten weiteren Hieben verarbeitete ich Fingerglied für Fingerglied zu Brei. Das Blut spritze und besudelte uns beide. Nach einem Dutzend

Schlägen sah der Raum aus wie die Kulisse eines indizierten Splatterfilms. Ich blieb bei meiner Arbeit stumm, stellte keine Fragen und konzentrierte mich darauf, mit jedem Schlag einen sicheren Treffer zu landen. Wegen meiner Ferienjobs auf dem Bau bei einem Zimmermann kann ich ausgezeichnet mit einem Hammer umgehen. Nachdem ich seine Linke zu Matsch geschlagen hatte, nahm ich mir die rechte Kniescheibe vor. Das Ganze hatte bislang kaum drei oder vier Minuten gedauert. Er schrie, kreischte, schrie, heulte, schrie und kotzte sich und den Tisch voll. Ich hielt schließlich für einen Moment inne, um selbst Luft zu schöpfen. Durch das Adrenalin, das mein Wüten freigesetzt hatte, fühlte ich mich wie besoffen. Gruber ergriff die Gelegenheit und wimmerte den Aufenthaltsort des Kindes hervor. Ich öffnete die Tür, Herr Gruber kam zum Onkel Doktor, das Kind war frei und ich in echten Schwierigkeiten. Nur weil der Bub tatsächlich gerettet werden konnte und meine Kollegen mein Verhalten zwar als unabgesprochenen Alleingang, aber in den Berichten als Ultima Ratio schilderten, bekam ich noch einmal eine Chance. Und wenn ich mir dieses Ambiente hier an diesem Ort betrachte und mir unser gemeinsames Mittagessen in Erinnerung rufe, bedaure ich fast, nicht schon früher einen bösen Menschen mit einem Hammer zurück auf den Pfad der Tugend geführt zu haben. Ich hoffe, du hast jetzt keine schlechte Meinung von mir."

Der Fürst erhob sich, trat zu Kowalski und legte ihm seine Rechte auf die Schulter.

„Hast du bereut, was du getan hast?"

„Ganz ehrlich? Nicht die Bohne. Im Gegenteil. Ich bin sogar stolz darauf und weiß mit absoluter Sicherheit, dass es in dieser Situation das Richtige war."

Nun lächelte Dimitri.

Der Kapitän kehrte mit Mad Max und Dr. Burmeester zurück. Mad Max strahlte wie ein Kind und sprudelte förmlich über.

„Bei allen Göttern, ist das ein geiler Kahn. Sobald wir zuhause sind, beginne ich mit dem Lottospielen."

Während die vier Männer lachten und nach den Erfrischungen griffen, die der Steward reichte, vernahmen sie ein dumpfes Dröhnen. Es stammte von den mächtigen Motoren eines Rennboots. Der Fürst und seine Gäste wandten sich in Richtung Küste. Auf einer riesigen Gischtwoge ritt ein langgestrecktes Motorboot, das sich schnell der „Pjotr I Welniki" näherte. Das weiße Schiff verlangsamte sein Tempo und ging backbord längsseits. An Bord war nur ein Mann. Sie gingen dem Skipper entgegen.

„Mein Gott", entfuhr es Mad Max als er dem Besucher zusah, wie er an Bord kam, „hat der Kerl von seinem Asterix-Heft extra für diesen Abend frei bekommen?"

Der Fürst trat vor und ging auf den Mann zu, der gerade sein Schiff betreten hatte.

„Ange Giacobbi, wie ich vermute?"

Der Korse nickte.

„Nettes kleines Bötchen haben Sie da."

3. Juli 2014, 19.00 Uhr

Dimitri Fjódorowitsch Tschernjatinski führte den Neuankömmling zu seinen Gästen.

„Nein, nein! Pack das Klappmesser weg! Ich habe deine Schwester nicht respektlos angesehen", rief Mad Max, als Ange Giacobbi vor ihm stand. Nur Dr. Burmeester und Kowalski mussten lachen. Der Jurist wandte sich an den erstaunten Fürst: „Kleiner Insidergag. Erkläre ich dir bei Gelegenheit."
Der Korse fühlte sich sichtlich unbehaglich. Der Fürst bot ihm einen Platz am Esstisch an.

„Darf ich Ihnen eine Erfrischung bringen lassen? Es ist deutlich nach 17 Uhr und ich für meinen Teil habe genug Wasser getrunken. Wäre ein Glas Champagner angenehm?"

Der Korse nickte unsicher. Sein Blick sprang zwischen den vier Männern hin und her, von denen er keinen einordnen konnte. Da war der kleine Komiker, der gerade einen Witz gerissen hatte, den er nicht verstand. Und das hatte nicht an den Mängeln seiner Kenntnisse der deutschen Sprache gelegen. Der große, stämmige Kerl, der gerade mit dem Gastgeber gesprochen hatte, wirkte eher wie ein Intellektueller. Der asketisch aussehende Mann mit den grauen langen Haaren hatte noch kein Wort gesagt. Was waren das für Typen? Schon als er auf die Wally Power zugefahren war, war dem Korsen klar gewesen, dass er es da mit einem ganz großen Tier zu tun bekommen würde. Diese Yacht war mit Worten nicht zu beschreiben. Als Antrieb verfügte sie über drei Gasturbinen mit zusammen 17.000 PS Leistung. Damit konnte der Kahn seinen 22.000-Liter-Tank auf gerade 300 Seemeilen komplett durchflöten und dabei 60 Knoten Höchstgeschwindigkeit schaffen. Unglaublich für einen 95-Tonner. Gegen diese Wally war seine „Cigarette" nur ein Tretboot.

Vor einer Woche hatten seltsame Dinge ihren Lauf begonnen. An seiner Wohnungstür war ein großer, schlanker Typ aufgetaucht. Ein Russe, der sich als Konstantin Samailenko vorgestellt hatte. Trotz der sommerlichen Temperaturen war der Mann im dunklen Anzug mit Weste, geschlossenem Hemd und akkurat gebundener Krawatte aufgetreten. Er hatte sich sehr kurz gefasst und ihn selbst gar nicht zu Wort kommen lassen. Der Russe wusste offensichtlich über ihn und seinen Freund Gerber Bescheid und hatte ihm unmissverständlich verdeutlicht, das Treffen auf dem Meer unbedingt wahrzunehmen. Eine Prämie in Höhe von 50.000 Euro in bar gleich hier und jetzt und die Aussicht auf die gleiche Summe bei Erscheinen hatten die letzte Überzeugungsarbeit geleistet.

Der Korse ließ sich vorsichtig auf einem der äußeren Plätze an dem Glastisch nieder. Instinktiv wollte er sicher sein, dass ihm für den Fall der Fälle ein Fluchtweg blieb. Er hatte gerade Platz genommen, als aus dem Kabinenbereich ein weiterer Mann die Treppe emporstieg. Er erkannte den Neuankömmling sofort. Es war dieser merkwürdige Russe, der ihn in der Woche zuvor aufgesucht hatte. Auch hier an Bord trug er den dunklen Anzug mit Weste, geschlossenem weißen Hemd und perfekt gebundener Krawatte. Dr. Burmeester begrüßte ihn mit Namen, doch der Mann reagierte nur mit einem knappen Nicken. Er trat hinter Ange Giacobbi und wies ihn bestimmt an: „Bitte aufstehen!"

Giacobbi erhob sich wieder. Widerwillig.

Was soll der Scheiß? Ich bin doch kein lausiger kleiner Eierdieb!

Der Russe tastete ihn mit routinierten Griffen ab. Aus der Innentasche des seidenen, weißen Blousons, das der Korse über einem T-Shirt aus fliederfarbener Seide trug, förderte er eine Schachtel Zigaretten, ein goldenes Feuerzeug und das neuste iPhone hervor. Zigaretten und Feuerzeug landeten auf der Tischplatte. Samailenko ließ seinen rechten Zeigefinger über die Oberfläche des Smartphones gleiten. Dann präsentierte er sie dem Fürsten.

„Ich habe mir so etwas gedacht. Diesem Menschen ist nicht zu trauen. Sehen Sie, Hoheit? Die Aufnahmefunktion ist aktiviert. Er will das Gespräch mitschneiden."

Ohne auf eine Reaktion zu warten, schleuderte Samailenko das Smartphone über die Reling ins Meer.

Ange Giacobbi drohte innerlich vor Wut zu platzen. *Was bilden sich diese Penner ein? Wie springen die mit mir um? Sie haben keinen Respekt!* Es kostete ihn alle Mühe, seinen Ärger zu zügeln. Er griff nach den Zigaretten und dem Feuerzeug. Doch bevor er seine Gitanes und das Dupont erreichte, hatte der Russe im Anzug bereits beide Gegenstände geschnappt. Er schleuderte sie ebenfalls über die Reling und beschied knapp: „Hier an Bord wird nicht geraucht!"

Der Korse war nicht länger in der Lage sich zu beherrschen. Mit rotem Kopf sprang er auf.

„Ich lasse mich nicht länger beleidigen. Es ist mir egal, was Sie zu sagen haben. Ich werde augenblicklich dieses Schiff verlassen. Ich glaube, Sie wissen nicht, mit wem Sie sich hier gerade anlegen."

Konstantin Samailenko packte ihn an der rechten Schulter und drückte den Korsen mit unnachgiebiger Kraft auf den Stuhl zurück.

„Du wirst erst gehen, wenn seine Hoheit, Fürst Dimitri Fjódorowitsch Tschernjatinski, es dir gestattet."

Der eisige Ton schüchterte Ange Giacobbi augenblicklich ein. Die anderen Männer beobachteten ihn stumm, ohne seinen Auftritt und die Behandlung durch den Kerl in seinem Anzug mit einem Wort oder wenigstens mit einer verzogenen Miene zu kommentieren. Samailenko trat zur Seite, sodass der Korse ihn von vorne sehen konnte. Der Russe griff in die Taschen seiner Hose und holte ein Paar Handschuhe aus Leder hervor, die er sich langsam und konzentriert über seine Finger streifte. Das hauchdünne schwarze Material schmiegte sich wie eine zweite Haut über die Hände des Russen. Dann öffnete er sein Jackett und zog aus der rechten Innentasche eine Garotte hervor. Die beiden Griffe bestanden aus schwarzem Kunststoff und verfügten über Mulden für die Finger. Er nahm jeweils einen Griff in jede Hand und spannte das Stahlseil mit einer raschen Bewegung. Schlagartig setzte sich bei Ange Giacobbi die Erkenntnis durch, dass er in diesem Moment der kleinste aller denkbaren Fischlein war, die hier in diesem Gewässer herumschwammen. Dass sich das Seil der lautlosen mörderischen Waffe blitzschnell um seinen Hals legen würde, wenn ihm auch nur der kleinste Fehler unterlaufen würde. Er wusste, wie hässlich der Tod war, den eine Garotte bringen konnte. Sein Onkel bevorzugte ebenfalls diese archaische Waffe und hatte damit bereits zwei missliebige Konkurrenten in Anges Anwesenheit ins Jenseits befördert. Giacobbi war nun klar: er hatte sich mit den falschen Leuten angelegt. Der Korse beschloss, augenblicklich den Fuß vom Gas zu nehmen. Der Fürst hob sein Glas und lächelte ihn an.

„Nachdem wir nun unsere Standpunkte und Positionen unmissverständlich dargelegt haben, können wir zum gemütlichen Teil dieses Treffens kommen. Seien Sie an Bord meiner bescheidenen Yacht willkommen. Salute!"

Um seinen „Gastgeber" nicht zu verärgern, nahm Giacobbi verstört das Glas, versuchte ein „Salute!" zu hauchen, welches zu einem unverständlichen Krächzen verkam, und hob das Glas. Der Champagner war auf den Punkt temperiert und schmeckte ausgezeichnet. Er hatte nie zuvor etwas Besseres getrunken. Entgegen seinem ursprünglichen Vorhaben, nur ein wenig aus Höflichkeit zu nippen, leerte er den kristallenen Kelch in einem Zug. Der Drink bekämpfte nicht zuletzt erfolgreich die Trockenheit und den schlechten Geschmack, die sich in seinem Mund innerhalb der letzten Minuten breitgemacht hatten.

Der Russe im Anzug trat einen Schritt zurück und hielt die Hände mit der Garotte vor sich so übereinandergelegt, dass das Seil eine Schlinge bildete. Giacobbi riskierte einen Blick nach oben in das Gesicht des Mannes. Er erntete einen Blick von einer Kälte, die sich auf dem Niveau des absoluten Nullpunkts bewegte. Währenddessen hatte der Rest der Männer ihm gegenüber Platz genommen. Sein Gastgeber lächelte ihn geradezu gewinnend an. Zu seiner Überraschung ergriff der hagere Mann mit den schulterlangen grauen Haaren das Wort.

„Mein Name ist Kowalski, Rufus Kowalski. Ich bin leitender Ermittler des deutschen Landeskriminalamts, das gegen Norman Gerber ermittelt. Ich möchte Ihnen einige Fragen stellen. Keine Angst. Dies ist keine offizielle Vernehmung. Dafür fehlen die rechtlichen Grundlagen. Ich bin mir sicher,

Sie haben sich das bereits angesichts dieses ungewöhnlichen Ortes gedacht. Wir unterhalten uns quasi locker wie ein Einheimischer und einige harmlose Touristen. Obwohl dieses Gespräch lediglich einen inoffiziellen, rein informellen Charakter hat, möchte ich Sie eindrücklich darauf hinweisen, wahrheitsgemäß auf unsere Fragen zu antworten. Also! Wissen Sie, mit wem Sie es hier außer mir zu tun haben?"

Giacobbi schüttelte unsicher den Kopf.

„Zu meiner Linken sitzt Maximilian Keller, ein Kollege. Zu meiner Rechten hat Dr. Dr. Ansgar Burmeester, Rechtsanwalt, Unternehmensberater, Wirtschaftswissenschaftler und juristischer Berater unseres Gastgebers Dimitri Fjódorowitsch Tschernjatinski Platz genommen. Also kommen wir nun auf den Punkt: Sie kennen Norman Gerber, sind sogar mit ihm befreundet?"

Der Korse hatte bereits das zweite Glas Champagner getrunken, nachdem es der Steward wieder aufgefüllt hatte. Der Alkohol hatte ihn etwas entspannt und wenigstens einen Teil seines Selbstbewusstseins wieder zum Leben erweckt.

„Ich wüsste nicht, was Sie das angeht, ob ich diesen, wie soll er heißen, Norman Gerber kenne. Aber da wir uns ja nur nett unterhalten wollen: Ich kenne diesen Herrn nicht."

Die vier Männer lehnten sich zurück und sahen ihn streng an. Wie die Wildhüter des Königs den Wilderer, den sie gerade auf frischer Tat mit einem rauchenden Gewehr und einem toten Reh auf dem Rücken ertappt hatten. Kowalski und Mad Max blickten sich an. Keller wandte sich an den Fürsten.

„Darf ich, Hoheit?"

Dimitri Fjódorowitsch Tschernjatinski nickte mit einem huldvollen Lächeln. Irgendwie schien ihm die Situation Spaß zu machen. Die Szene wirkte für ihn wie aus einem schlechten Streifen geklaut. Er amüsierte sich prächtig.

Maximilian Keller straffte seinen Rücken und legte seine dünnen weißen Hände vor sich auf der dunklen Glasplatte übereinander. Dann fixierte er den Korsen. Giacobbi hatte diesen bleichen Hänfling bislang für die Witzfigur an Bord gehalten. Für den bordeigenen Schiffsnarren oder etwas Ähnliches. Beim Blick in die Augen des kleinen Mannes wurde ihm jedoch schlagartig klar, dass dieser auf gar keinen Fall einen weiteren Auftritt als Spaßvogel plante.

„Monsieur Giacobbi, ich frage Sie jetzt nur noch einmal so ruhig und sachlich wie sonst nie wieder: Kennen Sie Norman Gerber?"

Samailenko trat wieder einen halben Schritt näher. Der Korse nickte und knirschte dabei mit den Zähnen.

„Erzählen Sie uns, woher Sie Herrn Gerber kennen und in welcher Beziehung Sie zu ihm stehen."

„Ich habe ihn vor ein paar Jahren kennengelernt. Ein Tourist aus Deutschland. Der Typ macht regelmäßig Urlaub hier auf Korsika. Er ist leidenschaftlicher Taucher. Irgendwann hat er im Hafen nach einem Boot gefragt, das er zum Tauchen chartern konnte. Er wollte nichts mit einer offiziellen Tauchschule zu tun haben und partout alleine tauchen. Was eigentlich aus Sicherheitsgründen untersagt ist. Wenn unter Wasser etwas passiert ... Sie verstehen? Dann ist niemand da, der helfen kann. Mir war das egal. Ich habe das Geld gebraucht, das er mir geboten hat. In diesen leergefischten Gewässern rund um die Inseln lässt es sich als Fischer kaum noch leben."

„Das ist eine Lüge."

„Wie kommen Sie darauf, dass ich lüge?", fragte Giacobbi. Dabei gelang es ihm, seine Stimme mit einer gewissen Schärfe zu unterlegen. Mad Max blieb cooler als der absolute Nullpunkt.

„Sie lügen. Sie fahren ein Rennboot für mindestens eine halbe Million. Also muss die Fischerei entweder, entgegen Ihrer Behauptungen, doch ordentliche Profite abwerfen oder Sie sind genau der schmierige kleine Gangster, für den wir Sie alle halten. Ich helfe Ihnen nun zum definitiv letzten Mal auf die Sprünge. Sie kennen Norman Gerber seit dem 13. Mai 1993. An diesem Tag hat er Ihnen während eines Manövers der Deutsch-Französischen Brigade in Süddeutschland das Leben gerettet. Als Mitglied einer alten korsischen Sippe stehen Sie mit an Sicherheit grenzender Wahrscheinlichkeit mit den archaischen Gepflogenheiten Ihres Volkes auf Du und Du. Deshalb bedeutet Ihnen auch jemand, der Ihnen das Leben gerettet hat, besonders viel. Sie würden eher sterben, als eine Lebensschuld nicht zu begleichen. Springen Sie auf und schreien laut ‚Merde!', wenn ich Unrecht haben sollte."

Mad Max hielt inne. Fünf Augenpaare ruhten auf Ange Giacobbi. Der brachte nur ein lahmes Nicken zustande. Er hatte gerade beschlossen, dass ihm das Hemd seiner eigenen Existenz trotz aller Verpflichtungen, die ihm die Ehre eines Korsen auferlegte, doch ein wenig näher stand, als die Jacke seiner Lebensschuld. Kowalski schielte zu Konstantin Samailenko und hätte schwören können, dass ihm der Hauch eines Lächelns über das Gesicht huschte.

„Schön, dass wir das geklärt haben. Sehen Sie, es geht doch mit ein wenig gutem Willen. Jetzt fällt sicher auch der nächste Schritt viel leichter. Denn jetzt werden Sie uns in allen Einzelheiten berichten, was passiert ist, nachdem am Freitag, den 13. Juni, um 17.01 Uhr die Maschine von Gerber von den Radarschirmen der Flugsicherung verschwunden ist. Ich denke, ich muss nicht noch einmal explizit darauf verweisen, dass es sich bei Herrn Samailenko um einen Meister in der Kunst der Motivation durch angewandte Körpersprache handelt. Obwohl ich ihn eben erst kennengelernt habe und mir das zweifelhafte Vergnügen bislang noch nicht vergönnt war, praktischen Übungen seiner Kunstfertigkeit beizuwohnen, bin ich davon überzeugt, dass er Sie in höchstens fünf Minuten dazu bringt sich freiwillig Ihr Pimmelchen abzuschneiden, in den Mund zu stecken, anzuzünden und auf Lunge zu rauchen. Auch wenn es der Fürst nicht gerne sieht, wenn an Bord seines phänomenalen Schiffs gequalmt wird. Haben wir uns endlich verstanden, du dämlicher Eselficker?"

Mad Max gelang das Kunststück, seine Ansprache so ernst vorzutragen, dass es den geistreichen Anmerkungen nicht möglich war, die abschließende Beschimpfung ins Lächerliche zu ziehen. Der Korse legte jedes Wort von Keller auf die Goldwaage und so setzte seine sprudelnde Schilderung augenblicklich ein. Nicht zuletzt befruchtete eine weitere Verringerung des Abstandes durch Herrn Samailenko die Redseligkeit von Ange Giacobbi.

Er plapperte wie ein Wasserfall. In einem erstaunlich guten Deutsch, das er sich während seiner Dienstzeit bei der

Deutsch-Französischen Brigade angeeignet hatte. Die Sprachkenntnisse hatte er zudem über die Jahre durch die Beziehungen zu deutschen Geschäftspartnern seiner Sippe pflegen können. Der Korse schilderte wort- und detailreich wie er mit seinem Kumpanen den Plan ausgearbeitet hatte, den Absturz vorzutäuschen. Mit dem Sturm am 13. Juni hatten sie natürlich nicht rechnen können. Zumindest nicht mit dieser Stärke. Doch Norman Gerber war wild entschlossen gewesen, seinen Plan durchzuführen. Nicht zuletzt, weil alle weiteren Vorbereitungen auf einem präzisen Terminplan beruht hatten.

Der Korse beschrieb Gerbers Landung als eine Mischung aus reinem Glücksfall, Hasardspiel und einer fliegerischen Meisterleistung, die sich aus einem Fundus der Erfahrungen aus mehr als 3000 Flugstunden gespeist hatte. Trotzdem habe die Rettung des Deutschen während jeder Sekunde mindestens ein Dutzendmal am seidenen Faden gehangen. Während er sprach, trank er noch zwei weitere Gläser Champagner. Jedes Mal, wenn er das leere Glas absetzte, füllte es der Steward wieder auf.

„Wie ist es nach der Rettung weitergegangen?", verlangte nun der Fürst zu wissen.

„Wir hatten beschlossen, Gerber auf unseren Schmuggelrouten weiterreisen zu lassen. Über die Jahre hat meine Familie ein Netz aus zuverlässigen Kontaktleuten und Partnern gespannt. Wir haben beispielsweise alternative Wege für Heroin aus Afghanistan über Nordafrika und Sardinien eingerichtet. Um das Monopol der klassischen Routen über den Balkan aufzuweichen. Von Korsika gelangt der Stoff dann über Nizza nach Frankreich oder über Genua nach Norden. Wir benutzen dabei den guten alten Seeweg. Flotten kleiner Fischkutter sind immer noch am unverfänglichsten. Sie sind wenig spektakulär auf dem ganzen Mittelmeer unterwegs, begegnen sich nachts, tauschen Erfahrungen und Waren aus. Und wenn sich eine staatliche Institution für ein spezielles Boot interessieren sollte, findet sie bei der Durchsuchung höchstens ein bisschen frischen Fisch."

„Geschenkt", unterbrach der Fürst ungeduldig. „Uns interessiert nur, wohin Gerber geflohen ist."

„Sein erstes Etappenziel war Tunesien. Über seine weiteren Bewegungen wollte er auch mir nichts sagen. Ich vermute, er ist in kurzen Etappen und mit einigen Umwegen über Ägypten in die Arabischen Emirate gereist. Und von da auf die Seychellen. Dort hat er mit langer Hand seinen Unterschlupf vorbereitet. Sie können mich umbringen, aber mehr weiß ich nicht. Ich wollte auch gar keine weiteren Feinheiten wissen und Norman hat mir selbst gesagt, es wäre das Beste für alle Beteiligten, wenn sie so wenig informiert seien wie möglich. Er hat vier Tage hier bei mir in Porto Veccio verbracht, um sich zu erholen. Dann habe ich ihn mit meinem Kutter nachts einem sardischen Freund übergeben."

„Wie viel hat Gerber Ihnen für Ihre Bemühungen gegeben?"

Der Alkohol und das anhaltende Reden hatten ein wenig von Giacobbis Selbstvertrauen restauriert.

„Was spielt das für eine Rolle? Norman hat mir vor über 20 Jahren das Leben gerettet, als er mich in allerletzter Sekunde aus 1500 Liter brennendem Benzin gezerrt hat. Dabei hat er sein eigenes Leben riskiert und eine schwere Verletzung, die er nur mit großem Glück und jahrelangen Schmerzen überstanden hat, davongetragen. Ich hatte eine Lebensschuld bei ihm. Ich hätte ihm nicht nur geholfen, ohne einen Cent zu verlangen, sondern ich hätte ihn sogar auf meinen Schultern getragen und zu jedem Fleck auf dieser Welt geschleppt. Aber Norman war immer ein großzügiger Mensch. Er hat mir freiwillig 500.000 Euro gegeben."

Die Aussprache war beendet. Der Fürst wandte sich an seinen Mitarbeiter.

„Konstantin Sergejewitsch, wie viel schulden wir diesem Herrn als zweite Rate für seine Zusammenarbeit?"

„50.000 Euro, Hoheit."

„Dann zahlen Sie Monsieur Giacobbi bitte aus und geleiten ihn dann zu seinem Schiff. Er will uns jetzt verlassen. Legen Sie noch einmal 1000 Euro drauf. Unser Gast hat wohl an Bord sein Telefon und sein goldenes Feuerzeug verloren. Was ich natürlich zutiefst bedaure, denn so etwas wirft ein schlechtes Licht auf meine Gastfreundschaft."

Samailenko riss den Korsen aus dem Stuhl, hängte ihm einen Geldgürtel um, in dessen Tasche das Geld steckte, stopfte ihm zwei Fünfhunderter in den Mund, hob ihn hoch wie ein Spielzeug, trug ihn zur Reling und schleuderte ihn so weit über Bord, dass er unmittelbar hinter dem Heck seines Rennbootes ins Wasser klatschte.

Die vier Männer schmunzelten über die Flut korsischer Flüche, die aus dem Wasser an ihre Ohren drangen, während sie anstießen. Dann röhrten die beiden V8 Motoren auf und die Cigarette jagte mit voller Kraft in Richtung Festland.

5. August 2014, 12.30 Uhr

Norman Gerber ließ sich in den Stuhl fallen. Er freute sich auf seine Mittagspause. Vor genau zwei Wochen war seine abwechslungsreiche Weiterreise von Korsika – er würde niemals den Begriff „Flucht" verwenden – zu ihrem glücklichen Ende auf Mahé gekommen. Dr. Marek Vutipka hatte sein Ziel endlich erreicht. Die beiden zurückliegenden Wochen waren ereignislos verlaufen. Er hatte diese Zeit genossen und die Ruhe dringend benötigt. Noch immer suchten ihn allerdings in der Nacht Albträume heim. Es würde wohl einige Zeit dauern, bis er die Erlebnisse seiner Landung im Sturm vor Korsika auch in seinem Unterbewusstsein verarbeitet hatte. Während der Kellner mit einem Lächeln sein „Seybrew" vor ihm abstellte, griff er nach dem Schmöker, den er sich bereits bei seiner letzten Reise besorgt hatte. Allerdings hatte er bislang nicht die Muße gefunden, ihn zu lesen. Es handelte sich um den zweiten Fall aus einer neuen Thriller-Reihe, die im Milieu der Wirtschaftskriminalität angesiedelt war. Erstaunlicherweise handelte es sich um einen deutschen Autor. Die Reihe trug den Titel „Bulle und Bär". Norman Gerber hatte zwar bereits vor einer Woche angefangen zu lesen, doch spätestens nach zwei Seiten hatte ihn jedes Mal die Müdigkeit übermannt und er war eingeschlafen, sodass er noch nicht einmal ein Kapitel geschafft hatte und sich immer wieder gezwungen sah, das Buch von vorne zu beginnen. Der Titel des Buches lautete: „Der Weg des Schwerts".

Die Küche des „Pirate's Arms" trug ihrem internationalen Klientel Rechnung. Die Snacks auf der Speisekarte, mit Burgern, Pizzen oder Sandwiches, folgten westlichen Vorbildern. Norman Gerber entschied sich für ein Sandwich mit Thunfisch. Er hatte gut gefrühstückt und plante am Abend in einem der Hotels am Bon Vallon zu essen. Bereits nach zwei Wochen zeigte sich, dass er sich langsam beim Essen und dem Bier ein wenig zurückhalten sollte. Da er in der Zeit seines

Aufenthalts praktisch keinen Sport getrieben hatte, begannen die vielen guten Mahlzeiten und das faule Leben sichtbare Spuren um seine Hüften zu hinterlassen.

In seine Lektüre vertieft bemerkte er nicht, wie sich zwei Männer seinem Tisch näherten. Erst als sie direkt vor ihm standen, blickte er auf. Der Größere, eine eindrucksvolle Erscheinung mit einem weißen Panamahut, lächelte und fragte: „Sind diese Plätze an Ihrem Tisch noch frei?"

Er sah sich um. Die Frage irritierte ihn, weil mindestens zwei Drittel aller Tische unbesetzt waren. Außerdem wollte er seine Ruhe haben und sich nicht durch das Gequatsche irgendwelcher Touri-Idioten sein Mittagessen versauen lassen. Während er sich überlegte, wie er mit ausreichend freundlichen Worten verneinen sollte, setzten sich die beiden Männer, ohne auf seine Antwort zu warten. Sie lächelten Gerber an. Irgendwie vertraulich, aber auch provokativ. Ein Hauch von Unbehagen begann Norman Gerber zu beschleichen. Da er jedoch keine Lust auf eine Auseinandersetzung verspürte, entschied er sich zu einer einladenden Geste mit seiner Rechten.

„Bitte, fühlen Sie sich ganz wie Zuhause."

Er hob das Buch vor sein Gesicht, um seine Verärgerung zu verbergen.

„Da sagen wir doch unseren Dank, Herr Gerber."

Wie von einem elektrischen Schlag getroffen ließ der Angesprochene sein Buch fallen. Sein Gesicht verlor augenblicklich seine Farbe. Er starrte die beiden Männer an. In seinem Kopf jagten sich die Gedanken. *Wer sind diese Typen? Woher kennen sie mich? Wie konnten sie mich hier aufgespürt haben? Bullen? – Nein, deutsche Bullen haben hier nichts zu melden. Kunden, die ich abgezogen habe? – Schon eher.* Unter seinen Klienten hatten sich jede Menge Gauner befunden, die eine Millionenbeute aus Betrug und Unterschlagung bei ihm angelegt hatten. Dann saß er in der Scheiße, denn solche Typen kannten keine Skrupel, ihm ihr Geld aus den Rippen zu leiern. Im wahrsten Sinne des Wortes. Nach außen währte seine Überraschung jedoch nur für einen Augenblick. Sofort hatte er sich wieder im Griff. Er setzte sein charmantestes Lächeln auf.

„Ich fürchte, hier liegt eine Verwechslung vor. Der Herr, beziehungsweise der Name, den Sie gerade genannt haben, ist mir nicht bekannt. Ich darf mich vorstellen? Dr. Marek Vutipka aus Wien. Sehr angenehm. Darf ich mir weiterhin erlauben, die Frage zu stellen, mit wem ich das Vergnügen habe?"

Es war ihm sogar gelungen einen authentischen österreichischen Akzent in seine Bemerkung zu legen. Nur eine leichte Färbung der Stimme, die einen weltläufigen Bürger der Alpenrepublik charakterisieren sollte. Keine Ösi-Knallcharge aus einem Qualtinger-Sketch.

„Ah", lächelte der Hagere mit den schulterlangen Haaren, der wie der Typ aus dem Film „The Big Lebowski" aussah. Der „Dude".

„So, so, Dr. Marek Vutipka. Interessant. Gut, probieren wir es anders. Mein Name ist Rufus Kowalski. Ich bin Hauptkommissar und seit nun mehr als einem halben Jahr in die Fahndung nach Ihnen involviert. Glauben Sie mir, wenn man so viel Zeit mit jemandem verbracht hat, kennt man ihn als guter Bulle besser als sich selbst. Vor allem beim richtigen Namen kommen da keinerlei Zweifel auf."

Norman Gerber dekorierte sein gewinnendes Lächeln zu einem bösartigen Grinsen um.

„Na ja, wenn du ein solcher Superbulle bist, wie du behauptest, dann müsstest du ja wissen, dass dir deine Polizeimarke in diesem lauschigen Tropenparadies so viel nützt wie Badeschlappen bei der Besteigung der Eiger-Nordwand."

Die Selbstsicherheit war wieder vollkommen hergestellt. Er schaltete sofort auf den Angriffsmodus um und wandte sich an den zweiten Herrn, der ihm gegenüber saß.

„Und wer ist dein Kumpel? Auch ein Bulle? Ihr tretet doch immer zu zweit auf. Damit einer zur Stelle ist, der ‚Gesundheit' wünschen kann, wenn der Kollege niesen muss. Wenn ich zu den Spießern gehören würde, die es mit der Steuerehrlichkeit ganz genau nehmen, müsste ich jetzt eigentlich meiner aufrichtigen Entrüstung über die Verschwendung öffentlicher Mittel Luft verschaffen: deutsche Bullen, die sich paarweise fernab ihrer Weide herumtreiben dürfen. Und das in einem der exklusivsten Urlaubspardiese dieser Welt. Wissen Sie was? Ich habe auf diesen ganzen Scheiß keinen Bock. Genießen Sie Ihren Aufenthalt. Wenn es Ihnen weiterhilft, nenne ich Ihnen gerne noch ein paar Adressen, bei denen Sie sich von erstklassigen kreolischen Schnabelnutten einen blasen lassen können. Ansonsten verabschiede ich mich nun für die Bildungsbürger in dieser kleinen Runde mit Worten von Johann Wolfgang von Goethe: Leckt mich am Arsch!"

Gerber riss ein paar Rupien-Scheine aus der Hosentasche, knallte sie auf den Tisch, schnappte seinen Schmöker und wollte aufspringen. In seiner rasant wachsenden Verärgerung hatte er nicht bemerkt, dass ein weiterer Gast lautlos hinter ihn getreten war. Auf Gerbers Schultern legte sich je eine Hand, die ihn wie eine tonnenschwere Presse zurück in seinen Stuhl drückte. Erschrocken wandte er sich um und blickte nach oben. Sofort wurde er wieder bleich. Hinter ihm stand ein Mann, dem er nur ein einziges Mal begegnet war, den er jedoch sofort wiedererkannte: Konstantin Samailenko. Der Kerl trug doch tatsächlich einen dunkelblauen Dreiteiler mit hochgeknöpftem weißem Hemd und eine akkurat gebundene Krawatte. Bei etwa 30 Grad im Schatten. Außerdem trug er dünne schwarze Handschuhe, wie ein rascher Blickwechsel auf seine Schultern verriet. Er wollte aufschreien, sich zur Wehr setzen, die Aufmerksamkeit im Lokal erregen, um Hilfe zu erhalten. Schließlich war er hier als Stammgast bekannt und beliebt, weil er niemals mit dem Trinkgeld geizte und gerne einen ausgab. Samailenko nahm die Rechte von seiner Schulter und führte den Zeigefinger vor die Lippen. Der unmissverständliche Gesichtsausdruck des Russen erleichterte Gerber die Entscheidung, Ruhe zu bewahren.

Ein weiterer Mann trat an den Tisch, der noch größer und ehrfurchtgebietender als der Begleiter des Bullen war.

„Ich darf Ihnen meinen Dank aussprechen, weil Sie sich offensichtlich dazu entschlossen haben, keine Szene zu veranstalten. Seien Sie versichert: Das war zur Abwechslung einmal eine kluge Entscheidung."

Der mächtige Mann nahm auf dem letzten freien Stuhl Platz.

„Ich darf mich nun ebenfalls vorstellen. Mein Name ist Dimitri Fjódorowitsch Tschernjatinski."

„Großfürst Dimitri Fjódorowitsch Tschernjatinski", betonte Samailenko in Gerbers Rücken.

Der Fürst lächelte Samailenko an.

„Ich glaube, Sie können Gospodin Gerber jetzt loslassen, Konstantin Sergejewitsch. Sie dürfen sich zurückziehen. Es wäre schön, wenn Sie noch die Aufmerksamkeit des Personals auf uns lenken könnten, damit wir eine Erfrischung zu uns nehmen können. Was trinken Sie da, Herr Gerber? Ein Seybrew? Ein wunderbares Bier. Gebraut nach dem deutschen Reinheitsgebot in Lizenz der Kulmbacher Aktienbrauerei. Wussten Sie das? Das nehme ich auch. Ansgar?"

Der Mann mit dem weißen Hut nickte.

„Rufus?"

„Ein Mineralwasser mit viel Limette bitte."

Samailenko zog sich zurück. Der Fürst räusperte sich.

„Ich denke, Sie wissen genau, wer ich bin. Immerhin hat Ihnen mein Mitarbeiter seinerzeit einen Besuch in Ihrem Büro abgestattet und unmissverständlich meiner Verärgerung Ausdruck verliehen, über die nicht unbeträchtliche Summe, die Sie meinem kleinen Bruder Aljoscha abgeknöpft haben. Mein Mitarbeiter hatte, wenn mich mein Gedächtnis nicht trübt, eine kombinierte Rückerstattung, Verzinsung und Ausgleichszahlung in Höhe von 80 Millionen Euro mit Ihnen vereinbart. Auf deren Auszahlung ich bis heute vergeblich gewartet habe."

Der Fürst musterte Gerber mit hochgezogenen Brauen wie eine Schlange, die ein vor ihr kauerndes, vor Verängstigung gelähmtes Nagetier auf seine Kompatibilität als Zwischenmahlzeit überprüfte. Bevor Gerber zu Wort kommen konnte, fuhr Tschernjatinski fort.

„Wie Sie unschwer an meiner persönlichen Anwesenheit erkennen können, ist meine Geduld am Ende angelangt. Ich bin gekommen, um auf die Begleichung meiner Forderungen zu bestehen. Und zwar ohne jede weitere Verzögerung."

Norman Gerber trank den Rest seines Biers und fühlte seinen Kampfgeist zurückkehren. Was konnte ihm hier schon geschehen? Der Laden war voller Menschen.

„Tja, du kommunistischer Schwanzlurch, da habe ich schlechte Nachrichten für dich. Von mir aus kannst du deinem verschissenen Schläger den Befehl geben, mir ein paar Knochen zu brechen, aber bevor du dein Geld siehst, schneit es in der Hölle. Selbst wenn ich wollte, könnte ich dir nicht helfen, denn ich habe mein Scheckbuch nicht dabei."

Der Fürst blieb ruhig.

„Gospodin Gerber, ich bin etwas enttäuscht von Ihnen. Ich hatte mir ursprünglich eine höhere Meinung Ihrer Intelligenz gebildet. Sie haben mir nicht genau zugehört. Ich sagte, ich habe bis heute auf mein Geld gewartet. Dieser Zeitraum ist vor einer halben Stunde zu Ende gegangen. Wollen Sie auch noch ein Bier? Erfrischungen ohne Limit sind bei jedem Deal über 80 Millionen natürlich inbegriffen. Die weltbekannte russische Gastfreundschaft darf unter keinen Umständen unter meiner vorübergehenden Missstimmung leiden."

Gerber konnte es nicht vermeiden, wie ihn neuerliche Unsicherheit beschlich.

„Das Geld ist auf einem meiner Konten gebunkert. Dort ist es sicher."

Der Fürst lachte schallend, als würde Mad Max ebenfalls am Tisch sitzen und seine schlagfertigen und zynischen Sprüche reißen.

„Weißt du, Gospodin Gerber, das Grundproblem von Kriminellen ist darin begründet, dass sie früher oder später ihrer Hybris erliegen, da sie denken, sie wären unsterblich, unantastbar. Diese Entwicklung trübt das Wahrnehmungsvermögen. Kriminalität tritt stets in Begleitung mangelhafter Klugheit auf. Denn wenn Menschen wie du wirklich intelligent wären, würden sie frühzeitig im Leben die Entscheidung treffen, erfolgreich Geschäfte zu betreiben. Ganz legal. Zumindest nach außen. Schau mich an. Ich bin so reich, deine ganze Beute könnte im persönlichen Jahresetat für Badesalz meines Vermögens Unterschlupf finden. Und nun wirf einen Blick auf dich. Du hattest die besten Voraussetzungen für einen perfekten Start ins Leben. Du stammst aus gutem Hause, durftest eine ausgezeichnete Ausbildung genießen. Du besitzt Mumm, hast für deinen Mut Orden und Ehrenzeichen gesammelt. Und hier und jetzt? Ich blicke auf einen gehetzten Verlierer, heimatlos, auf der Flucht und in der irrigen Annahme verstrickt, er wäre frei und könnte mit baumelnden Beinen auf dem Gipfel der Welt sitzen, weil er ein paar geklaute Millionen auf windigen Konten gebunkert hat."

Kowalski musste der bemerkenswerten Eloquenz des Fürsten größten Respekt zollen. Kein Wunder, dass es russische Schriftsteller gewesen waren, die der Welt die größten Romane geschenkt haben.

Norman Gerber wollte etwas sagen. Der Fürst beschied ihm mit einer Geste zu schweigen. Dann hob er die Rechte. Augenblicklich trat Samailenko wieder an den Tisch. Er stellte einen Aktenkoffer darauf ab und öffnete ihn. Er holte ein Notebook hervor, das Gerber sofort als Hochleistungsmodell identifizierte. Ein „Precision M4500" von Dell. Der Russe ließ das Notebook hochfahren und tippte einige Eingaben. Der Fürst, Dr. Burmeester und Kowalski schwiegen und blickten emotionslos auf Gerber.

Nachdem Samailenko seine Eingaben beendet hatte, drehte er den Rechner so, dass Norman Gerber den Monitor überblicken konnte. Er zeigte einen Kontoauszug. Gerber erkannte ihn sofort. Er musste schlucken. Es war der Auszug seines Kontos bei der „Central Bank of Seychelles". Der Saldo wies einen Betrag von 0.37 Euro aus. Die letzte Abbuchung über 48.900.234,63 Euro war vor zwei Stunden erfolgt. Samailenko tippte weiter. Nacheinander folgten Auszüge sämtlicher Konten der „Transnet Financial Trust Fund. Ltd." und ihrer Tochterfirmen in Belize und Bahrain. Keines der Konten wies einen Saldo aus, der mehr als Centbeträge umfasste. Von ehemals knapp 100 Millionen Euro waren ihm kaum mehr als sieben Euro geblieben.

Vor Fassungslosigkeit war Norman Gerbers Kinnlade nach unten geklappt. Wortlos packte Samailenko den Computer wieder in den Koffer und zog zwei Mappen aus schwarzem Leder hervor. Er legte sie vor Gerber ab und öffnete sie. Die Mappen enthielten die gesamten materiellen Reste seiner Existenz, die er in seinem Haus und im Schließfach der Bank versteckt hatte. Wertpapiere, Diamanten, Goldbarren, Bargeld in Höhe von rund 250.000 Euro und Dollar, vier Doppelchronografen aus Platin und Gold sowie alle Pässe und andere Ausweise seiner gefälschten Identitäten. Konstatin Samailenko ließ Gerber solange einen letzten Blick auf seine Schätze werfen, wie dieser benötigte, um in grenzenlose Panik zu verfallen. Eine Panik, die sich mit jener messen konnte, die ihn nach seiner Wasserung ergriffen hatte, als er nicht aus dem Flugzeug herausgekommen war. Dann schloss der Russe die Mappen, verstaute sie in dem Koffer und zog sich wieder zurück.

Der Fürst sah Norman Gerber an. Ein Kellner hatte inzwischen das Thunfischsandwich für ihn gebracht. Ohne zu fragen griff Dimitri Fjódorowitsch Tschernjatinski nach einer Hälfte und biss herzhaft hinein.

„Trink einen Schluck, Norman. Du siehst ja aus, als wäre dir der Leibhaftige persönlich erschienen. Und dann hörst du diesmal genau zu, was ich zu sagen habe. Es verhält sich nämlich folgendermaßen: Ich bin aus verschiedenen Gründen einer der reichsten Männer der Welt geworden. Ich möchte dich an dieser Stelle nicht mit den Details langweilen, welche Rolle meine Herkunft dabei spielt. Wie meine Vorfahren über viele Generationen die Grundlagen zu unserem Familienvermögen gelegt haben. Ein nicht unwesentlicher Faktor, auf dem mein Wohlstand basiert, besteht auf jeden Fall darin, dass ich kein Idiot bin. Dieser Umstand bedeutet unter anderem: Ich weiß, wo meine persönlichen Grenzen verlaufen. Und ich verfüge über moralische und ethische Grundsätze, die mich stets erden. Was abschließend gegen jene These spricht, du könntest hier an diesem Tisch mit einem Idioten sitzen, resultiert aus folgender Tatsache: Ich lasse mich grundsätzlich niemals von irgendeinem dahergelaufenen Hühnerficker wie dir über den Tisch ziehen."

Der Fürst störte sich nicht die Bohne daran, mit vollem Mund zu sprechen.

„Doch nun lass uns zum Abschluss kommen. Ich verrate dir jetzt die wichtigste Zutat meines Erfolgsrezepts. Du sollst für dein Geld wenigstens einen Tipp von einem Profi mitnehmen in dein künftiges, überschaubares Leben. Ich scheue niemals Kosten und Mühen, wenn es darum geht, für einen bestimmten Job oder eine Dienstleistung den besten Spezialisten zu engagieren und alles in Erfahrung zu bringen, was es über die Menschen zu wissen gibt, mit denen ich es zu tun habe. Darum beschäftige ich beispielsweise Computerspezialisten, die sich in wirklich jedes bekannte Rechnersystem dieser Welt hacken können. Wenn mir der Sinn danach steht, tausche ich in den Datenbanken des amerikanischen Verteidigungsministeriums die Pläne für die übernächste Generation von Tarnkappenbombern gegen das Rezept für Borschtsch, wie es von meiner Urgroßmutter überliefert ist. Dank der Fähigkeiten dieser Menschen ist es natürlich kein Problem für mich, jede finanzielle Transaktion auf diesem Globus zu manipulieren. Wenn ich das will. Was ich aber nicht tue, denn ich bin mir der Verantwortung bewusst, die derartige Möglichkeiten mit sich bringen. Es hätte mich natürlich nicht mehr als ein Fingerschnippen gekostet, um dich für deinen Betrug auf Nimmerwiedersehen verschwinden zu lassen. Nachdem du mit solchen Schmerzen bezahlt hättest, deren Beschreibung die Werke des Marquis de Sade in die Nähe des russischen Volksmärchens ‚Kater Graustirn' gerückt hätten."

Die Pause, die sich der Fürst gönnte, um gut gelaunt den Rest des Sandwichs zu verzehren und mit seinem Bier herunter zu spülen, reichte, um bei Norman Gerber eine bemerkenswerte Verwandlung zu registrieren. Kowalski blickte fasziniert auf den Mann, mit dem er sich im vergangenen halben Jahr so intensiv beschäftigt und den er erst vor kaum einer halben Stunde persönlich kennengelernt hatte. Gerber wirkte von einer Sekunde auf die nächste zusammengefallen, ja regelrecht zerstört und um Jahre gealtert. Nicht einmal einzelne Moleküle waren vom Monument seiner Überheblichkeit und seines Selbstbewusstseins übrig geblieben. Noch nie hatte der Hauptkommissar erlebt, wie sich ein Mensch derart im freien Fall über einem Abgrund befand wie Gerber. Ohne Fallschirm und ohne eine Chance, jemals den Boden überhaupt zu erkennen. Allerdings hielt sich Kowalskis Bedauern in Grenzen. Selbst wenn er einen zweiten Fallschirm in Reserve gehabt hätte, hätte er ihn bestimmt nicht an diesen Fallenden vergeudet.

Dimitri Fjódorowitsch Tschernjatinski tupfte sich mit einer Papierserviette die Mundwinkel ab. Er gab Samailenko einen weiteren Wink. Der trat wieder an den Tisch und legte einen länglichen Umschlag vor Norman Gerber ab. Dieser starrte nur darauf und fand nicht die Kraft ihn zu öffnen. Darum ergriff der Fürst wieder das Wort.

„Ich kann natürlich verstehen, wenn dich die jüngsten Wendungen in deinem Dasein ein wenig irritieren. In diesem Umschlag findest du ein Rückflugticket nach Deutschland. Der Flug geht morgen. Keine Angst, du wirst dich auf der Reise nicht einsam fühlen. Meine beiden Freunde, Hauptkommissar Kowalski und Dr. Dr. Ansgar Burmeester werden dich begleiten. Damit du siehst, dass ich kein nachtragender Mensch bin, darfst du zusammen mit meinen Freunden in der Ersten Klasse fliegen. Lass dich im Flugzeug noch einmal ausgiebig mit Champagner verwöhnen. Er wird das letzte alkoholische Getränk sein, das du für lange Zeit genießen darfst. Deinen deutschen Pass führt Gospodin Kowalski mit sich. Du wirst verstehen, dass er ihn nicht aus der Hand geben wird. Darüber hinaus enthält der Umschlag 1000 einheimische Rupien in Hundertern. Da du in diesem Augenblick vollkommen mittellos und ohne Unterkunft bist – die Schlösser in deinem Haus sind längst getauscht – kannst du dir damit eine preiswerte Unterkunft für die Nacht suchen. Konstantin Sergejewitsch wird dich begleiten, dir in jeder Art und Weise behilflich sein und auch dafür Sorge tragen, dass du am Ende nicht verschläfst und deinen Flieger verpasst. Und er wird dich erst in dem Augenblick vergessen, in dem ihm mein Freund Ansgar telefonisch berichtet, dass du dich auf dem Flug wie ein lieber Junge benommen und die Verhaftung nach deiner Landung wie ein Mann hingenommen hast. Und weil ich kein Dieb bin, stelle ich das, was nach Abzug meines Anteils von deiner Beute übrig geblieben ist, den deutschen Behörden zur Verfügung. Damit wenigstens die Opfer entschädigt werden können, die nicht mit ihrem Schwarzgeld deinen Betrügereien aufgesessen sind."

Der Fürst erhob sich und ließ die Serviette auf den Tisch fallen.

„Du siehst es mir hoffentlich nach, wenn ich dich nun verlasse. Das große Business wartet. Es war nicht wirklich ein Vergnügen, Geschäfte mit dir zu machen. Lebe wohl und eine gute Reise. Ach ja, vergiss deinen Schmöker nicht. Dann hast du etwas im Flieger zu lesen. Es ist ein ganz ausgezeichnetes Buch."

Er wandte sich an seine Freunde.

„Ansgar, es war mir ein Vergnügen. Rufus, es war mir eine Freude und Ehre, dich kennenlernen zu dürfen. Damit hat dieses Ärgernis sogar einen wunderbaren Aspekt hervorgebracht. Ich bestehe darauf, dass du mich mit Maximilian so bald wie möglich in St. Petersburg besuchst. Ihr werdet die Stadt lieben. Sie ist auf der Welt einfach unvergleichlich. Übermittelt auch Viktor meine Grüße und den Dank dafür, dass er seine Position dafür eingesetzt hat, zu einem für beide Seiten so erfolgreichen Abschluss gelangen zu können. Er ist selbstverständlich ebenso herzlich in meiner Heimatstadt willkommen. Ich wünsche euch eine gute Reise."

Ohne auf eine Antwort zu warten, verließ Dimitri Fjódorowitsch Tschernjatinski das „Pirate's Arms". Samailenko war wieder an den Tisch getreten und packte Gerber unter den Armen. Der ließ sich mit leeren Augen wie eine Puppe aus dem Lokal führen.

Kowalski zog sein Mobiltelefon aus der Tasche und wählte eine Nummer in Deutschland. Der Teilnehmer meldete sich so schnell, als hätte er den Anruf sehnsüchtig erwartet.

„Hallo Viktor. Ich sitze hier in Victoria. Die Kneipe heißt ‚Pirate's Arms' und würde dir gefallen. Einen schönen Gruß von Ansgar übrigens. Und natürlich vom Fürsten. Gegenüber von mir saß bis vor einem Augenblick Herr Gerber. – Nein, er vermittelte nicht den Eindruck als hätte er gute Laune. Aber weshalb ich eigentlich anrufe: Herr Gerber hat tatsächlich das Angebot angenommen, das ihm Tschernjatinski unterbreitet hat. Morgen Abend darfst du mich in die Arme und Herrn Gerber in seine neue Unterkunft schließen."

Rufus Kowalski beendete das Gespräch und meldete das mobile Telefon aus dem Netz ab. Er lächelte und fühlte sich rundum zufrieden. Er konnte sich nicht daran erinnern, wann ihm zum letzten Mal so wohl gewesen war.

Epilog

6. Dezember 2014, 17.00 Uhr

Lukas Bergmann lehnte sich mit der Rechten an die Tür seines Hauses und atmete tief durch. Trotz des schlechten Wetters war er eine Stunde gelaufen. Inzwischen war es dunkel geworden. Er klopfte seine Laufschuhe ab und betrat das Haus. Als erstes zog er die schmutzigen Schuhe aus und stellte sie auf dem Abstreifer ab. Neben der Tür befand sich ein Spiegel, in dem er sich musterte. Im letzten halben Jahr hatte er sich verändert. Alleine äußerlich. Die Ereignisse vom Juni waren seelisch noch lange nicht verarbeitet. Sie suchten ihn noch regelmäßig heim, vor allem in seinen nächtlichen Träumen. Aber er befand sich auf einem guten Weg.

Der Psychologe, den er unmittelbar nach der Geiselnahme aufgesucht hatte, hatte ihm dazu geraten, mehr für sich zu tun. Angeblich war das gut fürs Selbstbewusstsein. Die City-Bank hatte die teuersten Spezialisten ohne mit der Wimper zu zucken bezahlt. Als eine der Gegenleistungen für sein Stillschweigen. Seine Vorgesetzten und hohe Vertreter des Innenministeriums hatten mit ihm in langen Gesprächen die Probleme aufgezeigt, die entstehen würden, wenn das Verbrechen, dem er zum Opfer gefallen war, an die Öffentlichkeit gelangen würde. Er hatte eingesehen, dass sein Schweigen als ein Akt der Staatsräson absolut notwendig war. Immerhin hatte Bergmann als weitere Gegenleistung eine Beförderung in eine leitende Funktion in der Zentrale herausgeschlagen.

Bergmann störte sich nicht an seinem verschwitzten, geröteten Gesicht mit dem verstrubbelten Haarkranz, das ihn im Spiegel anblickte. Es gelang ihm sogar, sich über das Bild eines Mannes in seinen besten Jahren zu erfreuen. In der letzten Zeit hatte ihn beim Laufen immer öfter die Frage beschlichen, ob er den Gangstern nicht sogar dankbar sein müsste für das, was sie ihm angetan hatten. Der psychologische Dienst hatte sich nicht nur um ihn gekümmert, sondern seine ganze Familie in Obhut genommen. Vor allem Paul hatte davon profitiert. Die Sommerferien hatte er in einer Spezialklinik verbracht und einen ordentlichen Teil seiner überschüssigen Pfunde verloren. Inzwischen hatte er sich in eine richtige kleine Sportskanone verwandelt. Der Junge trainierte mit wachsender Begeisterung Karate beim Polizeisportverein. Und futterte zunehmend lieber Obst und Gemüse, statt Chips und Burger. Die Mobbingattacken seiner Mitschüler waren für den Jungen kein Thema mehr.

Bergmann blickte auf seine Uhr. Es war kurz nach fünf. Noch blieben ihm zwei Stunden der Ruhe, bis die Familie von den ersten Weihnachtseinkäufen zurückkehren würde. Dann würde der Abend ihnen gemeinsam gehören. Er hatte seinen Kindern kleine Geschenke zum Nikolaustag besorgt. Irgendeinen Duft für die Tochter und für seinen Sohn die Blu-ray des vierten Teils von „Transformers", der im Sommer in den Kinos gelaufen war. Diesen Film wollten sie sich gemeinsam ansehen und dabei gegen alle Vorgaben ihres gesunden Lebenswandels verstoßen. Bergmann hatte eine Tüte mit Erdnussflips und eine Flasche Coca Cola besorgt.

Eigentlich wollte er erst eine Dusche nehmen, doch dann öffnete er den Briefkasten. Er enthielt neben den üblichen Werbebroschüren und der Samstagsausgabe des lokalen Wochenblatts einen braunen Din-A5-Umschlag, auf dem lediglich „Lukas Bergmann" aufgedruckt war. Er nahm den Umschlag und ging damit in die Küche. Nachdem er eine Flasche Mineralwasser zur Hälfte geleert hatte, setzte er sich an den Tisch und musterte die mysteriöse Sendung gründlich. Bergmann fühlte, dass sie relativ dick gefüllt war und riss sie auf. Der Umschlag enthielt ein Sparbuch, einen weiteren prall gefüllten Umschlag aus dünnem weißen Karton und ein Anschreiben.

Er nahm sich zuerst das Sparbuch vor. Es stammte von der „Central Bank of Seychelles". Von diesem Geldinstitut hatte er noch nie etwas gehört. Routiniert blätterte der Banker zu den Seiten, auf denen die Guthaben notiert waren. Er benötigte einige Zeit, um die Summe zu realisieren. Sie belief sich auf eine glatte Million Euro. Sofort blätterte er zurück. Das Sparbuch war auf seinen Namen ausgestellt. Konsterniert öffnete er den zweiten Umschlag. Er enthielt vier Flugtickets. Sie waren jeweils auf ein Mitglied der Familie ausgestellt. Die Flugtickets waren für den 22. Dezember in der Ersten Klasse eines Direktflugs der Alitalia von Frankfurt nach Mahé gebucht. Der Hotelgutschein galt für zwei Einzel- und ein Doppelzimmer im Hotel „Fisherman's Cove" am Bon Valon. Für einen Zeitraum von 14 Tagen.

Bergmann starrte auf das Sparbuch und die Reiseunterlagen und fühlte sich außerstande, einen klaren Gedanken zu fassen. Er griff nach dem Schreiben. Es handelte sich um einen Computerausdruck, trug keinen Absender und war auch nicht mit einer Unterschrift abgezeichnet. Er begann zu lesen:

„Sehr geehrter Herr Bergmann,

wenn Sie diese Zeilen lesen, gehe ich davon aus, dass sich Ihre Überraschung über das beigelegte Sparbuch und die Reiseunterlagen gelegt hat. Bitte unternehmen Sie keine Anstrengungen herauszufinden, woher diese Sendung stammt. Sie ist als Entschuldigung und geringe Entschädigung gedacht für das, was Sie in der Nacht vom 5. auf den 6. Juni dieses Jahres durchmachen mussten. Seien Sie versichert, Ihr Martyrium ist nicht Teil unseres Plans gewesen.

Ich bin sicher, Sie als Fachmann für Bankangelegenheiten finden die richtigen Wege, die beigefügte Entschädigungssumme so anzulegen, dass Sie sich einerseits ihrer Erträge erfreuen können und andererseits Ihren zuständigen Steuerbehörden nichts von dieser Zuwendung enthüllen müssen. Ich habe Sie für ein umfassendes Beratungsgespräch beim Chef der „Central Bank of Seychelles" avisiert. Er wird sich mit Ihnen in Verbindung setzen, wenn Sie angekommen sind. Ich halte es weiterhin für angemessen, auch Ihre Familie für die erlittenen Qualen zumindest symbolisch zu entschädigen. Darum habe ich mir erlaubt, diese Ferienreise für Sie und Ihre Lieben zu arrangieren.

Ich wünsche Ihnen und Ihrer Familie in aller Aufrichtigkeit für die Zukunft alles Gute. Natürlich auch für die bevorstehenden Festtage. Genießen Sie Ihre Reise und kommen Sie gut in ein gesundes, erfolgreiches und vor allem friedliches 2015."

Ende

Der Autor

Thomas Lang, geboren 1956 in Stuttgart als braver Leute Sohn, begann ab seinem sechsten Lebensjahr als Autodidakt mit dem Lesen und Schreiben. Da eine 14jährige Schullaufbahn (mit dem ungebrochenen Rekord für „nicht versetzt" an höheren Schulen in Baden-Württemberg) keinen nennenswerten Zugewinn an Kenntnissen und Fähigkeiten erbrachte, traf er nach glanzvoll verkrachter Fachhochschulreife 1976 die folgenschwere Entscheidung, entgegen jeglichen weisen Ratschluss seines armen, alten, kranken Mütterleins, die Laufbahn als professioneller Schreiber einzuschlagen.

Das funktioniert seitdem in mehreren Schritten: Vom Volontär einer lokalen Tageszeitung zum Lokalchef, zum leitenden Redakteur einer Automobilfachzeitschrift, zum Pressesprecher eines japanischen Autoherstellers bis 1995 zum selbstständigen Autor und freischaffenden Redakteur.

Weitere Titel im acabus Verlag

Heinz-Joachim Simon

Der Enkel des Citizen Kane. Die Geschichte des Sternenjägers

Buch-ISBN: 978-3-86282-289-8
BuchVP: 14,90 EUR

244 Seiten
Paperback
14 x 20,5 cm

Ein Blick hinter die Kulissen des Big Business und der Medien

Ein Schlüsselroman? Man könnte es annehmen, wenn man verfolgt hat, dass in London gerade ein Zeitungstycoon angeklagt wurde, weil seine Zeitungen hemmungslos Prominente und Gewaltopfer ausspionierten und Politiker manipulierten. Zweifellos hat der Kampf um Sensationen zu bedenklichen Auswüchsen geführt. Doch dieser Roman zeigt, wie die eigenen Ziele Menschen die einstigen Ideale vergessen lassen. Was Orson Welles in seinem berühmten Film Citizen Kane so einzigartig geschildert hat, wiederholt sich in den Etagen der Finanzwelt, der Industrie und beim Kampf der Medien gegeneinander. Man wird nicht ohne Schuld zum Sternenjäger. Der Preis der Macht ist oft die Deformierung der eigenen Persönlichkeit. Davon erzählt dieser Roman in dramatischen, oft erschütternden Bildern, über einen mythisch anmutenden Kampf zwischen Vätern und Kindern.

Richard Surface

Das Vermächtnis

ISBN: 978-3-86282-226-3
BuchVP: 14,90 EUR
364 Seiten
Paperback

München, Alte Pinakothek, 2003: Ein alter Mann wird brutal gefoltert, doch das Geheimnis um sein Vermächtnis gibt er nicht preis.

Ein Mord, ein verschollenes Kunstwerk, ein gefährliches Vermächtnis. Um die Unschuld seines Großvaters zu beweisen, die Mörder zu fassen und den Schleier um sein Vermächtnis zu lüften, beginnt Gabriel ein tödliches Spiel und gerät immer mehr in ein undurchsichtiges Netz aus Intrigen, in das auch die Polizei verstrickt zu sein scheint.

Aus dem Englischen übersetzt wurde dieser Roman von der Schriftstellerin Zoë Beck.

Karl Hemeyer

Entscheidung im Wattenmeer

ISBN: 978-3-86282-307-9
BuchVP: 12,90 EUR
284 Seiten
Paperback

Die schwerste Entscheidung ist die, eine Entscheidung zu treffen. Das merkt auch der in Hamburg tätige Wissenschaftler und Unternehmer Dr. Dr. Joachim Breiter, dessen eigentlich heile Arbeitswelt auf Grund einer feindlichen Übernahme durch den von Daniel Siebel reprä-sentierten amerikanischen Chemiegiganten BOAR Corporation jäh aus den Fugen gerät. Der Junggeselle Anfang 40 stellt sich den Herausforderungen seiner plötzlich von Heuschre-cken, Industriespionage, Betrug und Insidergeschäften geprägten Welt. Für eine Entschei-dungsfindung reist er in die Schweiz, von da zu seinem Vater nach Sylt, dann weiter an die Nordsee nach Cuxhaven. Im winterlichen Wattenmeer zwischen Sahlenburg und Neuwerk nimmt sein Leben eine dramatische Wendung. Und er wird dort mit einem neuen Problem konfrontiert: Genmanipulationen. Und wieder steckt der Chemiegigant dahinter. Breiter nimmt auch diesen Kampf auf. Im Frühjahr reist er erneut an die Küste. Diesmal mit Janina, der Ex seines Widersachers Daniel Siebel ...

Unser gesamtes Verlagsprogramm
finden Sie unter:

www.acabus-verlag.de
http://de-de.facebook.com/acabusverlag